Carl Amery

Die
ökologische Chance

Das Ende der Vorsehung –
Natur als Politik

Mit einem Nachwort
für die Taschenbuchausgabe

WILHELM HEYNE VERLAG
MÜNCHEN

HEYNE SACHBUCH
Nr. 19/138

Genehmigte und durch das Nachwort 1990 erweiterte Taschenbuchausgabe
Wilhelm Heyne Verlag GmbH & Co. KG, München
Copyright © 1985 by Süddeutscher Verlag GmbH, München
Copyright © 1990 des Nachworts by Carl Amery
Printed in Germany 1991
Umschlagzeichnung: Christian Dekelver/Stuttgart
Umschlaggestaltung: Atelier Adolf Bachmann, Reischach
Satz: Satz & Repro Grieb, München
Druck und Verarbeitung: Ebner Ulm

ISBN 3-453-04444-4

INHALT

I.
Das Ende der Vorsehung

II.
Natur als Politik

I.
Das Ende der Vorsehung

ERSTER TEIL

MATERIALIEN

Einleitung

»Die Welt lebt bereits im Notstand; nur will das niemand wahrhaben. Es sind keine Geister der Zukunft, die ich beschwöre, sondern ein Zustand, der bereits existiert. Wir gehen einer explosiven Interaktion aller unserer Sünden entgegen: der Sünden, die wir gegen unser geistiges und materielles Erbe begangen haben. Nach unseren Berechnungen geht es mit der Welt vor dem Jahre 2100 rapide abwärts. Tod und Entbehrungen werden auch bei uns Millionen Menschen erfassen. Da wir fünfzig bis hundert Jahre brauchen, um entsprechende Veränderungen herbeizuführen, müssen wir handeln – sofort.«

Diese Worte sprach kein Prophet und kein linker Gesellschaftskritiker, sondern der eminente italienische Manager Aurelio Peccei, Fiat-Verwaltungsdirektor und einstmals Generaldirektor des Schreibmaschinenkonzerns Olivetti. Die Berechnungen, von denen er sprach, wurden vom Club of Rome in Auftrag gegeben, einem Zusammenschluß von siebzig Managern aller Industrienationen; sie wurden von der Volkswagen-Stiftung finanziert und auf einem Megacomputer in den USA durchgeführt, mit einer gewaltigen Menge von Variablen. Alle Ergebnisse waren gleich niederschmetternd. Sie können (vereinfacht) von der Graphik auf Seite 8 abgelesen werden.

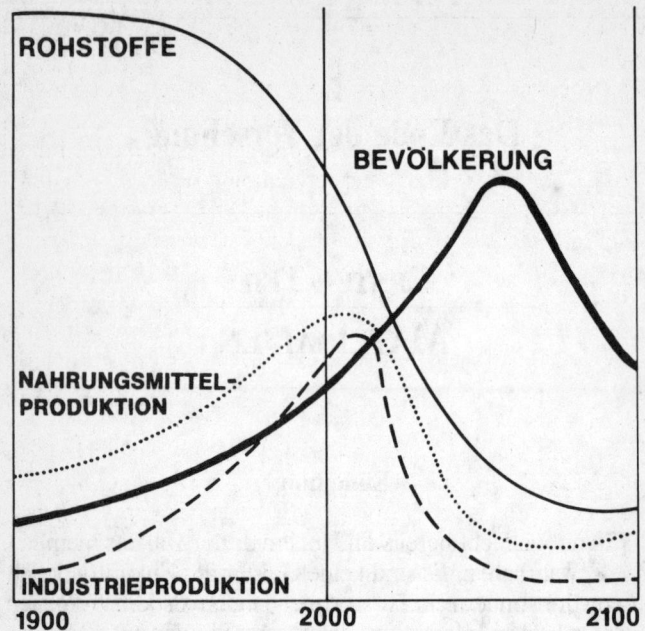

ROHSTOFFE

BEVÖLKERUNG

NAHRUNGSMITTEL-
PRODUKTION

INDUSTRIEPRODUKTION

1900　　　　2000　　　　2100

Nach: Dennis Meadows, Die Grenzen des Wachstums, Bericht des Club of Rome zur
Lage der Menschheit, Deutsche Verlagsanstalt Stuttgart, 1972

Peccei ist kein Theologe, Prophet oder Historiker. Das
bekanntgegebene Ziel des Club of Rome ist es, politische und
wirtschaftliche Führer der Welt durch die Ergebnisse der
Prognostik zu sinnvollem Handeln anzuregen. Aber dieser
Aufruf zu sofortigem Handeln muß wirkungslos bleiben, wenn
er sich auf pragmatischen Reformismus beschränkt. Die Fakten,
von denen die Berechnung ausgeht, wurden und werden von
Menschen geschaffen; Menschen, die aus bestimmten historischen und ideellen Voraussetzungen handeln und gehandelt
haben. Werden die Wurzeln dieser historischen und ideellen
Haltungen nicht freigelegt, werden die notwendigen Vorschläge
immer auf politischen und gesellschaftlichen Widerstand stoßen; und nur wenn man sich klarmacht, wie tief diese Wurzeln in
unseren kollektiven Untergrund hinabreichen, wird der notwendige, das heißt der radikale und höchst schmerzvolle Prozeß

einer planetarischen Revolution (um eine solche geht es) eingeleitet werden können.

Im folgenden wird der Versuch gemacht zu zeigen, daß der gegenwärtige Weltzustand durch einen weltweiten Konsens herbeigeführt worden ist. Dieser Konsens entstand durch die restlose Übernahme und Verinnerlichung einiger Leitvorstellungen der jüdisch-christlichen Tradition. Mit anderen Worten: Es gibt eine christliche Geschichte, an der wir alle teilhaben, wobei ›wir‹ fast alle artikulierten Gegner des Christentums und der Kirchen miteinschließt. Diese Geschichte hatte segensreiche und gnadenlose Folgen. Es ist nicht der Sinn dieser Arbeit, die segensreichen Folgen zu leugnen (was sich im einzelnen zeigen wird); notwendiger jedoch ist das Erkennen der gnadenlosen Folgen, die uns alle betreffen.

Das Christentum war also erfolgreich; viel erfolgreicher, als selbst seine professionellen Verteidiger zu behaupten pflegen. Und es verdankt diesen Erfolg nicht in erster Linie seinen Getreuen, sondern seinen Häretikern und Abtrünnigen, ja seinen aufgeklärten humanistischen, liberalen, marxistischen Feinden. Der Erfolg des Christentums besteht in seiner wirksamen Teilnahme am Aufbau eines Machtpotentials, das in den letzten Jahrhunderten insbesondere den Verlauf der Weltgeschichte bestimmt hat. Es hat sich auf dem geographischen und historischen Boden des Christentums entfaltet, was selbstverständlich kein Zufall ist. Es hat in der Unterwerfung fremder Kulturen, in der Durchsetzung seiner eigenen Denk- und Aktionsformen, in der Beherrschung der Natur alle bisher bekannten Mächte weit übertroffen und ist dabei, diesen Sieg in der Form der sogenannten Welt-Zivilisation zu konsolidieren. Dieser Sieg ist aber nichts anderes als die notwendige Voraussetzung für die Unglückskurve des großen Computers.

Spätestens hier ist eines klar: Es geht nicht um Erfolg oder Mißerfolg der Botschaft Jesu. Es geht nicht um Erfolg oder Mißerfolg der Kirchen, der Theologie, des christlichen Sittengesetzes. Denn gerade die Felder, auf denen das Christentum Erfolg konstituierte: Politik, Wirtschaft, Wissenschaft konnten und durften die ersten Christen weder von der Sache noch von der Methode her interessieren. Zweifellos wäre die Welt von heute im Urteil der ersten Christen ein totaler Mißerfolg, ja ein düsterer Triumph des Feindes. Aber »Erfolg« als Begriff hat sich ja längst verselbständigt: Dieses Buch zum Beispiel wird in den Augen der Öffentlichkeit nicht dann ein Erfolg sein, wenn es den Zustand der Welt in seinem Sinne verändert, sondern wenn es sich auf dem Markt durchsetzt. Mit anderen Worten: Nicht das Erreichen ursprünglicher Ziele und Absichten ist das landläufige Kriterium des Erfolgs, sondern die Effizienz in der Durchsetzung gegenüber anderen Kräften. Das Christentum hat – als Bewußtseinszustand oder Bewußtseinskomponente eines großen und aktiven Teils der Menschheit – die Welt verändert, beziehungsweise half sie verändern. Das war seine Effizienz, seine Wirkkraft; und diese Wirkkraft reicht über die Grenzen des christlich-kirchlichen Selbstverständnisses hinaus.

Da diese Arbeit das Christentum als Faktor der Weltveränderung bewußt anerkennt, aber eben diese Weltveränderung kritisiert, setzt sie sich bewußt von folgenden üblichen und traditionellen Betrachtungsweisen ab:

Erstens – der kirchlich-konservativen. Diese sieht den historischen Prozeß der letzten Jahrhunderte als einen betrüblichen Abfall von der ewigen Wahrheit und ihren bestellten Hütern, sieht die unmenschlichen Aspekte unserer Existenz als gerechte Quittung für diesen Abfall und ist also über die Unglücksprognose der neueren Futurologie weiter nicht erschrocken;

Zweitens – der aufklärerisch-antichristlichen verschiedener Spielart. Diese sieht im Christentum nichts als eine bestimmte, vielleicht nicht ganz schwarze, aber doch sehr dunkle Erbschaft der Unmündigkeit, ein Gefäß alter Ängste vor Jenseits, Hinterwelt und unerklärlichen Kräften, als Herrschaftsinstrument zur Fortführung vorgeschichtlich-unmenschlicher Zustände, und läßt die Menschwerdung des Menschen grundsätzlich erst mit dem Ende der Kirchenmacht beginnen;

Drittens – der christlich-progressistischen. Diese Interpretation, der fast alle neueren Theologen, aber auch marxistische Denker wie Ernst Bloch zuneigen, stülpt die historische Sicht der Konservativen gleichsam um, definiert die faktische innere und organisatorische Entwicklung des institutionellen Christentums als Abfall oder Mißdeutung der ursprünglichen Botschaft und die Säkularisierung der Welt (die *secular city* des Harvey Cox) als notwendige Voraussetzung für ein ursprüngliches, in seinen wahren Absichten wiederhergestelltes Christentum.

Diesen Betrachtungsweisen ist – bei aller Differenzierung eines gemeinsam: Sie interpretieren das Christentum und seine Folgen letztlich nicht als weltlichen Gegenstand, sondern als Kampf zwischen Licht und Finsternis – wobei Licht und Finsternis je nach Standpunkt verteilt werden. Aus dem geheimnisvollen Nirgendwo schlagen und schlugen die Dämonen zu: Satan, die Herrschaftsstrukturen, der kollektive Ödipus-Komplex – und ruinieren oder gefährden den lichten Bauplan der Geschichte. Unsere Betrachtungsweise wird grundsätzlich von dergleichen absehen. Die Botschaften der beiden Testamente, das Kirchenwesen, die Theologien und Frömmigkeitsrichtungen und – vor allem – die daraus erwachsende Praxis werden Teil unseres Gegenstandes sein, aber als *Funktionen,* nicht als Plus- und Minuspunkte einer geschichtsphilosophischen Beurteilung.

Der konservative wie der progressistische Feinschmecker der Kirchenkritik wird daher vergebens nach parteilichen Angriffen auf Doktrinen, Glaubensüberzeugungen und Aktionsmethoden suchen; sie waren, was sie waren, und sind, was sie sind: Posten der Bilanz, die wir aufstellen wollen. Weder wird Franz von Assisi benutzt, um Torquemada zu entschuldigen, noch werden Konstantin oder Pius XII. als Agenten des altbösen Feindes entlarvt; weder für Schandpfähle noch für Altarpodeste werden Kandidaten gesucht.

Dem Leser wird also letzten Endes der Standpunkt empfohlen, den ein unvoreingenommener nichteuropäischer (oder außerirdischer) Beobachter einnehmen dürfte. Dieser wird das Christentum als Teil einer sehr aggressiven, unaufhaltsamen Macht beurteilen, die sich seit ein paar Jahrhunderten mit Missionaren und Kanonenbooten, mit Faktoreien und Impfstationen, mit Banken, Napalm und Entwicklungshelfern über den Rest des Planeten hergemacht hat. Der liberale oder der christliche Offizier, der atheistische oder der calvinistische Pflanzer werden für ihn kaum unterscheidbare Individualitäten sein; und in vielen Fällen wird er kaum feststellen können, ob gewisse gesellschaftliche Transformationen aus christlichen oder marxistischen Impulsen entstehen.

Ist eine solche Sicht von außen legitim? Sie ist nicht nur legitim, sie ist unbedingt notwendig für unser Thema. Nicht die erbitterten Querelen zwischen Römischen und Utraquisten, zwischen Stalinisten und Trotzkisten verändern das Leben der Welt, wie sie das Leben unserer Vorfahren und Zeitgenossen verändern, sondern ihre Gemeinsamkeiten; nicht die Anhänger der einen oder anderen Konfession, Sekte oder antichristlichen Gruppierung haben den Traktor, die Stechuhr und den Röntgenschirm erfunden, sondern die Erben und Akteure einer gemeinsamen Erfolgsgeschichte, die heute, auf dem Höhepunkt ihrer Triumphe, in die totale Katastrophe abzukippen droht.

Damit ist das Programm des Buches gegeben und mit dem Programm seine sogenannte Zielgruppe. Angesprochen sind alle, welche die Grundvorstellungen der judäisch-christlichen Tradition übernommen und verinnerlicht haben; angesprochen und aufgefordert, diese Grundvorstellungen einer leidenschaftlichen Reflexion zu unterwerfen. Nicht der »Dialog« auf der Basis gemeinsamer Überzeugungen wird angestrebt, sondern der Dialog auf der Basis gemeinsam zu revidierender Überzeugungen.

Die Revision muß erfolgen, weil diese Überzeugungen in kausalem Zusammenhang mit der grausamen Kurve stehen, die der Prophet an die Wand geschrieben hat.

Die Tradition, um die es geht, dieses gemeinsame Erbe der Vorstellungen und Überzeugungen ist heute weit wirksamer in weltlichen Mächten als im verfaßten Christentum; wirksamer im Deutschen Industrie- und Handelstag, im Zentralkomitee der KPdSU, im Pentagon und in den Formationen der Technokratie als etwa im Vatikan oder im Weltkirchenrat.

Die zentralen Fragen für uns lauten also:

- Welche Vorstellungen der judäisch-christlichen Tradition haben sich im Kräfteparallelogramm der Geschichte durchgesetzt?
- Auf wessen Kosten erfolgte diese Durchsetzung? – Und vor allem:

– Welcher Kritik müssen sie heute, im Kampf um das Jahr 2050 oder 2100, unterworfen werden?

Zum Schluß noch eine Bemerkung, die eigentlich überflüssig, aber beim infantilen Zustand unseres Geistesbetriebs leider doch angezeigt ist: vom gleichen Verfasser erschien bereits anno 1963 eine Streitschrift, die sich gegen den westdeutschen Katholizismus richtete. Sie hat beträchtliche Aufregung erzeugt, welche den Verfasser doch recht nachdenklich machte (was vielleicht die ersten Schritte auf seinem gegenwärtigen Weg bedingte). In vielen Punkten ging die Streitschrift von Überzeugungen aus, die der Verfasser arglos mit den sogenannten ›progressiven‹ Christen teilte, und die im folgenden relativiert oder zurückgenommen werden. Die »Kapitulation« von 1963 war gegen einen Katholizismus gerichtet, der (wenigstens scheinbar) noch im Mittelpunkt der gesellschaftlichen Kräfte Westdeutschlands stand. Das hat sich äußerlich vielleicht nicht sehr, innerlich aber sehr gründlich geändert. Es ist deshalb nur folgerichtig, daß von dieser Sorte Kritik im folgenden nichts oder fast nichts mehr zu finden ist. Der Letzte, der dem schwerkranken Löwen der Fabel einen Hufschlag versetzt, ist der Esel. Er weiß noch nicht, daß kräftigere Raubtiere unterwegs sind – oder er wagt sich nicht an sie heran. Auf jeden Fall hätte ein solcher Esel seinen Beruf verfehlt, wenn er Schriftsteller geworden wäre.

Das Bündnis

Die ältesten Voraussetzungen für den totalen Sieg der christlich orientierten Menschheit, der gleichzeitig die totale planetarische Krise ist, reichen in die Vorzeit des Alten Bundes zurück – und diese ältesten Voraussetzungen sind die wirksamsten geblieben.

Für unsere Suche bietet sich also der historische Weg an. Er beginnt mit dem Fundament, das bereits in den ersten Kapiteln (I bis IX) des Buches Genesis, des ersten Buchs der Bibel, gelegt wurde. Hier finden sich die Bündnisse und Garantien, auf denen heute das Selbstverständnis der ganzen Menschheit ruht, soweit sie historisch aktiviert worden ist. Ohne dieses Selbstverständnis wäre der Weg in die heutige Welt nicht erklärbar. Man mag, wie Professor Jacques Monod das tut, alle bisherigen Welterklärungen und die daraus resultierenden Werte für Tun und Lassen unter dem Begriff des Animismus zusammenfassen: Tatsache bleibt dennoch – und wir werden versuchen es zu zeigen –, daß sich der jüdisch-mosaische Ansatz von allen anderen vorzeitlichen Ansätzen des menschlichen Selbstverständnisses grundsätzlich und qualitativ unterscheidet.

Ausdrücklich sei darauf verwiesen, daß hier keine wesentlich neuen Weisheiten angeboten werden: Es handelt sich fast durchweg um Arbeitsresultate der zeitgenössischen Theologie und Geschichtsforschung.

Die Prämissen des biblischen Schöpfungsberichts und der ihm folgenden Erzählungen lassen sich etwa so zusammenfassen:

Erstens – Der Mensch wird am letzten Tag der Schöpfung gebildet, und zwar nach Gottes Bild und Gleichnis. Wie groß immer der Abstand zwischen höheren Wirbeltieren und Insekten, zwischen Primaten und anderen Säugetieren sein mag, wie geringfügig sich die physiologischen Unterschiede innerhalb der Primatenarten im Vergleich dazu ausnehmen mögen: Dem Menschen allein ist Gottesebenbildlichkeit zugeschrieben. Keinem anderen Lebewesen, keiner anderen Kreatur, auch nicht der gesamten Harmonie des Kosmos wird dieses Privileg eingeräumt. Aus der Tatsache, daß ihm die Kommunikation zu anderen Arten des Lebens wie auch zu den riesigen, gleichgültigen Dingen des Kosmos verschlossen ist, wird gefolgert, daß ein tiefer Graben zwischen dem Menschen und dem Rest der Schöpfung angelegt ist; ein Graben, der nicht als Unglück empfunden, sondern als Ausweis der grundsätzlichen Höherwertigkeit betrachtet wird.

Dies gilt bis heute. Es gilt auch für den eingefleischten Materialisten, der ganz physiologisch über die Entstehung unserer Art denkt. Er so wenig wie der Gläubige haben sich der Überzeugung entledigt, daß der Mensch in Theorie und Praxis der Kulminationspunkt ist: er ist *telos,* Ende und Ziel des Weltgeschehens.

Zweitens – Jedem möglichen Zweifel über diese absolute und totale Überlegenheit steht Gottes Auftrag entgegen. Es ist der ausdrückliche Auftrag der totalen Herrschaft. Der Mensch wird

14

gerufen, diese Erde zu erfüllen, sie sich untertan zu machen. Magische Auflagen sind nicht damit verbunden, das heißt, es ist ihm völlig freigestellt, wie er diesen Auftrag vollzieht. Sonne und Mond sind Beleuchtungskörper, sonst nichts; Rohstoffe, Flora, Fauna sind ein Arsenal, über das er frei verfügt, sind Jagdterrain und Ernteacker.

Drittens – Diese Zuordnung ist ursprünglich als völlige Harmonie angelegt, als Paradies. Die sehr realistischen Autoren des Alten Testaments sahen natürlich klar, daß wir in keinem Paradies leben. Sie kannten gründlicher als wir den Hunger, die Krankheit, die Mühsal und Plackerei unseres Daseins. Aber dieser, der Spezies unerträgliche Zustand wird als Ergebnis einer Fehlentscheidung gedeutet – als Verfehlung des Daseinsziels. ›Ein Ziel verfehlen‹ heißt griechisch *hamartanein;* das Verbum wird in christlicher Sprache allgemein mit ›sündigen‹ übersetzt, und die erste, in der Genesis beschriebene Zielverfehlung nennen wir Erbsünde.

Sie ist ein Ärgernis, ein Skandal, der als solcher charakterisiert wird. Sie ist nicht, wie die biologische und ökologische Evidenz es nahelegen würde, eine zwingende Folge der Schöpfungsordnung selbst, ihrer Lebensketten von Aufstieg und Untergang, von Bewährung und mangelnder Anpassung, von Fressen und Gefressenwerden. Sie ist vielmehr ein Webfehler, der vom Menschen in den Teppich des göttlichen Wohlwollens eingeschmuggelt wurde – und es wird etwas dagegen unternommen werden: der Schlange wird dereinst der Kopf zertreten. Das heißt aber: Heilsgeschichte wird verheißen.

Viertens – Schöpfungsauftrag, und das heißt auch Schöpfungsgarantie, werden in den Kapiteln VIII und IX der Genesis nochmals präzisiert. Diese Stelle, hochbedeutsam wie sie für unser gesamtes Gefühls- und Geistesleben, aber auch für unsere wirtschaftliche und soziale Praxis ist, hat wesentlich weniger Beachtung gefunden als der Schöpfungsbericht; sie sei daher kurz rekapituliert.

Nach der Sintflut verlassen Noah und die Seinen die Arche. In einem feierlichen Opfer wird Versöhnung gefeiert, der Pakt zwischen Gott und Mensch wird erneuert, und der Regenbogen erstrahlt als Bundeszeichen. Und nun offenbart Gott einen

Entschluß, der lautet: »Nicht aufhören werden Saat und Ernte mehr, Furcht und Zittern« (das heißt Furcht und Zittern vor dem Menschen) »wird die Tiere nicht mehr verlassen.« Die Begründung, die Gott selbst für diese Garantie gibt, zeugt vom hohen Reflexionsgrad der alten Autoren. Gott erklärt nämlich, daß es zwar Grund zu hundert und tausend neuen Sintfluten geben werde, ebensoviel Grund wie für die erste und eine, weil der Mensch »böse sei von Jugend auf« – mit anderen Worten, Gott selbst hat einen Lernprozeß durchgemacht, er hat gelernt, daß Strafe, auch kosmische, die Grundbefindlichkeit des Menschen nicht verändert. Von nun an steht er sozusagen bedingungslos zu seinem Erbarmen. Die Stabilität der Erde, die Hinordnung der gesamten planetarischen Biosphäre auf den Menschen wird erneut bestätigt und detailliert – ungeachtet aller Verbrechen, die er gegen sich selbst und gegen die Biosphäre begehen kann und begehen wird. Er, der Mensch, ist ausdrücklich aus dem ökologischen Zusammenhang herausgenommen, dessen logische Risiken nicht für ihn gelten, was immer andere Arten überkommen mag. Seine, des Menschen, kollektive Unsterblichkeit ist durch göttliches Edikt gesichert.

– Soweit das Bündnis und seine Garantien. Wir alle, auch die, welche keinerlei religiöse Instruktion mehr genossen, kennen sie – und halten sie, ob wir das reflektieren oder nicht, für selbstverständlich. Wir machen uns nicht klar, wie entschieden sie all unsere Ansichten über die Welt und den Menschen bestimmt, wie sehr sie vor allem unsere Praxis programmiert haben. Es ist deshalb notwendig zu zeigen, vor welchem Menschheitshintergrund sie erstmals formuliert wurden, und welche Negationen, welche Zurückweisungen sonstiger Welt- und Schöpfungsbilder sie enthalten.

Erstens – Der Mensch ist ein Geschöpf ganz eigener Art. Er steht für sich; und dieses Für-sich-selbst-Stehen impliziert, daß Tiere, Pflanzen, Himmelskörper zu seinem Dienst bestimmt sind. Mit dieser These setzt sich das jüdische Denken radikal vom primitiven Denken, aber auch von der religiösen Grund-stimmung aller Mittelmeerkulturen ab. Für den Primitiven ist die Dichte, die Verschlossenheit der Schöpfung, der Sterne, der Tiere, der Bäume, keineswegs ein Kriterium für ihre absolute

Dienstbarkeit, sondern eher für ihre überragende Mächtigkeit. Im Kreisen von Sonne, Mond und Planeten; im Rauschen der Haine; in den gelben, gleichgültigen Augen des Löwen sieht er, fühlt er das Numinose am Werk, das es zu beschwichtigen oder (mit den vorwissenschaftlichen Mitteln der Magie) zu bändigen gilt. Trennung von ›Heiligem‹ und Profanem wäre ihm widersinnig. Und die mediterranen Hochkulturen, die Israel umgaben, hatten aus dieser ursprünglichen Verschlingung eine politische Virtuosität gemacht. Der Exodus aus Ägypten ist, folgerichtig, nichts als die Konsequenz eines radikalen inneren Auszuges: der Verbannung aller dieser kosmischen, animalischen, tausendfach verschlungenen Götter- und Weltpotenzen ins Nichts, der Entschluß zu einem unsichtbaren Gott ohne Namen. Die Stämme, die ausziehen, negieren damit nicht nur Ägypten. Sie wandern in ein Gelobtes Land, das von orgiastischen Kulten erfüllt ist. Der Kampf um die Reinheit der Lehre (das heißt auch: Reinheit der Negation) wird zur historischen Existenz Israels schlechthin. Wie es – anfänglich – die Dämonen und Idole der Philister und Amalekiter zurückdrängt, die doch immer wieder durch unbewußte Pforten zurückkehren, so verschließt sich Israel der chaldäischen Sterndeuterei, wird es sich später (mit wechselndem Erfolg, aber im ganzen unter Wahrung seiner Identität) gegen die Spekulationen der griechisch-hellenistischen Umwelt zur Wehr setzen.

Die kosmisch-polytheistische Grundstimmung der Antike, welche einige der schönsten Werke der menschlichen Kunst hervorgebracht hat, bleibt ihm völlig fremd. Es nimmt nicht wunder, daß Denker aus dem griechisch-römischen Raum dies als Ärgernis, zumindest als Mangel an differenziertem religiösen Denken empfinden. Tacitus faßt das in einem Satz zusammen, der gegen die Juden gerichtet ist: *profanum illis omnia quae apud nos sacra* – alles ist ihnen profan, was uns geheiligt ist. (*Sacrum* wird hier selbstverständlich vorchristlich gebraucht: Moral oder Ethik steckt gar keine in dem Wort, es beschreibt das Numinose, das gleichzeitig oder wechselweise »gut« und »böse« sein kann.) Die Anklage der alten Welt gegen das Juden- und später das Christentum wurde wegen des Tatbestands der *asebeia,* der *impietas* erhoben; also der Negation aller ziemlichen Verehrung für das der Welt innewohnende Heilige, Numinose. Der Tatbestand war sicher vorhanden. Weder die alten Apologeten, die in den Christenverfolgern nur Werkzeuge eines finstern Wahns bzw. Satans sahen, noch die undifferenzierten Tiraden der alten und marxistischen Aufklärung, die einfach alles ›Religiöse‹ in den großen Opiumschrank schmeißen, sind dieser radikalen Andersartigkeit der jüdischen Tradition ansichtig geworden – und wurden infolgedessen auch niemals ihrer eigenen, fragwürdigen Prämissen gewahr. (Seit Bloch hat sich dies glücklicherweise geändert; davon später mehr.)

Wie Gollwitzer und andere nachgewiesen haben, verläuft die entscheidende Grenze nicht einmal zwischen Polytheismus und Monotheismus, sondern zwischen jeder Art von ›Theismus‹ und dem neuen Gottesverständnis der judäischen Überlieferung. Die Bilder der Genesis-Kosmogonie machen dies hinreichend klar.

Zweitens – Eine der für die Gegenwart wichtigsten Negationen steckt in der altbiblischen Erbsünde-Erzählung. Es ist fast irreführend, den Ausdruck auf den Genesis-Bericht von der Paradiesvertreibung anzuwenden; und zwar deshalb, weil der Begriff der Erbsünde in späteren Jahrhunderten, vor allem durch Augustinus, sehr fragwürdig verinnerlicht wurde. Fast alle Interpreten sind sich heute einig, daß diese Verinnerlichung manichäisch-dualistisch bedingt war: sündige Verderbtheit als Gefangenschaft in den Trieben des Leibes. Nun kannte aber die alte biblische Tradition diesen Dualismus nicht. (Hier ist nicht der Ort, eine Exegese der Stelle zu versuchen: »Sie erkannten, daß sie nackt waren.« Es sei nur darauf hingewiesen, daß Leszek Kolakowski eine sehr geistreiche Interpretation unternommen hat.) Der Fluch Gottes, den die Genesis enthält, handelt keineswegs vom inneren Menschen und seiner Verderbtheit. Hier geht es, ganz handfest, um das Ende des Paradieses, das heißt aber: um die Ausdehnung der Gesetze biologischer Kreatürlichkeit auf den Menschen. Er stirbt nun, er leidet Schmerzen, er kämpft gegen Unkraut und Unwetter, rackert sich um das tägliche Brot. Das sind keine seelischen Unzulänglichkeiten oder Perversionen, das ist einfach Schicksal des Lebens überhaupt. Und gerade dieses Schicksal wird negiert. Es wird nicht als unvermeidliches Daseinslos des Menschen, sondern als Eingriff in Gottes wahre Absicht mit dem Menschen gedeutet.

Damit unterscheidet sich das jüdische Grundgefühl wieder radikal von allen anderen Sinndeutungen des Lebens. Abgesehen vom Fernen Osten, der menschliches Leid als Spielregel in eine ungeheure kosmische Lotterie hineinnimmt, war hier einer der belastendsten Ideen der griechisch-römischen Antike der Kampf angesagt: der Idee der *Moira*.

Moira, das ist das blind waltende Schicksal, das noch über den lachenden Göttern des Olymps hängt. Sie war allgegenwärtig in der antiken Grundstimmung; dies wird meist von jenen übersehen, welche lachende Götter Griechenlands gegen Erbsünde und Christentum ausspielten und ausspielen. Jupiter und Aphrodite, so kann man dagegen nur sagen, sind selbst nach antiken Begriffen viel zu unkompetent, um gegen Jahwe ins Feld geführt werden zu können. Die Antike war eine Zeit ungeheurer Düsternis; alle Spekulationen einer philosophischen Oberschicht änderten daran nichts. Die Lehre von den Zeitaltern, die sich vom goldenen zum eisernen verschlechtern; die schwarze Unterwelt; das Rollen des zyklischen Rades der Wiederkunft bestimmten das vorherrschende Gefühl. Gegen Ende der kreativen Epoche hat es Vergil in einem Satz zusammengefaßt: *cadunt de montibus umbrae* – von den Bergen fallen die Schatten. Der furchtbare Schatten war die Realität, die alles überfiel. Homer und die Tragiker kannten keine Hoffnung in dem Sinne, den wir heute dem Worte geben. Dem setzt der Bericht vom Sündenfall Hoffnung gegenüber. Keine individuelle Hoffnung des Noch-einmal-Davonkommens, keine Hintertür für den Adepten oder den erleuchteten Weisen, der mittels Meditation der Welt des Fressens und Gefressenwerdens entwischen will – aber auch keine dualistische Hoffnung auf Weiterleben der reinen Seele nach dem Zerfall des Leibes der Verderbnis. Vielmehr die feste Zusage einer künftigen Korrektur des unerträglichen Weltzustandes, eine kollektive Zusage für die Welt des Menschen schlechthin. Geschichte wird damit zu einer Linie mit Anfang und Ende, Versöhnung zwischen Kreatürlichkeit und Heilsplan ist ihr Ziel.

Drittens – Der Mensch ist sicher, das heißt, er ist von Gott versichert, dieses Endziel zu erreichen, und zwar durch das Bundeszeichen des Regenbogens. Er kann auch im Kreatürlich-Vorläufigen seine Herrschaft errichten, er braucht keine Furcht zu haben, daß die Ressourcen, die der Schöpfer ihm allein zur Verfügung stellt, sich erschöpfen könnten. Seiner Arbeit, das heißt der Ausbeutung der Biophäre zugunsten einer einzigen Spezies, sind lediglich die Grenzen des eigenen Vermögens gesetzt. Der Mensch, der in solchem Bund steht, braucht nicht vor der undurchsichtigen Macht anderer Geschöpfe zu zittern, er braucht sich keiner zusätzlichen magischen Potenz zu bemächtigen, er braucht sich auch nicht, wie der Jäger der Steppe, beim toten Bären oder Bison zu entschuldigen. Furcht und Zittern aller anderen Kreaturen sind nicht nur zugelassen, sondern Teil der Ordnung, die der Pakt begründet und bekräftigt. Niemals wird es an Ackerland mangeln, nie wird sich der Boden erschöpfen, irgendwo in der Biosphäre wartet die jungfräuliche Krume, Saat und Ernte werden weitergehen. (Jahrtausende später, anno 1492, wird diese Garantie ihre folgenschwere Bestätigung finden.)

Damit ist das jüdische ›Programm‹ umschrieben, soweit es den weltlichen Zustand der heutigen Welt betrifft. Wie wirksam es bis in unsere Tage geblieben ist, und zwar nicht nur für Juden und Christen, sei hier an einem einzigen Beispiel dokumentiert (in späteren Kapiteln wird darüber im Zusammenhang zu handeln sein).

Jedermann kennt die elfte These Marxens zu Feuerbach: »Bisher hat die Philosophie die Welt interpretiert, es kommt darauf an, sie zu verändern.« Was heißt hier ›Welt‹? Sicher ist zunächst an die ›Natur‹ gedacht, die Biosphäre, die unser kleines Heim im Kosmos ist. Aber warum gilt es sie zu verändern? Weil sie dem Menschen keine Heimstatt, kein Auskommen, nicht genügend Hoffnung bietet?

Verändert werden soll sie – das ist bei Marx evident – durch die Veränderung nicht der natürlichen, sondern der menschlichen Verhältnisse. Stillschweigend vorausgesetzt wird, daß die Potenzen des Menschen durch die gesellschaftlichen Mächte gefesselt sind und daß ihre Freisetzung auch die Welt der Natur verändern wird. In welcher Richtung aber wird sie diese Welt verändern? Sie wird den Menschen instandsetzen, seinem Auftrag nachzukommen – dem Auftrag der wirklichen, der totalen Weltbeherrschung, der Ausbeutung des profanen Arsenals Schöpfung. Im Zuge dieser ›Welt‹-Veränderung wird nicht nur der Staat absterben (denn was ist der Staat, wenn nicht die Zwangseinrichtung einer ungenügend produktiven Menschheit?), sondern auch die Bedingungen der Kreatürlichkeit – mit der einen möglichen Ausnahme des individuellen Todes.

Veränderung der Welt im Sinne der marxistischen These setzt also judäisch-christliches Erbe voraus – und zwar gerade die Überzeugungen des Erbes, die höchst ›unrealistische‹ Elemente einschließen.

Seien wir ehrlich: läßt sich die Stellung des Menschen in der Welt nicht viel zwangloser deuten, wenn man seinen kreatürlichen Schmerz als Grundausrüstung der Art auffaßt? Wenn man das Gefühl der Unerträglichkeit, das ihn beseelt, einfach als Waffe gelten läßt, ähnlich den Reißzähnen des Tigers – die einzige Waffe, die es diesem schlecht ausgestatteten Wesen ermöglicht, sich durchzusetzen und zu überleben, dann zu siegen in einer feindseligen Welt? Wenn man die Tatsache seiner (biologischen) ›Frühgeburt‹, die ganze Insuffizienz seiner animalischen Wirklichkeit als Grundlage für seinen Hunger nach Realitätsveränderung betrachtet?

Nun, solche Betrachtungsweise setzt wissenschaftliche Erkenntnisse voraus; sie setzt, mit anderen Worten, Aufklärung voraus; und zwar die Aufklärung in ihrer zweiten, nüchternen Phase. Die erste Phase jeder Aufklärung ist die des Optimismus, des humanistischen Engagements; sie tritt gegen alte Herrschaften und Geistesmächte aus dem Vollgefühl der Kraft an, ihre analytischen, zersetzenden Waffen richten sich nicht gegen die ›Natur-‹ oder Schöpfungsordnung, sondern gegen die Unzulänglichkeit und Unwilligkeit der alten Mächte, das Menschheitsprogramm des alten Bündnisses der Verheißung zu verwirklichen. Alle neuzeitlichen Aufklärungsbewegungen einschließlich des Marxismus wurden aus solchem Pathos geboren: die Erweiterung des menschlichen Gesichtskreises war immer mit einem neuen, ›ketzerischen‹ Ja zur Verheißung verbunden, einem Ja zu der Schlußzeile des Triumphgesangs aus der ›Zauberflöte‹: »Wird der Mensch den Göttern gleich.«

Aber als Kronzeugin für diesen Optimismus bemühte und bemüht man die Wissenschaft – und damit enthält die erste Aufklärungsphase zwangsläufig den Keim zur zweiten: der pessimistischen Phase. Oft bleibt der Übergang den Zeitgenossen selbst verborgen – oder sie begreifen seine Bedeutung nicht. Voltaires Abwendung von der besten aller Welten ist bekannt – sie fand unter dem Eindruck des Erdbebens von Lissabon statt. Dieses Erdbeben wirkte auf die Geister des 18. Jahrhunderts etwa so, wie Nazismus und Zweiter Weltkrieg auf die europäische Intelligenz unseres Jahrhunderts wirkten: als Erschütterung der naiv-aufklärerischen ›Der-Mensch-ist-gut‹-Position. Die Natur, vielberufene Alliierte im Kampf gegen finstere gesellschaftliche Unterdrückung, enthüllte plötzlich ihr wahres Antlitz: jenes Antlitz, das Bertrand Russell, ein späterer Aufklärer, die »schweigende Gleichgültigkeit der wahrhaft großen Dinge« nennt. Und Voltaire, der Desillusionierte, zieht sich zurück, um seinen kleinen Garten zu bebauen.

Da die Bedeutung dieses Umschwungs den Zeitgenossen meist verborgen bleibt, ist es ihnen möglich, den alten Angriff auf die ›Kirche‹ munter fortzusetzen – ohne daß sie sofort begreifen, daß er nun aus einer gänzlich anderen Richtung erfolgt. Nicht mehr der Unterdrückungs-Mechanismus, die Jenseits-Angst, die Fortschrittsfeindlichkeit werden attackiert, sondern die naive, vorwissenschaftliche Identifizierung von Schöpfung und Verheißung, die lächerlich unaufgeklärte Annahme, daß Gott für den Menschen ›da sei‹.

In der Praxis wird dieses Umschwenken der Aufklärung klarer als im Bewußtsein. So hat etwa die politische Praxis der Französischen Revolution beide Phasen reproduziert. Dem Fest der Freiheit folgt der Terreur, und den Terreur vergleicht und rechtfertigt Saint-Just vor dem Konvent mit der erhabenen Arbeitsweise der Natur, mit Erdbeben und Vulkanen. Theoretisch weniger ehrlich ist die Terrorphase des Marxismus: Niemals hat er sich in der Theorie vom Guten Menschen, von der Heilsgeschichte abgewandt, hat immer am zwangsläufigen Nahen der Verheißung festgehalten. Aber in der Praxis hat der

Priesterschüler und Terrorist Dschugaschwili (der wohl, mehreren Quellen zufolge, eine Zeitlang auch für die Ochrana gearbeitet hat) eine ganz andere Anthropologie anerkannt. Er demonstrierte sehr handfest seine Überzeugung, daß nicht die freie Assoziation der Produzierenden, nicht das Absterben des Ungeheuers Staat auf dem Programm der Menschheit steht, sondern der Marsch durch die Wüste und das Land der Ungläubigen, wobei es ohne Schädelhaufen am Wegrand nicht abgeht; er handelte nach der axiomatischen Überzeugung, daß der Satan Klassenfeind umgeht wie ein brüllender Löwe. Wer dieser ›Deformation‹ tapfer das sozialistische Schild mit dem menschlichen Antlitz entgegenreckt, der hat nie begriffen, in welches Medusenhaupt Josef Stalin geblickt hat.

Freilich, Stalin ist ohne anderthalb Jahrtausende Kirchengeschichte nicht vorstellbar; darüber wird noch zu handeln sein. Erwähnt werden muß schon hier sein Satan; denn er ist, wenn auch unter anderem Namen, der altböse Feind des jüdisch-christlichen Erbes. In unserer Paradieserzählung wird er nicht mit Namen genannt; der Versucher ist die ›Schlange‹; merkwürdigerweise ein Zeichen, das während des Exodus von Moses in der Wüste als Heilszeichen errichtet wird. Freilich, fast jeder Exeget hat die Schlange mit Satan gleichgesetzt.

Aber wer oder was ist Satan? Der antike Polytheismus benötigte ihn nicht; das Dämonische war irgendeinem göttlichen Kraftfeld zugeordnet, und der kreatürliche Schmerz war Folge der *Moira,* des waltenden Schicksals. Auch dualistische Systeme kennen den ›Satan‹ letzten Endes nicht, denn sie stellen Gut und Böse als gleichwertige Kräfte gegenüber, nehmen den Menschen für die Herrschaft des Lichtes in Pflicht. (Aus dem Persischen ist dieser Dualismus weit ins Spätjudentum und ins Christentum vorgedrungen, zuletzt und am entschiedensten in der Form des Manichäismus. Manichäische Bogumilen gab es in Kroatien und Dalmatien noch bis ins 9. Jahrhundert.)

Dualismus ist nicht biblisch, kann es nicht sein. Unter einem Schöpfer, der gleichzeitig der Herr der Verheißung ist, kann es kein gleichrangiges Prinzip des Bösen geben. Satan und die Seinen sind minderen Ranges, sind abgefallene Engel. Aber ist damit irgendeine logische Schwierigkeit behoben? Wird sie nicht philosophisch noch kompliziert, wenn Thomas von Aquin, dem Aristoteles folgend, das Böse als die ›Abwesenheit des Guten‹ definiert? Satan ist doch eine Individualität und was für einen Platz hat solche Individualität im Nichts? Der Theologe H. Gollwitzer formuliert das ewige jüdisch-christliche Problem ganz ehrlich: »Alles Wirkliche stammt von Gott. Das Böse ist wirklich, aber es stammt nicht von Gott.« Satan ist und bleibt die Quadratur des jüdisch-christlichen Circulus vitiosus. Immer wieder besiegt und totgesagt, bleibt er mächtig; ja, in Heilszeiten mächtiger denn je. Schon geschlagen, umheult das Böse die ewigen Pforten und zwingt zu ewiger Wachsamkeit: Keine Täuschung ist dem Nichts verwehrt, so kann es alles werden – kein Opfer kann es versöhnen, und so fordert es Hekatomben von Opfern. Es kann in Hexen, in Häretikern, inmitten der Gemeinde, unter den ältesten und bewährtesten Genossen auftauchen. Christliche Wachsamkeit erkennt es zwar in jeder Verkleidung, aber Scharen von Getreuen fallen seinem finstern Raunen anheim, müssen aus dem gesunden Volk der Erwählten eliminiert werden. So ist Satan, ein Nichts, zum wirksamsten Partner unserer Geschichte geworden.

Beenden wir hier unseren notwendigen Vorgriff. Für das kleine Volk, das sich auf die ersten Verheißungen stützte, war das Böse zunächst konkret genug: Es waren die Feinde, die es rings umgaben. Die Israeliten erlebten ihren Gott nicht als den Erschaffer von Sternen und Walfischen, sondern als den Gott Abrahams, Isaaks und Jakobs, der sie herausführte aus Ägypten, der sie umwirbt wie der Bräutigam die Braut, der zürnt, wenn sie abfallen, und verzeiht immer wieder, wenn sie versprechen, zu ihm zurückzukehren. Ringsum herrschen Götzen und Bilder über orgiastische Hochkulturen, die den zwölf Nomadenstäm-men zivilisatorisch überlegen sind. Das Eisen bekommt man von den Philistern, und die politische Geschichte der Juden verläuft denkbar elend, ihre geographische Lage zwischen den Großmächten des Nordens, des Ostens und des Südwestens bringt sie in permanente Lebensgefahr. Wer ›politisch‹ denkt, ist Synkretist, das heißt, er arrangiert sich mit den Nachbarn und ihren Mächten. Gideon, der erste Richter, mußte aus dem väterlichen Haus die Idole der Kanaaniter entfernen, ehe er zum

Kampf gereinigt und bereit war. Die Männer, welche die nationale Identität retteten, waren nicht die Politiker, sondern die Propheten. Der Typus ist nicht nur von der Geschichte Israels her bekannt; aber in keiner anderen Kultur erlangt er die überragende Geschichtsbedeutung. Die Ethnologie stößt auf den Propheten immer dort, wo eine primitive Sozialverfassung unter den Druck übermächtiger auswärtiger Einflüsse gerät; auch bei Mohammed war dies der Fall, und die Indianer Nordamerikas, von den Irokesen bis zu den Geistertänzern, folgten den Geschichten derer, die ihnen wunderbare Rettung vor den überlegenen weißen Mördern durch neue, revolutionäre religiöse Ansätze verhießen.

Die Kette der jüdischen Propheten aber ist anderen Sehern dadurch überlegen, daß sie vor dem Hintergrund der ständigen Todesdrohung die Aneignung und Reflexion der Verheißungen in einen ständigen Lernprozeß verwandelte. Während das jüdische Königtum nach wenigen Generationen unterging, während die letzten gekrönten Häupter im babylonischen Exil ihre dürftige Apanage verzehrten, kämpften die Propheten um die nationale und religiöse Identität, aber auch gegen den Ritualismus der gesellschaftlich Mächtigen, nahmen Partei für die Armen und Unterdrückten, entwarfen das unerhörte Bild eines toten Volkes, dem der Atem des Herrn immer neues Leben einhaucht. Auch sie gaben der Welt, unserer Welt, ein Erbe weiter: das Erbe einer Erwählung, die gerade den Niedrigsten und Verachtetsten zuteil wird. Indem sie solche Erwählung nicht mehr als ein stammesgeschichtliches Privileg, sondern als eine Verantwortung aus höherer Erkenntnis deuteten, und indem sie unabhängige Münder Gottes gegenüber dem Volk wie gegenüber den Mächtigen blieben, haben sie einen Typus des Engagements geschaffen, der in der übrigen Antike unbekannt war. Er ist bis in unsere Tage für unsere gemeinsame Tradition verbindlich geblieben. Nicht zuletzt deshalb, weil auch die Israeliten ›falsche Propheten‹ kannten; also solche, die den Herrschern, den Mächtigen oder dem trägen Volk nach dem Munde redeten, nicht nach dem Munde Gottes.

Während die Geschichte Gottes mit seinem Volk als politische und Sozialgeschichte erlebt und gedeutet wurde, geht in den Psalmen, in den Weisheitsbüchern, im Buch Hiob eine andere Auseinandersetzung vor sich: die Auseinandersetzung um die Identität des Gottes der Schöpfung mit dem Gott der Verheißung. Der Gegensatz zwischen unerträglichen Zuständen und der großen Verheißung ist ihr zentrales Thema, und das Leid des Gerechten ist ihr Grundmotiv – ein Skandal, den sie ständig vor das Antlitz des Höchsten hält. Dem Gott des Bundes wird – wenn das kühne Bild erlaubt ist – kein Ausweg gestattet; weder in die Theodizee, das heißt in die Annahme, daß Leid noch allemal Strafe für Sünde oder Unvollkommenheit ist, noch in den Dualismus, der das Leid auf ein irgendwie geartetes, Gott nicht unterstehendes Widerprinzip zurückführt. Gott wird verantwortlich gemacht; am klarsten wird dies im Buch Hiob, wo er – auf Grund einer Wette sozusagen – dem Satan freie Hand gegen den Frommen gibt. Der Fromme ist kein Fatalist oder Duckmäuser; aus seinen Schwären, seiner Trauer, seiner Einsamkeit klagt er an, *ruft Gott wider Gott an* – er weist allen Zuspruch der Freunde zurück, die so oder so auf Theodizee oder Harmonisierung hinauswollen. Er fragt Gott nach dem Zustand seiner Welt, das heißt der Menschenwelt.

Gott antwortet nicht auf diese Anfrage – jedenfalls geht er nicht auf das Thema ein. Er antwortet als der Schöpfer, antwortet ironisch: »Wo warst du, als ich die Grenzen der Erde setzte?« Es ist verständlich, daß Ernst Bloch bei seiner Analyse des Buches Hiob diesen Schöpfer einen ›finster-weisen Natur-Baal‹ nennt, dem nichts anderes einfällt als der Hinweis auf seine Morgenröte, seinen Walfisch und seinen Elefanten. In der Tat: jüdisch-christliche Gottesvorstellung hat wenig mit dem Anstaunen von Weltformeln und fast alles mit dem Trocknen von Tränen zu tun. Aber wenn Bloch daraus für unsere Stelle auf zwei ›Götter‹ folgert, nämlich den Bluträcher, den Hiob in eigener Sache anruft (und aus dem später folgerichtig der Nicht-Gott des humanistischen Atheismus werden wird) und den Natur-Baal, gegen den Hiobs Prozeß läuft, so verfällt er selbst einem manichäischen Schema: eben dem Schema eines humanistischen Atheismus gegen einen unmenschlichen Theismus. Solche Einteilung ist dem Buch Hiob fremd. Der Fromme bescheidet sich; nicht, weil ihm Elefanten und Morgenröte so besonders imponieren (er spricht über sie), sondern weil er überhaupt Antwort erhalten hat. Daß Gott antwortet, beweist, daß er zu uns spricht, daß er also verheißen kann und verheißen hat; daß er auf den Kosmos, nicht auf den Menschen verweist, zeigt, daß er nicht nur der Stammesgott Abrahams, Isaaks und Jakobs ist, sondern auch der Gott, dem alle Frommen der Welt ihre Furcht schulden.

So erreicht das Buch Hiob jenen höchsten Punkt der Frömmigkeit, der innerhalb der jüdisch-christlichen Tradition vorstellbar ist. (Hoffentlich ist klargeworden, daß der Ausdruck ›Frömmigkeit‹ hier nichts Negatives besagt.) In kommenden Jahrhunderten und Jahrtausenden wird dieser Gipfel immer wieder von anderen Frommen, anderen Genies der Hingabe erklommen werden. Aber nicht diese Kühnheit der wenigen hat unsere weltliche Geschichte bestimmt, sondern der Weg der Botschaft durch die Reiche der Welt, durch die Vorstellungen von Sklaven, Fischern, Generalen, Kaisern, Feudalherren, Mönchen, Bürgern und Intellektuellen. Der Kern der Botschaft aber (dies sei hier wiederholt) war die Auserwähltheit des Menschen vor aller Schöpfung, war der totale Herrschaftsauftrag, war die Zusicherung einer Heilsgeschichte, welche dereinst alles kreatürliche Leid überwinden wird, und die Zusicherung eines Gleichgewichts der planetarischen Biosphäre zugunsten des Menschen. Solange diese Botschaft in das Gesetz eines kleinen Volkes am Ostrand des Mittermeers eingebunden blieb, konnte sie ihre Wirksamkeit nicht entfalten; es bedurfte der Internationalisierung der hebräischen Strukturen – es bedurfte des Menschensohns von Nazareth.

Das Fest

Rom lastete auf der Welt; und auf Palästina lastete es besonders schwer. Für die Herrscherin war diese kleine Weltecke zwar unbedeutend, aber doch ärgerlich. Die Armut war groß, selbst für spätantike Verhältnisse; Tribute einzutreiben, war mühsam, aber eine starke Garnison war nötig, um das Volk, das in den Augen der Römer ebenso verlumpt wie arrogant und starrköpfig war, im Zaum zu halten.

Vor allem war die religiöse Intoleranz der Juden ein negatives Politikum erster Ordnung: Überall sonst im Reich waren die Symbole des Caesar als Integrationsfaktoren verwendbar sei es im östlichen Kult, der dem Kaiser schon göttliche Ehren erwies, sei es in den alten, halb politischen halb numinosen Kategorien der westlichen Reichsteile, in denen man noch mit den Formeln der republikanischen Tradition arbeitete. Hier aber, in Palästina und vor allem in Jerusalem, waren laufende Zusammenstöße mit den Hebräern, welche die *pietas,* die ziemliche Verehrung des Heiligen, grundsätzlich verweigerten, so gut wie unvermeidlich. Der Prokurator Pilatus hatte, wie wir aus profanen Quellen wissen, für brutale Konfrontationen ein besonderes Talent; aber die spätere Geschichte Judäas und sein Untergang sind Beweis genug, daß die Integration dieses geschlossenen jüdischen Gebiets ins Reichsganze ein hoffnungsloses Unternehmen war.

Wer war er? Was wollte er wirklich? Was hat er uns hinterlassen? – Mitten in einer säkularisierten Welt sind plötzlich wieder Millionen an der Frage interessiert; es scheint fast, als habe die gesellschaftliche Schwächung der Kirchen Energien für solche ›Suche nach Jesus‹ freigesetzt. Man interpretiert, stilisiert und manipuliert ihn auf die verschiedenste Weise: als Bandenchef und antiken Ché Guevara, als Mann in schlechter Gesellschaft, als den ›vierdimensionalen‹ Menschen; man bringt ihn bald mit dieser, bald mit jener Tradition in Verbindung: mit Zeloten, Pharisäern, Essenern. Es ist aber fraglich, ob mit alldem neue Erkenntnisse über das gewonnen werden können, was uns besonders angeht: über sein Fortwirken in der christlichen Geschichte. Unsere Methode erlaubt es, die Frage ohne Hantierung wichtiger und schwieriger historischer und exegetischer Probleme anzugehen: Wichtig ist, wie er *gewirkt hat* – als lebendige Kraft in seinem Volke und später als Mittelpunkt eines Glaubens und vieler Kirchen.

Die Exegese beschreibt ihn typologisch als charismatischen ›Außenseiter‹; und die Tatsache seiner Verfolgung sowie die Umstände seines Todes legen nahe, daß es zumindest in der letzten Phase jeder Rückendeckung durch die bestehenden politischen und religiösen Gruppierungen verlustig gegangen war. Der ›Ché‹ der linken Jugend war er sicher nicht; ebensowenig wie das kraftlose Kitschbild der kommerziellen Jesuswelle. Wenn er ›Revolutionär‹ war, dann in jenem alten Wortsinn, den Hannah Arendt für uns herausgearbeitet hat: Er hat überlieferte und längst entfremdete Wahrheiten so wörtlich genommen, daß sie völlig neu und umwälzend wirkten.

Dies gilt insbesondere für die alten Garantien und Verheißungen: eine ›Theologie‹ (wenn der Ausdruck überhaupt erlaubt ist) vollendet die prophetische Entwicklung zum Erlebnis eines geliebten und liebenden Gottes. Er nennt ihn den Vater, vor allen anderen Titeln (die er eigentlich nur in Kontroversen verwendet). Er nennt das Reich der Himmel gegenwärtig; verhüllt noch, aber real und in ihm selbst vorhanden. Verheißung und Schöpfung, die Parallelen, die nie zusammenkommen wollten, sind dabei, sich zu finden.

Diese Einigung, diese heilige Hochzeit offenbart sich in den Wunderheilungen und in der Predigt. Seine Botschaft ist Aktion – und diese Aktion selbst ist schon das Reich, wenigstens sein entscheidender Beginn. Die Schrift subsumiert dies in seiner Antwort an die Jünger des Johannes, die im Namen des gefangenen Meisters anfragen: »Bist du es, der da kommen soll, oder sollen wir auf einen anderen warten?« Diese Antwort ist nur scheinbar ausweichend: »Blinde sehen, Lahme gehen, den Armen wird das frohe Wort verkündet.« Die Form ist hier so wichtig wie der Inhalt der Aussage: Jesus weigert sich, sein ›Wesen‹ im historischen oder theologischen oder anthropologischen Sinn zu definieren, er geht einen Schritt nach vorn in die Praxis, spricht über den Prozeß, die Praxis der Enthüllung des Reiches – und stellt damit anheim, *daß dieser Prozeß selbst das ›Reich‹ ist.*

Wir haben enorme Schwierigkeiten, dies zu verstehen. Denn keiner von uns, ganz gleich, ob er durch eine christliche Erziehung gegangen ist oder nicht, liest die Evangelien als Bericht einer zusammenhängenden Aktion; schon deshalb nicht, weil sie gar nicht als solcher entstanden sind. Es sind zusammengefaßte Logien und Bestandteile der mündlichen Tradition (wobei wieder nicht wichtig ist, wann die jeweiligen Redaktionen stattfanden, jedenfalls nicht für unsere Zwecke). Sie sind, dem Bedürfnis der späteren Gemeinden folgend, in einem gemessen-hieratischen Tonfall geschrieben. Sie stilisieren und verlangsamen. Dazu hat die Gottesdienstpraxis die Evangelien in viele Einzelgegenstände der Betrachtung zerlegt, die feierlich vorgetragen und je nach dem Frömmigkeitsstil der aufeinanderfolgenden Jahrhunderte interpretiert wurden.

Versuchen wir, um ein modernes Bild zu gebrauchen, die Evangelienberichte als Film zu begreifen. Wenn wir die Kindheitsepisoden beiseite lassen – auch die Frage, ob sie nun Midrasch-Charakter haben oder nicht –, ist die Zeitspanne dieser Berichte kurz, beängstigend kurz. Etwa anderthalb Jahre dauert dieses Wirken, das durch eine blitzartige Katastrophe abgeschlossen wird. Kein Führer von Menschen würde es heute wagen, ein so gewaltiges Programm in eine so kurze Zeitspanne zu pressen.

Aber schon das Wort ›Programm‹ ist in Jesu Nachbarschaft nicht vorstellbar – höchstens, wenn man seine Methode von vornherein als Gegen-Programm auffaßt. Jede Kasuistik, jede Vorsorge ist ihm zutiefst verdächtig. Daß gerade der Schatzmeister der kleinen Jüngerschar an ihm zum Verräter wurde, ist wohl bezeichnend: ein Geist, der zur finanziellen Vorsorge neigt, konnte in der Nähe Jesu nicht gedeihen. Man hat später – etwa aus seinen Antworten auf Steuer-, Ehe- und Rechtsfragen – imponierende und stabilisierende Systeme konstruiert; ein Verfahren, das nur aus der Vereinzelung des jeweiligen Vorgangs entstehen konnte. Jesu Reaktion auf die jeweiligen Anfragen ist nämlich viel einheitlicher als der Inhalt seiner Stellungnahmen. Kasuisten, wohl nicht nur ›Schriftgelehrte‹, sondern Angehörige eines Volkes, das seit Jahrhunderten sein Gesetz und seine Bücher liebte und denen es geistiges Vergnügen bereitete, den Scharfsinn eines Rabbi zu testen, stellen hier Fragen, die beileibe nicht nur Fangfragen, sondern durchaus legitime Formulierungen von Problemen der gesellschaftlichen, politischen, privaten Praxis sind. Und Jesus fertigt sie alle ab – teilweise mit brüsken Bonmots. Solche Fragen sind für ihn tot; und die Toten sollen ihre eigenen Toten begraben. Sie enthüllen Glaubensschwäche des Fragers; eine Tendenz, sich diesseits des Reiches der Himmel einzurichten, eine Begriffsstutzigkeit, die das Grundsätzliche des Umschlags nicht erkennt oder nicht wahrhaben will. Wenn hier überhaupt Methode am Werke ist, dann eine solche der radikalen Verunsicherung.

Wie organisiert er die Verbreitung seines frohen Worts? Wieder kann man höchstens von einer Anti-Organisation sprechen. Er sendet Jünger in kleinen Gruppen aus, ohne jede Ausrüstung, barfuß. Er gibt ihnen den ausdrücklichen Befehl, sich nicht auszurüsten: Ihr ganzes Auftreten soll fieberhafte Eile vermitteln, die Eile von Kurieren, die vor einem gewaltigen Herrscher oder einer gewaltigen Armee durchs Land jagen. Der Glaube, den er verkörpert und verkündet, scheint jeder Zurüstung auf Dauer zu widersprechen, ja sie nicht zu ertragen.

Eine einzige Vorbereitung läßt er gelten: die Vorbereitung auf das Große Fest. Immer wieder spricht er von Festen, nimmt an Festen teil. Bankette, große Hochzeiten sind die Bilder, mit denen er das Reich der Himmel schildert. Das Fest ist anberaumt, die Einladungen ergehen. Die Jungfrauen warten, brennende Lampen in der Hand, nur die Törichten legen sich schlafen. Was hält das Fest noch auf? Seine Gleichnisse sagen es: die privaten und öffentlichen Arrangements, die eigene Heirat, das Kaufen von Ochsen, also das Erwerben von Produktionsmitteln, die Vorsorge für die Zukunft von Familie und Clan: *Wer vorsorgt, zweifelt.*

Gesetz des Festes: Das ist die aufgehobene Zeit, die Verschwendung und die ständige, selbstverständliche Auffindung von neuen Gaben. Das Fest: wunderbare Brotvermehrung, Verwandeln von Wasser in Wein (die Gäste, so steht geschrieben, waren schon betrunken – Jesus macht es nichts aus, ihnen neuen Wein zu geben). Das Fest: Ausschütten teurer Parfums über die Füße des geliebten Gastes; Tischgemeinschaft von Armen und Reichen, von ernsten Männern und Eckenstehern und Lumpen, denen nur *eine* Sünde aufgerechnet wird: die mangelnde Festbereitschaft, das fehlende Gewand der Freude.

Und er liebt Leute, die Feste lieben; das sind selten die produktiven Typen. Gegner hängen ihm dafür den Ruf eines Prassers an, sicherlich respektable Leute. Ihm sind Steuerspekulanten und Sünder lieber – Leute also, mit denen die gute Gesellschaft nicht viel anfangen kann. Die Klasse, die er am intensivsten anspricht, ist nicht das mehrwertschaffende Proletariat (wenn das auch mancher wackere Sozialist so gesehen hat und sieht), sondern die der *Amhaarez,* der Leute, die ›ohne Gesetz‹, das heißt ohne die peinlichen Vorschriften der Thora leben; Leute, die sich am Rande der Gesellschaft herumdrükken, abgeschrieben von den Pharisäern, den Glaubenssicheren und Gesetzestreuen. (Entgegen dem Eindruck, den die Evangelien erwecken, waren die Pharisäer keine Herrenschicht, sondern eine fundamentalistische Volksbewegung der Mittelklasse. Ihre Mentalität dürfte viel eher der entsprochen haben, die später das Gros der puritanischen Gemeinden und der christlichen Arbeiterbewegung erfüllt hat.)

Die Hinrichtung Jesu birgt Unklarheiten; aber wenn die Römer einen Präventivschlag gegen ihn führten – und die Umstände der Leidensgeschichte scheint darauf hinzudeuten –, dann mit der Absicht, ihn daran zu hindern, zum Kristallisationspunkt einer großen Masse von Deklassierten zu werden. Mußte er ihnen nicht verdächtig erscheinen, dieser Menschensohn, der durch heiße, graugelbe Dörfer zieht, der in Häusern predigt, von denen man das Dach reißt, auf Höhen, von Tausenden umlagert, umringt von Schreien und Staubwolken?

Aber wie hätte Jesus – wenn er dies vorgehabt hätte – eine erfolgreiche Revolte ohne Kommandostruktur anzetteln können? In seinem angebrochenen Reich gibt es ja keine Hierarchie. Hart fährt er die Jünger an, die über Rangstufen streiten und spekulieren – er verweist ihnen dies als satanisches Gerede. Niemand soll herrschen, niemand beherrscht werden. Mit seiner Botschaft war weder eine Rechtslehre noch eine Organisation, weder eine Kirche (in unserem Sinne) noch eine Politik zu machen.

Es gibt ein (außerhalb der Evangelien überliefertes) Herrenwort, das man heute als echt betrachtet:»Ich bin eine Brücke, auf eine Brücke baut man nicht.« Dies heißt: Jesus vermittelt nicht nur ein Provisorium, sondern ein bewußtes und totales Provisorium – die Ablehnung jeder ich- und wir-bezogenen Verfestigung und Kontinuität.

Hier muß betont werden, daß mit dieser Zusammenfassung keine neue Ketzerei beabsichtigt ist – sie stützt sich großenteils auf allgemein anerkannte exegetische Ergebnisse. Selbstverständlich liegt es nahe, den Gegensatz zwischen Jesu Lehre und Antlitz und einer späteren Christenheit zu formulieren – ein Gemeinplatz aller Kirchenkritik von den ersten Ketzern an. Und es gibt sicher keinen ernstzunehmenden Mann der Kirche, der diesen Gegensatz nicht selbst fühlt, ihn ständig empfindet und auf seine Weise darunter leidet. (Er leidet sicherlich mehr als manche forschen Kritiker, die den Gemeinplatz mit routinierter Sicherheit hantieren.)

Lassen wir also den Gemeinplatz beiseite. Es geht doch um die Folgen des Christentums, nicht um die moralische Beurteilung einer mehr oder weniger geglückten Rezeption der eigenwilligen Botschaft Jesu. Wir haben angekündigt, daß weder Altäre besetzt noch irgendwelche Schurken ausgemacht werden sollen. Die Frage, um die es geht, ist die Frage nach den Kräften, die den evidenten Erfolg des Christentums in den letzten zwei Jahrtausenden verursachten, und nur in diesen Zusammenhang ist auch das Faktum eines – größeren oder geringeren – Abfalls der Christenheit von der Frohen Botschaft zu stellen. Sie läßt sich dann – auf der einfachsten kausalen Ebene – so formulieren: Wenn die Christenheit Jesus verraten hat – warum hat sie ihn dann verraten? Welche Kräfte hielten sie davon ab, ihm bedingungslos zu folgen?

Es gibt eine monumentale literarische Fixierung dieser Frage: die Erzählung vom Großinquisitor in den »Brüdern Karamasow«. Absichtlich wählt Dostojevskij (oder, wenn man will, sein Iwan) diese Figur, die von unzähligen Anklägern als die anstößigste der Kirchengeschichte immer wieder attackiert und kommentiert worden ist. Er ist sozusagen die Quintessenz dessen, was mit dem Christentum ›schiefging‹ oder überhaupt schiefgehen kann. Der Vertreter des kirchlichen Immobilismus läßt den wiedergekehrten Herrn selbst verhaften, er erkennt ihn richtig als Anstifter von Unruhe und Umsturz. Nachts besucht er ihn dann in seiner Zelle, und er rechnet Jesus vor, was er alles falsch gemacht habe: Er habe die äußerste Freiheit verkündet, die erfahrungsgemäß eine Illusion, und zwar eine gefährliche Illusion sei. Die Menschen wünschten keine Freiheit, sie wünschten Führung, Vorsorge, Kontinuität – und vor allem Entlastung von der Verantwortung. Jesus antwortete mit keiner

Silbe. Schließlich bittet der alte Seelenherrscher den Herrn, wegzugehen und nie wiederzukommen.

Und was tut Jesus? Er tritt auf den Machthaber zu, er küßt ihn und geht dann in die Nacht hinaus; vermutlich wird er nie wiederkehren. Mit anderen Worten: *die beiden verstehen sich.* Sie erkennen das jeweils andere Dilemma des anderen – und sie erkennen es an. Jesus und der Großinquisitor sind die beiden Pole, zwischen denen sich kirchliche Wirklichkeit und christliche Entwicklung seit Jahrtausenden bewegen. (Es ist bezeichnend, daß der fromme Aljoscha auf die letzte große Pointe der Erzählung, den Kuß Jesu, sein Verstehen des Großinquisitors, gar nicht eingeht: Fromme haben für solche Pointen selten ein Gespür.)

Übersehen wir dabei eines nicht: Dostojevskijs Großinquisitor geht von einer in den Evangelien überlieferten Erzählung aus – den drei Versuchungen Jesu in der Wüste. Ohne die Tradition der Kirche, welcher der Großinquisitor auf seine Weise dienen zu müssen glaubt, wären diese Versuchungen dem 19. Jahrhundert längst unbekannt gewesen. Wenn etwas die Kirche ehrt, der man ständig Verrat am Evangelium vorwirft, dann müßte es doch die unbegreifliche Hartnäckigkeit sein, mit der sie eine Botschaft weitergibt, die sie selbst richtet. In dieser Botschaft stecken nicht nur sämtliche Anlässe späterer Kirchen- und Christentumskritik, sondern auch die ersten, archetypischen Berichte über den Abfall selbst: In den entscheidenden Tagen, da der Herr von ihnen geht, sind die Jünger völlig außerstande zu begreifen, was vorgeht, bis zuletzt sprechen sie über Kommandoketten und Schwerter, sie schlafen ein, sie verleugnen den Meister, sie laufen davon. Es gibt kein sonstiges Beispiel einer Religionsgründung, die in ihre heiligen Bücher, den Grundstein ihres Selbstverständnisses, so viele negative Beschreibungen der eigenen Inkompetenz eingelassen hat, soviel blutiges und schändliches Desaster. Das Fest ist vorüber, der Herr ihres Lebens wurde getötet.

Die Seinen bleiben aber zurück, ohne Statut, ohne weltlich brauchbares Recht, ja ohne eine weltlich brauchbare Ethik mit einem gebrochenen Verhältnis zu ihrer jüdischen Umwelt. Anweisungen über Rangordnung, Gemeindeaufbau, Verhältnis zu existierenden sozialen und politischen Mächten liegen nicht vor. Was die Gemeinde zunächst verbindet, ist ein Antlitz: das Antlitz und Andenken des Meisters. Es bleibt ihnen Mahlgemeinschaft, Oster- und Pfingsterlebnis – und die Hoffnung auf den Tröster, der sie schon lehren wird, was sie in dieser komplizierten Welt verstehen und lernen müssen.

Mit solcher Ausstattung macht sich die kleine Gruppe von Unterprivilegierten auf den Weg in die Welt. Die Welt: Das ist der Riese Rom, das ist die akademische Welt hellenistischer Spekulation, welche nicht nur den *Dieu des Philosophes,* den Einen Gott des Wahren, Guten und Schönen, erarbeitet, sondern auch eine stoische Dienst-Ethik von hohen Graden geschaffen hatte, welche die aufgeklärte hohe Beamtenschaft zum selbstlosen Wahrnehmen ihrer Aufgaben anhält. Die Welt ist ferner die der vorderasiatischen Kulte, der Mysterien, die zunehmende Bedeutung gewinnen, der geheimnisvollen geistig-seelischen Zwischenwelt der Gnosis.

Die ganze Welt wird durch das Christentum höchst eindrucksvoll verändert; das liegt klar auf der Hand. Was nun eingehender besprochen werden muß, ist der Mechanismus der Veränderung, zu dem unweigerlich die Veränderung der Gemeinde selbst gehört; also die Verwandlung der Urgemeinde in das, was wir unter Kirche verstehen. In dieser Veränderung entstanden die dialektischen Positionen, die noch heute das geistige, politische und wirtschaftliche Geschick des Planeten bestimmen – entstand vor allem eine Praxis, in der sich die Resultate der Auseinandersetzungen immer weiter von den Absichten der ringenden Gegner ablösten und verselbständigten.

Er kam nicht wieder

Abfall: sprechen wir das Stichwort noch einmal aus. Es klingt dumpf, nach dem Eiskreis von Dantes Hölle, nach unwiderruflicher Verworfenheit. Aber die Schrecken, die es in unseren Nerven auslöst, sind schon Teil unseres Erbes. Die Propheten sprachen vom Abfall als Hurerei und Unzucht; keine geschlechtliche Ausschweifung meinten sie, sondern die Hingabe an fremde Götzen und ihre Riten. Die christliche Botschaft hat uns Petrus unter dem krähenden Hahn überliefert: ein neues archetypisches Bildnis des existenziellen Verrats. »Der Herr blickte ihn an«, heißt es in der Leidensgeschichte: Unter dem Blick des Herrn wird der Abfall der Seinen unerträglich.

Christliche Geschichte ist eine Geschichte des Abfalls geblieben; in allen ihren Darstellungen bleibt er ein wichtiges Kompositionsprinzip; nur die Figuren werden jeweils anders eingesetzt, wechseln von der linken auf die rechte Seite des Bildes und umgekehrt. Es war immer der jeweils andere, den man in Zeiten selbstsicherer Frömmigkeit auf die Seite der Abtrünnigen verbannte; dem man – mehr oder weniger scharfsinnig und leidenschaftlich – den *gran rifiuto,* die Große Verweigerung von Christi Angebot nachwies. Während die institutionalisierten Kirchen darauf Wert legten und legen mußten, in direkter und ungebrochener Nachfolge auf den Gründer selbst zurückzugehen, und ihre Apologeten dazu anhielten, dies zu beweisen, waren alle Ketzer – und nach ihnen ihre ungläubigen Erben – sich wenigstens in der einen Methode einig: den Abfall eben dieser Kirchen von ihrer eigenen Botschaft zu erhärten. Die Unfruchtbarkeit solcher Polemik beruht darauf, daß man sich – je nach Bedarf – ein Bild und Gleichnis von der ›ursprünglichen‹ Botschaft machte, das den Absichten der Kämpfer entsprach und ihrer Beweisführung entgegenkam. Auch mit Beschwörungen des altbösen Feindes, der da jeweils beim Gegner am Werk war, wurde nicht gespart.

Einen Schritt weiter geht die progressive (auch die innere) Kritik der Gegenwart: Sie stellt Jesus selbst jedem Kirchenwesen gegenüber, das sie an sich und in sich schon als Abfall postuliert. Wir werden dies im einzelnen noch zu besprechen haben.

Kehren wir zum Gang unseres Arguments zurück und fragen wir uns: Wie konnte, nachdem Jesus die Seinen auf sich selbst und den Paraklet, den Tröster, gestellt hatte, sein Erbe weitergegeben werden? Welche Erwartungen, welche Persönlichkeiten, welche organisatorischen Grundvoraussetzungen standen dafür zur Verfügung?

Er hatte es ihnen ja nicht leichtgemacht. Er hatte Gottes

Verheißung als präsent verkündet, er unterließ jede Anweisung, jede Methodik des Über- und Weiterlebens in einer unvollkommenen, von ungeheuren Lasten bedrückten Welt. Sünde, Zielverfehlung war ihm lediglich die Verweigerung des Glaubens gewesen – und dieser Glaube versetzt Berge, macht Methode, Politik, Wirtschaft nicht nur überflüssig, sondern entlarvt sie als Evidenz des Unglaubens: »Wer nicht glaubt, ist schon gerichtet.« Dies war Jesu zentraler Angriff auf das Gesetz gewesen – auf *jedes* Gesetz, das er überwand, indem er es erfüllte. Und wegen dieses Angriffs mußte er, vom Standpunkt jeglicher Politik aus zu Recht, sterben.

Zu Recht; denn solche Botschaft war das genaue Gegenteil dessen, was man damals unter Recht, Kontinuität, Ethik und Philosophie verstand – und was man bald wieder darunter verstehen sollte. So war die Urgemeinde, trotz des Geistes der Brüderlichkeit und der Erinnerung an den Herrn, die sie erfüllten, von Anfang an mit der Paradoxie beschäftigt, welche die Christenheit nie mehr verlassen sollte: mit der Paradoxie nämlich des Überlebens in einer Welt, die ›an sich‹ mit der Gegenwart Jesu schon gerichtet und überwunden war.

Trotz der Spärlichkeit der außerchristlichen Dokumente und der redaktionellen Tendenzen der Akten, Briefe und Evangelien wissen wir heute ziemlich viel über diese ersten Jahre der Gemeinde. Wir glauben annehmen zu dürfen, daß der petrinischen Lösung des Leitungsproblems eine kurze Epoche dessen vorausging, was man ein Kalifat nennen könnte: eine Verwaltung der Tradition durch die Verwandten Jesu unter Führung von Jakob dem Älteren. Lassen wir aber Fragen beiseite, die zur Parteilichkeit herausfordern; stellen wir die eine, allgemein anerkannte Tatsache fest, daß sich schon in den ersten Jahren in der Urgemeinde eine Überzeugung durchsetzte, die Überzeugung nämlich von der baldigen Wiederkunft des Menschensohnes. Diese Überzeugung (alle Dokumente belegen es) beseelte das gesamte Selbstverständnis der Gruppe und wurde auch von dem großen Paulus geteilt. *Maranatha* – komm, Herr! war der stereotype Gebetsruf dieser ersten Generation.

Wiederkunft als klar erkennbares, jede Geschichte beendendes Ereignis – war sie, so müssen wir fragen, unabdingbarer

Bestandteil der Lehre Jesu selbst? Die Evangelien führen eine Reihe seiner Aussprüche auf, die darauf schließen lassen. Albert Schweitzer hat sich zu der Ansicht bekannt, daß die eigene Überzeugung Jesu von seiner chiliastischen Wiederkunft notwendig sei, um seine Gestalt und sein Wirken zu erklären. Allerdings: ›Ihr kennt nicht den Tag und die Stunde‹, lautet ein wichtiger Satz zu diesem Thema; und selbst wenn der Satz der Arbeit eines späteren Redakteurs zu verdanken wäre: Er läßt die Möglichkeit offen, daß Jesus selbst davor warnte, Wiederkunft zum Angelpunkt seiner Botschaft zu machen.

Logischer ist es, anzunehmen, daß die sehnsüchtige Beschwörung der Rückkehr des geliebten Meisters zunächst und vor allem ein gemeindebildender Faktor war, genauer: ein Faktor, der die Gemeinde daran hindern sollte und sie wirklich lange daran hinderte, zu einer kontinuierlichen ›Organisation‹ zu werden, an dieser Kontinuität interessiert zu sein, Wurzeln in einer fremden und die Botschaft mißverstehenden Kultur zu schlagen. Wiederkunftsglaube wäre dann der erste Lösungsversuch des Dilemmas, von dem wir sprachen: des Dilemmas der Existenz in einer Welt, die schon gerichtet war. Indem man auf die endgültige Offenbarung dieses schon angebrochenen Gerichts wartete, kam man nicht in die Gefahr, die Saat der Botschaft unter die wuchernden Dornen des *Aion,* der fortdauernden Zeitlichkeit, zu säen.

Wer ganz unerbittlich ist, kann schon in der Wiederkunftserwartung Abfall und Verrat wittern. Er kann argumentieren, daß Jesus jeden einzelnen dazu herausfordert, Jesus ›zu werden‹; daß er in jedem, der ihm nachfolgt, die alles überwindende Glaubens- und Liebespotenz freisetzen wollte, die jede heteronome, das heißt von außen hereinbrechende ›Endlösung‹ in Form eines künftigen Heilsereignisses überflüssig machen würde. Schon die Übertragung der Erlösung auf ein solches Ereignis von außen, eine verordnete Zukunft, käme dann dem Offenbarungseid – und damit dem Abfall der Gemeinde gleich: *Maranatha* als Alibi.

Nun, wer so argumentiert, muß eine sehr hohe Meinung von seinem eigenen Jesu-Verständnis und eine mittelmäßige Meinung von den Jüngern und Freunden Jesu haben; eine

Meinung, die letzten Endes auf Jesus selbst reflektiert. Daß ihn die Seinen nicht verstanden, dokumentieren die Evangelien ständig (auch ein Beweis für die hartnäckige Ehrlichkeit der späteren Kirche). Ein Mann wie Jesus, den heute auch der Agnostiker als religiöses Genie anerkennt, hätte dann als ›Pädagoge‹ wie als ›Stifter‹ versagt, weil er sein Erbe höchst unzuverlässigen Verwaltern anvertraut hätte. Nein, bleiben wir auch in diesem Zusammenhang unserer eigenen Methode treu, stellen wir ganz einfach fest, daß es weder einen jakobitischen noch einen petrinischen, noch einen paulinischen ›Abfall‹ gab, sondern daß sich bereits die Urgemeinde mit dem Problem befassen mußte, das dem Christentum verblieb und das unsere Welt bis in die Gegenwart geformt hat: nämlich dem Gegensatz zwischen der Erinnerung an den Herrn und der Notwendigkeit, ohne ihn in der Welt als *Gemeinde* leben zu müssen.

Sieht man das Problem in dieser unparteiischen Sicht, so erweist sich – wie schon gesagt – die Sehnsucht nach der Wiederkunft des Herrn als eine erste, logische Modifikation der ›Anti-Methode‹ Jesu selbst. Diese Sehnsucht, die den noch Abwesenden ins Zentrum jeder *Ecclesia,* jeder sich bildenden Gemeinde stellte, war zunächst die sicherste Abwehr gegen jede organisatorische, juristische, theologische und kasuistische Verfestigung. Sie war die Konsequenz aus der Lehre, welche die Jünger empfangen hatten: nämlich aus der harten Verwahrung Jesu selbst gegen jede Spekulation über Rangordnung und Hierarchie. Die Seinen hatten in ihm den Blitz gesehen, der leuchtet vom Aufgang bis zum Niedergang – und warteten nun auf den Donner. Der Donner kam nicht: Jesus kam nicht wieder. Wenn es ein historisch gesichertes Faktum in der Kirchengeschichte gibt, dann ist es dieses. Ob man Jesu Wiederkunft für möglich hält oder nicht, spielt in diesem Zusammenhang keine Rolle. Wichtig ist lediglich das Faktum selbst. Daß es ein negatives Faktum ist – das Nichteintreten eines erwarteten Ereignisses –, nimmt ihm nichts von seiner Bedeutung – im Gegenteil. Mit der Stunde oder mit der Dekade, in der die Wiederkunft als unmittelbares organisatorisches (oder antiorganisatorisches) Moment aufgegeben werden mußte, beginnt die eigentliche Kirchengeschichte; beginnt die Geschichte einer

Weltkirche, die ihre *raison d'etre* aus einer Negation aufbaute: aus der ausbleibenden Wiederkunft – und aus der Negation einer Negation: aus der Weigerung, aus solchem Ausbleiben die Konsequenz der Selbstauflösung zu ziehen.

Die Dialektik der Negation bestimmt von da an bis in unsere Tage den Weg der christlich beeinflußten Menschheit.

Die Kirche – von nun an können wir den Ausdruck verwenden – mußte sich also auf Dauer einrichten. Auf eine provisorische Dauer gewissermaßen; aber eine Dauer, deren historische Erstreckung niemand kannte außer dem Vater. Damit war die Entscheidung für eine – wie immer geartete – Orthodoxie gefallen: die Kategorie der Vorsorge, die in Jesu Logien und Gleichnissen eine so negative Rolle spielt, wird zur Kategorie der Kirche. Was ihr verblieb, um vorzusorgen, waren einige wenige Blankovollmachten: die Vollmacht des Bindens und Lösens, die Verheißung an Petrus den Felsen, die Aussicht auf den Paraklet, den Tröstergeist, der alles lehren würde, was bislang noch verborgen war. (Hier geht es nicht um exegetische ›Echtheits‹-Fragen, sondern um das Selbstverständnis der Kirche, wie es sich unter den neuen Verhältnissen kristallisierte.)

Wer in der Geschichte der nächsten kirchlichen Jahrtausende einen spirituellen Machiavellismus ohnegleichen am Werke sieht, hat (meistens) recht. Er bedenkt jedoch nicht, welche Voraussetzungen vorlagen. Der Vorwurf, die Kirche habe alle oder fast alle Karten des Spiels gezinkt, ist unrichtig, weil zu schüchtern: Sie mußte die Karten nämlich nicht nur zinken, sondern selber zeichnen. Der Stifter hatte ihr für das Spiel, in das sie nun eintrat – eintreten mußte – einfach keine Karten hinterlassen. Sie mußte anfangen, Rom und Hellas zu taufen.

Wieder ist es interessant zu beobachten, was der Wechsel der geistigen Perspektiven aus dieser Epoche der Kirchengeschichte gemacht hat. Zur Zeit unserer Großväter hat man das, was man (höchst fragwürdig) die Taufe von Hellas und Rom nannte, als die hervorragendste Leistung des Christentums gepriesen. Heute geht die progressistische Geschichtsschreibung (und vor allem die christliche) umgekehrt vor: Die Rezeption zunächst der hellenistischen, dann der römischen Kategorien wird dem Christentum als seine historische Ursünde angekreidet. Bleiben wir auch hier auf dem Teppich unserer Methode; wiederholen wir: In dem Augenblick, wo sich die Gemeinde nach dem Ausbleiben der Wiederkunft zum Weiterleben entschloß, war die Entscheidung für eine wie immer geartete Orthodoxie gefallen. Und in diesem Augenblick mußte sie feststellen, daß sie in weiten und wichtigen Gebieten – Ethik, Recht, Verhältnis zur heidnischen Umwelt – keine *doxa,* keine Lehre besaß, ja gar nicht besitzen konnte. Vom jüdischen Gesetz (einem Gesetz der Kontinuität, wie immer die ursprünglichen Verheißungen interpretiert werden können) war sie losgerissen; also ging es darum, Leerräume aufzufüllen. Und sie wurden aufgefüllt.

Erste Evidenz findet sich bereits in den kanonischen Schriften des Neuen Testaments, vor allem für die Ethik. Der Alltagsgebrauch formulierte die sogenannten ›Haustafeln‹; wenig differenzierte Dokumente einer Moralität von kleinen Leuten. Heute werden sie von linken ›kritischen‹ Christen häufig als Beweis für die gesellschaftliche Unwirksamkeit des historischen Christentums angeführt, für seine ursprüngliche Disposition zur ›Untertanenmoral‹. Und sicher sind diese Haustafeln, in denen Dienstboten zur Fügsamkeit, Herrschaften zur Milde ermahnt werden, keine Vorschriften zum Umsturz. Aber es heißt den ganzen geistesgeschichtlichen Zusammenhang zu vernachlässigen, wenn man nicht sieht, daß sie noch im Schatten der Gewißheit der Wiederkunft entstanden. Wiederkunftsgewißheit kann ihrerseits als Evidenz der Manipulation, der Niederhaltung von Sklavenzorn mißverstanden werden; wir hoffen jedoch, gezeigt zu haben, daß hier andere Kräfte am Werke waren.

Mit den zentralen Strömungen der damaligen Welt hatten diese Haustafeln ohnehin wenig zu tun. Justin der Märtyrer und Clemens von Alexandrien vermitteln die Auseinandersetzung – besser gesagt: die Integration – mit den Werten der hellenistischen Ethik. Die griechische Spekulation hatte längst den *Dieu des Philosophes,* also die Rahmenvorstellung eines Gottes des Wahren, des Guten und Schönen angelegt; die Christen übernahmen diese Vorstellung, wie der katholische Theologe Ratzinger offen formuliert. Jesus wird in diesem Zusammenhang (z. B. bei Clemens von Alexandrien) zum Lehrer der *Hagia*

41

Sophia, der Heiligen Weisheit (nach der später die Hauptkirche von Konstantinopel benannt werden sollte); die Kontinuität der Kirche war so durch die Annahme griechischer Spekulationsweisheit gesichert – und ging in die Kontinuität der hellenistischen Tradition ein.

Folgenschwer war die Auseinandersetzung mit Rom. Schon das Johannes-Evangelium mit seiner Entlastung des Pilatus (der in Wirklichkeit der eigentliche Schurke im Karfreitagsdrama war) legt den Gedanken nahe, daß es den christlichen Gemeinden nach der Zerstörung von Jerusalem darum ging, sich auf Kosten der historischen Wahrheit von den Juden abzugrenzen, um nicht von den Folgen der jüdischen Rebellion betroffen zu werden. Es verbleibt aber die Tatsache der Christenverfolgungen, es verbleibt die unsägliche Leidensgeschichte mehrerer Jahrhunderte, es verbleibt die grundsätzliche und unbestreitbare Unvereinbarkeit christlichen Selbstverständnisses mit dem Selbstverständnis des römischen Imperiums – bis Konstantin.

Rom lebte – das muß festgehalten werden – im Gegensatz zur östlichen Reichshälfte in der religiösen Steinzeit. Wer die Vorgeschichtlichkeit solcher Religiosität begreifen will, muß sie etwa mit der Welt der Navajo-Indianer vergleichen. Erlösungslehren, ob sie jüdisch oder persisch oder ethisch-philosophisch waren, sprachen das römische Denken und Fühlen nicht an. Dies kreiste um zwei Grundthesen: *pacta sunt servanda,* das heißt: Verträge müssen respektiert und praktiziert werden, und *do ut des,* also: Das Numinose wird rituell befriedigt und liefert den entsprechenden Gegenwert. Alles ist Präzedenz, das heißt jeglicher Kult-Akt in seiner Effektivität durch die peinliche Anlehnung an die *mos majorum,* die Sitte der Väter, bestimmt. Wieherte ein Pferd in die Opferhandlung hinein, mußte der Akt von Anfang an wiederholt werden: Die Götter (besser gesagt, die ambivalenten Mächte, die besänftigt oder manipuliert werden müssen) kann man vielleicht formell überlisten, aber sie kennen ihr Protokoll genau und bestehen darauf.

Unser humanistisches Curriculum verheimlicht eher diese Primitivität Roms, als daß es sie enthüllt. Die notdürftige Übersetzung griechischer Götter auf lateinisch hat einen synthetischen, römisch-griechischen Olymp erschaffen, der ebenso willkürlich zum Fixpunkt erklärt wurde wie das ciceronianische Latein.

Gerade weil Rom religiös so primitiv war, konnte es zur Herrscherin der Welt werden; die Formel Vergils: *parcere subiectis et debellare superbos* – die Unterworfenen schonen und die Hochmütigen niederzwingen, war nur deshalb so praktikabel und erfolgreich, weil der römische Imperialismus eine brutale Okkupationspolitik mit abergläubischer Scheu vor den Errungenschaften fremder Nationen vereinte. Die letzteren mußten – wenn die Formel *do ut des,* die Formel der rituellen Befriedigung möglicher numinoser Feinde, stichhaltig sein sollte – durch Übernahme in den Pantheon zu Alliierten der römischen Herrschaft gemacht werden. Sie blieben für die religiöse Innenpolitik ihrer Regionen zuständig; und zweifellos hätte es Rom nichts ausgemacht, auch Jahwe eine entsprechende Verbeugung zu konzedieren. (Pompejus hat, nach jüdischen Berichten, die Unterdrückungspolitik der Seleukiden gegenüber der mosaischen Religion sehr dezidiert beendet.) Leider wurde dies durch den Ausschließlichkeitsanspruch dieser ›Gottheit‹ und durch das jüdische Bilderverbot unmöglich gemacht.

Die neue (zunächst wohl als jüdische Gruppe empfundene) Sekte der *Christiani* verschärfte das Problem. Man warf ihr *odium humani generis,* also einen Haß auf das ganze Menschengeschlecht vor; ein überraschender Vorwurf, denn die außerordentliche Liebesbestätigkeit und Solidarität der Gemeinden mußte bekannt sein. Der Vorwurf kann sich nur auf die Verweigerung der *pietas* beziehen – also die Verweigerung der ziemlichen Verehrung und der Kulte, die von alters her den Zustand der politisch-kosmischen Stabilität garantieren. Ihren Gipfel fand diese kosmische Sabotage der Christen in der Verweigerung des Kaiserkults, der nicht dazu erfunden war, um die Untertanen zu schikanieren, sondern um ihnen die Sicherheit einer numinosen Klammer der Religionsvielfalt zu gewährleisten. Hier wurde *ius divinum,* göttliches Recht, dauernd und in gefährlichster Form verletzt.

Plötzlich jedoch, nach den grimmigsten Verfolgungswellen der römischen Geschichte, bricht dieser Kampf gegen das Christentum ab, stellt Konstantin die gesamte Politik um, erläßt zunächst ein Toleranz-Edikt und bereitet dann eine christliche Staatsreligion vor.

Wie war das möglich? (Merken wir gleich an, daß dies eine gute Politik war, die nicht nur das Leben des Westreichs um einige Generationen verlängerte, sondern die Voraussetzungen für die Jahrtausendrolle von Byzanz schuf.)

Wie konnte eine Religion, die dem Imperium bisher stets und zu Recht als Zersetzungsfaktor erschienen war, zum zentralen Element der Stabilisierung werden? Diese Frage ist schon deshalb wichtig, weil sie einen Großteil aller künftigen Fragen nach dem Erfolg und den Folgen des Christentums vorwegnimmt.

Rudolf Hernegger, einer der prominentesten katholischen Verfechter der Abfall-Theorie, analysiert in seinem Buch »Macht ohne Auftrag« den Weg der Kirche zur konstantinischen Wende, die sie in die europäisch-vorderasiatische ›Volkskirche‹ verwandelt. Seine Analyse ist in den Einzelheiten sehr gründlich, aber nicht frei von der manichäischen Geschichtsbetrachtung, die hinter allen Theorien vom Abfall oder vom Schiefgehen steckt. Immerhin hat Herneggers Sicht einen Vorteil: Sie befreit Konstantin vom Odium der besonderen Verschlagenheit, die viele Gegner des Christentums (und viele progressive Christen) ihm zuschreiben. Konstantin war ein großer Mann, und er handelte in der Tradition jener illyrischen Generale, die vor ihm Kaiser und als solche Christenverfolger gewesen waren. Ihn trieb die gleiche Sorge um das Reich, das die vitalen Provinzler dem aufgeriebenen Italien abnahmen. Er war genausowenig ein Agent des bösen Feindes, wie er der Heilige war, den später die östliche Hagiographie aus ihm machte. Er sah die anscheinend unbesiegliche Kraft einer Minorität, die sich die beste Selbstverwaltung des Reiches aufgebaut hatte und der längst zahlreiche Mitglieder der staatstragenden Schichten angehörten. Er fühlte in sich den historischen Auftrag, das Reich zu retten. Er empfand – als römischer Kaiser, der er war – die Unzulänglichkeit der Verfolgungspolitik, schloß aus dem Vordringen des Christentums, daß sich die kosmisch-politische Balance geändert hatte und daß die numinose Klammer des Kaiserkults in seiner traditionell-römischen Form nicht mehr funktionierte. Er zog den weiteren Schluß, daß die Reichsreligion verändert werden mußte, wenn die Huld der ewigen Mächte, die so sichtbar die Christen begünstigte, nicht gänzlich vom Reich abgezogen werden sollte. Und er handelte dieser Einsicht entsprechend.

Hernegger folgert daraus völlig richtig, daß der Schurke des Dramas nicht Konstantin sein kann. Worin er irrt, ist die Annahme, daß die Rolle des Schurken besetzt werden muß, daß sie unentbehrlich ist. Der Schurke ist deshalb für ihn die ›abfallende‹ Kirche, ist ihre Wahl der schlechteren Möglichkeiten seit Jahrhunderten, ist, praktisch, ihr Mißverstehen der Botschaft Jesu oder doch zumindest ihre Abwendung vom Idealtypus ihrer selbst, eine Abwendung, die sie hilflos und sogar freudig zustimmend der konstantinischen Umarmung auslieferte.

Wie schon öfter erwähnt, gehen wir auf diese Methode grundsätzlich nicht ein. Gemeinde oder Urgemeinde wurde Kirche, weil sie Kirche werden mußte, das ist alles. Sie mußte Ethik rezipieren, die dem Geist der Botschaft widersprach, weil der Herr nicht wiederkam. Sie mußte die feierliche Präsenz Christi als Kultmysterium begehen, weil er nicht wiederkam, und weil es darum ging, sein Gedächtnis möglichst lebendig zu erhalten. Sie mußte Vorsteher wählen, mußte sich mit römischem Recht befassen, mußte Gnosis, Doketismus, eine Fülle von Korruptionen aus der wuchernden Umwelt der Mittelmeerkulte abwehren – sie brachte also eine Verfassung. Und da in allen diesen Fragen die Botschaft keine Antwort gab (jedenfalls keine Antwort, die praktikabel war), wurden die Leerräume mit dem Material aufgefüllt, das der damalige Zustand der Geisteswelt lieferte. All dies ist bereits in der paulinischen Bereitschaft angelegt, ›allen alles‹ zu sein, den Juden ein Jude, den Griechen ein Grieche, den Heiden ein Heide.

Wenn es einer weltlichen Begründung für den Erfolg des Frühchristentums bedarf, dann war es diese Flexibilität, diese elastische Ausgangsposition, die sich wohl nie geändert hat. Der Machiavellismus, den man vor allem der römischen Kirche zur Last legt, leitet sich nicht aus einer moralischen Verworfenheit oder geistigen Unzulänglichkeit der Kirchenfürsten ab, sondern aus dem nie verlorengehenden Bewußtsein der ›Uneigentlich-keit‹ des Betrieblichen: ›Eigentlich‹ war und ist das Geschäft der Kirche kein anderes als die Tradierung einer Botschaft, die mit dem Betrieb kaum einen Zusammenhang aufweist. Und die Kirche ist, trotz aller Willfährigkeit, die sie später den diversen Mächten der Welt entgegenbrachte, immer eine verräterische Partnerin geblieben. Oberstes Gesetz war für sie stets die Erhaltung der eigenen Kontinuität; sah sie diese Kontinuität durch die Beibehaltung eines Bündnisses gefährdet, kündigte sie es ohne jeden Skrupel auf.

Oberstes Gebot der weltlichen Herrscher mußte es also sein, der Kirche keinen eigenen Apparat mehr zu gestatten; eben jenen Apparat, der in der Zeit der großen Verfolgungen entstanden war und allen Ausrottungsversuchen getrotzt hatte. Das erkannte schon Konstantin, der sicher die Folgerungen aus den Schicksalsvorgängen zog. Und sein Schachzug war genial: Wenigstens im östlichen Reichsteil sicherte er eine cäsaropapistische Verfassung. Die späteren westlichen Kaiser, bis zu Napoleon und Franz Joseph, sollten weniger Glück haben.

Trotzdem war Konstantins Versöhnungs- und Umarmungsstrategie auch im Westen folgenschwer. Er stellte, ein umgekehrter Marx, die Botschaft von den Füßen auf den Kopf, indem er ihren personalen, psychischen, gesellschaftlichen Unterbau durch den einer spätantiken abergläubischen Majorität ersetzte. Die Folgen sind in der sogenannten Volksfrömmigkeit zu spüren, von der noch öfter die Rede sein muß. (Die germanischen Völker werden ihr weitere, höchst merk- und fragwürdige Beiträge liefern.)

Diese Volksfrömmigkeit entstand jedoch nicht nur durch Öffnung der Kirche für die kaum belehrten Massen, sondern als Folge einer weiteren Konsequenz aus dem Ausbleiben der Wiederkunft Christi: aus dem Reich der Toten.

Seit dem Jahre 33 bis in unsere Tage wächst dieses Reich ständig an. Die toten Christen sollen teilhaben am endzeitlichen, verheißenen Heil: Die Kirche wird dadurch ein dreistöckiges Haus, in dem zwei von drei Stockwerken – die leidende und die triumphierende Kirche – von Toten bewohnt sind. Für Jesus und die Seinen stand das Los der Toten nicht im Vordergrund des Interesses; auch die Auskunft des Paulus, auf welche die Überzeugungen der Christenheit bis in unsere Tage zurückgehen, wird gleichsam nebenbei erteilt – als eine pastorale Antwort unter anderen, vermutlich auf eine konkrete Anfrage der besorgten Gemeinde.

Doch je zahlreicher die Toten werden, je länger die Wiederkunft auf sich warten läßt, desto stärker rückt das individuelle Heil nach dem Tode in die Mitte des gläubigen Bewußtseins: Die Heilsverwaltung beginnt.

Es ist unendlich wichtig, diese Bedeutung der Toten für den Weg der Kirche, der Christenheit und der Menschheit zu sehen. Ohne sie wäre nie die Funktion der Heilsverwaltung entstanden, die Marx als ›Opium des Volkes‹ beschrieben hat. Sinn der Heilsverwaltung ist es zunächst, Unsicherheit über das Jenseits in Sicherheit zu verwandeln. Das gelingt natürlich nie ganz; der Sinn der Botschaft spricht dagegen.

Moral, Ethik wird wieder wichtig, und der rechte Glaube nicht der festeste; Kriterien werden gewünscht – nicht von oben, sondern von unten, von der Basis her. Wer wird verworfen, wer wird gerettet? Es bleibt die Angst, trotz aller Kriterien. Die ursprüngliche Auskunft, als Barmherzigkeit gegenüber den armen Angehörigen gedacht und empfunden, wird wirksam als Terrorinstrument: als Angst vor dem Jüngsten Gericht, das heißt vor der Wiederkunft – eben jener Wiederkunft, welche die Urgemeinde mit so brennender Ungeduld erwartet hatte. Es gibt keinen klareren Beweis für die völlige Verkehrung des ursprünglichen christlichen Lebensgefühls als den Vergleich zwischen dem Ruf der Urgemeinde: Komm, Herr Jesu! und den Strophen des *Dies Irae,* jener Sequenz der Totenmesse, die den Tag des Zornes und der Rache schildert. Zwar betont die gleiche Sequenz die Retterrolle Christi; aber da er selbst auch der Richter des Zornes ist, werden andere Fürsprecher gesucht, mächtige Patrone, welche die Klienten vor den Schranken des römischen Rechts vertreten. Eine Schar von Heiligen übernimmt das schwere Amt. Allen voran steht die milde Gottesmutter, in deren Gestalt nun die Magna Mater des Mittelmeerraumes, die Erdmutter der germanischen Religiosität, uralte stabilisierende, ja kosmogonische Funktionen übernimmt. Die endgültige kulturelle Prägung nicht nur des Katholizismus, sondern auch der griechischen Orthodoxie hat begonnen.

Was das katholische Lebensgefühl von dem der Orthodoxie zusätzlich unterscheidet, ist die juristische Durchbildung der Gnadenbuchführung. Diese spielt nicht nur in der sogenannten Volksfrömmigkeit eine Rolle. Die Verwalter des Heils sind keine großen Propheten, keine Künder mehr; sie dürfen es gar nicht sein, denn der Typus des Propheten würde nicht nur den Apparat, sondern auch die Erwartungen der Menge verunsichern. Gewünscht sind solide Charaktere, Leute, die etwas von Buchführung verstehen. Dies ist schon deshalb wichtig, weil die Buchführung zwangsläufig eine doppelte wird: Die kleinen Leute verstehen etwas anderes darunter als die Experten. Bestes Beispiel wird die Ablaßpraxis. Hat man einmal den Grundsatz ausgesprochen, daß der Apparat von sich aus über den *Thesaurus Ecclesiae,* d. h. über den Gesamtkredit aller Verdienste Jesu und der Heiligen verfügt, ist der logische Weg bis zum Inkasso durch die Beamten des Bankhauses Fugger beschritten. Für das kleine Volk entstand das Ärgernis – und das Ärgernis war berechtigt; nicht, weil das Volk die ganzen Feinheiten der Buchführung verstanden hätte, sondern weil es der Kirche nicht gelingen konnte, die Subtilitäten der Ablaßtheorie begreiflich zu machen. (Noch in meiner Jugend war es z. B. unmöglich, einem Katholiken aus einfachen Verhältnissen klarzumachen, daß ein ›vollkommener Ablaß‹ nicht die Ablösung sämtlicher Fegefeuerstrafen für den Empfänger bedeutete. Die historische Verbindung mit der frühchristlichen Bußpraxis, auf der die Terminangaben der Ablässe beruhen, war dem kollektiven Bewußtsein völlig verlorengegangen, so daß die Buchführung der Volksfrömmigkeit tatsächlich und naiv mit erlassenen Fegefeuerterminen operierte.)

All dies ist für unser Thema nur deshalb wichtig, weil der Apparat der Heilsverwaltung zur wichtigsten inneren Kontrolle für alle nur denkbaren Herrschaftssysteme werden konnte. Halten sich solche Systeme an ein Minimum von Gesetzlichkeit, sichern sie dem Apparat das Monopol der Heilsverwaltung zu, indem sie die Kirche respektieren und anerkennen, so werden sie selbst durch die Ethik gesichert, deren endgültige

Sanktionen und Belohnungen total, da ewig und jenseitig sind. Nur so ist der praktische Umschwung der das Lebensgefüge einer antik-frommen Gesellschaft bedrohenden Christlichkeit in die Macht- und Stabilitätskirche des nachkonstantinischen Systems zu erklären. Für unser Thema gilt es also folgende Fakten festzuhalten:

1. Die Gemeinde wird zur Kontinuität gezwungen, sie organisiert sich, wünscht nun selbst Kontinuität, wird zur Kirche.
2. Die erstrebte oder erreichte Kontinuität ändert das Verhältnis zur Endzeit: Die Wiederkunft des Herrn wird nicht mehr ersehnt, sondern gefürchtet.
3. Durch die Jahrhunderte immer stärker wächst das Reich der Toten, die leidende und triumphierende Kirche. Den Zugang zu diesem übermächtigen Teil aber kontrolliert die Kirche selbst; sie verwaltet das Heil, das nun das individuelle Heil im Jenseits geworden ist.
4. Dadurch lösen sich die Kriterien des Heils von der Welt; Welt wird, trotz ihrer enormen Wichtigkeit als Stätte der Bewährung, zur Welt des einzelnen, wird als solche unwichtig, neutral, wenn nicht verächtlich.

Dennoch muß an dieser Stelle festgehalten werden, daß der Weg der Kirche zum Heilsapparat und zur Stütze der Herrschaft nicht einfach eine Regression war. Das Christentum hatte Bewußtsein und damit auch die Verhältnisse unwiderruflich verändert. Hier seien nur einige dieser Veränderungen angeführt:

1. Pan war tot; d.h. die alte archaische Naturreligiosität war endgültig zerstört. Gewiß, der volkstümliche Glaube hat mit Brauchtum und Gebetsgewohnheiten, mit schlauen Substitutionen von Heiligen für die alten Feld-, Wald- und Wiesengötter einen konstanten und sehr erfolgreichen Druck auf die Lehre ausgeübt, aber die Lehre selbst reichte das judäische Grundprinzip weiter: Alles ist nun profan, was den Heiden heilig war.
2. Das Ende der ethnischen Mythen ist auch das Ende der ethnischen Priesterschaften geworden: Das Heil ist grund-

sätzlich international. Sicher haben Herrscher und Mächte versucht, die Uhr zurückzudrehen; aber nicht einmal im Osten ist dies ganz gelungen, geschweige denn im römischen Westen. Die Kirche als mehr oder weniger selbständiger Vertragspartner der Kaiser und Könige war den Griechen und Römern unvorstellbar; in der neuen Situation war und blieb das Erbe der großen alttestamentarischen Propheten wenigstens in einem Punkte lebendig.

3. Die wichtigste Veränderung aber, welche in kommenden Jahrhunderten unter ungeheuren Schmerzen den modernen kritischen Geist aus dem Mutterschoß der mittelalterlichen Menschheit lösen half, war der Widerspruch, der von nun an zwangsläufig die europäische Geschichte begleitet und formt: der Widerspruch zwischen Botschaft und Kontinuität, zwischen Evangelium und der Praxis des Apparates.

Von diesem Widerspruch wird in den folgenden Kapiteln die Rede sein. Halten wir jedoch fest, daß er wie die anderen Resultate der beginnenden christlichen Geschichte eine Negation ist. Pan wurde getötet, die alte Einheit von Politik und Religion wurde durch einen Dualismus abgelöst, der zwar (wie im deutschen Frühmittelalter) durch das kaiserliche Selbstverständnis verdeckt, aber nie ganz aufgehoben werden konnte, und der schon zur Zeit Barbarossas in offene, fast grundsätzliche Feindschaft mündete. Was bleibt, ist Kampf: der Kampf zwischen den Verwaltern des Erbes und dem Propheten, dessen zornrotes Auge in den Himmel, nach den Zeichen der Endzeit sucht.

Orthodoxe und Ketzer

Die ersten ›dogmatischen‹ Ketzereien, die unmittelbar nach dem Ende der Christenverfolgung, ja teilweise vor ihr ausbrachen, haben den Blick dafür verstellt, daß der entscheidende Dualismus oder vielmehr die entscheidende Zweigleisigkeit christlichen Selbst- und Lebensverständnisses in einer neuen, wohlwollenden Umwelt nichts mit Glaubensinhalten zu tun hatte – oder doch nur sehr indirekt. Das entscheidende Dilemma, vor dem die arrivierte Christenheit stand, war das Ende der spezifisch christlichen Lebenspraxis.

Gewiß, schon für das dritte Jahrhundert ist bezeugt, daß Christen in vielen Schlüsselpositionen des Reiches tätig waren. Auch christliche Soldaten und Offiziere hat es gegeben. Dennoch blieb immer die Auffassung lebendig, daß die Praxis der Gemeinden nicht von dieser Welt sein dürfe. Martinus, der später als ›christlicher Rittersmann‹ viel verehrte Heilige, verweigerte in dem Augenblick den Gehorsam, als es darum ging, das römische Abendland vor den Barbaren zu schützen – christlich gesprochen: Er weigerte sich, zu töten, obwohl er Soldat war. Wer der Verantwortung seines Berufes in einer weltlichen Umgebung nicht entrinnen konnte, schob oft genug die Taufe bis zum Lebensende oder doch bis zum Ruhestand vor sich her: Konstantin, dem man dies übel ankreidet, ist hier keineswegs eine Ausnahme gewesen.

Auch die Bußpraxis faßte oft den notwendigen Akt der Reue und Umkehr in einer öffentlichen Handlung zusammen, die ziemlich schmerzhaft war, sehr im Gegensatz zur späteren katholischen Beichtpraxis, die auf permanent eingenommene Sedativa gegen den Reueschmerz hinauslief

Eine Bürde hatten die Christen vor dem Ende der Verfolgung und vor dem Mailänder Dekret nicht zu tragen: Verantwortung. Verantwortung nämlich für die raumzeitliche Kontinuität des Reiches in der Welt, Verantwortung für die Errungenschaften der römisch-hellenistischen Zivilisation. Vom Standpunkt der Kaiser aus war es deshalb nur vernünftig, dieser großen und gefährlichen Minderheit solche Verantwortung aufzubürden. Das uralte Problem der ›schmutzigen Hände‹ ist hier zum ersten Mal – und wohl nie mehr in schärferer Form – aufgetaucht. Das erste Resultat – viel wichtiger für die Zukunft für unsere heutige weltliche Existenz als die Streitigkeiten um die *homoousios*-Formel oder den Vorrang der Patriarchate – war die Geburt des Mönchtums.

Die lächerliche Präokkupation unserer Gegenwart mit Geschlechtsmerkmalen, die bis tief in die Kreise der progressiven Christen hineinreicht, macht uns die Welt der Wüsteneremiten, der Zönobiten und Büßer unverständlicher, als dies gemeinhin nötig wäre. Ihr erstes und wichtigstes Motiv war der sichere Instinkt, daß mit dem Ende der Verfolgungen – positiv gesprochen, mit der Übernahme politischer Verantwortung – die Botschaft Christi vor einer tiefen und gefährlichen Krise stand. Christen hatten nun in und für zwei Aione, zwei Arten von Zeit, zu leben: für die Endzeit der frühchristlichen Erwartung, für den großen Donnerschlag, der dem Blitz der Erscheinung des Herrn folgen mußte – und für den Aion der Welt, der nach wie vor den Gesetzen der antiken Politik und Gesellschaft unterlag und für den das mühsam akklimatisierte Christentum kein wirksames Umsturzmodell anbot. Man hat sich oft gewundert, warum die Kirche selbst keinen wesentlichen Protest gegen die konstantinische Machtübernahme hervorbrachte; hier, in der Option des Mönchtums, lag er vor. Daß er ein Protest der Lebenspraxis war, liegt durchaus auf der Linie der Botschaft selbst. Die Eremiten und Mönche entschieden sich für den Aion der Erwartung und gegen den Aion der weltlichen Kontinuität.

Armut, Unabhängigkeit, Besitzlosigkeit waren dabei selbstverständliche Aspekte der Praxis. Der Zölibat, also die Ehelosigkeit, trat aus verschiedenen Gründen hinzu, die für unser Thema nicht einmal sehr wesentlich sind. Die Bemerkung Jesu von den ›Verschnittenen um des Reiches willen‹ wurde zum System überhöht (ein Mechanismus, auf den die Christenheit seit Ausbleiben der Wiederkunft mehr und mehr angewiesen war); und sie wurde in Verbindung gebracht mit der nicht unlogischen Befürchtung, daß Glaube keine Sache der Geburt, sondern der Entscheidung sei; daß das Überwiegen von Volkstumschristen, die von klein auf in ein christliches ›Milieu‹ hineinwachsen, nicht der wahren Natur der Botschaft entspreche. Natürlich kamen massive manichäische und neuplatonische Einflüsse dazu, welche für die grotesken und grausamen Züge mancher Eremiten- und Zönobiten-Existenz sicher eher verantwortlich zu machen sind als die christliche Tradition selbst.

Die negative wie die positive Bedeutung des Mönchtums für die weitere Entwicklung des Christentums liegt nicht sosehr in der Weltflucht als vielmehr in den sehr weltlichen Folgen seiner Entstehung. Die ersten Konsequenzen wurden schnell sichtbar: Da die Christenheit sich nicht nur horizontal in Mönche und

Laien, sondern auch vertikal in die verschiedenen dogmatischen Parteien spaltete (welche vor bindenden Konzilsentscheidungen und vor dem Auftauchen der praktischen Vormacht von Rom oder Byzanz noch nicht formal als Ketzereien angesprochen werden konnten), erkannten die Ekklesiarchen, die sich um die Bannung ihrer jeweiligen Gegner auf Konzilen und Synoden bemühten, den Wert einer Schlägertruppe, die sich aus den Wüsteneien Syriens und der Halbinsel Sinai mühelos für die eine oder andere Lehrmeinung rekrutieren ließ. Die Räubersynoden jener Jahrzehnte verdanken ihren düsteren Ruf gerade solchen Horden, die aus dem Nichts jenseits aller Zivilisation gegen die jeweiligen dogmatischen (und politischen) Gegner in den Metropolen herangeführt wurden. Ich weiß nicht, ob sich eine ›existentielle‹ Verbindung dieser Heiligen Krieger zum Islam herstellen ließe: Die geographische Nähe von Arabien gibt jedenfalls zu denken.

Aber auch diese ersten, buchstäblich handfesten praktischen Folgen des Mönchtums waren nicht so entscheidend wie die langfristigen, die sich erst nach dem Sieg der gemäßigten Regeln der Großen, Basilius und Benedikt, einstellten. Sie waren vor allem soziologischer und wirtschaftlicher Natur. Man halte sich vor Augen, daß durch diese Regeln hochorganisierte Zellen der Kooperation geschaffen wurden: überdurchschnittlich talentiert, zur geistigen und wirtschaftlichen Disziplin angehalten, dabei durch ihre rechtliche Selbständigkeit überschaubar und in hohem Maße zu Lernprozessen befähigt, deren Resultate durch Jahrhunderte weitergereicht werden konnten.

Es ist eine Ironie der Geschichte, daß diese Mönchsgemeinschaften, deren ursprünglicher Impuls die Weltflucht war, zu den stabilsten und vernünftigsten Inseln der Zivilisation in den sogenannten dunklen Zeiten, den *Dark Ages,* wurden. Je mehr Europa in die Gewalt von barbarischen Heerkönigen und Feudalherren geriet, desto klarer wurde diese Überlegenheit der Klöster. Durch die Ordensregeln am privaten Konsum gehindert, aber von eben dieser Regel zur produktiven Arbeit angehalten, häuften sie Mehrwerte an, deren Höhe und Herkunft einem volkswirtschaftlich naiven Zeitalter rätselhaft bleiben mußten. Ihre beste Pointe erreicht diese Ironie im Schicksal der sogenannten Reformer: Der schlechthin unerreichte Wirtschaftsorden des Mittelalters, die Zisterzienser, entstand aus dem Bemühen, den schlaff und reich gewordenen Benediktinerklöstern das Ideal des mönchischen Ursprungs entgegenzusetzen. Benedikts Regeln wurden wieder wörtlich interpretiert, das Gebot der Arbeit für alle, auch die frei und adelig geborenen Chorherrn, wieder in Kraft gesetzt, der individuelle Konsum drastisch zurückgeschnitten, die Architektur der Kirchen und Klöster strengen Vorschriften der Bescheidenheit unterworfen. (So erkennt man noch heute Zisterzienser-Abteien am Fehlen des Turms, der ihnen ein Symbol des Hochmuts war.)

Die Folgen müssen jedem Volkswirtschaftler klar sein: Innerhalb von zwei oder drei Generationen waren die Klöster der Zisterzienser die reichsten Europas. In England eroberten sie ohne große Anstrengung das Monopol der Wollproduktion, indem sie einen neuen Qualitätsstandard setzten; im Osten, jenseits von Elbe und Oder, leiteten sie die landwirtschaftlichen Musterbetriebe. Wenn es je effiziente Produktionskommunen gegeben hat, dann waren es diese Klöster. Sie bescherten uns ein Prinzip, das erst später, nach seiner Ausdehnung auf den wirtschaftlichen Gesamtbereich, das Antlitz der Erde verändern sollte: das Prinzip der rationellen Tageseinteilung nach festgelegten Uhrzeiten, welche säuberlich Produktion, Kontemplation und Rekreation voneinander schieden. Ohne die Mönche gäbe es keine Stechuhr.

Dazu traten die Vorteile der Bildung. Die Klöster hatten nicht nur das Monopol der internationalen Sprache zu verwalten, sondern den Alphabetismus überhaupt. Es ist klar, daß sie keineswegs schüchtern in der Anwendung dieser Vorteile waren: Wer einmal in alten Klosterfolianten geblättert hat, in denen seit den Carolus Magnus Zeiten genauestens alle Schenkungen, Präbenden, Privilegien bis hinunter zum letzten Wasserrecht registriert sind, versteht den tiefen, ohnmächtigen Haß, der im Zeitalter der Feudalanarchie jeden weltlichen Anrainer gegen diese Besserwisser erfüllen mußte.

Gefährlich wurde diese Überlegenheit in dem Augenblick, wo sie ihre Möglichkeiten in der Politik entdeckte: Die Selbstfindung des römischen Papsttums wurde von den Klöstern Cluny und Clairvaux aus betrieben und ermöglicht. Diese Selbstfindung beruhte aber nicht nur auf der sozialen Überlegenheit der Klosterkultur, sondern auf einer negativen Folge der konstantinischen Wende: der Einteilung der Gemeinden in Klerus und Laien, die wiederum nur die organisatorische Konsequenz der ›zwei Reiche‹, des Dilemmas der zwei Aionen war.

In dem Augenblick, wo das Christentum unter Konstantin und seinen Nachfolgern zur Staats- und Volkskirche wurde, brach die Klammer der Lebensdisziplin, die bislang die Gemeinden zusammenhielt, unter einem zweifachen Druck: dem Druck der uralten Gefühls- und Lebensweise einer mediterranen und später keltisch-germanischen Majorität und dem Entschwinden der Enderwartung.

In der Situation konnte die Kirche nur auf ihre Blankovollmacht zurückgreifen: die Vollmacht des Bindens und Lösens. In kürzester Zeit waren pastorale und theologische Entscheidungen von größter Tragweite zu treffen.

Wie sie fielen, haben wir im vorhergehenden Kapitel besprochen: Sie fielen zugunsten einer Verwaltung des Heilsapparates. Diese Verwaltung wurde in kompetenten Händen zusammengezogen: in denen des Klerus. Die Hierarchie institutionalisierte sich parallel mit der Beamtenhierarchie des diokletianisch-konstantinischen Systems und teilweise mit dessen Insignien und Amtsbezeichnungen. (Noch heute ist jedes Pontifikalamt ein lebendiger Anschauungsunterricht im spätrömischen Amtsprotokoll.) Dieser Weg wurde im Feudalbereich des Mittelalters konsequent eingehalten.

Doch muß hier schärfer differenziert werden, als dies der kritische Progressismus gemeinhin tut. So ist die mönchische Unterwanderung des Klerus (die im ursprünglichen System keineswegs angelegt war) durchaus auch als eine Tendenz zu verstehen, den Klerus von den schlimmsten Übeln des bereits gerichteten Aions freizuhalten. Der resultierende Machtzuwachs entsprach ziemlich genau der raschen Mehrwert-Akkumulation der Klöster: Als einziger intellektueller Stand in einer Welt von Bauern und Kriegern, sehr früh international organisiert und nicht an die Erbfolge gebunden, die in einem Zeitalter frühen Todes und gefährlicher Kindbetten ein ständiges Lotteriespiel war, wurde der Klerus vor allem des Westens zur entscheidenden gesellschaftlichen Macht.

Da er zudem als einziger Stand zunächst die Tradition des römisch-justinianischen Rechts weitertrug, errang er bis zur Aufkunft einer gebildeten Laienschicht in den Städten das Verwaltungsmonopol. Diese Städte aber (zumindest in Italien) optierten wenn nicht für den Klerus, so doch für den Papst: Sie wollten mit seiner Hilfe die Herrschaft des germanischen Feudaladels und des Kaisers abschütteln. Der Versuch gelang.

Was immer die ursprünglichen Intentionen gewesen sein mochten: Gegen Ende des Mittelalters standen sich in Westeuropa zwei Gesellschaftsmächte gegenüber. Die eine waren die alten Kronen und die Feudaladeligen, die sich Europa als einen Kontinent von Erbhöfen aufgeteilt hatten und denen es gelungen war, wenigstens die Ränge des höheren Klerus zu besetzen; die andere, modernere Macht war das Papsttum mit seinen Verbündeten, den italienischen Signorien, seinem Kirchenrecht, seiner zentralisierten Finanzverwaltung und seiner Kontrolle des Heilsapparates. Im Grunde konnte kaum ein Zweifel bestehen, welches System das stärkere war. Die straff institutionalisierte Kirche mußte siegen, sie war moderner und hatte die Kräfte der Zukunft auf ihrer Seite.

Sie erlag dennoch. Denn sie hatte zwei wesentliche Faktoren übersehen, die im Schema keinen Platz mehr fanden. Der eine war – der Laie, der nichtklerische Gläubige, für den es heute noch keine befriedigende Definition in der katholischen Kirche gibt; und der andere, dessen sich ein aufkommender Laienstand prompt annahm, war die alte Botschaft selbst.

Im Grunde handelt es sich dabei um ein und dasselbe. Die Tatsache, daß sich die Kirche, das heißt die verwaltende Heilskompetenz, die Interpretation der Heiligen Schrift vorbehielt, beweist, daß sie das Problem klar erkannte. Sie hatte mit der einen Waffe der Blankovollmacht die Kontinuität der Heilsverwaltung sicherstellen müssen, sie war – in Ost und West auf verschiedene Weise – zum wichtigsten Stabilisierungsfaktor der Gesellschaft geworden, sie hatte alle inneren Kontrollen und alle geistlichen Sanktionen fest in der Hand, aber sie war sich durchaus bewußt, daß sie auf einem Pulverfaß saß, und dieses

Pulverfaß konnte sie deshalb nicht loswerden, weil es ihre eigene, innerste Existenzberechtigung war: die Botschaft des Herrn im Alten und Neuen Testament. Mehr aus Versehen denn aus Planung zur Erbin und Nachlaßverwalterin des alten, realistischen, auf Kontinuität bedachten Rom geworden, schloß die Kirche eine Botschaft ein, die zu dieser römischen Kontinuität in schärfstem Gegensatz stand. Die alte Formel: »Rom hat Christus verraten« läßt sich in diesem Zusammenhang auch positiv formulieren: *Trotz ihrer unabweislichen Tendenz zur Kontinuität brachte es die Kirche nicht fertig, sich der Botschaft der Verheißung zu entledigen.*

In dieser Formel läßt sich die ganze Paradoxie römisch-katholischer Christlichkeit zusammenfassen; eine Paradoxie, die mit den Schwierigkeiten der Gegenwart in enger Beziehung steht. Der Mann, der um die Wende des 19. zum 20. Jahrhundert dieses Dilemma der katholischen Kirche am klarsten und schärfsten erkannt hat, war Charles Maurras, der Vater der *Action Française* und als solcher einer der Stifter des Faschismus. Mit einer Aggressivität, die Rom (längst nicht mehr dem kaiserlichen, sondern dem päpstlichen) äußerst unangenehm war, hat er postuliert, daß die Aufgabe der Kirche nicht die Übermittlung der Botschaft eines Wüstenjuden sei, sondern die Tradierung der altrömischen und mittelmeerischen Werte: des Sinns für Ordnung und Klarheit, der *mesure,* der *clarté,* des politischen Realismus: *politique d'abord.* Rom hat lange gezögert, ihn zu verdammen – es wußte wohl, warum. Denn Maurras sagte im Grunde genau das gleiche, was die Progressiven sagen – er rechnete sich lediglich zur anderen Partei.

Was Maurras übersah, in seiner Lage wohl übersehen mußte: Ihm schien die christliche Botschaft, die Botschaft des ›Wüstenjuden‹, wie er sagte, abstrus und unerheblich; das war und ist sie jedoch keineswegs. Gäbe die Kirche die Botschaft auf, wäre sie selbst nichts anderes mehr als eine Maschine, die das eigene Schmieröl erzeugt. Es mag solche Epochen in der Geschichte gegeben haben – lange konnten sie nicht dauern, weil sie zerfallen mußten, sobald ein Prophet auf das Material der alten Verheißungen stieß, ihre Unvereinbarkeit mit der kirchlichen Praxis erkannte und das Banner erhob.

Der erste Prophet, der dies tat, hieß Muhammed. Ich bekenne mich hier offen eines Versäumnisses schuldig, das ich, nicht ohne die Schuld der Kirchen, mit den meisten meiner europäischen und amerikanischen Zeitgenossen teile: Der Islam ist uns im Grunde unbekannt. Dies ist um so bedauerlicher, als sein Erfolg wie sein enormer Einfluß auf die Geschichte der Christenheit außer Frage stehen. In unserem Zusammenhang – der Dialektik von Orthodoxie und Ketzerei – wäre jedenfalls die Frage zu stellen, ob die Methode des Propheten nicht die Methode jeder erfolgreichen Ketzerei war – die in seinem Fall sicherlich auf beide Traditionen, das Alte wie das Neue Testament, bezogen werden müßte. Indem der Prophet die Divinisierung Jesu aufhob, ihn in die Reihe der großen Künder von Abraham bis zu sich selbst stellte, regredierte er auf einen ebenso einfachen wie einleuchtenden Monotheismus, der an den Subtilitäten hellenistischer Theologie vorbeigehen konnte. Diese Theologie war auf ihre Weise bereits Heilsverwaltung; ihr setzte er unbekümmert und selbstbewußt die Fahne eines charismatischen Genies entgegen.

Wir handeln hier von Wirkungen; und die Wirkung des Islams war jedenfalls überwältigend. Das ganze Mittelalter hindurch befand sich die Christenheit ihm gegenüber in der Defensive; und zwar nicht nur militärisch, sondern auch kulturell. Doch das sind allgemein bekannte Tatsachen, auf die wir hier verzichten können. Wichtig ist uns Muhammed als Vorläufer der Ketzereien des Abendlandes: als der Prophet nämlich, der die Sprengkraft der alten Verheißungen des Bundes entdeckte, wenn man sie nur einmal der Hinterwelt der Heilsverwalter entriß und als konkretes Kampfziel einem kühnen und begeisterungsfähigen Volk vor Augen stellte.

Im Abendland ließ die Ketzerei nicht lange auf sich warten. Sie brauchte zwei Dinge: eine gesellschaftliche Basis und einen geistesmächtigen Künder.

Die gesellschaftliche Basis blieb bis in die Tage der Reformation hinein das Bürgertum in seinen verschiedenen Ausprägungen; der wunde Punkt mittelalterlicher Seelsorge waren die Städte. Alte urbane Landschaften des Südens wurden die ersten Herde der Ketzerei. Das Schicksal der Albigenser ist bekannt.

Weniger bekannt ist, daß auch der Bürgersohn Francesco aus der Stadt Assisi den Behörden – wir können bereits sagen: dem Heiligen Büro – verdächtig war und eigentlich immer blieb.

Denn jedes religiöse Genie muß verdächtig sein, weil ihm die Kontinuität und die Stabilität eines Heiligen Büros keinen Raum bietet. Solche Genies kümmern sich in der Regel nicht um Kontinuität, um Realpolitik, um Vorsorge für morgen. Die Botschaft überfällt sie, und sie überfallen mit ihrer Botschaft die Menschheit. In ihrer eigenen Gerechtigkeit (die nicht die Gerechtigkeit dieser Welt ist) fühlen sie zutiefst, daß die Kategorien der Vorsorge, die gefällige Anordnung juristischen und ethischen Materials letzten Endes Alibis sind; Wandschirme, die man vor die letzten Fragen stellt.

Dies erklärt auch, warum es meist geraume Zeit dauert, bis sich das Heilige Büro über das Ketzerische oder Nichtketzerische einer neuen Bewegung klarwerden kann. Der Ketzer findet die Wahrheiten, die ihn entzünden, in der gleichen Tradition, die das Heilige Büro nach seinen Vorstellungen pflegt und verwaltet.

Er macht also das Heilige Büro zunächst sprachlos, denn dieses weiß zunächst nicht, ob hier schlichte Kompetenz im Sinne der bisherigen Verwaltung am Werke ist oder eine neue gefährliche Abweichung sich anbahnt.

Was findet der Charismatiker in der Schrift? Er findet die Botschaft Jesu. Er findet seine strikte Ablehnung jeder Verfestigung. Luther etwa stellte eine klassische Frage, die in der Theologie auch der Heilsverwalter gang und gäbe war: »Wie schaffe ich mir einen gnädigen Gott?« Und er, gemartert vom Ungenügen der gebotenen Sicherheiten, nahm Zuflucht zur radikalen Barmherzigkeit, die er in den alten und neuen Schriften des Testaments entdeckte. Die Werke, so spürte er, verstellten geradezu den Glauben, machten ihn existentiell unmöglich. Und mit dieser Feststellung geriet er erst in die Kategorien des Heiligen Büros und machte seine Verurteilung notwendig. Denn die Werke waren schließlich die Zahnräder und Transmissionsriemen der komplizierten Heilsmaschinerie.

Die Calvinisten gingen einen Schritt weiter als Luther. Sie stießen unter der Frage der Werke auf die Fragwürdigkeit der Kirchenverfassung, die sie in der Botschaft nicht entdeckten. Sie institutionalisierten die Kategorie der Brüderlichkeit, die durch die Entwicklung eines Jahrtausends verschüttet worden war und die Luther noch nicht auszugraben wagte. Für das Schicksal der ganzen Welt ist die calvinistische Komponente des Protestantismus wichtiger geworden als die lutherische.

Die Folgen des Protestantismus sind bekannt. Aber sind sie wirklich so bekannt, wie man annimmt? Hat man Kirchengeschichte wirklich mit der dialektischen Präzision betrieben, die man etwa (seit der Geburt des Marxismus) den weltlichen Phänomenen der Wirtschaft und der Gesellschaft zuwendet? Hier, so will mir scheinen, sind noch Funde zu machen, wenn man nicht von Parteilichkeiten (auch solchen des Marxismus) ausgeht, sondern die Quellen so berücksichtigt, wie sie dastehen. Welche Ungenauigkeiten noch das progressistische Geschichtsbild trüben, sei hier an einem Beispiel erläutert, das Max Weber bekanntgemacht hat: dem Zusammenhang zwischen dem Calvinismus-Protestantismus und dem Kapitalismus.

Stellen wir diese These nicht in Weberscher Ausführlichkeit, sondern in der Verdichtung dar, die sie inzwischen in den meisten Köpfen erfahren hat. Der Calvinismus, so will diese These, hat durch die Abschaffung des römischen Heilsapparats und durch seine radikale Vorbestimmungslehre zunächst die einfachen Gläubigen sehr verunsichert. Er hat das geschaffen, was David Riesman den ›innengelenkten Menschen‹ nennt, also den Menschen, der die Gebote und Verbote wie einen Kreiselkompaß in der eigenen Brust trägt. Wie aber versichert sich nun dieser Mensch des Heils, das Gott ja beliebig und ohne Rücksicht auf verwaltende Instanzen verteilt? – Er wird, wenn es auch die Theologie nicht hergibt, nach einem Kriterium der Heilsgewißheit suchen; und als Kriterium bietet sich die alttestamentarische Kategorie des ›Gerechten‹ an. Der Gerechte, so steht geschrieben, blüht wie ein Baum, gepflanzt an Wasserbächen, seine Herden gedeihen, seine Familie prosperiert – kurz, der Gerechte ist wirtschaftlich erfolgreich. Und damit ist der entscheidende Stimulus für das Ethos des *homo oeconomicus,* des wirtschaftlich orientierten Menschen gegeben.

Das Unangenehme an dieser scheinbar so einleuchtenden Genese des calvinistischen Gewerbefleißes ist nur, daß sie eine

Reihe von Fakten außer acht läßt, die berücksichtigt sein wollen. Hier seien nur zwei davon genannt:

Erstens – die Reformatoren, das heißt Luther und Calvin zumindest, dachten in wirtschaftlichen Fragen bewußt rückschrittlich. Zinsnehmen, die Basis für jede Finanzwirtschaft, war ihnen ein Greuel. Für Deutschland wurde es zum Schicksal, daß sie damit den Unwillen des größten damaligen Finanzmannes erregten: Jakob Fuggers. Er wäre, alles in allem, ein guter Protestant oder zumindest ein guter Kandidat für den Protestantismus gewesen – aber die Haltung Luthers zu dem, was er in Venedig als modernes Finanzgebaren gelernt hatte, stieß ihn ausgesprochen ab. Er ließ sich von Rom bestätigen, daß zumindest seit dem 14. Jahrhundert, seit Bernhardin von Siena, moraltheologische Interpretationen vorlägen, die Zinsnehmen durchaus gestatteten, und zwar in wirtschaftlich angenehmem Umfang. Der größte Kapitalist Deutschlands blieb also aus kapitalistischen Gründen katholisch.

Wichtiger noch scheint mir eine zweite Tatsache. Im 17. Jahrhundert, nachdem sich der Staub der Reformation und der Religionskriege gesenkt hatte, war die wenn nicht zukunftsträchtigste, so doch die modernste Macht der weißen Menschheit kein protestantisches, sondern ein katholisches Land: Frankreich. Es hatte die Macht des Feudaladels am entschiedensten gebrochen, es verfügte über Rechtseinheit (ein ungeheurer Fortschritt) und über die rationellste Ausnutzung der politischen wie der Produktionsmittel. Das England der Stuarts wirkte dagegen ärmlich, rebellisch und buntscheckig und konnte sich – bis in die Tage Wilhelms von Oranien – nur mit Hilfe weitgespannter Koalitionen, die auch katholische Länder einbezogen, gegen die französische Hegemonie wehren.

Diese Evidenz legt nahe, nach Gemeinsamkeiten zu suchen, welche die Entwicklung Frankreichs wie die der gleichzeitigen protestantischen Welt betreffen – und in der Tat sind diese Gemeinsamkeiten nicht schwer zu finden: sie sind in dem Prinzip *unefoi, une loi, un roi* niedergelegt – ein Glaube, ein Gesetz, ein König.

Mazarin und vor allem Richelieu hatten begriffen, daß jeder moderne Staat ernst machen mußte mit einer negativen Folge der Reformation: nämlich der effektiven Zerschlagung des internationalen kirchlichen Einflusses auf dem Gebiet von Recht und Verwaltung. Nur so, durch die Abschaffung der zahllosen Privilegien und Libertäten, welche die Kirche sich herausnahm – mit anderen Worten, durch die Abschaffung des kirchenrechtlichen Staates im Staate –, waren die neuen Aufgaben des Absolutismus zu bewältigen.

Die wichtigste politische Folge der Reformation war also eine Negation: die Zerschlagung des internationalistischen kirchlichen Verwaltungsapparats. Die Folge betraf nicht nur die Territorien und Länder, die sich nun zur lutherischen oder reformierten Kirche bekannten, sondern auch jene, die katholisch blieben. Das Gesetz, daß sich attackierte Systeme den Methoden des Gegners anzupassen haben, trat in Kraft, und zwar auf beiden Seiten.

Ähnliches gilt für den neuen Typ des ›innengelenkten Menschen‹. Er ist nicht nur protestantisch-calvinistisch, sondern hat seine höchste Ausprägung im Jesuitenorden gefunden. Ja, man kann sagen, daß auch in diesem Fall die Mönche ketzerischer waren als die Ketzer. Calvin und Ignatius bezogen extrem entgegengesetzte theologische Positionen – aber sie waren sich sehr ähnlich, studierten beide am Kollegium Montaigu in Paris und waren so Zöglinge jener bürgerlich-holländischen Frömmigkeitsrichtung, welche sich *Devolio Aloderna* nannte. Aber während Calvin mit Rom brach, zog Ignatius die Folgerung, daß das Management komplett überholt werden müsse, und er tat gerade dies in sehr moderner Weise. Der Verfasser eines Buches »How to Run a Worldwide Enterprise« könnte von Calvin nicht besonders viel, von Ignatius aber eine ganze Menge lernen.

Da sich alle unsere Überlegungen auf Folgen des Christentums für unsere heutige Welt beziehen, sind auch die eben genannten Beispiele nur deshalb methodisch wichtig, weil sie die Dialektik erhellen, die unsere europäische Geschichte zumindest seit den Tagen christlicher Gemeindebildung bestimmt. Die religiösen Genies, welche Reformation auslösen, befassen sich nicht mit den weltlichen Folgen ihres Aufbruchs; das liegt ihrem Ingenium und ihrem Temperament völlig fern. Wenn es ihnen überhaupt um Gesellschaftliches geht, dann um die Zerschlagung eines Heilsapparates, den sie als widerchristlich und als verderblich für die Seelen denunzieren. Aber die Resultate entziehen sich ihrer Kontrolle: Sie entstehen aus den Zerstörungen von juridischen, ekklesiologischen Strukturen-Zerstörungen, die sozusagen als Abfallprodukt des Prozesses zum Vorschein kommen. Durch den Regreß auf die uralte Botschaft vom Reich Gottes, stillgelegt durch eine kontinuitäts-bewußte Hierarchie, werden zunächst eben diese hierarchischen Überbauten negiert, die ihrerseits durch die Hilflosigkeit der Hierarchen gegenüber den ethischen, juristischen, politischen Leerräumen der Botschaft entstanden sind. Voraussetzung für das Gelingen dieser Zerstörung ist allerdings, daß die Überbauten – mögen sie Aristotelismus oder Ablaßhandel heißen – nicht nur den Zorn der religiösen Genies erregen, sondern von plötzlich aufmerksam werdenden irdischen Interessenten als überholt und lästig empfunden werden – *und zwar von solchen Interessenten, die sich im historischen Aufstieg befinden.*

Bis zum Aufbruch der Neuzeit war dies in der Regel nicht der Fall; die Ketzerei der Waldenser und Albigenser kam zu früh und widersprach den Interessen der herrschenden Mächte. Auch Wyclif und Jan Hus kamen noch zu früh. Luther kam nicht zu früh für die abergläubischen, reliquiensammelnden deutschen Fürsten, die seine Protektoren wurden, weil die Abrechnung mit dem allenthalben dreinredenden Rom überfällig war.

Thomas Münzer kam sowohl zu spät wie zu früh. Es ist schick geworden, ihn in den Pantheon der großen Rebellen einzureihen, und er war zweifellos eine integre Figur, die unsere Sympathie herausfordert. Zudem ist Luthers Verhalten in seiner Sache höchst abstoßend, das braucht nicht geleugnet zu werden. Aber eine Chance hatte er nicht und konnte er nicht haben: Als Theologe war er der Entwicklung voraus, als Politiker – nämlich als Verbündeter der Bauern war er an eine Sache geraten, die im wesentlichen frühmittelalterlich war. Weder die Organisationsstufe der einzelnen Haufen noch die Plattform ihrer sogenannten Artikel waren den Erfordernissen der Zeit gewachsen; gerade marxistische Interpreten werden dies unumwunden zugeben.

Der Ausgang der Bauernkriege zeigt eine zusätzliche Gesetzmäßigkeit der Dialektik von Ketzerei und Orthodoxie: In dem Augenblick, wo Ketzerei erfolgreich ist und sich politisch-gesellschaftlich konstituiert, ist sie politisch-gesellschaftlich keine mehr. Sie wird sofort zur neuen Orthodoxie. Ihre zerstörerische Wirkung auf alte Strukturen ist getan, nun trifft sie ihrerseits Vorsorge für das eigene Weiterleben, gründet Landeskirchen, entwirft ethische und politische Theorien, sinnt auf Gerichtsbarkeit, um ihrerseits die Ketzerverdächtigen auf Herz und Nieren prüfen zu können. Der prophetische Typus wird wieder ausgeschieden, Typen der Inquisition, bürokratische Typen spähen mit der gleichen Brille, schnuppern mit der gleichen Nase nach jenem Rüchlein der Ketzerei, welches doch bis vor kurzem ihre eigene Sache ausgeströmt hat – worauf sie paradoxerweise nicht wenig stolz sind.

Und natürlich finden sich neue Ketzer. Denn das Ärgernis der Botschaft bleibt. Die Verhältnisse sind nach wie vor unerträglich, man stellt fest, daß das neue Programm die Sache der Freiheit, der geistlichen wie der weltlichen, auch nur um Zentimeter vorwärtsbringt, und über kurz oder lang späht wieder ein zorniges Auge nach den Wolken des Himmels, auf denen der Menschensohn des Gerichts kommen soll, um den Anbruch des wahren Reiches zu verkünden. Noch in der säkularisiertesten Gestalt wird an diesem Spähen in die Nacht der Typus des Ketzers zu erkennen sein. Und immer wieder wird ein päpstlicher Legat, ein heiliger Synod, ein Hohes Konsistorium, ein Ideologisches Büro entscheiden, daß hier ein Verbrechen erster Klasse vorliegt, eine ungeheure Gefahr; wird entscheiden, daß dieser und jener auszurotten sei, daß die Rückkehr zum rechten Gesetz und zum rechten Glauben jedes Mittel rechtfertigt, daß die trotzige Fahne der Brudergemeinde mit Massenmord, Verrat, Pech, Schwefel und Napalm heruntergeholt werden muß. Die Brudergemeinde aber holt die Fahne nicht ein, denn sie weiß die Botschaft hinter sich: das alte feste Bewußtsein der gesamten jüdisch-christlich beeinflußten Menschheit, da unerträgliche Verhältnisse, Entfremdung, Knechtschaft, Mangel an Selbstbestimmung und Selbstverwirklichung kein natürlicher Zustand sind, sondern die Folgen eines Fehlers, einer Erbsünde, einer falschen Struktur, notwendigerweise zu beseitigen durch den ehernen Gang der Heilsgeschichte, an deren Ende das Reich steht. Weil sie das weiß, kämpft auch sie bis zum letzten.

Damit wird die letzte, die schlimmste Gesetzmäßigkeit sichtbar, die das Widerspiel von Orthodoxie und Ketzerei in unserem Denken eingeprägt hat: die Gesetzmäßigkeit der totalen Auseinandersetzung. In dieser Auseinandersetzung schrumpft buchstäblich die ganze Welt zusammen und wird zum Schlachtfeld oder zum Rüsthaus für den großen Kampf zwischen Gut und Böse, zwischen Licht und Finsternis. Zunächst schwindet in solcher Perspektive alles Menschliche am Gegner – er wird Teufel, Schwein, Knecht der Hure Babylon, Auswurf der höllischen Unzucht. Kommt es zum Waffengang, zerfallen alle bisherigen Konventionen der Kriegführung, gibt es kein Asyl und kein Pardon mehr. *Caedite, caedite* – schlagt tot, schlagt tot, Gott wird die Seinen schon herausfinden. Ganze Völkerschaften und Kontinente werden in den Kampf geworfen und verwüstet – denn er rollt vor dem Prospekt göttlicher Allmacht und satanischer Auflehnung ab, und kein Unbeteiligter kann etwas dagegen haben, in so kosmischer Bataille sein Scherflein an irdischem Leid zur Sicherstellung des geistlichen, ideologischen Sieges beizutragen. So lange diese Flamme brennt, gibt es auch keinen Frieden: Kriege dieser Art können zwanzig, dreißig Jahre dauern und enden nur dann, wenn eine neue Konstellation der geistlichen oder weltlichen Interessen die Perspektive verändert. (So war es im Dreißigjährigen Krieg nach der Intervention Frankreichs, so wird es in Vietnam sein, wenn sich das Engagement für das ›Gute‹ endgültig als Chimäre herausstellt, welche die Interessen der Zukunft blockiert.)

Die letzte Konsequenz dieser Gegnerschaft ist eine Art der Kriegführung, die die totale Entfremdung von der nichtmenschlichen Schöpfung enthüllt: Die Trennung von Absicht und Resultat ist vollständig, wenn große Ländereien biologisch zerstört, wenn die Lebensgrundlagen von Generationen liquidiert werden. Deutschland nach dem Dreißigjährigen Krieg war fast so weit – nur die technologische Primitivität der kriegführenden Parteien verhinderte eine komplette Wüstenei. Vietnam ist da fortschrittlicher: Dort werden sich die Dschungel des

Mekong-Deltas wahrscheinlich nie wieder erholen, die ökologische Balance ist umgekippt.

Spätestens hier müßte es klar sein, daß es sich beim Thema dieses Kapitels nicht um Theologie handelt, sondern um gegenwärtige Grundfragen der Menschheit – um Vietnam, aber auch um den August 1968.

Aber ebenso erhellt das Beispiel Vietnam, daß es falsch wäre, in dieser Wiederkehr eines Grundmotivs nichts als eine Neuauflage der antik-östlichen Lehre vom ewigen Rollen des kosmischen Rades zu sehen. Gerade in der Zerstörung überholter Strukturen steckt ein wie immer gearteter Fortschritt: Jedes neue Establishment wird bestrebt sein, die Argumente und Kategorien seiner eigenen ketzerischen Vergangenheit dem eigenen Arsenal einzugliedern; und so muß die nächste Ketzerei zu neueren, präziseren Waffen greifen – ideologisch wie buchstäblich. Aristoteles, der Heide, war im scholastischen Gewand eine Waffe des kirchlichen Internationalismus gegen die alte patriarchalische Feudalverfassung; im Reformationszeitalter wurde er zum Kronzeugen wider die Ketzerei und die aufstrebende Naturwissenschaft.

Naturwissenschaft. In diesem Stichwort begegnen wir der erfolgreichsten und folgenschwersten List der Kämpfer um das kommende Reich. Mit den Naturwissenschaften kam die Möglichkeit, den Kampf endgültig zu säkularisieren; er wurde nun dynamisch wie nie zuvor und entdeckte seine furchtbarsten Waffen. Die neuen Ketzereien regredierten vor das Christentum zurück zu den ältesten Kategorien der Verheißung: zum Bündnis zwischen dem Gott der Erwählten und dem Gott der Schöpfung, zur Verheißung der totalen Herrschaft über diese Schöpfung und zur Garantie der ökologischen Fülle, die einst Noah empfangen hatte – zur unbegrenzten Ausbeutung.

Linsen und Kanonen

Heute scheint man weniger denn je sicher zu sein, ob die Entfaltung von Wissenschaft und Technik etwas mit dem christlichen Entwicklungsschema der weißen Welt zu tun hat oder nicht.

Das gängige Geschichtsbild (meist nicht mehr als ein fertig bezogener Druck aus der Firma Progress & Co.) will es jedenfalls haben, daß mit dieser Entfaltung die Geschichte erst richtig in Schwung kommt. Danach ging nach einem Jahrtausend, welches die Kirche kräftig im Dunkeln hielt (*Dark Ages* heißt es schlicht auf englisch), die Sonne der Bildung wieder auf, die einst so fröhlich Hellas und Rom beschienen hatte; die italienische Renaissance, der deutsche und holländische Humanismus, das elisabethanische England der Abenteurer und Dichter fegte den Himmel von den alten düsteren Projektionen frei. Das neue Zeitalter hat seine Märtyrer: Galileo Galilei, Giordano Bruno. Sie sind die Winkelriede, die sozusagen auf ihrer nackten Brust die Speere der Reaktion zusammenziehen und der Freiheit eine Gasse bahnen. Durch sie bricht unwiderstehlich die Welt der Naturwissenschaften und der Technik ein, macht zum ersten Mal seit den Tagen der Antike die Erde wieder bewohnbar und das Leben eine Lust.

Nun, schon die vorigen Kapitel sollten gezeigt haben, daß es mit diesem Schema nicht ganz stimmen kann. Tatsächlich sind eine Reihe von Differenzierungen notwendig, und zwar sowohl grundsätzliche wie historisch-praktische.

Fassen wir den Stier bei den Hörnern, gehen wir das spektakulärste Phänomen zuerst an: den Fall Galilei. Wer oder was erledigte Galilei? Das Establishment seiner Zeit, zweifellos, und an seiner Spitze die Kirche. Nun war aber ausgerechnet jener Barberini, der später als Papst seine Unterwerfung erzwang, ursprünglich einer seiner Förderer gewesen, und zwar schon als Kardinal der römischen Kirche. Unter welchen Druck – so ist also weiterzufragen – geriet der Papst, der nicht auf dem Kardinal gelastet hatte? Oder wurde er unter dem Einfluß des Alters und Amtes konservativer, als er seinerzeit als Förderer gewesen war?

Der Druck, unter den der Barockpapst geriet, war der Druck eines Establishments; aber nicht eines theologischen (jedenfalls nicht in erster Linie), sondern eines philosophisch-akademischen. Das Gespenst, das ihn beeindruckte, der Dunkelmann, war weder Moses noch der Autor des Buches der Richter, auch nicht irgendein alter Kirchenvater, sondern das Gespenst hieß

Aristoteles. Und zwar der Aristoteles, den der scholastische Schulbetrieb heiliggesprochen hatte. Wenn man den Herd der Repression, die Galilei zermalmte, lokalisieren will, dann hieß er nicht Rom, sondern Paris: jene Sorbonne, die sich bis ins 17. Jahrhundert hinein als *praeceptor ecclesiae*, als Lehrmeisterin der Kirche fühlte. Ihr Schulbetrieb bestand auf einem ›geschlossenen‹ Weltbild, einem Weltbild, das Offenbarung und Welterkenntnis stimmig vereinte. Die Scholastik war damit durch eine Hintertür wieder auf den Königsthron gelangt, den in der Antike die philosphische Spekulation eingenommen hatte: den Königssitz der Welterklärung, der Deutung des Lebenssinnes. Thomas von Aquin hatte der Kirche in einem Augenblick höchster geistespolitischer Bedrohung diesen Bundesgenossen Aristoteles verschafft – und die Kirche hat sich an ihn wie an ein Rettungsfloß viel zu lange geklammert. Die Scholastik hatte sich selbst zur philosophia perennis, zur ewigen Philosophie, ernannt, und es gelang ihr bis in die Tage Pius' XII., die Reputation zumindest offiziell beizubehalten. Noch der halbherzige Widerruf des Galilei-Urteils durch das Zweite Vatikanische Konzil hat diesen Tatbestand nicht zu berühren gewagt.

Mit den wichtigeren Entwicklungen der Renaissance hatten Naturwissenschaften und Technik zunächst sehr wenig zu tun. Das Mittelalter hatte an sich gegen Technologie gar nichts; im Gegenteil, es war technologisch fortgeschrittener als die Spätantike. Daß wir den Erfinder des Pferde-Brustgeschirrs, die Erfinder so vieler kunstvoller Wassermühlenwerke nicht kennen, ändert nichts an der epochalen Bedeutung dieser Neuerungen. (Bemerkenswert ist, daß fast alle mittelalterlichen Erfindungen ›umweltfreundlich‹ waren; das historische Instrumentarium, das uns erlauben würde, zu untersuchen, ob hier ein Zufall oder eine Kausalität vorliegt, steht noch aus.) Auch Bergbau und Landwirtschaft machten wichtige Fortschritte.

Was jedoch den *praktischen* Fortschritt des Mittelalters in Grenzen hielt, war die nicht-ökonomische Orientierung der Gesellschaft. Sowohl in der feudalen wie in der kirchlichen Rangordnung rangierten Erwerbstätigkeiten auf der untersten Stufe der sozialen Leiter. Sicher war die Arbeit gottgefälliger, als sie je in der Antike gewesen war – dafür sorgten schon die Orden.

Aber solange die Kirche als etablierter Heilsapparat die Gleichheit der Menschen in der Welt des Jenseits sicherstellte, war kein großes Bedürfnis nach Sicherung des diesseitigen Reiches vorhanden.

Notwendig war also zunächst ein geistiger Umschwung; das ist das Körnchen Wahrheit, welches das progressive Geschichtsbild enthält. Dieser Umschwung hat aber nicht unmittelbar mit der Geistesblüte der Renaissance zu tun. Die Renaissance, genauer gesagt, der Humanismus, befaßte sich eben gerade nicht mit Naturwissenschaft. Er war ausschließlich geisteswissenschaftlich interessiert und setzte auf dem Gebiet der Philologie, der Literaturwissenschaft, der Kunst und Dichtung die Normen, die fast bis in unsere Tage gelten oder galten. Wenn die Renaissance (insbesondere die italienische) entscheidende Ansätze zu moderner Lebensgestaltung erarbeitete, dann lagen sie auf zwei Gebieten: der Politik und der Finanzwirtschaft.

Auf beiden Gebieten aber hat sich das päpstliche Rom vorurteilsfrei, man muß schon sagen skrupellos betätigt. Machiavelli, der verbitterte Idealist, der sich schließlich darauf verlegte, Politwissenschaft als Verhaltensforschung im Raubtiergehege zu betreiben, bezog sein bestes Material aus dem Tigerkäfig der Borgias. Und anerkannte Autorität auf dem Finanzsektor war Venedig, eben jene Serenissima, die eigentlich immer außerhalb des Christentums Politik gemacht hatte: ihre beste und gewissenloseste im Bündnis mit Rom gegen das christliche Byzanz.

Noch bezeichnender für die Renaissance ist das Fehlen jeder eigentlichen Fortschrittsideologie. Sie empfand ihr Werk als Befreiung, aber als Befreiung von einem finsteren Rückschlag der Menschheit. Sie wollte los von Gotik, germanischem Feudalismus, Hinterwäldlern und Hinterwelten. Ihre zentrale Parole lautete: *ad fontes* – zurück zu den Quellen!, und zwar zu denen der Antike, die nur als klassische Norm für alles dienen sollte. Solche Geschichtsauffassung reproduziert die alte Idee des rollenden Rades – und tatsächlich gehört das Rad der Fortuna, der Glücksgöttin, zu den beliebtesten Emblemen der Renaissance und des Manierismus.

Die Literaten schrieben wie Cicero, die Architekten bauten

wie Vitruvius, und die Malerei griff auf dem Olymp der Griechen und Römer zurück, auch da, wo es um christliche Gegenstände ging.

Der Fortschritt der Naturwissenschaften, jedenfalls ihr entscheidender Anstoß, kam aus einer anderen Ecke der Welt. Er kam aus dem Westen und dem Nordwesten Europas, aus den Kreisen der Frommen, die jeweils auf ihre Art zur christlichen Frömmigkeit zurückgefunden hatten; aus den Reihen der spiritualistischen und fundamentalistischen Kämpfer um ein wahres Heil des Menschen. Sie hatten die Brüderlichkeit wiederentdeckt, die so lange unter der Decke der Heils-Institutionen geschlummert hatte. Durch Erforschung der Natur und ihrer Gesetze hofften sie schon in dieser Welt einen Schimmer dessen sichtbar zu machen, was eine erlöste Menschheit sein und bedeuten konnte. Manche dieser Männer – so Giordano Bruno, aber auch Francis Bacon und Isaac Newton – neigten esoterischen Geheimlehren zu, aber die meisten dieser neuen Wissenschaftler waren überzeugte, ja fromme Christen: Ihr Typus findet sich bei Leibniz, Pascal, den Mitgliedern der *Royal Society.*

Die erste Hochblüte dieser naturwissenschaftlichen Intelligenz liegt erst in der Barockzeit – was aus mehreren Gründen bezeichnend ist. Nach dem Schock der Kirchenspaltung wandte sich die Theologie zunehmend der augustinischen, also einer ›existentiellen‹ Tradition zu und entdeckte, daß sich in ihrem Zusammenhang viele der Fragen, an denen die Scholastik gescheitert war, völlig anders beantworten ließen. Pascal war Jansenist, das heißt, unmittelbar von dieser neuen augustinischen Theologie beeinflußt; Leibniz unternahm ernsthafte Anstrengungen zur Wiedervereinigung der Kirchen: Insgesamt war das 17. Jahrhundert, eben das der wirklich epochemachenden Entdeckungen, christlich ›engagierter‹ als der Humanismus und die Renaissance.

Freilich, es wäre ein mühsames Unternehmen, die neue, exakte Wissenschaft als Ganzes taufen zu wollen. Unsere Methode erlaubt es uns, ziemlich genau festzustellen, warum so viele Zeitgenossen – abgesehen von ihrer respektablen Neugier – ihr Interesse diesem neuen Zweig menschlicher Bemühung zuwandten. In der Satzung der britischen *Royal Society* findet sich eine verräterische Bemerkung, die sinngemäß etwa folgendes besagt: Die Mitglieder, aufrechte Christen allesamt, beugen sich dem Anspruch der Kirchen, über letzte Dinge des Menschen zu entscheiden; sie konzentrieren deshalb ihre Arbeit auf die Gesetze der Natur und ihre Anwendung um auf solche Weise Gott zu ehren und das Los ihrer Mitmenschen zu verbessern.

Die Tendenz ist klar. Nach den Geisteskämpfen der Renaissance und Reformation, die nicht nur Gut und Blut, sondern auch seelische und intellektuelle Energie vertan hatten, einigten sich Theologie und Wissenschaft stillschweigend auf die ihnen zukommenden Positionen. Nach dem Bruch des ›ewigen‹ Bundes mit Aristoteles, der nicht nur die naturwissenschaftliche Forschung durch seine *auctoritas* blockiert, sondern auch die Theologie an die Kette gelegt hatte, verzichtet die Kirche auf Sanktionierung bestimmter Weltbilder, während sich die Wissenschaft aus allen theologischen Kontroversen heraushält, auf rosenkreuzerischen Mummenschanz, mystische Alchemie und dergleichen verzichtet und sich auf die neue exakte Methode konzentriert, welche wägbare, meßbare Stoffe isoliert und analysiert und nur das wiederholbare Experiment als Maßstab des Erreichten gelten läßt.

Der Vorteil dieses ausgesprochenen oder stillschweigenden Arrangements wurde schnell begriffen. Überall in Europa wandten sich die Geister – sozusagen erleichtert aufatmend dem Experiment, der neuen Wissenschaft zu. Konfessionen spielten dabei keine Rolle; Jesuiten und Benediktiner waren so eifrige Forscher wie Calvinisten und Lutheraner, Freigeister so aktiv wie Christen.

Verständigung war zwischen allen möglich – ob sie nun *ad majorem Dei gloriam* forschten oder nicht; eine Verständigung auf einem weiten Feld, das des Schweißes der Edlen wert und dem Zugriff irgendeines Heiligen Büros entzogen war. Nicht einige wenige Märtyrer, sondern ein stattliches Heer von Konformisten aller Richtungen brachte die Wissenschaften zügig voran.

Wichtig war nur, daß man sich strikt von jeder philosophischen Spekulation und jedem Weltdeutungsversuch fernhielt. Die mathematische Formel, die physikalische Gleichung, das wiederholbare chemische Experiment mußten für sich sprechen und für sonst nichts oder niemand. Rückbeziehung zu irgendeiner geistigen oder geistlichen ›Mitte‹ war nicht nur schwierig oder unmöglich, sie war gar nicht wünschenswert; denn die ›Mitte‹ hielt nach wie vor irgendein Heiliges Büro besetzt. Der ›nihilistische‹ oder ›positivistische‹ Zug der Naturwissenschaft, ihre Tendenz zur Weltentgötterung, die so viele gute Christen beklagt haben und beklagen, ist auch in diesem strategischen Verhältnis zu den etablierten Kirchen angelegt.

Was die Wissenschaftler ohne weiteres aus dem Christentum übernahmen, war die in den Klöstern erstmals entwickelte Arbeitsform. Es ist bezeichnend, daß der Streit um die Freiheit der Wissenschaft, um das Recht oder Unrecht des totalen Experiments, eigentlich nie zu Ende geführt werden kann, daß aber der wissenschaftlichen Arbeit auch heute noch und ganz selbstverständlich dieser Arbeitsstil zugemessen wird, den man mönchisch nennt. Eine hohe Disziplin, eine Verachtung aller Zerstreuungen, ein Lustgewinn durch härteste Bewährung und durch Versenkung in den angestrebten oder umworbenen Gegenstand sind Kennzeichen wissenschaftlicher Arbeit, die die Verwandtschaft mit dem Ethos der Abteien und Kollegien nicht verleugnen.

Wenn in den protestantisch-nonkonformistischen Teilen Europas dieser Arbeitsstil und die daraus resultierenden Erfolge besonders stark bemerkbar sind, wenn sie sich einen klaren Vorsprung vor ihren katholischen Nachbarn gesichert haben, dann gerade deshalb, weil sie die Klöster aufgelöst hatten. Der puritanische *way of life* hatte die Zweigleisigkeit christlicher Existenz, ihre saubere soziologisch-ethische Teilung in einen disziplinierten und (wenn möglich) frommen Mönchsklerus und ein ziemlich leichtsinnig-lasterhaftes Laienvolk, voller Empörung abgeschafft.

Das mittelalterliche Establishment hatte die Ethik des Verzichts und des ständig re-investierten Mehrwerts in den Klöstern isoliert und den armen Bauern ihre naiven fleischlichen Genüsse, ihr In-den-Tag-Hineinleben gegönnt; jetzt, im nonkonformistischen Protestantismus, wird die Verzichtethik zur christlichen Ethik schlechthin. Während mühsam arrivierte Herren des katholischen Europa schleunigst zum Lebensgenuß übergingen (oft ohne über die nötigen Mittel zu verfügen), verweigerte der Puritanismus sogar seinen Millionären den arglosen Genuß ihrer Mühen.

Aber lassen wir dieses bekannte Elend beiseite und sprechen wir über den düsteren Glanz des Puritanismus! Er hat die Welt mehr als jede andere Version des Christentums verändert, er hat die effektivste Basis für die industrielle Ausbeutung des Planeten aufgebaut. Die säkularisierte, besser gesagt laisierte mönchische Arbeitsethik, der greifbare Erfolg des brüderlichen Reiches im Diesseits haben für die Naturwissenschaft erbracht, was sie zur Umsetzung ihrer Erkenntnisse (ja, teilweise zur Erarbeitung dieser Erkenntnisse) brauchte: die technologische Basis.

Sie wuchs fast geographisch genau an Standorten, die mit dem protestantischen Nonkonformismus identifiziert sind: an den Ufern des Clyde in Schottland und in den Niederlanden. In diesen wirtschaftlich nicht sehr günstigen Gebieten wurde die Erde zum ersten Mal vom Menschen ›gemacht‹ das heißt wirtlich gemacht. John Knox und seine Jünger errichteten in Schottland ihr System des Gewerbefleißes und der allgemeinen Schulbildung und sicherten einen Lebensstandard, der weit über den natürlichen zeitlichen und landschaftlichen Gegebenheiten lag. Spektakulärer noch war die Entwicklung in Holland: Hier entrissen die Frommen ihre Erde buchstäblich dem Meer und schufen eine Kultur, die alle anderen Länder des Jahrhunderts in einer Hinsicht weit übertraf: Es war die erste Kultur des gemeinen Mannes. Im üppigen Frankreich lebten damals die Bauern unter Umständen, die ein russischer Muschik als schlimm empfunden hätte; in Holland erfreute sich der letzte Bürger eines Komforts und eines Wohlstandes, der ihm die Teilnahme an allgemeinen Kulturgütern sicherte. Hier entstanden die besten Bücher, die ersten Mikroskope; am Clyde wurden Schiffe gebaut und Kanonen gegossen. Die Welt als Werkstatt; in der nordeuropäischen Achse von Brabant bis Schottland wurde sie zur Wirklichkeit.

Was der Untergang der Armada einleitete, vollendete der

Produktionsvorsprung der protestantischen Mächte. Der Kapitalismus moderner Prägung wurde im Silberberg von Potosi in Bolivien geboren, aber er wurde nicht in Spanien ermöglicht: Die Flotten des Königs waren oft schon auf hoher See an einen Geizkragen in Amsterdam verpfändet oder fielen den englischen Freibeutern in die Hände.

Schlüsseljahr für den endgültigen Triumph ist 1688. Mit der Glorreichen Revolution in England war Frankreich, der übermächtige kontinentale Gegner, von einer britisch-holländischen Personalunion in Schach gehalten. Die Produktions- und Expansionskräfte des Nordens mit seinem puritanischen Ethos, seiner Organisation kirchlicher Brüderlichkeit, seinem Surplus an geistiger, moralischer und wirtschaftlicher Investitionskraft konnte darangehen, das diesseitige Reich zu errichten.

Das nötige Territorium war vorhanden. Denn wie seinerzeit dem Abraham, hatte Gott seinen Erwählten in diesen Tagen zugerufen: »Verlasse deine Heimat und ziehe aus in das Land, das ich dir geben werde!« Der Name des Landes war Amerika.

Magnalia Christi Americana

»Ich beschreibe die Wunder der christlichen Religion, die aus den Verderbnissen Europas an den amerikanischen Strand floh.«

Mit diesem fast virgilischen Satz beginnt die erste Geschichte der neuenglischen Kolonien. Sie wurde im 17. Jahrhundert von einem geistlichen Führer Bostons, dem Pastor Cotton Mather verfaßt. Er nannte sie *Magnalia Christi Americana,* das heißt *»Großtaten Christi in Amerika«.*

Die Verderbnisse Europas: Die sah der strenge *Divine* ganz richtig. Durch die Hellenisierung und die Romanisierung der Kirche; durch die nie besiegten griechisch-philosphischen, römisch-rechtlichen, germanisch-magischen Unterströmungen der europäisch-mittelmeerischen Kultur war ja die Radikalität der Botschaft immer verwässert und gefälscht worden. Die Puritaner hatten dies schon in der Heimat erkannt; es schien ihnen ausgeschlossen, den alten Strukturen zu entrinnen, solange sie unter gesalbten Königen in den Ländern der

Pharaonen hausen mußten. Ihr innerer Exodus hatte, genau wie der des Volkes Israel, vor der physischen Auswanderung begonnen.

Sie hatten das Alte Testament nicht nur wiederentdeckt, sondern leidenschaftlich aufgesogen. Hier, in der Geschichte eines kleinen, aber auserwählten Volkes, sahen sie ihr eigenes Schicksal inmitten der Unreinen vorgeprägt. Der lange Marsch durch die Wüste schien der einzig mögliche Weg in die Freiheit. Und sie traten ihn ohne Zaudern an. Das Ziel war gegeben: Amerika, das neue Gelobte Land.

Wir sind heute an ein Amerika gewöhnt, das ein Teil unserer Zivilisation ist; mit allen Problemen, die uns bedrängen, und einigen speziellen dazu. Es fällt uns schwer, nachzuvollziehen, was dieser Kontinent, grün und jungfräulich den Wassern entstiegen, ein gedeckter Tisch, für die drangvoll ringenden Völker Europas bereitet, den Zeitgenossen des 16. und 17. Jahrhunderts bedeutet haben muß. Sie haben ihn nicht nur als geographische, sondern auch als theologische Sensation empfunden. Handfest und greifbar war die alte Verheißung bestätigt; nie würde die Erde aufhören, Saat und Ernte zu geben, immer hielt der Gott der Bündnisse neue gelobte Länder bereit, um sein Volk zahlreich zu machen, Abrahams Samen auf ewig.

Was die Christenheit, gold- und landhungrig, im Vollgefühl ihrer Erwählung, dort vorfand, war nichts als Natur, biologische wie menschliche. Wir wissen erst heute, was daraus geworden ist. Amerika ist der christliche Kontinent schlechthin – in seinen Erfolgen wie in seinen Katastrophen.

Es ist notwendig, kurz das Schicksal Spaniens zu streifen. Es hatte das Unglück, auf gold- und silberstrotzende, hochorganisierte Großreiche zu treffen, die unter dem Stoß weniger, legendär tapferer wie verruchter Abenteurer sofort zusammenbrachen. Die Folgen für das Mutterland waren katastrophal. Hätte es in Mexiko und Peru nicht Gold gefunden, wäre es gezwungen gewesen, nach der Vertreibung der Juden eine eigene Mittelklasse aufzubauen oder sofort als Macht zu verschwinden. Das Gold der Inkas und der Azteken, der Silberberg von Potosi verschafften ihm die Illusion, daß seine Macht unbegrenzt durch Edelmetall verlängert werden könne.

Gold war Gold, und Silber war Silber: Das Gesetz von Angebot und Nachfrage haben die stolzen Granden nie ganz begriffen. Sie verstanden bis ins 18. Jahrhundert hinein nicht, warum das Geld immer wertloser wurde und in den produktionsmächtigen Territorien des Nordens verschwand. Immerhin schafften sie es, daß Südamerika das problematischste Territorium der Gegenwart geworden ist.

Eines allerdings muß man den Spaniern zugute halten: Sie brachten es nicht fertig, die Kulturen der Eingeborenen so total auszulöschen, wie dies den Langen Messern in Nordamerika gelang. Trotz der Millionen, die sie hinschlachteten, blieben Mischkulturen von hohem Reiz enthalten, die für die Zukunft von großer Bedeutung sein sollten.

Neben der physischen und psychologischen Unfähigkeit spielt dabei ein religiöser Faktor eine Rolle, der in Nordamerika nie wichtig wurde: die Macht des katholischen Naturrechts – und das Gewissen des Kaisers Karl V. Unter dem Eindruck der schauerlichen Berichte des großen Dominikaners Las Casas erließ er im Jahre 1542 ein Gesetzeswerk, die sogenannten Nuevas Leyes. Sie waren mit Jahrhunderten Vorsprung das sozialste Gesetzeswerk der Neuzeit: Verbot von Frauen- und Kinderarbeit, Achtstunden-Tag für alle Indianer, Anerkennung ihres Status als freie und unmittelbare Untertanen.

Das Gesetz war atemberaubend, aber es hatte einen Nachteil: Es war nicht durchzusetzen. Als einziges, von der Madrider Krone zäh festgehaltenes Resultat der Nuevas Leyes blieb die Bestimmung in Kraft, daß kein Kreole, das heißt, kein in Lateinamerika gebürtiger Weißer, hohe Staatsämter bekleiden durfte. Diese Bestimmung mehr als alles andere (mehr jedenfalls als die Ideale der Französischen Revolution, die als Alibi genommen wurden) löste die kreolische Unabhängigkeitsbewegung des 19. Jahrhunderts gegen Spanien aus.

Ganz anders und für die Zukunft viel entscheidender verlief die Entwicklung in den weiten Räumen Nordamerikas. Hier stand den Stämmen des neuen Exodus, die mit dem Alten Testament im Marschgepäck auf Landnahme zogen, keine Hochkultur gegenüber; keine Ischtar, kein Baal, der den Israeliten so viel zu schaffen machte. Kein geistlicher Führer mußte sich mit der Magna Mater oder mit Platon herumschlagen. Und dieses Land war hundertmal, tausendmal größer als die kleine Provinz am Jordan. Der einzige wahre Feind, die Pharaonen Alt-Europas, lag hinter ihnen. Den Hunderttausenden, bald Millionen bruderschaftlich organisierter Protestanten waren alle Mittel zur Hand.

Was die Einwanderer allerdings nicht zurückgelassen hatten, war ein anderes europäisches Erbe: Das Widerspiel zwischen Orthodoxie und Ketzerei. Es begann nun wieder auf amerikanischem Boden. Immer neue Sekten lösten sich aus der Selbstgerechtigkeit und dem strammen Kirchenregiment des neuenglischen Ostens und zogen, ihrerseits ein erwähltes Volk, dem Reich Gottes im Westen entgegen. Ohne dieses Widerspiel wäre die Expansion und der Raubbau wesentlich langsamer verlaufen.

Nun gab und gibt es amerikanischen Konservatismus – und es gab Ureinwohner. Ihre Problematik trifft in einer literarischen Figur zusammen: dem liebenswürdigen James Fenimore Cooper, uns und vielleicht einigen unserer Kinder als Verfasser der Lederstrumpfgeschichten bekannt. Er gehörte der *landed gentry,* den begüterten Kreisen des Staates New York an, und er hat in einem kaum bekannten Roman wütend Stellung genommen gegen die heuchlerische Raffgier der puritanischen Pioniere. Etwas von dieser Leidenschaft klingt auch im Band vier der Lederstrumpf-Serie »The Pioneers« an. Aber seine Modellfigur, der Lederstrumpf Natty Bumppo, kämpft von vornherein auf verlorenem Posten gegen die alles verschlingende Zivilisation und flieht mit seinen roten Schicksalsgenossen innerhalb einer Lebenszeit aus dem Hudsongebiet in die Prärien des Mittelwestens. Natty versucht, auf der Basis der Rousseauschen Theorien, so etwas wie ein Koexistenzprogramm mit den Indianern zu entwerfen (die Passagen werden in den gekürzten deutschen Ausgaben in der Regel weggelassen – ein Indiz für ihre Wirkungslosigkeit).

Aber insgesamt herrschte für die Indianer totales anthropologisches Unverständnis, das erst heute durch die Film- und Buchindustrie etwas revidiert wird. Zu kraß war das Gefälle zwischen den Kulturen, zu stark die Lockung einer riesenhaften

Landmasse, die von den Ureinwohnern offenbar überhaupt nicht als Ausbeutungsobjekt gewürdigt wurde. Das bißchen Konservatismus, das sich aus Europa nach Amerika stehlen konnte, hatte keine Chance gegen den Planwagen, die Büchse, die bruderschaftlich verfaßte Sektengemeinde. Die Fülle der Güter, das diesseitige Reich, das Zusammenfassen von Schöpfungsangebot und menschlicher Nachfrage schien endlich in den Blick der einen Generation gerückt. In der Philosophie Thomas Jeffersons fand dieses Pathos auf amerikanischem Boden seine erste säkularisierte Form; von ihm stammt der Satz, der heute den Lesesaal im modernen Annex der Kongreßbücherei zu Washington schmückt: »Wir behaupten, daß die Erde und ihre Fülle der gegenwärtigen Generation zur Nutznießung überantwortet ist.« Der Farmer Hector de Crèvecœur, ein interessanter früher Sozialchronist Amerikas, prognostizierte um 1800, daß es noch acht Generationen dauern werde, bis Amerika von Küste zu Küste durchdrungen sei; keine vierzig Jahre genügten, um ihn zu widerlegen.

Jefferson war, wie wir wissen, kein Christ mehr. Aber dennoch ist Amerika bis in unsere Tage der christlichste Kontinent geblieben. Es hat, dank des Mangels an anderen Traditionen auf amerikanischem Boden (die der Sioux und Komantschen zählen nicht) verschiedene Entwicklungslinien der christlichen Geschichte am reinsten ausgeprägt. Sie werden im folgenden – ohne Anspruch auf Vollständigkeit – nachzuzeichnen versucht.

Erstens – der europäische Bauer ist bis vor kurzer Zeit *paganus,* das heißt Heide, geblieben. Für ihn haben die alten, etablierten Kirchen den Fundus magisch-mantischer Praktiken möglichst reich in ihrem eigenen Brauchtum reproduziert. Der autarke und auf jahrhundertelange Kontinuierlichkeit bedachte Wirtschafts- und Familienverband bestimmte seine Existenz; Mobilität war ihm unbekannt, der Wert eines gesunden Stücks Vieh rangierte über dem eines kranken Großvaters, und der aller Hausgenossen – ob Mensch ob Vieh – weit über dem aller Außenstehenden. Noch die toten Verwandten verdienten eine Aufmerksamkeit, die keinem lebenden Fremden zustand. Die Liturgie des Jahres, die Weihtümer in Haus und Feld, die

Familiarität mit den Geistern von Wald und Flur sicherte wenn nicht Wohlstand, so doch Auskommen. Da er bis zur Schwelle des 19. Jahrhunderts praktisch unfrei war, trennten ihn erbitterte Existenzkämpfe von seinen feudalen Herren – aber einig war er sich mit ihnen in der Bewahrung der Tradition als einer lebenssichernden Oberinstanz über alle Entscheidungen auch der wirtschaftlichen Praxis.

Der amerikanische Farmer trat von vornherein unter anderen Gesetzen an. Die Erde, die er in Besitz nahm, war ›God's Own Country‹, sonst nichts. Die Indianer, die vorher unnützerweise darauf herumwanderten, hatten ganz offensichtlich keinen Anspruch darauf – denn sie wußten nichts damit anzufangen. Man konnte sie taufen oder töten (oder beides): Zur Integration in eine sinnvolle und rentabel planende Wirtschaft waren sie untauglich. Nur so ist die blutdürstige Erbitterung zu erklären, mit der ›hochanständige‹ Kirchgänger dieses rothäutige Ungeziefer jagten und auslöschten.

Die Farm, das Land, ist Wirtschaftsbetrieb, sonst nichts. Mehr denn jemals zuvor (mehr auch als in jüdischer Zeit, wo Kanaan durch die uralten Gedenkstätten des Volkes bis in Abrahams Zeit geheiligt war) ist die Welt zuhandenes Zeug, Rohstoff und sonst nichts. Formen der gewalttätigen Natur – das Klima mit seinen enormen Schwankungsbreiten, die Stürme und Regengüsse, die giftigen Pflanzen und die Insektenplage – trugen auch dazu bei, ein romantisches Verhältnis zur bukolischen Umwelt hintanzuhalten; das konnte konservativen Neuengländern wie James F. Cooper und David Thoreau überlassen bleiben.

(Es ist bezeichnend, daß in den USA [mit Ausnahme der einst spanischen Gebiete] keine klimatisch sinnvolle Architektur entstanden ist: In unseren Tagen wurde sie durch die technische Klimaanlage überflüssig gemacht.)

Gab die Farm nichts mehr her, wandte man sich entweder einer anderen Beschäftigung zu – oder man suchte sich neues Land im Westen, wo es praktisch umsonst zu haben war. Umsonst – aber mit Widerhaken. Denn die Landspekulation setzte in Amerika ebenfalls sehr früh und sehr vehement ein. Für die Finanziers im Osten, die vor allem hinter den großen

Eisenbahnprojekten standen, waren Tausende von Quadratkilometern abstrakte Chiffren des finanziellen Kalküls, sonst nichts. Über Nacht konnte ein freier *homesteader,* der herrenloses Land okkupiert hatte, zum Hintersassen einer Finanzkompanie werden, deren Herren zweitausend Kilometer entfernt in New York oder Boston wohnten. Dieses Faktum hat zu den großen und bitteren Parteiungen des 19. Jahrhunderts geführt – aber weder Finanziers noch *homesteaders* waren sich über die gemeinsame Wurzel ihres Strebens klar.

Zweitens – Alle sonstige wirtschaftliche Aktivität stand unter den gleichen Gesetzen der Mobilität und Rentabilität: *free enterprise,* für europäische Fortschrittler des 18. und 19. Jahrhunderts ein politisches Ziel, für das sie hartnäckig kämpften, war für Amerika von Anfang an eine wirtschaftliche Realität. Schon bei Benjamin Franklin erscheint Arbeit als quantifizierbare, nach den Regeln des Mehrwerts vorauszuberechnende Tätigkeit. Zünftlerische Ansätze waren unbekannt und entstanden – ein amerikanisches Kuriosum – erst als Folge einer mehr oder weniger siegreichen Gewerkschaftsbewegung, die – im Gegensatz zu Europa – das zünftlerische Prinzip des *closed shop,* also der zwangsweisen Mitgliedschaft, in vielen Branchen durchsetzte. Jede nicht-ökonomische Wertung menschlicher Realitätsveränderung wurde nicht nur als unvernünftig, sondern als sozial und geistig gefährlich beargwöhnt.

Nur so ist die Wut zu erklären, mit der sich Generationen von Yankees gegen die europäische Aristokratie und ihre Werte wandten. Auch das, was man amerikanischen Sozialismus nennen könnte (›Populismus‹ wäre wohl richtiger), war viel zu stark von dieser Fixation bestimmt, um sich an die neuen ›wissenschaftlichen‹ Klassifizierungen des Marxismus gewöhnen zu können. Thorstein Veblens Angriffe auf die *conspicuous consumption,* das ostentative Erwerben von aristokratischen Statussymbolen, sind ein Dokument dieses egalitären Kampfes; aber seine erschreckendsten Dokumente finden sich bei Mark Twain. Er hat ein Buch geschrieben, in dem sich vulgäre Diffamierung europäischer Vergangenheit mit den kuriosesten Zwängen zu ihrer Rezeption mischt: »A Yankee at King Arthur's Court« – ein Yankee am Hofe König Arthurs. Die

Fabel, eine Art von *Science-fiction,* spielt kaum eine Rolle; es genügt zu sagen, daß ein aus Neuengland ins britische Mittelalter zurückkatapultierter amerikanischer *fixer,* ein vielgewandter Pfiffikus, das Reich des alten Königs total umkrempelt. Ich stehe nicht an, es als eines der unmenschlichsten Bücher des 19. Jahrhunderts zu bezeichnen; man muß nur einmal nachlesen, mit welcher Wonne der Yankee seine gepanzerten Feinde an einem Hochspannungsdraht verschmoren läßt. Psychoanalytisch höchst aufschlußreich ist der Schluß des Buches: Merlin gewinnt seine Zaubermacht zurück, das rationale Experiment versinkt im Chaos. Mark Twain, der entschiedene Atheist, mochte keinen Teufel fürchten, aber der keltische Untergrund der angelsächsischen Seele hat ihn schließlich doch erwischt.

Drittens – Diesen Seelenuntergrund hatten die stolzen Puritaner aus Europa mitgebracht. Wie einst das Volk Israel mochten sie die äußeren Symbole und Kronen der bösen Macht an fremden Küsten, hinter den Grenzen ihres Roten Meeres, des Atlantik, zurückgelassen haben: Neben dem Alten Testament schleppten sie in ihrem Marschgepäck, ohne es zu ahnen, den finstersten Gegner von allen mit: Satan. Es gibt keine Christlichkeit, die so viel aus ihm gemacht hat wie die amerikanische. In Hunderten, Tausenden von *revival meetings*, in unzähligen Kanzelreden war er präsent; kein süditalienisches Nest hat je so unter dem Würgegriff des Bösen gestöhnt wie die brüderlichen Gemeinden des neuen Kontinents. Und es waren keine schlauen, auf Unterdrückung bedachten Obrigkeiten, die das von oben verordneten: Es war vielmehr die unterste Ebene, die analphabetische Basis der amerikanischen Sozietät, aus der dieses Miasma emporstieg. Billy Sunday, einer der prominentesten Laienprediger des Revivalismus, verschanzte sich buchstäblich hinter seinem Pult und hielt geifernde Zwiesprache mit dem Satan, den er an einem Fixpunkt über den Häuptern seiner begeisterten Gläubigen erblickte (Billy Graham ist nur noch ein höchst verdünnter Aufguß dieser alten, kräftigen Brühe des amerikanischen Fundamentalismus). Auf karikaturistische Weise wiederholte sich hier das Phänomen der *Amhaarez*, der religiös besonders ansprechbaren Gesetzlosen, die als *farmhands*, als *share croppers*, als Fahrer von Pferdeteams und

Mitglieder von Landnahme-Banden jahrelang unter anarchischen Verhältnissen lebten und mit einem Schlag des Enthusiasmus, einer schweißtriefenden Schlacht in tropischer Nacht, das Heil gegen den Urfeind erkämpfen wollten. Sicher, auch hier war viel soziales Ressentiment am Werk: das Ressentiment gegen die gepflegten Kirchgänger des Establishments und ihre *Divines,* ihre Pastoren mit den Universitätsdiplomen von Harvard und Princeton; Ressentiment auch gegen den buchgelehrten Agnostizismus, Deismus, Unitarismus der Oberklasse. Dennoch sollten die Satanserlebnisse der amerikanisch-fundamentalistischen Unterschicht all denen zu denken geben, die Gottes- wie Satansglauben in direkte Relation zu Repressionsmechanismen der Herrschenden setzen: So leicht ist historischer Materialismus nicht zu haben. ›Give'em hell, Harry‹ – ›mach ihnen die Hölle heiß, Harry!‹ So riefen noch 1948 die kleinen Leute Amerikas ihrem Champion Harry Truman zu – und der Ruf stammt direkt aus den Revival-Zeiten des *Bible Belt* und des Mittelwestens.

Viertens – Auch die positiven Traditionen der ursprünglichen christlichen Einwanderer waren und sind bis in unsere Tage fühlbar. Die positivste davon ist die Tendenz zur Brüderlichkeit. Amerikas Christentum ist am wenigsten von allen Christentümern durch den alten hellenistischen Fluch gehandikapt: die Absorption der religiösen Energien in die Spekulation. In Amerika war und ist christliches Gemeindeleben ohne brüderliche Praxis unvorstellbar. Natürlich gab und gibt es elegante Umgehungen: etwa die Isolierung sozialer Schichten in arme und reiche, in schwarze und weiße Pfarreien. Diese Isolierung ist aber höchstens als Substitut für die europäische Praxis zu werten, von vornherein Überzeugung und Leben zu trennen. Der wohlhabende Presbyterianer, der nur seine imitiert-gotische Kirche im Grünen besucht, kauft sich auf eine letzten Endes treuherzigere Weise von den Implikationen der christlichen Botschaft frei als ein französischer oder deutscher Christ, der zwar Schulter an Schulter mit armen Leuten in der Kirchenbank steht, aber in der alltäglichen Existenz nicht im Traum daran denkt, hieraus praktische Folgerungen zu ziehen.

Daneben und darüber hinaus muß betont werden, daß heute

›ökumenische‹, das heißt ganz einfach christliche Aktion in Amerika zu den Alltäglichkeiten gehört. Der europäische Journalist, der von seiner Geschichte einschließlich Marx daran gewöhnt worden ist, überall saubere Antagonismen am Werke zu sehen, unterschlägt und unterspielt in der Regel die Vitalität solcher Unternehmungen. Er klammert sich an Prominente (zum Beispiel auch in der Rassenfrage), die ihm aus fotogenem Exil in Frankreich oder Algerien lupenreine Theorien für seine Features und Stimmungsberichte liefern. Die weißen Nonnen, die das Luxusapartment einer katholischen Vorstandsdame wegen ihrer verdächtigen Haltung in der Negerfrage mit Pickets umgeben; die *Black Panthers,* die in *community projects,* in Unternehmungen mit weißen Baptisten, Episkopalianern, Lutheranern, mit Juden und Agnostikern kooperieren; die unzähligen gesamtchristlichen Initiativen gegen den Vietnamkrieg werden übersehen oder nur dann kommentiert, wenn sie, wie im Fall der Gebrüder Berrigan, in eine Art von Dramaturgie übersetzt werden können. Und selbst in diesem Fall wird die richtige Lektion nicht gelernt, der richtige Schluß nicht gezogen, der doch auf der Hand liegen sollte: Es gibt in Europa, außer in Frankreich, keine katholischen Berrigans. Mir muß der Fall noch bekannt werden, daß christliche Kleriker oder Aktionsgruppen die Mietbücher der Hausherren zerfetzen, die unsere Gastarbeiter ausnehmen: Allein eine solche Aktion hätte Anspruch, neben der Tat der ›Neun von Catonsville‹ halbwegs zu bestehen. (Der Abstand in der jeweiligen Relevanz solcher Aktionen ist traurig genug.) Nicht einmal der Widerstand gegen Hitler zwischen 1933 und 1948 oder der tapfere Kampf der osteuropäischen Christen um ihre Existenz ist kategorial vergleichbar; denn in beiden Fällen handelte es sich um die Verteidigung der eigenen Rechte, so respektabel das sein mag, während sich die Berrigans für den Gesamtzustand ihrer Gesellschaft engagierten.

Der Grund für solches Unverständnis ist einfach, aber für unsere Überlegungen äußerst wichtig: Jeder Europäer, ob Christ oder Atheist, ob Marxist oder Liberaler, ob Konservativer oder Progressiver, hebt seine Beurteilung der Phänomene in aller Welt letzten Endes von einer Matrix ab, die jüdisch-christliche, hellenistische, römische, germanisch-feudale Elemente vereinigt. Da Amerika durch das Mißverständnis einer gemeinsamen Sprache – des Englischen – mit Europa verbunden ist, und da die amerikanische Geschichte zweifellos in engem Zusammenhang mit Europa verlaufen ist, nehmen wir uns das Recht heraus, das, was in Amerika gesagt, getan, veröffentlicht wird, im Guten wie im Bösen nach europäischen Präzedenzfällen zu beurteilen.

Das ist – wie im Falle Rußlands – eine höchst fragwürdige Basis. Sie gibt zu einer Fülle von bequemen, aber mörderischen Kurzschlüssen Anlaß. Amerika ist – wiederholen wir es – viel christlicher als Europa. Natürlich hat es fast alle Elemente der gesellschaftlichen Formation von Europa übernommen, aber seine Gründungsgeschichte (nicht die politische sosehr als die soziale) hat es dazu gezwungen, die offen unchristlichen Züge der europäischen Tradition nur in gebrochener Form in seine Entwicklung einzubauen. Viele der Schwierigkeiten Amerikas in der handfest politischen Arena resultieren daraus; so haben die USA weder in Vietnam noch in Lateinamerika gewagt, offen kolonialistische Verwaltungs- und Beherrschungsmechanismen zuzugeben.

Für die Betroffenen war dies keineswegs segensreich, im Gegenteil: Britische Kolonialpraxis hätte vermutlich die meisten der Idiotien vermieden, deren Zeuge wir in Panama, in Vietnam geworden sind und (nächstens) in Thailand und ganz Lateinamerika werden. Der europäische Beobachter, an Zynismen seit Cäsar und Konstantin gewöhnt, vermag die Schwierigkeiten nicht abzuschätzen, die es der amerikanischen Politik bereitet, der eigenen Öffentlichkeit den Konsens zu einem verspäteten Kolonialismus abzuringen; und der marxistische *cant,* die Heuchelei, die sich über strategisch günstig gelagerte Repression entrüstet, tut das Seine dazu, die prekäre Lage des amerikanischen Bewußtseins zu verschleiern.

Ein anderes, wenig beachtetes, aber ebenso wichtiges Faktum betrifft die amerikanische Sozialstruktur. Europa ist einhellig der Meinung, daß es in Amerika keine Aristokratie gibt. Tatsache ist, daß Amerika über die einzige funktionierende Aristokratie der Welt verfügt. (Die ›neue Klasse‹ des Sozialismus ist keine: sehr zum Nachteil der betroffenen Länder.) Die amerikanische

Aristokratie sind die Familien des ›alten Geldes‹ im Osten. Interessierte seien auf die Existenz des ›Grolier Club‹ verwiesen, einer Vereinigung von Bibliophilen, deren potenteste Mitglieder aus dieser Aristokratie stammen. Familienbibliotheken mit 30–40 000 Rara, also Handschriften und seltenen Drucken, die von einem halben Dutzend hauptamtlicher Bibliothekare in akademischen Gehaltsstufen betreut werden, sind dort keine Seltenheit. Ich halte diese Evidenz für zwingend. Zudem: Wer amerikanische Literatur (etwa von Henry James, Marquand, Albee) auf soziologische Befunde ›lesen‹ kann, findet die Daten, die auf die Existenz einer solchen Aristokratie hinweisen, in Hülle und Fülle.

Was die amerikanische Aristokratie daran gehindert hat, sich zu konstituieren, das heißt, sich politisch in aller Form als solche zu definieren, ist die Hypothek der Gründungsgeschichte – das heißt der christlichen Gründungsgeschichte.

Die amerikanische Aristokratie muß im Verborgenen operieren, weil ihre Existenz der Prämisse der nonkonformistischen protestantischen Brüderlichkeit widerspricht. Es gibt in Amerika keinen älteren Adel als die ›*Mayflower*‹; die Passagiere der ›Mayflower‹ landeten unter dem Banner der christlichen Brüdergemeinde. Von diesem Handicap ist die amerikanische Aristokratie nie losgekommen; nur so ist es zu erklären, daß in Europa feudale Esel, deren Blut längst durch vielfältige Heiraten mit den Töchtern von Heereslieferanten aufgefrischt worden ist, noch mittelalterliche Heraldik vor sich herschleppen können, während es etwa der Familie Dulles (wir kennen die Brüder John Foster und Allan) verwehrt geblieben ist, im Gotha aufgeführt zu werden.

Sicher, vielleicht wäre es besser, wenn wir die amerikanische Aristokratie an Hand von Titeln als solche identifizieren könnten; auch manche Geheimnisse der amerikanischen Innen- und Außenpolitik wären dann leichter zu erklären. Aber worauf es hier ankommt, sind die Berechnungen, denen europäische Gesellschaftsmuster unterworfen waren, ehe sie in der amerikanischen Soziallandschaft heimisch werden konnten.

Fassen wir zusammen: Die meisten der positiven wie negativen Unterschiede, welche Amerika von Europa trennen, sind auf seine stärkere christlich-brüderliche Fundierung zurückzuführen. Ein Kontinent ohne alte Götter (wir sprechen hier nicht von Lateinamerika, das eine ganz andere, noch schwierigere Problematik hat), ein Naturgarten wird von Küste zu Küste durch Brüdergemeinden besetzt, die den alten Ruf plötzlich machtvoll erneuert hören: Wachset und vermehret euch, macht euch die Erde untertan. Zum ersten Mal ist die Verheißung vom Endreich der Fülle in konkrete Nähe gerückt; und so entbrennt auch der Hunger nach dieser Fülle heller und heißer als irgendwo anders. Europäer, die selbst seit Jahrtausenden zu den härtesten Materialisten der Erde gehören, machen sich über die amerikanische Jagd auf den Dollar lustig; aber der Dollar ist nichts anderes als der quantitative Maßstab der Erwählung und der Verheißung. Nicht mehr eroberte Fahnen und Stadtschlüssel werden gezählt, sondern eroberte Quadratmeilen, praktische Errungenschaften, eroberte Produktionsziffern pro Kopf und Arbeitsstunde. Henry Ford steht ebenso in dieser Tradition wie die ersten Siedler – und jener Quäker, der als Manager der großen Braunkohlenkompanie von Kentucky mit der Bibel auf dem Beifahrersitz herumfährt, um die Zerstörung ganzer Bezirksämter durch seine haushohen Schürfmaschinen zu beaufsichtigen. In dem Augenblick, wo sich Europa dieser amerikanischen Errungenschaften bemächtigen konnte, hat es sie mit größerer Skrupellosigkeit als die Amerikaner praktiziert. Das Beutemachen, das Vorzeigen von wirtschaftlichen Skalpen wird hierzulande wesentlich vulgärer betrieben als drüben – schon deshalb, weil die Basis der freien Bruderschaft fehlt. Was an Bedenklichem in der amerikanischen politischen und gesellschaftlichen Utopie steckte, hat Tocqueville schon sehr gut beschrieben; es wäre interessant zu wissen, was er heute über Europa schreiben würde.

Amerika hat die Menschheit jahrhundertelang davon abgehalten, den Ernst ihrer Lage voll zu begreifen; heute begreifen ihn Amerikaner schneller als alle anderen. Auch davon wird noch die Rede sein müssen.

Was uns jedoch zuerst beschäftigen muß, ist der andere große Versuch, das Endreich der Verheißung im Diesseits zu errichten: der Sozialismus.

Auf zum letzten Gefecht

Marx war im allgemeinen recht sparsam mit konkreten utopischen Entwürfen; doch gibt es eine bekannte Stelle in der »Deutschen Ideologie«, die gelegentlich als solcher zitiert wird. Sie lautet:

»In der kommunistischen Gesellschaft, in der jeder sich in jeder beliebigen Branche entwickeln kann und keinen exklusiven Tätigkeitsbereich mehr hat, regelt die Gesellschaft die allgemeine Produktion und macht es mir gerade dadurch möglich, heute dies, morgen jenes zu tun, am Morgen zu jagen, am Mittag zu fischen und am Abend Viehzucht zu betreiben oder auch das Essen zu kritisieren, ohne jemals Jäger oder Fischer, Hirte oder Kritikus zu werden, gerade wie ich Lust habe.«

Es ist heute schwer, eine solche Stelle ernst zu nehmen. Wenn diese Utopie Wirklichkeit werden könnte, dann würde sie folgendes voraussetzen:

1. eine Bevölkerungsdichte von etwa zehn Menschen auf den Quadratkilometer;
2. eine technische Ausrüstung, die nur in Bevölkerungszentren mit wesentlich höherer Verdichtung hergestellt werden kann;
3. eine Landschaft von hoher Ursprünglichkeit in klimatisch angenehmen Breiten.

Tatsächlich gab es das alles zur Zeit der »Deutschen Ideologie«; und das Leben, das Marx hier als sozialistische Utopie schildert, ist ihm von einem Bekannten beschrieben worden, der es tatsächlich lebte – im Kalifornien von 1848. Älteste konkrete Bedürfnisse der Menschheit konnten da erfüllt werden: Forellenwasser, Jagdrevier, Weideland, Freizügigkeit. Und sie werden erfüllt ohne die Handicaps des Wilden:

Mangel an Technik, unzureichende gesellschaftliche Organisation, magisch-mantische Ängste.

Zur Zeit der »Deutschen Ideologie« gab es allerdings Wilde, die auch so üppig und freizügig lebten (wenigstens die Männer, die Frauen hatten einen Arbeitstag von 18 Stunden): die Plains-Indianer, die großen Helden der europäischen Schulbuben. Ihre Kulturen waren äußerst kurzlebig; wir wissen, woran sie zugrunde gingen, aber man macht sich meistens nicht klar, wie sie überhaupt entstehen konnten: Vor 1800 waren sie nämlich unmöglich, da es in Amerika keine einheimischen Pferde gab. Die gestohlenen oder entlaufenen Pferde der Spanier (Mustangs, von *mesteno,* verwildert) waren die neuen Produktionsmittel, die sofort in eine neue Wirtschaftsform mit neuen Stämmen, neuen gesellschaftlichen Gewohnheiten und neuen kulturellen Versuchen umgesetzt wurden.

Doch nicht diese Plains-Indianer wurden für die Theorie des Sozialismus wichtig, sondern ein älteres indianisches Sozialmodell: das der Irokesen. Über dieses politisch geniale Volk, das im 17. Jahrhundert eine Liga gegründet hatte, veröffentlichte 1851 der Rechtsanwalt Henry Lewis Morgan eine Studie unter dem Titel: »League of the Ho-De-No-Sau-Nee or Iroquois«. Sie wurde zu einem Grundpfeiler von Friedrich Engels' berühmter Arbeit »Der Ursprung der Familie, des Privateigentums und des Staates« von 1884.

Engels war von den Irokesen begeistert; begeisterter jedenfalls, als es die strenge Theorie seines Meisters erlaubt hätte. Die Irokesen hatten nach seiner Ansicht eine ideale Verfassung – da gab es keine Soldaten, keine Polizei, keine Gerichtsverhandlungen. Alle waren gleich und frei – der gemeinschaftliche Haushalt und die Verwandtschaft wußten um ihre Verantwortung für alle, für Alte, Kranke und Invalide.

Wir sind gescheiter geworden, wie man so sagt, und wir wissen heute mehr über die Iroquois. Sie waren die blutrünstigsten und ausdauerndsten Folterer unter allen Indianerstämmen, eine Pest für rote und weiße Nachbarn (die Huronen wurden von ihnen praktisch ausgerottet) und hatten ein kompliziert verschränktes System aus Mutterrecht und einem nie ganz integrierbaren Kriegsorden. Aber das ist hier nicht von Belang. Engels' Rekurs zu den Primitiven und Marxens Utopie sind Evidenz für das innerste und wichtigste Pathos des Marxismus, für das Pathos der Erreichbarkeit des Milleniums, des irdischen Reiches der Erfüllung. Das Irokesen-Modell evoziert die ursprünglichen paradiesischen Möglichkeiten der Menschennatur; Marxens Vision, geborgt aus der Erfahrung eines Emigranten, ist Vorwegnahme des kommenden Reichs, des Endes der

Entfremdung. Ohne dieses doppelte Pathos ist die erregende Geschichte der Arbeiterbewegung unverständlich.

Daß sich der Marxismus entschieden wissenschaftlich und gottlos gibt, ändert nichts daran, daß er logisch eine Prämisse bedingt, die ein Glaubensakt ist: nämlich den Glauben an die Erlösbarkeit des Menschen.

Man kennt die Hoffnungen, die heute gerade wieder von christlicher Seite an diesen fideistischen Aspekt des Marxismus gewendet werden. Oft genug wird dabei behauptet, der Atheismus sei im Marxismus kein logisch notwendiger Bestandteil, sondern Resultat der unglücklichen Rolle der Kirchen in der Geschichte, besonders im 19. Jahrhundert. Marx habe mit dem Satz, Religion sei »Opium des Volkes«, eigentlich nur eine ziemlich genaue Zustandsbeschreibung der sozialen Lage seiner Zeit geliefert, die man heute auch in den Kirchen gefaßt anerkennt.

Dennoch wäre es falsch, den Atheismus im Marxismus so nebensächlich zu sehen. Er hatte und hat mindestens zwei unabdingbare Funktionen im System:

Erstens entspricht er in der historischen Situation ziemlich genau der Wirkweise jener *aseheia* oder *impietas,* also jener Kultusverweigerung, welche Juden und Frühchristen gegenüber der heidnischen Umwelt auszeichnete. Solche Frömmigkeitsverweigerung war und ist Absage an die Stabilisierungstendenz unterdrückerischer Herrschaft; und da in Europa an die Stelle des Kaiserkults von 100 n. Chr. der christlich designierte Monotheismus getreten ist, muß man den militant atheistischen Kampfgeist des alten Marx im gleichen funktionellen Zusammenhang sehen.

Zweitens wird im Bilde Gottes jede Form von ›Idealismus‹ angegriffen; das heißt jede philosophische Verfestigung, die zur Lähmung der revolutionären Praxis führen könnte. Der Marxismus gewinnt dadurch jene ›Freiheit von Gesetz‹ wieder, die als roter Faden die Argumente des Paulus durchzieht.

Paradoxerweise ist also die Gottlosigkeit des Marxismus geradezu ein Kriterium für seine Wiederaufnahme ursprünglicher jüdischer bzw. christlicher Herausforderungen an die unterdrückte und unterdrückende Umwelt. Wie wenig ›wissenschaftlich‹ solcher Atheismus ist, erhellt schon daraus, daß die wirklich wissenschaftlichen Atheisten (zuletzt etwa Professor Jacques Monod) vom zünftigen Marxismus prompt als ›Idealisten‹ denunziert werden.

Um solche *rabies theologorum,* solche vom Mittelalter her vertraute theologische Kampfwut aufs Verständliche zu reduzieren: Dem wissenschaftlichen Atheismus Schopenhauerscher Provenienz wird ›eigentlich‹ nur vorgeworfen, was schon die hellenistische Tradition von der jüdischen trennte: das Auseinanderhalten von Erkenntnis und Leben, die Annahme, daß es eine positive oder negative Werteinsicht ohne gelebte und ständig überprüfte Praxis geben könne.

Am Grunde eines solchen ›Materialismus‹, der auf der Einheit von Theorie und Praxis besteht, ruht aber die jüdisch-christliche Überzeugung, daß Weg und Wahrheit eins seien; und solche Einheit ist wiederum unmöglich ohne ›Hoffnung‹, das heißt ohne die Annahme der Zielgerichtetheit menschlicher Entwicklung – jüdisch-christlich gesprochen: von Schöpfung und Verheißung.

Aber verlassen wir die dürren Weiden der Abstraktion und kehren wir zu unserer eigenen Methode zurück; das heißt, halten wir uns an das Jesuswort »An ihren Früchten sollt ihr sie erkennen!« (Marxistisch heißt das, daß es nicht auf Interpretation, sondern auf Veränderung ankommt.) Der Marxismus ist also in seinen Auswirkungen auf die Betroffenen zu untersuchen, an den gesellschaftlichen und politischen Resultaten seiner Praxis. Und hier ist nur festzustellen: Er hat es in verblüffend kurzer Zeit geschafft, sämtliche Bedenklichkeiten der christlich-abendländischen Geschichte in seiner Praxis zu reproduzieren. Das ist nicht verwunderlich, wenn man die große Liste von Gemeinsamkeiten überfliegt, die Christentum und marxistischer Sozialismus von ihren Ansätzen, ihrer Aufgabenstellung, ihrer Problematik her haben und haben müssen. Einige dieser Gemeinsamkeiten haben wir in anderen Zusammenhängen schon kurz gestreift; der Deutlichkeit halber seien sie nun Punkt für Punkt diskutiert:

Erstens – Der ursprüngliche Kern der Botschaft ist die Verkündigung eines schon angebrochenen, zumindest nahen

Endzustandes, der den Zusammenfall von Schöpfung und Verheißung beziehungsweise Erfüllung und Bedürfnis bringen wird. Zwar setzt dieses nahe Endreich noch einmal Kampf voraus (»Das Reich des Himmels leidet Gewalt, und nur die Gewalttätigen reißen es an sich« – »Auf zum letzten Gefecht«): Aber der Sieg ist schon deshalb sichergestellt, weil er einer inneren, durch Haß und Unterdrückung verborgenen und verschütteten Realität entspricht, die durch den fideistischen Akt lediglich freigelegt werden muß, um ihre unendliche Überlegenheit über diesen *Aion* zu manifestieren. Die ›Welt‹, die Welt der Unterdrückung und der Klassenherrschaft, ist schon gerichtet, d. h. ihre inhärenten Widersprüche werden sie letzten Endes selbst zu Falle bringen.

Zweitens – ›Letzten Endes‹: das letzte Ende, der Jüngste Tag der glorreichen Offenbarung, steht um die Ecke. In Marxens Freundeskreis wird ebenso ernsthaft über die Frage diskutiert, ob man dieses Endreich noch erleben werde, wie dies unter den Jüngern Jesu und in der Urgemeinde geschah. Noch der alte Bebel ist fideistisch vom nahen großen ›Kladderaddatsch‹ überzeugt, und Trotzki meint etwas später, die Annahme des Ausbleibens der Weltrevolution sei eine ungeheuerliche These.

Drittens – Das vorläufige Ausbleiben dieses Endzustands nötigt zur Organisation einer Kontinuität, in der die politische Sicherung der Verkündigung in den Vordergrund tritt. Damit beginnt zwangsläufig die doktrinäre Auseinandersetzung innerhalb der gemeinsamen Grundüberzeugung.

Viertens – Da die Zerfleischung der Gemeinsamkeit durch Sekten und Richtungen für die Bewegung lebensgefährlich wird, gilt es, die Unverletzlichkeit der Lehre sicherzustellen. Zu diesem Zweck wird ein Büro geschaffen, das die einheitliche Auslegung der Grundschriften überwachen soll. Zunächst ist die Diskussion der Lehre noch Sache von Konzilen; später schiebt sich die Unfehlbarkeit des Heiligen Büros in den Vordergrund und bestimmt die Praxis.

Fünftens – Da die Stifter die ›Gerechtigkeit‹ dieser Welt als hohl, die Befolgung ihrer Gesetze als Glaubensschwäche bzw. als Instrument der Klassenherrschaft entlarvten, ist irdische Aktion keinem Kodex, keinem Sittengesetz unterworfen, das in sich selbst wertvoll wäre: Alle Aktion ist nur in ihrer größeren oder geringeren Wirksamkeit für den Enderfolg der Botschaft zu werten. Weder im Christentum noch im Marxismus haben Diskussionen über ›Gewaltlosigkeit‹ oder andere humane Grundfragen einen bindenden Wert, weil sie zu keinerlei Festlegungen führen können: Die nächste historische Kurve kann schon wieder ganz neue Perspektiven eröffnen.

Sechstens – Diese humane Unverbindlichkeit des Systems wird noch verstärkt durch die Methode bzw. Anti-Methode der Stifter, konkrete Fragen menschlichen Zusammenlebens und alle Kategorien irdischer Vorsorge *en bagatelle* zu behandeln. So entstanden Leerräume wirtschaftlicher, ethischer, politischer Art, die aus den Prämissen der ursprünglichen Erkenntnisse und Methoden dann von außen geborgt und eingebaut werden; es entstehen wieder moralische Haustafeln, platonische und aristotelische Lehrstühle, Formeln wie »Antike und Christentum«, »Marxismus plus Elektrizität«, »Kommunismus plus Amerikanismus«.

Siebtens – Da sich aber das Heilige Büro (durchaus in Wahrnehmung seines ursprünglichen Auftrags) der Vorläufigkeit aller solcher Bindestrich-Formeln bewußt bleibt, entwickelt es einen nahezu unbegrenzten Machiavellismus. Da es letzten Endes nur um die Sicherung der Botschaft in einer grundsätzlich feindseligen Welt geht, um ›Kirche‹, um ›Sowjetmacht‹, unterliegen alle Regelungen, alle Absprachen und Bündnisse den Erfordernissen der jeweiligen Linie.

Achtens – Machtergreifung, Expansion erfolgt in einer Weise, die mit den ursprünglichen Ansätzen nichts oder wenig zu tun hat. Jesu Botschaft war zunächst und vor allem an Israel gerichtet; Marxens Analysen und Agitation bezogen sich auf die hochindustrialisierten Länder und Gesellschaften des Westens. In beiden Fällen wurde die Botschaft vom ursprünglichen Adressaten ›verworfen‹, später aber zum Agens des rapiden und siegreichen Aufbaus unterentwickelter Regionen: des keltisch-germanischen Raums im Mittelalter, Rußlands und vieler Länder der Dritten Welt in unseren Tagen.

(Selbst in den Anomalien der Expansion stecken Parallelen. Die durch den Zweiten Weltkrieg, also durch Hitlers Aggression in die russische Einflußsphäre geratenen Länder Osteuropas lassen sich durchaus mit jenen Kreuzfahrerstaaten vergleichen, in denen die Zivilisationsstufe der Unterworfenen weit über der ihrer Herrscher lag. Die levantinischen Christen jener Reiche, meist gebildete Leute, standen der Mentalität ihrer westlichen Glaubensgenossen ungefähr so gegenüber wie heute polnische, tschechische, ungarische Sozialisten der ihrer östlichen Freunde.)

Neuntens – Die Machtergreifung, die immer nur eine teilweise sein kann, schafft ein zusätzliches ideologisches Problem: das Ausbleiben des Millenniums. Das Leben bleibt ärgerlicherweise immer noch unerträglich, Bedürfnis und Erfüllung klaffen nach wie vor weit auseinander, das Endreich ist, wenn überhaupt, nur um Zentimeter nähergerückt. Hier ist offenbar ein altböser Feind am Werk, der die Herzen der Gläubigen verwirrt oder die Klassengegensätze verschärft. Die Tatsache, daß er schon gerichtet, schon geschlagen, schon überwunden ist, macht ihn keineswegs ungefährlicher, im Gegenteil. Unbehaust in irgendeiner Heimstatt der Realität, kann er die groteskesten und unwahrscheinlichsten Verkleidungen annehmen, kann in knusprige Hexen oder in alte Bolschewiken fahren und sie zu absurden Dingen bewegen, wie sie in den Protokollen der Hexenjäger bzw. der Moskauer Schauprozesse enthalten sind: dem Feiern von Schwarzen Messen mit Oskulation des teuflischen Hinterteils – oder endlosen Treffs mit trotzkistischen Teufeln in Hotels, die um die fragliche Zeit längst abgerissen oder noch gar nicht erbaut waren.

Zehntens – Trotzdem hat die Angst des Heiligen Büros einen realen Hintergrund, der ernsthaft genug ist. Der Widerspruch zwischen dem dynamischen, egalitären Kern der Botschaft und der statischen Herrschaft des Büros, des Garanten der Kontinuität, führt zur Dialektik Orthodoxie-Ketzerei. Für die Ketzer hat das Heilige Büro die Botschaft verraten, deformiert; aber für das Büro bestätigt die Existenz der Ketzerei zusätzlich das Wirken des altbösen Feindes und macht seine Zurüstungen zu dessen Unterdrückung vor aller Welt glaubwürdig.

Elftens – Der Erfolg beider Systeme war und ist dennoch ungeheuer – und zwar ist er ein Ausfallprodukt der Auseinandersetzung, die zur Zerstörung alter, scheinbar unwiderlegbarer Positionen geführt hat. Vor allem wurden und werden die durch die Botschaft aufgerufenen Energien gerade der Intelligenz auf das Feld verwiesen, das quantifizierten Fortschritt verspricht und gewährt: das Feld der Naturbeherrschung. Die in Technik und Wissenschaft Tätigen genießen weitgehend Immunität von den Schrecken des oder der heiligen Büros (das marxistische kann ihnen gefährlicher werden, weil es angeblich selbst nach ›wissenschaftlichen‹ Gesichtspunkten urteilt, also noch in seiner ›galileischen‹ Phase steckt; aber das ist in der Regel vorübergehend und scheitert meist an der Notwendigkeit, quantifizierten Fortschritt als Evidenz für die Überlegenheit des Systems vorweisen zu können). Dadurch ziehen Naturwissenschaft und Technik gerade jene aktiven Geister an, denen das Klima der ideologischen bzw. theologischen Auseinandersetzung zu fruchtlos bzw. zu gefährlich erscheint. Die Tatsache, daß heute im Westen der Zustrom zu den naturwissenschaftlich-technischen Fächern stagniert, während sie im Osten nach wie vor höchsten Status besitzen, hängt logisch damit zusammen, daß es im Westen keine tödlichen und gefährlichen ideologischen Irrtümer mehr gibt.

Zwölftens – Da Heilige Büros in der Regel keine schöpferischen Persönlichkeiten anziehen, war und ist es eine Notwendigkeit, für den theologischen bzw. ideologischen Hausgebrauch eine eigene Terminologie und Technik zu entwickeln, die es dem Unbedarften erlaubt, mittels ihrer Handhabung nach außen den Anschein ungeheurer Kompetenz zu erwecken. Dies war früher der hohe Reiz der Theologie; heute ist er auf die marxistische Scholastik übergegangen. Auch mäßige Intelligenzen können sich überdurchschnittlich gewachsen oder überlegen fühlen, wenn sie, sagen wir, die indische Eröffnung und die Botwinnik-Variante des Schachspiels kennen und so den Anfänger in neun Zügen Matt auf c4 setzen können. Dies ist um so leichter möglich, wenn fast keine Realitätskontrolle mehr vorliegt, sondern die Auseinandersetzung ausschließlich innerhalb des Regelwerks, des Schachbretts oder der scholastischen Spielfläche erfolgt. Praxisferne Menschen mit reduzierter Sinnlichkeit fühlen sich in solchen Welten besonders wohl; damit dürfte es zusammenhängen, daß den Scholasten der berühmte Kontakt mit der ›Arbeiterklasse‹ – als solchen Menschen, die ihr Selbstverständnis noch unmittelbar aus der Vitalsphäre und der körperlichen Geschicklichkeit beziehen – so ungeheuer schwerfällt.

Das ist eine kurze Liste der gemeinsamen Probleme und Resultate von Marxismus und Christentum. Hinzuzufügen in aller Fairness ist die Gemeinsamkeit, daß sie beide auf ihre Weise trotz allem die Welt ein wenig humanisiert haben; davon wird aber noch ausführlicher zu sprechen sein.

Es muß ferner deutlich gesagt werden, daß es dem Marxismus gelungen ist, die einfachsten Überzeugungen der christlich-jüdischen Tradition in Weltgegenden zu tragen, die von einer imperialistisch pervertierten Christenheit nie erreicht wurden und nicht erreicht werden konnten. Und auch hierzulande bewahrt der marxistische Sozialismus noch Zehntausende von Menschen, die ›reinen Herzens‹ sind, vor dem Sturz in die Verzweiflung – vor dem sie die christlichen Kirchen in ihrem jetzigen Zustand nicht ohne weiteres bewahren könnten.

Das Erschrecken der Kirche vor dem Marxismus ist also nicht zuletzt durch die – selten bewußte – Einsicht bewirkt, daß hier Kräfte am Werk sind, die ursprüngliche Elemente der Botschaft besser der heutigen Menschheit vermitteln können, als sie dies selber vermöchte. Die Gründe hierfür werden im nächsten Kapitel zu erörtern sein. Doch da unser Thema nicht gute Absichten, sondern ablesbare Resultate christlicher Geschichte betrifft, läßt sich an dieser Stelle eine vorläufige – Bilanz ziehen; eine hypothetische Antwort auf die Frage: Wie erfolgreich war das Christentum?

Es hat, jedenfalls bisher, keinen Erfolg in seinen zentralen und proklamierten Intentionen aufzuweisen; es hat nicht vermocht, die Welt in das zu verwandeln, was die alte Präfation des Christkönigsfestes als eine Welt der Gnade, der Gerechtigkeit, der Liebe und des Friedens beschreibt. Das läßt sich mit einem Blick in die Tageszeitung feststellen. Auch seine häretischen Kinder und Erben haben das nicht vermocht. Das Christentum und seine Erben waren jedoch außerordentlich erfolgreich in der Weckung von Energien, die sich um den ältesten Auftrag der jüdisch-christlichen Tradition bemühten: um den totalen Herrschaftsauftrag über den Rest der Schöpfung. Er war erfolgreich in der Übermittlung selbstverständlichen Vertrauens in die Garantien der Genesis: qualitative Einzigartigkeit des Menschen, totale Profanität der Natur, ihre Verfügbarkeit als Ausbeutungsobjekt und ihr unerschütterliches ökologisches Gleichgewicht. Die Selbstverständlichkeit solchen Vertrauens geht heute weit über die Grenzen von Judentum und Christentum hinaus: räumlich, aber vor allem auch im Bewußtsein der Zeitgenossen. Das Christentum hat ferner seinen historischen Erben eine – möglicherweise tödliche – Überzeugung vermitteln können: die Überzeugung von der glanzvoll angeordneten Zukunft, von dem Neuen Jerusalem, das uns auf jeden Fall erwartet; sei es im Gang der Heilsgeschichte, sei es im ehernen Pendelschlag der historisch-materialistischen Uhr. Die glanzvoll angeordnete Zukunft aber rechtfertigt sich aus der Annahme, daß alles Unvollkommene, alles Leidvolle, aller Todesschmerz unserer Existenz ein Ärgernis ist, keine Existenzbedingung: daß es sich hier um Webfehler im Menschheitsmuster handelt, die – entweder durch göttlich-eschatologisches Eingreifen oder durch die Logik des gesellschaftlichen Prozesses – korrigiert werden müssen und tatsächlich korrigiert werden.

Auf dieser Basis hat sich in letzter Zeit auch eine theoretische Wiederannäherung von Marxismus und Christentum vollzogen, die in vielen Teilen der Welt bereits ein neues progressistisches Aktionsklima geschaffen hat.

Das progressistische Klima

Zwischen dem 17. und dem 19. Jahrhundert löste sich die alte Dialektik von Orthodoxie und Ketzerei aus ihrem christlichen Rahmenwerk; zwar proklamierten die Ketzer noch immer den Verrat der Botschaft Jesu durch die Kirchen, aber sie beriefen sich zur Begründung ihrer neuen Position nicht mehr auf die Schrift als höchste und letzte Autorität, sondern zogen andere Quellen heran. Wie wir gesehen haben, änderte dies an den praktischen Resultaten solchen Widerspiels fast gar nichts; aber da das in den Kirchen verfaßte Christentum seit eineinhalb

Jahrtausenden sich selbst als Hort eines Glaubensbesitzes und den Begriff ›Glauben‹ als Festhalten an bestimmten dogmatischen Wahrheiten definiert hatte, konnte der neue kritische Geist nicht mehr als Schisma oder Ketzerei verarbeitet werden, sondern war ein Angriff auf das Christentum selbst.

Verschärft wurde diese Situation durch das, was im Kampf der Konfessionen untereinander an innerkirchlichem Klima (und zwar auf beiden Seiten) entstanden war. Die vermeintliche Notwendigkeit, die Unterscheidung vom Gegner über alle anderen Gesichtspunkte zu stellen, hatte zur Heraufkunft einer engbrüstigen Mittelmäßigkeit geführt, die über das jeweils ›Abweichlerische‹ zu Gericht saß; und welcher kreative Geist ist nicht abweichlerisch? Nicht mehr der kraftvollste, sondern der ›genaueste‹ Glaube zählte; nicht mehr die Liebe oder die Solidarität, sondern der Stallgeruch; nicht mehr die Hoffnung, sondern das ängstliche Festhalten an den festgelegten Kriterien.

So sah man sich – eigentlich ziemlich plötzlich – den Geistern gegenüber, die man aus den Kirchen hinausgeekelt hatte, und man sah sich ihnen in unzulänglicher Rüstung und mit reichlich ärmlicher Mannschaft gegenüber. Verwunderlich ist nicht der Sieg der neuen, kritischen Geister über die alten Dunkelmänner: Verwunderlich ist, daß den Kirchen überhaupt noch große Seelen und Hirne verblieben.

Die Lage der verfaßten Christenheit war und ist also keineswegs beneidenswert. Hätte sie auf die rasch hintereinanderfolgenden Herausforderungen der säkularen Welt seit 1648 anders reagieren können, als sie reagiert hat? Hätte sie rechtzeitig die Ideale von 1789 umarmen, den christlichen Sozialismus propagieren sollen? Zweifellos wäre dies möglich gewesen, wenn Kirchen- und Weltgeschichte die Geschichte reiner Intentionen und reiner Erkenntnisse wären; aber Geschichte wird eben stark vom Unterbau bestimmt, und der Unterbau der Kirchen, aller Kirchen mit Ausnahme einiger Freikirchen, war vom 19. Jahrhundert an für das Handeln nach reinen Erkenntnissen und Intentionen nicht geeignet. Was die Kirchen noch an volkstümlicher Macht besaßen, verdankten sie entweder ihrer Kontrollfunktion an den Pforten des Jenseits – eine sehr verdächtige Macht – oder dem Mißtrauen der Massen gegenüber allem

Neuen. Das Alte aber, das es zu bewahren galt, war nicht sosehr das Christliche als das Heidnische: die kollektiven Seelengründe einer abergläubischen, im Zwielicht übernatürlichen Zornes und übernatürlicher Beschwichtigung lebenden Bauern- und Bürgerschaft.

Es ist nur logisch, daß sich die Kirchen angesichts solcher ungünstiger Ausgangspositionen in Fortschrittsfeindlichkeit ergingen. Sie stießen sibyllinische Warnungen gegen die Demokratie, die Großstadt, den Kunstdünger, die Technik, den Lippenstift aus, verherrlichten die einfachen Tugenden von gestern und vorgestern, gaben sich als Interpreten einer statischen ›gottgewollten‹ Schöpfungsordnung – kurz, taten ziemlich genau das, was ein römischer *Pontifex Maximus* einstmals gegen das Christentum selbst getan hat oder hätte, wenn es mit den technischen Voraussetzungen von heute auf den Plan getreten wäre. Dabei war man sich aber von Anfang an der eigenen Sache keineswegs sicher; man wußte – bei einiger Reflexion – nur zu gut, daß die *secular city,* die weltliche Stadt, die jetzt im Entstehen war, von Enkeln und Erben der Christenheit bewohnt ist, und daß man selbst am Entwerfen der Baupläne ziemlich maßgebend beteiligt war.

So war denn von Anfang der Aufklärung an ein kirchlicher Progressismus vorhanden, der sich dieser Tatsache stellen wollte. Es gab innerchristliche, ja innerkirchliche Versionen der Aufklärungsbewegung; im Protestantismus setzten sie stärker und früher ein, aber auch im rheinischen und österreichischen Katholizismus hatten sie hervorragende Vertreter.

Ihr Pech war, daß sie nicht volkstümlich waren; mit anderen Worten, daß sie keine Basis hatten. Das Volk kaute keine Theorien durch, sondern hielt sich an Klasseninteressen. Diejenigen der Bourgeoisie waren kirchenfeindlich, solange die Kirche feudal war, und wurden kirchen-konform, sobald die Bourgeoisie selbst reaktionär wurde; nicht, weil die Kirche von Haus aus und unbedingt reaktionär sein mußte, sondern weil die ›progressiven‹ Kräfte ihr Heil außerhalb der Kirche suchten. Die Bauern waren und blieben christlich, solange es keine Hagelversicherung und keine landwirtschaftlichen Lehrstühle gab; das heißt, daß sie heidnisch-magisch blieben – mit vielen liebenswürdigen Zügen, die dieser *way of life* vor allem im Katholizismus bewahrt hat.

Wirklich frei zur Selbstreflexion und zur möglichen fortschrittlichen Aktion konnten die Kirchen erst werden, als diese Basis selbst zerbröckelte. Nur so erklärt es sich, daß die Theologie aller Konfessionen heute erstaunlich optimistisch ist – optimistischer jedenfalls, als sie jemals seit Konstantin war. In ihr ist so gut wie kein Ressentiment gegen die moderne säkularisierte Welt mehr zu spüren, gegen Fortschritt oder Aufklärung; und dies trotz der Tatsache, daß fast alle Warnungen der alten Konservativen vor der Weltentwicklung recht behalten haben.

Die Freiheit der Theologie ist, zunächst, eine Freiheit, die sie eben der weltlichen Entwicklung verdankt. Am klarsten, da sich der Prozeß in unserer Gegenwart abspielt, läßt sich dies am Katholizismus erläutern. Der Entschluß des Papstes Johannes zur Einberufung des Zweiten Vatikanischen Konzils (auf ihn kommt es mehr an als auf das Konzil selbst) muß in Beziehung gesetzt werden zu seiner offen geäußerten Ansicht, daß entscheidende Impulse des Christentums nicht innerhalb, sondern außerhalb der Kirchen sich entfaltet haben: Er zog das Bild Jesu von der Saat heran, die ein Sämann sät, und von der einiges am Wegrand aufgeht. Der Papst bejahte damit jene Dialektik, die uns in den vorigen Kapiteln beschäftigt hat: das Widerspiel von Orthodoxie und Ketzerei, aus dem soviel menschliche Emanzipation erwuchs. In dem Augenblick, wo ein Konzil einberufen wurde, mußte sich die Theologie in Bewegung setzen; mußte die Grundsatzdiskussion wieder beginnen, die sich unter der Ägis der Ketzerriecherei und der Weltfeindlichkeit scheintot gestellt hatte.

Für Westdeutschland kam der Umschwung gerade rechtzeitig. Dieses Land, zum ersten Mal in seiner Geschichte der Feudalität entronnen und dem offenen Materialismus ergeben, konnte vor dem Zweiten Vatikanum nur noch die reaktionärsten Formen des Katholizismus verleiblichen, der sich in einer immer hoffnungsloseren Abwehrhaltung gegenüber der Gesellschaft befand. (Daß sich weite Teile der Gesellschaft von ihm geistespolitisch bedienen ließen, widerspricht dem überhaupt nicht.) Was der deutsche Katholizismus hatte – noch und wieder hatte –, waren Theologen; Theologen, von denen einige nicht mehr schreiben durften, einige von selbst nicht mehr schrieben, um sich nicht der Verfolgung auszusetzen. Mit einem Schlag waren diese Theologen zur Visitenkarte des deutschen Katholizismus geworden – und sind es seitdem geblieben. Ja, sie sind sogar so etwas wie die Lieblinge der Gesamtgesellschaft; die zahlreichen Buchveröffentlichungen für gebildete Laien erfreuen sich steigender Auflageziffern, die nicht nur auf Gläubige zurückzuführen sind.

Die Kirchen sehen eine solche Entwicklung nicht ungern. Auf der Ebene der Akademie-Tagungen und Kongresse haben die Theologen eine gesellschaftliche Vermittlungsaufgabe übernommen, die um so wichtiger ist, je schmäler die Machtbasis der Kirchen in der Gesellschaft wird. Je kühner und freimütiger sich die Theologen dort oder am Fernsehschirm äußern, desto besser nehmen sie diese meist unbewußt akzeptierte Aufgabe wahr.

Gerade auf dieser Ebene der Tagungstheologie (der Ausdruck ist nicht abwertend gemeint) kam die interessante Koalition zustande, die eine Reihe von Jahren das geistige Feld zu beherrschen schien: die Koalition zwischen fortschrittlichen Theologen und fortschrittlichen Marxisten. In einer Reihe von Gesprächen, die von der Paulus-Gesellschaft initiiert und vor allem von den Intellektuellen der CSSR gestützt wurden, suchte man sich näherzukommen und stellte ein gemeinsames Überzeugungsklima fest, das sich etwa in folgenden Thesen zusammenfassen läßt:

Erstens – Die Intention beider Bewegungen, der christlichen wie der sozialistischen, ist auf die Zukunft gerichtet. Beider Berechtigung liegt nicht in goldenen Zeitaltern der Vergangenheit, sondern in Heilszielen, die sie sich gesetzt haben, oder die ihnen gesetzt sind.

Zweitens – Diese Heilsziele sind in beiden Fällen kollektiv; weder das Reich Gottes noch die klassenlose Gesellschaft befassen sich in erster Linie mit dem Einzelmenschen, sondern mit der Verwirklichung des Heils für alle.

Drittens – Das Heil ist kein fertiges Gebäude, das sozusagen möbliert bezogen werden könnte, sondern entfaltet, offenbart, realisiert sich in der liebenden, beziehungsweise solidarischen Praxis, die durch Weltveränderung neue Wirklichkeiten setzt.

Viertens – Die Praxis ist immer eine kämpferische Praxis insofern, als sie gegen verhärtete Verhältnisse, Strukturen, Denkweisen anzugehen hat. Der Weg des Christentums wie des Sozialismus ist also zwangsläufig ein Weg der Aufklärung und Bewußtwerdung; beide haben Freiheit zu lehren, und zwar nicht im liberalistischen Sinn, sondern im ständigen Kampf gegen solche Verhältnisse, Strukturen, Denkweisen, die objektiv die Entfaltung von Freiheit für alle unmöglich machen.

Fünftens – Welt und Schöpfung sind nur insoweit erfahrbar und wichtig, als sie Bezug auf diesen Heilsweg haben. Die Schöpfung ist noch nicht zu Ende, die Welt ist machbar, und das Potential des Menschen, sie zu verändern, ja sie in gewissem Sinne erst zu machen, ist bisher so gut wie unausgeschöpft. In dem Maße, in dem er die Verhältnisse, die ihn bedrücken, überwindet, wird dieses Schöpfer-Potential anwachsen.

Soweit die möglichen Gemeinsamkeiten. Es ist bezeichnend, an welcher Stelle sich die Wege trennten und trennen: Fast immer war und ist es der Begriff der Zukunft, der solche Trennung signalisiert. Die Marxisten werfen den Christen vor, ihre eschatologische Zukunftserwartung laufe letzten Endes auf eine Gabe von oben hinaus und beraube den Menschen seiner endgültigen Selbstbestimmung; die Christen andererseits finden die Marxismus-Formel von der klassischen Gesellschaft und dem Ende der Entfremdung anthropologisch zu kurzatmig; sie behaupten, daß gerade die Verweisung der ›absoluten Zukunft‹ auf Gott die relative und reale Zukunft des Menschen für jede mögliche Verwirklichung offenhalte; kurz: Was beide Seiten einander vorwerfen, ist, daß der Partner dem Menschen seine allerbeste und allerschönste Zukunft nicht gönne, so oder so.

Das Prinzip, unter dem man sich einigte und unter dem man stritt, ist also das Prinzip Hoffnung; der Mann, der diesen Titel über sein wichtigstes Buch setzte, Ernst Bloch, ist folgerichtig so etwas wie eine Eminenz der Koalition geworden. Und in der Tat sind ihm die Christen sehr viel Dank schuldig. Er hat den

Marxismus aus der öden Monotonie seines Geschichtsbildes befreit, in dem die jüdisch-christliche Tradition einfach unter ›Religion als Opium‹ eingereiht war, hat den Atheisten die fundamentale Andersartigkeit dieser Tradition klargemacht und damit eine intelligente Diskussion erst ermöglicht. Bloch geht so weit, die jüdisch-christliche Erbschaft, die der Marxismus angetreten hat, zu bejahen, ja sie zu rühmen; allerdings ist für ihn der einzig logische Schritt in die endgültige, von Juden und Christen angelegte Emanzipation der Atheismus. Moses und Jesus, so meint er, haben begonnen, die Menschen den aufrechten Gang zu lehren; aber sie schrecken davor zurück, die letzte Neigung des Hauptes auch noch abzuschaffen – oder, um Bloch nicht unrecht zu tun: Er meint, daß Moses und Jesus die innerhalb ihres gesellschaftlichen Zusammenhangs möglichen Fortschritte verkörpern, daß jedoch diese Fortschritte bereits auf Atheismus angelegt seien, und daß es heute eine Inkonsequenz darstelle, diesen Schritt nicht zu tun.

Wie weit er damit einer Gefühlslage auch innerhalb der Theologie entgegenkommt, zeigte vor kurzem die ›Gott-ist-tot‹-Theologie. Im Grunde ist diese etwas forsche Formel nur der popularisierte Ausdruck eines Dilemmas, welches das Christentum ebenfalls mit dem Sozialismus teilt: das Dilemma der Antinomie von Schöpfung und Verheißung. Man hat die heutige Theologie insgesamt ›horizontal‹ genannt; das heißt, daß sie alle wesentlichen Heilswahrheiten in humanen, enger: in zwischen- und mitmenschlichen Kategorien zu fassen versucht. Newmans Formel ›I and My Creator‹, ich und mein Schöpfer, kann heute nicht auf Anhänger rechnen. Auch solche Systeme im heutigen theologischen Pluralismus, die von Altizer und den anderen Propheten der Gott-ist-tot-Theologie abrücken, befassen sich nicht oder kaum mit Fragen der Schöpfungsordnung, sondern ganz und fast ausschließlich mit humaner Wirklichkeit. Dennoch ist ihnen das Dilemma ständig präsent. Und unterderhand wird es – wie alle unterdrückten oder verdrängten Probleme – zur Frage Nummer eins. Selbst Altizer hat Gott nicht ›eigentlich‹ für tot erklärt, sondern sieht ihn geradezu als Gegenprinzip zu den Verheißungen des Christentums, als den düsteren Zirkelschläger, den etwa William Blake als Urizen gezeichnet hat: als Unterdrücker und Erfinder der natürlichen Höllen. Dorothea Sölle sieht in Jesus den ›Stellvertreter‹ oder ›Schauspieler Gottes‹, der die Herrschaft des Vaters ablöst, ihn also, wenn man es genau nimmt, liquidiert hat. Über Ernst Blochs Interpretation des Gottes, der Hiob antwortet, als eines ›finster-weisen Naturbaal‹ haben wir bereits gesprochen; hier kann ergänzt werden, daß Bloch zustimmend eine altpersische Legende zitiert, in der ein grausamer Vater (Gott) seine schöne Tochter (die Gemeinde) einsperrt und den Freier, der vor ihrer Tür singt (Christus), im Zorn erschlägt. Der Freier aber hinterläßt der Tochter seinen Ring und sein Lied und verspricht die Wiederkunft.

Die Legende ist, wie erwähnt, persisch und gehört dem großen gnostisch-manichäischen Kulturkreis der Antike an. Sie ist offen dualistisch; zwei Prinzipien stehen sich gegenüber, ein lichtes und ein dunkles – *aber das dunkle Prinzip ist der Schöpfer Himmels und der Erde selbst*. Ihm gegenüber befinden sich die progressiven Theologien in der gleichen Verlegenheit, in der sich ihre Väter gegenüber dem Satan befanden. Entweder wird er als Nichts behandelt, als *quantité negligeable,* als Abwesenheit der guten Verheißung – oder er wird, wie bei Altizer, Sölle und Bloch, manichäisch aufgewertet zu einem Heerfürsten der Nacht, gegen den uns das Licht der Menschlichkeit in Pflicht nimmt. In beiden Fällen muß *gegen* ihn gesiegt werden; muß der Mensch seine eigene Schöpfung bauen – mit oder ohne Verheißung? Natürlich mit Verheißung – das heißt mit der Hoffnung, daß die Geschichte des Menschen auf eben diesen hominisierten Kosmos angelegt ist.

Es sei betont, daß diese Art des Geschichtsdenkens (besser: Geschichtsfühlens) sowohl den Voraussetzungen der christlichen Orthodoxie wie denen des klassischen Marxismus widerspricht. Für den aufrechten Orthodoxen gibt es keine Geschichte außerhalb von Gottes Zulassung; und für den historischen Materialisten gibt es nur den großen Pendelschwung von These, Antithese und Synthese. In beiden Systemen ist eigentlich nicht der Mensch das Thema, sondern der Gang der Heilsgeschichte. ›Richtige‹ und ›falsche‹ Entscheidungen sind in diesem Gang nicht aufregender als die Entscheidung eines Gasmoleküls, ob es innerhalb seiner Versuchsanordnung der allgemeinen Strömung folgen will oder nicht.

Es ist aber das Verdienst – und gleichzeitig die Schwäche der neuen Koalition, den Menschen thematisiert, das heißt in den Mittelpunkt der Überlegungen gestellt zu haben. Die Koalition war sich einig darüber, daß die Zukunft des Menschen eine menschliche Zukunft zu sein hat; keiner der vielen Dialogpartner in Marienbad und anderswo hat auch nur einen Satz auf das Schicksal der nichtmenschlichen Schöpfung verschwendet. Man war sich ferner einig, daß die Gegenwart zwar diesen menschlichen Verhältnissen keineswegs entspricht, daß die Menschheit aber, wie Bloch es ausdrückte, allmählich gelernt hat, aufrecht zu gehen. Er und die meisten seiner christlichen Gesprächspartner sind der Meinung, daß dieser Lernprozeß bereits mit der Urverheißung an die Stammväter des Volkes Israel begann; und daß er durch die Propheten und durch Jesus von Nazareth fortgesetzt und beschleunigt wurde. Andere (und unter ihnen befinden sich durchaus schon junge Christen) sehen dies kritischer und lassen vor dem Beginn der wissenschaftlichen Aufklärung keine Lernprozesse gelten, die wirklich den Namen der Emanzipation verdienen. Alle aber – ob sie nun Reformisten oder Revolutionäre sind – fordern die Vollendung der Aufklärung, die weitere Befreiung des Bewußtseins zur Mündigkeit, die immer weitere Demokratisierung der Gesellschaft und betonen die Notwendigkeit systemsprengender Reformen. Ziel dieser Bewußtmachung und der ihr entsprechenden Reformen (oder Umwälzungen) ist eine freie Brüdergemeinde, dem Zwang der Herrschaft und der Repressionen entronnen, die frei die Erde beherrscht und ihre Reichtümer an alle verteilt.

Nun stand und steht die ›Tagungs-Theologie‹, von der wir sprachen, nicht im Mittelpunkt des politischen und gesellschaftlichen Geschehens, beileibe noch nicht. Weder die politische Praxis der Profangesellschaft noch die innere organisatorische Praxis der Kirchen hat sich so verändert, daß man auch nur von einem bedeutenden Einfluß sprechen könnte. Wir haben diesen Teil der öffentlichen Diskussion lediglich deshalb herausgegriffen, weil er einen allgemeinen Stimmungsumschwung im denkenden Publikum illustriert und weil die Begriffe, mit denen hier gearbeitet (und leider Gottes auch oft manipuliert) wird, für unsere Überlegungen wichtig sind. Aber selbst dieses Verfahren wäre nicht erlaubt, wenn eine solche Illustration für die Lage der Gesamtgesellschaft gar nichts bedeuten würde. Sie bedeutet jedoch sehr viel; nämlich die Verbreitung von radikalen Überzeugungen und Ideen zur intellektuellen Subkultur, die lange vor dem realen Sturz der Herrschaftsverhältnisse die Gemüter der Multiplikatoren, das heißt der Meinungsverbreiter, beherrscht. Mindestens anderthalb Jahrhunderte vor dem Ausbruch der Reformation war die Mehrheit der denkenden abendländischen Christen von der Notwendigkeit der Reform nicht nur überzeugt, sondern faßte dies als den einzig möglichen Standpunkt auf; fahrende Scholaren verbreiteten diese Notwendigkeit in der Form von Pamphleten, Schmähgedichten, Parodien und kabarettreifen Witzen. Das ganze 18. Jahrhundert Frankreichs dachte und fühlte in den Rahmenvorstellungen der Aufklärung. Der entscheidende Test für die Wirksamkeit solcher Subkulturen ist der des Einflusses auf den Gegner. Die herrschende Schicht, die sich an Vagantenliedern delektiert, die Rousseau liest oder Peter Weiss beklatscht, ist sich dabei keineswegs ihrer Schizophrenie bewußt, sondern tauscht lediglich den einen *cant,* die eine Spielform der Heuchelei gegen die nächste ein. Sie ist, so merkt sie plötzlich, selbst an ›Reformen‹ interessiert, an der Vermenschlichung oder an der Reinigung oder an der Verbesserung der bestehenden Verhältnisse; sie ist allerdings, im Kontrast zu ihren Gegnern, durchaus überzeugt davon, daß sie selbst in der Lage ist, dieses Reformwerk zu meistern.

Die letzten zehn oder fünfzehn Jahre westdeutscher Geschichte sind dafür ein gutes Beispiel. An den Verhältnissen hat sich (trotz des Regierungswechsels von 1969) so gut wie nichts geändert; aber was sich völlig geändert hat, ist das Rahmenwerk der öffentlichen Überzeugungen, in dem sich die alten Kräfte noch glauben betätigen zu können.

Ein Symptom für diese Entwicklung ist immer das Schicksal des echten Konservativen. Von der europäischen Geschichte schon seit zweihundert Jahren benachteiligt, ist der Konservatismus in Deutschland endgültig untergegangen. Er wird allgemein als Synonym für ›Reaktion‹ gebraucht – ein absolut groteskes Mißverständnis. Echter Konservatismus setzt eine Welt voraus, in der menschliches Streben von übergeordneten, wenn nicht göttlichen, dann ›natürlichen‹ Gesetzen geregelt und begrenzt wird. Der Reaktionär dagegen glaubt an die Machbarkeit der Welt und der Umwelt, genauso wie der Progressist. Er agiert nicht im Rahmenwerk von göttlichen oder natürlichen Gesetzen, er glaubt vielmehr in recht handfester Weise an die totale Herstellbarkeit der ihm genehmen Umwelt. Ein Konservativer kann letzten Endes gar kein Programm haben; das Programmieren hat ein Anderer (Gott) oder ein Anderes (die Natur) besorgt. Der Reaktionär dagegen traut es dem fortschrittlichen Feind ohne weiteres zu, daß er die Welt so gründlich verändert, daß sie nicht wiederzuerkennen ist; und er ist gewillt, seinerseits alle notwendigen Maßnahmen zu treffen – nicht um irgendwelche Prinzipien zu retten, sondern um den Gegner an der Machtergreifung zu hindern. Reaktion lebt also ideell vom Gegner, sie lebt von der Zukunft, die sie zu vereiteln wünscht, und ist damit nicht mehr als ein Manager der Verzweiflung.

Für den Konservativen ergibt sich in einer solchen Konstellation eine höchst schwierige Alternative. Bleibt er tätig, arbeitet er der Reaktion in die Hände; hält er an seinen grundsätzlichen Überzeugungen fest, bleibt ihm nur die Resignation und die Hoffnung, daß die von ihm verehrten Strukturen und Werte durch den Umbruch verändert, aber nicht zerstört werden. Jahrzehntelang hat sich das beste christliche Ingenium im Konservatismus verzehrt; in unseren Tagen scheint es sich zu entschließen, auf die Reform, ja auf die Revolution zu setzen, um die Werte, auf die es ihm ankommt, in die Zukunft hinüberzuretten.

Dabei lassen sich verdächtige Nachbarschaften nicht vermeiden. Die Verdächtigkeit der Nachbarschaft wird nicht dadurch bestimmt, was geredet wird, sondern durch die gesellschaftliche Bedeutung des Geredes. Die Reaktion hält sich – sei es aus Gründen des schlechten Gewissens, sei es aus strategischen Hinhalte-Gründen – eine hochdotierte progressistische Subkultur, die längst die Alibi-Rolle der ehemaligen Staatskirchen übernommen hat. Zu dieser Subkultur gehören subventionierte theologische Lehrstühle genauso wie subventionierte radikale Staats- oder Stadttheater. Die dort Agierenden – linke Theologen wie linke Regisseure – können dabei nur auf die List der Geschichte setzen, die für sie arbeitet; wenn sie sich Illusionen über ihre Rolle in der Gesellschaft machen, haben sie ihre eigene Stellung in dieser Gesellschaft nicht genügend durchdacht. Vorläufig gilt: der *cant* des Fortschritts, des Reformismus, ist so oder so zur Dominante unseres Kultur- und Geistesbetriebs – und, bis zu einem gewissen Grade, sogar zum politischen Kleingeld unserer Wahlkämpfe geworden. Während noch bis vor kurzem die Lenker unseres Landes durch Parolen wie ›Sicher ist sicher‹ und ›Keine Experimente‹ um Legitimation ersuchten, schreiten heute alle nennenswerten Prominenten mit erhobenem Blick und leuchtenden Auges dem Beschauer in die reformierte Zukunft entgegen. Wäre der vielzitierte Kleine Mann auch nur um ein weniges konservativer, als er es tatsächlich ist (er hat guten Grund, es zu sein, davon später), wäre dem Millennium Tür und Tor geöffnet. Die Nachkriegszeit mit ihren Stimmungsvarianten von blanker Verzweiflung über ängstlichen Immobilismus bis zur Philosophie und Literatur des Absurden ist endgültig vorbei; heute wird geplant, programmiert, expandiert, der Erfolg liegt wieder einmal – wie schon so oft in der menschlichen Geschichte – um die nächste Ecke.

Verehrter Leser! Wir haben bewußt diese etwas zynische und (notwendigerweise) summarische Skizze der politischen Stimmung der Diskussion der sozialistisch-theologischen Koalition angeschlossen – und zwar deshalb, weil das Gesetz, unter dem sowohl diese Koalition wie auch die Wahlkämpfer unseres Landes antreten, durch die Weltentwicklung bereits überholt ist.

Das Pathos des Reformismus sieht sich heute einem Weltzustand gegenüber, der es vor nahezu hoffnungslose Probleme stellt, und diese Probleme, die scheinbar so dringend der Meisterung gerade durch den Progressismus bedürfen, entziehen sich seinem Zugriff gerade deshalb, weil sie nichts anderes als das Resultat von Erfolgen sind – Erfolge derjenigen Methoden der Weltbewältigung nämlich, die sich aus jüdäisch-christlichen Voraussetzungen entwickelt haben und durch

Energien angetrieben werden, die ohne judäisch-christlich geformtes oder wenigstens beeinflußtes Selbstverständnis der Menschheit nicht vorstellbar sind.

Nun gilt es, nicht nur ein paar Schritte zurückzutreten und auf Distanz zu gehen; es gilt vielmehr, uns alle zu einer Kehrtwendung zu nötigen und jenen Tatsachen ins Angesicht zu sehen, die wir, durch welche Verheißungen immer beflügelt, systematisch aus unserem Bewußtsein verdrängen. Was zur Debatte steht, ist der menschliche Erfolg selbst: ein Erfolg, der noch nie so greifbar nah schien wie heute – und der dennoch die tödlichste Bedrohung in sich schließt, der die Menschheit bisher gegenüberstand.

Die Frage, die gestellt werden muß, lautet: Sind die bisherigen Methoden, die zum Erfolg geführt haben, imstande, die Zukunft zu sichern? Nicht eine bessere, schönere, größere Zukunft, sondern die Zukunft schlechthin, die schlichte Möglichkeit wenigstens für einige unserer Enkel, ihr Leben auf diesem kleinen Stern zu fristen, der trotz aller prometheischen Entwürfe ihre Heimat ist und sein wird? Das ist die letzte Herausforderung: vielleicht wirklich das letzte Gefecht.

ZWEITER TEIL

BILANZ UND HERAUSFORDERUNG

Totaler Erfolg als totale Krise

Wer heute in Europa oder Amerika das fünfundvierzigste Lebensjahr erreicht oder überschritten hat, erinnert sich an ein Stimmungsklima, das sich vom heutigen radikal unterscheidet. Der Verfasser gibt ohne Zögern zu, daß dieses Klima seine eigene Weltsicht entscheidend geprägt hat. Die Stichworte kamen damals nicht von Bloch, Marcuse oder Mao, sondern von Camus und Sartre; und der Gefühlshintergrund, vor dem ihre Stichworte wirksam wurden, war der eines entsetzlichen Krieges, in dem fast jeder Einzelne eines bestimmten Alters die äußerste Fragwürdigkeit menschlicher Existenz ausgekostet hatte. (Dieses Gefühl hatte nichts mit linker oder rechter politischer Orientierung zu tun.) In den ersten zehn oder fünfzehn Nachkriegsjahren wurden alle Aktivitäten, alle Diskussionen durch das Nachzittern jener Katastrophe bestimmt, die jeden, der sich überhaupt noch Gedanken über den Fortgang der Geschichte machte, zu immensen Anstrengungen nötigte. Hiroshima und die Erprobung der Wasserstoffbombe; die Absurditäten des Kalten Krieges, von dem wir alle annahmen, daß er in den heißen umschlagen konnte, ob wir darüber sprachen oder nicht; die plötzliche Verflüssigung aller Verhältnisse in der sogenannten Dritten Welt: Alles rief zu den Waffen, und selbst die restaurativen Kräfte, die (wie im Deutschland der Adenauer-Ära), nichts Besseres als die Rückkehr zu alten Positionen kannten, krallten sich mit einer Wut in ihrer Siegfried-Linie fest, die bestenfalls Engagement, vermutlich aber helle Verzweiflung verriet.

Beide Seiten – Fortschritt und Restauration – teilten das Gefühl der wahrhaft letzten Schlacht: Es ging um Sein oder Nichtsein. Damals, in den fünfziger Jahren, entstanden die großen Kampagnen gegen die Atomrüstung; in England marschierten Hunderttausend auf das Zentrum Aldermaston, internationale Gremien von Wissenschaftlern wie die Pugwash-Konferenzen befaßten sich mit der nuklearen Drohung und suchten nach einem Kommunikationssystem, das zu ihrem Abbau führen konnte. Echte Hoffnungen wurden auf die UN gesetzt: Ihre Schlichtungs- und Exekutivmaschinerie, durch Korea heillos diskreditiert, schien in der Dritten Welt, im Prozeß der Entkolonialisierung, eine reale Funktion zu finden.

Das ist Schnee von gestern; sowohl das Entsetzen wie die Hoffnungen sind geschwunden. Rezepte von vorgestern wurden in dem Maße wirksam, in dem eine trügerische Détente provinzielle Probleme wieder interessant machte.

Aber wer – statt von den Vokabeln einer intellektuellen Diskussion – von den handfesten Weltproblemen ausgeht, sieht recht wenig Grund zu der Annahme, daß es heute um das mögliche Überleben der Menschheit besser bestellt ist als in den Jahren zwischen 1945 und 1958. Die Schrecken, die uns damals erfüllten, stehen immer noch am Horizont: der Kalte Krieg, die Möglichkeit der Selbstvernichtung der Menschheit durch Kernwaffen. Objektiv haben sich die beiden Schrecken noch kompliziert und dadurch vergrößert: der Kalte Krieg wurde durch die Zerwürfnisse im kommunistischen Lager, insbesondere durch den Konflikt der UdSSR mit China, sowie durch den jetzt enthüllten Gegensatz zwischen den industrialisierten und den nicht-industrialisierten Ländern, potenziert; der atomare Schrecken wurde flankiert durch die Krise der sogenannten Umweltverschmutzung, was nichts ist als ein höfliches Wort für die mögliche Selbstzerstörung der Menschheit durch Zerrüttung des ökologischen Gleichgewichts. Die beiden Problemkreise Kalter Krieg und nukleare Bedrohung haben sich also ausgeweitet in die Problemkreise des globalen Klassenkampfes – und der globalen Bedrohung durch unkontrollierte bzw. nur vordergründig kontrollierte Technologie. Mit dieser Ausweitung ist die Vervielfältigung der möglichen Krisenherde und Gefahrenschnittpunkte unausweichlich gegeben. Das *n-th-Power-Problem,* also das Problem einer möglichen Herstellung und/oder Verwendung von Kernwaffen durch dritte, vierte, fünfte Mächte bis hinab in den Kreis dürftiger Mittelstaaten, eine

Chimäre der Pugwash-Konferenzen, ist in den letzten Jahren zur Realität geworden. Der innere Zustand der Dritten Welt verschlechtert sich zusehends, und die unvermeidliche Konfrontation der USA mit ihrem machtpolitischen Hinterland Ibero-Amerika wird erst die volle Brutalität der Situation offenbaren.

Eine einzige Beschwichtigungsmaschinerie, die in den fünfziger Jahren nicht diskutiert wurde, weil sie absurd schien, ist mittlerweile aktiv geworden: die Unheilige Allianz der Produktionsmittelbesitzer, kurz der Großmächte. Die institutionalisierte Feindschaft von USA und UdSSR wurde zur kaum mehr notdürftig verhüllten Interessengemeinschaft, neuerdings gewürzt durch Planspiele einerseits mit Peking, andererseits mit einem Westeuropa, das zwar gigantisch aussieht, aber nicht viel mehr ist als eine Wirtschaftsmaschine zur Herstellung des eigenen Schmieröls. Diese Maschinerie funktioniert teilweise ganz gut – trotz Vietnam und Prag; Einflußsphären des Zaren, des Weißen Hauses und (seit neuestem) der Halle des Himmlischen Wohlwollens werden im großen Ganzen anerkannt, die klassischen Geräte der Macht-Diplomatie werden mit neuartigen Putzmitteln wie *crisis management* und viel Aufwand von Chiffren aus Anfangsbuchstaben wieder auf Glanz gebracht. Daß dies länger gutgehen könnte als unter Alexander I., Talleyrand und Metternich, ist füglich zu bezweifeln.

Hand in Hand mit der äußeren Bedrohung geht der Verfall bewährter, aber offensichtlich überholter Kommunikations- und Pazifierungsmethoden innerhalb der überkommenen Gesellschaften. Wahrend in absolutistischen Zeiten, auch noch im 19. Jahrhundert, jeder halbwegs wohlwollende Landesherr imstande war, erträgliche und sogar nützliche Projekte des Städtebaus, der Landschaftsgestaltung, der Bildung zu stiften und durchzuführen, stoßen alle diese Vorhaben heute auf Hindernisse, die unüberwindlich scheinen. Das Profil der Großstädte ist heute in Warschau, Nowosibirsk und Bombay genauso grauenhaft wie in Paris, Chicago oder München; auch hochtönende Manifeste von Architekten, Soziologen, Ideologen vermögen daran nicht das Geringste zu ändern. Die Universitäten, ob sie nun in Zagreb, Frankfurt, Berkeley oder

Caracas stationiert sind, sind in einem Zustand permanenter Unruhe. (Um allen Mißverständnissen vorzubeugen: der Verfasser ist davon überzeugt, daß Law-and-order-Maßnahmen das Unpassendste wären, um diese Unruhe zu meistern.) Der Achilles der Planung, hochgerüstet wie nie zuvor mit Projektgruppen, Computern, Tiefen-Interviews, Hearings auf jeder Ebene, hetzt in lächerlichster Weise hinter den brutalen Fakten her und vermag sie nicht mehr einzuholen.

(Eine – vielleicht reaktionäre – Erinnerung: Karl der Große war mit seinem eigenen Vietnam konfrontiert, den Sachsenkriegen. Sie wurden für immer abgeschlossen durch die Übertragung der Gebeine des heiligen Liborius nach Paderborn.)

Für die höchste Gefahr, der die Menschheit heute gegenübersteht, nämlich die Gefährdung des ökologischen Gleichgewichts des Planeten, ist überhaupt noch keine konkrete oder auch nur theoretische Lösung in Sicht. Im Jahre 1972 hat eine systematische Gruppe am Massachusetts Institute of Technology die Zukunftsaussichten der Menschheit einer bisher unmöglichen Kontrolle unterzogen. Neunzig Parameter, also Einflußfaktoren, wurden in einen Mega-Computer gefüttert und in Hunderten von Variablen durchgerechnet. Die Ergebnisse sind in fast allen Fällen katastrophal; aber mit Ausnahme von Aurelio Peccei, dem Generaldirektor von FIAT, dessen *Club of Rome* die Untersuchung in Auftrag gegeben hatte, ist die allgemeine Reaktion resigniert bis achselzuckend: Die Umstellung erscheint zu schwierig, die Lage ist nicht ernst, weil sie hoffnungslos ist.

Dabei ist die Gesellschaft tagtäglich mit modischen Umweltlärmen erfüllt; sie sind sozusagen zum psychischen Lärmpegel unserer Existenz geworden. Man hat das Umweltproblem als das Vietnam-Erlebnis der Bourgeoisie bezeichnet; die Formulierung ist deshalb interessant, weil sie sowohl die Verwirrung der denunzierten Bourgeoisie wie auch die Verwirrung der Denunzianten enthüllt.

Gerade in Deutschland hat sich aus Vätertagen so etwas wie ein Oberförster-Komplex erhalten, der aus gestörter Kommunikation mit den Mitmenschen kommt und in dem verräterischen Satz gipfelt: »Mein Bodo (oder mein Sattelpferd oder mein

112

Platzhirsch) hat mich noch nie enttäuscht.« Und tatsächlich mag ein Großteil des Umwelt-Pathos aus solcher Mentalität stammen. Dazu kommt die bekannte Tatsache, daß noch jede herrschende Klasse von einem bestimmten Zeitpunkt an ihren Konservierungsdrang auf Fuchs und Dachs ausdehnt – und zwar von dem Zeitpunkt an, wo Fuchs und Dachs als Begründung für die feudale Verschwendung des akkumulierten Mehrwerts herhalten müssen. So hat der Bourgeois (und, nebenbei, auch der staats-sozialistische Funktionär) ohne viel Federlesens die Heger- und Jägergewohnheiten des Herrn Rauhgrafen übernommen. Wenn dann die Bächlein nicht mehr so reinlich rinnen wie zu Urvaters Zeiten, wenn der Rheinsalm mit Phenol und der Waldrand mit Bleirückständen aufgeladen werden, dann mag tatsächlich so etwas wie ein heillos verzerrtes Vietnam-Erlebnis stattfinden.

Soviel zum Denunzierten; aber der Denunziant ist nicht minder verwirrt. Es ist sicher logisch, daß ein militanter amerikanischer Neger die Fixigkeit beargwöhnte, mit der Nixon die Umweltfrage in den Vordergrund spielte und dahinter ein schmutziges innenpolitisches Kalkül vermutete (und er hatte bestimmt recht damit). Es ist auch logisch, wenn der deutsche Progressist hinter der Betrübnis um Waldis Unpäßlichkeit und den verpfuschten Katenschinken Seelengründe des Hindenburgdeutschen wittert. Aber daraus zu schließen, daß das Umweltproblem keines oder nur eines zweiter Ordnung wäre, ist sinnlos. Es ist ebenso sinnlos wie anzunehmen, daß es der Kapitän der ›Titanic‹ auf das Leben der Zwischendeck-Passagiere abgesehen hatte.

Der Großteil der Neuen Linken redet und fühlt dementsprechend auch anders. Er lastet das Umweltproblem kurzerhand dem spätkapitalistischen System an, summiert es zu dessen übrigen Verbrechen und postuliert den Umsturz der Verhältnisse mit dieser zusätzlichen Begründung. Nicht in einem Buch von Konrad Lorenz und nicht in einem Prospekt eines deutschen Reformhauses steht der Satz: »Diese Generation könnte die letzte Generation im Experiment der lebenden Materie sein« – er steht vielmehr im Gründungsmanifest der radikalen amerikanischen Studenten-Organisation SDS.

Der Satz kennzeichnet die Größenordnung und die Dringlichkeit des Problems. Der Ausdruck ›Umweltverschmutzung‹, der sich bei uns eingebürgert hat, wird ihm nicht entfernt gerecht. Wenn der bundesrepublikanische Innenminister versichert, daß seine Republik nicht im Dreck ersticken müsse, dann zeigt schon die Formulierung, daß er eben diesem beschwichtigenden Ausdruck (bewußt oder unbewußt) aufgesessen ist. Es dreht sich nicht mehr um Umweltverschmutzung, sondern um globale Vergiftung und Gefährdung des ökologischen Gleichgewichts. Die Zuständigkeiten des Innenministers, der über einen künstlich begrenzten Fleck Mitteleuropas begrenzte Kompetenzen ausübt, die das 19. Jahrhundert formulierte, können noch nicht einmal die Elbe retten, welche die Rückstände böhmischer, brandenburgischer, sächsischer Produktionsschlachten aufzunehmen hat; von der Ostsee ganz zu schweigen.

Nicht das verendete Rehlein im Siebengebirge und nicht die verseuchte Müllkippe von Gelsenkirchen sind die Gefahr, sondern der Tatbestand, den der amerikanische wissenschaftliche Schriftsteller Isaac Asimov mit dem dürren Satz ausdrückt: »Die gute Erde stirbt.« Sie stirbt heute schon bis in die Weltmeere hinaus. Ich halte es nicht für moralisch gleichgültig, daß die Menschheit im Laufe ihres Siegeszugs viele Hunderte von Tierarten ausgerottet hat (1225 waren es angeblich seit der Renaissance, einige Hunderte treten wohl noch im Lauf unseres Säkulums hinzu); aber die Menschheit wird an diesen ihren Mordtaten nicht sterben, wie sie auch nicht an ermordeten Indianern und ermordeten Juden gestorben ist. Woran sie sterben wird (oder was jedenfalls ihre Existenz als Art bis zur Unkenntlichkeit verändern wird), ist der ökologische Zusammenbruch des Planeten, zum Beispiel der Weltmeere, die nach einigen Schätzungen bereits lebensfeindlich werden und die Sauerstoffproduktion einstellen können. Da sie etwa 70 Prozent des Sauerstoffs produzieren, von dem wir abhängig sind, wären die Folgen leicht auszumalen.

Dabei können wir uns die meisten Folgen des ökologischen Zusammenbruchs noch keineswegs ausmalen, weil wir seine möglichen Ursachen gar nicht kennen. Bis vor kurzem wußte man noch nicht einmal, woran die Hochkulturen Mesopotamiens starben (es waren ökologische Gründe), und wir wissen heute noch nicht genau, woran die Hochkulturen von Yucatan starben. Ökologische Forschung über größere Lebensräume, die Erforschung ihrer kausal zusammenhängenden Lebensketten, war bis in die Gegenwart hinein unbekannt, und heute verfügt sie nur über einen Bruchteil der Mittel, die sie instand setzen könnten, ergiebig zu forschen, » The State of Our Ignorance«, der Stand unseres Unwissens, so überschrieb denn auch René Dubos, ein führender amerikanischer Ökologe, einen seiner Aufsätze für breitere Leserschichten.

Ignoranz ist aber nicht nur unser gegenwärtiger Zustand, was die Fülle der Tatsachen betrifft, sondern auch in bezug auf die Revelanz des Problems zu den bestehenden politischen, ideologischen, gesellschaftlichen Gruppierungen. Und Ignoranz ist es, welche die Aufhellung der Fronten in dieser lebensentscheidenden Frage so schwierig macht. Der Siedler am Stadtrand, der erbittert die Rauchschwaden eines Industriewerks verflucht, kümmert sich vorläufig wenig um den Zustand des deutschen Waldes, während der Aufsichtsratvorsitzende, der in eben diesem Walde besorgt die Wirkung neuzeitlicher Düngemittel auf sein Forellenwasser registriert, in der Sitzung seines Gremiums gegen gesetzliche Umweltschutzauflagen der Regierung agitiert. Und derselbe russische Parteiideologe, der die Sklaverei des Überkonsums in den westlichen kapitalistischen Ländern anklagt, wird sich hüten, die Riesenprojekte zu erwähnen, die Wolga oder Don in tote Wasserarme verwandeln.

In Wahrheit setzt sich das Umweltproblem aus einer Reihe von Entwicklungstendenzen zusammen, die sich überkreuzen. Übervölkerung mag das ökologische Problem Nummer eins in Ostasien oder in Ägypten sein – verglichen mit dem durchschnittlichen amerikanisch-westeuropäischen Konsumbürger ist der kinderreiche Inder ein sehr läßlicher ökologischer Sünder.

Das Minimum an Leben, das er der Natur bringt, ist organisch und kehrt in einen organischen Kreislauf zurück – was Motorboote aus PVC, Plastikeimer, moderne Waschmittel, Berge von Verpackungsmaterial, die zu den Selbstverständlichkeiten industrialisierten Lebens gehören, nicht tun. Das sind Tatsachen, die gelegentlich auch linksliberalen Nachrichtenmagazinen entschlüpfen. Sicher kann (das scheint die moderne Verhaltensforschung zu erhärten) Bevölkerungsdichte nur bis zu einem gewissen Punkt gesteigert werden – wann dieser Punkt erreicht ist, ist allerdings unklar und hängt von den kulturhistorischen Voraussetzungen des betreffenden Raumes ab. Bevölkerungsdruck an sich ist eine furchtbare Drohung, aber er ist keine Drohung, die notwendigerweise das Überleben der Menschheit gefährdet, das ökologische Gleichgewicht könnte sich nach – sicherlich unvorstellbar gräßlichen – Katastrophen wieder etablieren.

Unumkehrbar dagegen ist die totale ökologische Verwüstung durch Ausbeutung. Die Wüsten Mesopotamiens, der Karst der illyrischen Küsten gehen auf eine kollektive Ausbeutung (vor allem Kahlschlag für den Schiffbau und Ziegenzucht) zurück, die gegen unsere gegenwärtigen großzügigen Verfahren geradezu kindlich erscheint. Die Riesenbagger der Strip-Miner in Kentucky schaffen in wenigen Jahren, wozu die alten Sumerer, Babylonier und Akkader immerhin fast ein Jahrtausend gebraucht haben. Und die Weisheit, die da im Werke ist, ist sicherlich um keinen Deut weiser als die der alten Könige Mesopotamiens.

Die neueste und famoseste Aussicht ist die Beseitigung des Amazonas-Urwalds. Schon jetzt steht fest, daß sich dieser Urwald nicht so ausbeuten läßt wie ursprünglich angenommen: Entgegen der bisherigen Lehrmeinung wird nämlich der erschöpfte Boden nicht zum ursprünglichen Zustand der Bepflanzung zurückkehren, sondern wird sich in jene Art Wüste verwandeln, die Nordbrasilien heute schon ist.

Der große ökologische Eklat, das absolute Desaster steht also – wenn wir Arrivierten es mit Kunststoffen und Industrieabfällen nicht schaffen sollten – dann bevor, wenn die sogenannten Unterentwickelten erst einmal anfangen, sich zu entwickeln.

Wir sind weiß Gott nicht in der moralischen Position, ihnen deshalb Vorwürfe zu machen; ein System, das Hollywoodfilme in Elendsgebiete exportiert, darf sich nicht wundern, wenn entsprechende Anforderungen nach ausbeutender Lebensart aus dem Dschungel und der Steppe auftauchen. Selbst wenn die

Organisation der Produktion, die dann erforderlich wird, nach absolut sozialistischen Prinzipien erfolgt, wird diese nicht das Geringste an den planetarischen Folgen ändern. Die Schrift des Unheils steht an der Wand.

In den letzten Monaten sind die Zusammenhänge zwischen dem ökologischen und dem wirtschaftlichen, sozialen, politischen Zustand der Menschheit schärfer und präziser herausgearbeitet worden. Leider mußte dieses Buch abgeschlossen werden, ehe es möglich war, die Studie »Limits of Growth, Grenzen des Wachstums, die als Ergebnis der bereits erwähnten Auftragsarbeit des Club of Rome in den USA erschien, gebührend auszuwerten.

Die Ergebnisse haben Aurelio Peccei zu der düsteren Prophezeiung veranlaßt, die wir auf der ersten Textseite zitierten. Es sei hier betont, daß die Studie *kein* totales Umkippen der Ökologie an irgendeinem speziellen Punkt vorsieht und daß sie auch soziologische Faktoren – wie etwa das Auftreten eines *secondary kill,* einer aus Anarchie geborenen Desintegration der Hungernden und Kranken in Banden von Totschlägern – außer acht läßt. Dagegen kennt sie Variablen wie der Erschließung ungeheurer neuer Rohstoff- und Energiequellen sowie die (mögliche oder unmögliche) Sofort-Reduktion des Bevölkerungswachstums auf den Punkt Null. Auch in diesen Fällen aber ist die Katastrophe unvermeidlich – wenn nicht das Lieblingskind, der verhätschelte Zentralgedanke der aktiven Menschheit aufgegeben wird: das ständige Wachstum, das immer optimistischere Ausschreiten zu immer rosigeren Horizonten.

Schöne Aussichten, kann man sagen. Woher bezieht eigentlich, angesichts dieser entsetzlichen Perspektiven, der moderne europäische, amerikanische, marxistische oder christliche oder liberale Fortschrittler sein Pathos und seinen Optimismus? Mit welcher Legitimation hat sich ein konservativer Mann wie Papst Johannes XXIII. ausdrücklich gegen die ›Propheten de Unheils‹ gewehrt, die nur Unglück für die kommende Zeit voraussagen? Woher stammt denn, wenn man sich all diesen fürchterlichen Tatsachen aussetzt (und es wäre billig anzunehmen, daß sich die Progression diesen Tatsachen nicht aussetzt), das weithin selbstverständliche Gefühl, daß es die Menschheit trotz allem herrlich weit gebracht hat? Es stammt aus der Realität. Die Menschheit hat es tatsächlich herrlich weit gebracht. Der ganze Satz von Problemen, denen wir uns gegenübersehen, ist die unmittelbare Konsequenz dieses Erfolges. Kurz zusammengefaßt kann man formulieren: Die totale Krise ist das Resultat des totalen Erfolgs. In absolutem Gegensatz nämlich zu den Bedrohungen von gestern – und das heißt zu den Bedrohungen von 800 000 Jahren Menschheitsgeschichte – sind alle Bedrohungen unseres Jahrhunderts vom Menschen selbst geschaffen, sind *man-made*, wie das englisch in einem Wort heißt – menschgemacht. Es war immer ein imposantes Bild der Anthropologen, die kurze Anwesenheit des Menschen in der Schöpfung mit dem Stand von Uhrzeigern zu vergleichen: Setzen wir unsere Weltsekunde als Mitternacht an, dann ist der Mensch erst fünf Minuten vor zwölf aufgetreten.

Aber innerhalb dieser winzig kurzen Lebensspanne ist das was wie Kultur oder Zivilisation nennen, wiederum ungeheuer jung. Karl Jaspers und andere sprechen von einer Achsenzeit, die den Zustand der Bewußtwerdung des Menschen eingeleitet habe, und legen sie etwa auf die Jahre 1000–500 vor Christus. Das Verhältnis 800 zu 3 ist demnach das Verhältnis von naturwüchsiger ›Wildheit‹ zur Zivilisation im allerweitesten Sinne. Wir sind nicht mehr so naiv anzunehmen, daß der naturwüchsige Mensch keine ›Kultur‹ gekannt habe – seine sozialen Arrangements waren und sind sogar phantastisch komplex, wie die Ethnologie festgestellt hat. Entscheidender aber war seine Konfrontation mit dem, was er bekämpfen mußte, war seine Ausgesetztheit in einer Welt, die er unmöglich als die seine, als sein ausschließliches Eigentum begreifen konnte.

Unsere glückliche Vergeßlichkeit hindert uns daran, uns zu erinnern, wie kurz die räumlichen und zeitlichen Abstände sind, die uns von dieser Welt trennen. Ich erinnere mich an den Vortrag eines Indien-Missionars, den ich in den dreißiger Jahren hörte. Der Ordensmann, der alles andere als ein Unmensch war, erläuterte uns, daß die letzte Hungersnot in Indien ein Mißerfolg gewesen sei; und zwar deshalb, weil sie die Bevölkerungszahl nicht genügend reduziert habe. Normalerweise (oder wie man das nennen will) falle sie auf den Stand vor dreißig Jahren zurück, aber die verbesserte Gesundheitsfürsorge habe diesen Prozeß nicht voll wirksam werden lassen.

Seit drei- bis vierhundert Jahren – darauf kommt es hier an ist der Prozeß der Menschwerdung nicht nur theoretisch, sondern praktisch ungeheuer beschleunigt worden, jedenfalls in unseren Breiten. Es ist nicht immer leicht, die theoretische und die praktische Seite dieses Fortschritts chronologisch zu fixieren; so hat der Holländer des 17. Jahrhunderts, von dem bereits die Rede war, einen Lebensstandard erreicht, der sein Land zum Schweden (oder zu den USA, wie man will) seiner Zeit machte, lange ehe die egalitären Ansprüche der Massen in den Verfassungen Amerikas und Frankreichs formuliert wurden.

Und wie immer die Verfassungen aussehen, die den einzelnen Völkern entweder von wohlwollenden Obrigkeiten diktiert oder von ihnen selbst erstritten wurden: Das Sterben großer Menschenmassen wurde zunehmend zum unerträglichen Skandal und wurde mit allen zur Verfügung stehenden Mitteln bekämpft. Die absolute Achtung vor dem menschlichen Leben selbst dann, wenn die Korruption oder die Rückständigkeit der politischen Organisation es nicht verhindern konnte, daß ein Massensterben stattfand, ist ein Fortschritt; und das unreflektierte Entsetzen über den Rückfall in steinzeitliche Praktiken (etwa im Fall von Auschwitz und Treblinka) beweist die restlose Übernahme dieses Grundsatzes ins allgemeine Bewußtsein.

Diese Achtung vor dem Leben mag noch nicht so entwickelt sein, wie wir uns das wünschen; und die müde Reaktion unserer Mitbürger (und von uns selbst, wenn wir einmal ehrlich sind) auf die Ereignisse in Vietnam, im Sudan, in Bengalen, in Kurdistan, in Indonesien zeigt, daß der Mensch im Grunde noch ein Dorfbewohner ist, der die Entsetzlichkeiten der Welt nach dem Abstand von seiner Haustür beurteilt. Aber wenn wir auch unsere Mitbürger (und uns selbst) wegen dieser müden Reaktion verurteilen; sie ist wenigstens müde, vor dreißig oder vierzig Jahren war sie nicht existent. Ich darf auf den Vortrag des Indien-Missionars zurückkommen, den ich vorhin erwähnte: Daß bei Hungersnöten in Indien Millionen starben, war uns interessant, verursachte einen fremdartigen Schauder, aber Indien war weit weg, furchtbar weit weg. Heute ist es nah, ziemlich nah. Selbst wenn wir die Anteilnahme nicht aufbringen, die wir beim Tode eines nahen Verwandten empfinden: Es ist uns klar, was dort passiert, und es ist uns klar, daß dieses Geschehnis uns selbst betrifft. Die Tatsache der einen Welt ist uns wenigstens insoweit bewußt, daß wir den Schrecken von Bengalen und Vietnam den heuchlerischen Schutzschild der persönlichen Hilflosigkeit entgegensetzen. Mit anderen Worten: Wir wissen, daß wir uns eigentlich solidarisch fühlen, und daß wir solidarisch handeln müßten; wir wissen nur nicht, wie wir das bewerkstelligen sollen, oder wir hüten uns zumindest davor, den Dingen auf den Grund zu gehen, weil wir die praktischen Konsequenzen fürchten.

Mit anderen Worten: die Heuchelei, die wir praktizieren, weil wir uns moralisch verpflichtet fühlen, aber Moral nicht praktizieren wollen, beweist wenigstens das eine: daß wir Mangel an Engagement als Schuld empfinden.

Ähnliches gilt von den Ansprüchen, die der Mensch von heute an die Gesellschaft stellt. Man empfindet es zu Recht als Skandal, wenn Gewalthaber irgendeiner Couleur den Anspruch jedes einzelnen Staatsbürgers auf ein Minimum an materiellen Gütern, auf ein Minimum an Würde und Recht mit Füßen treten. Im Grunde weiß und fühlt jeder genau, daß die gleichen Bedürfnisse, die man selbst empfindet (politische, soziale, materielle Bedürfnisse), wenigstens theoretisch die Bedürfnisse jedes Erdenbürgers sein sollten und dürfen.

Fassen wir zusammen: Die hominisierte Welt ist in etwa doch eine humanere Welt geworden. Die Menschheit hat genug zu essen, wenn sie will, d. h. wenn sie sich entschließt, sich zweckmäßig zu organisieren. Die Menschheit hat sämtliche anderen Arten des Tierreichs niedergeworfen, einschließlich der meisten Bakterienstämme. Die Lebenserwartung ist allenthalben gestiegen. Und darüber hinaus weiß heute eigentlich jeder einzelne, selbst der panisch auf seine Herrschaft bedachte Privilegierte, daß die Menschheit ein Ganzes ist, daß es keine Ansprüche mehr gibt, die eine Minderheit sich vorbehalten kann. Zum ersten Mal braucht der Mensch wenigstens in unseren Breiten und in vielen anderen Gebieten der Welt – nicht mehr um Gnade bei seinem Feudalherrn zu winseln, wenn eine Mißernte die Ablieferung der Steuern zum Selbstmord macht.

Zum ersten Mal ist er halbwegs adäquat organisiert, verfügt über eine gewisse Mobilität, wird – mindestens wenn er das will – angemessen informiert, hat er die Aussicht, daß seine Kinder, wenn sie begabt sind, ohne die Entfaltung allzu krasser Raubtierinstinkte in die Oberschicht aufsteigen. Jetzt geht es nur noch darum, daß die zwei Drittel, die noch nicht so weit sind, aufholen können. Und dies, zu Recht, empfindet der Mensch von heute als Fortschritt.

Die Empfindung ist deshalb berechtigt, weil seine Ausrüstung seit dem Auftauchen des *Homo sapiens* auf diesen Kampf und diesen Sieg zugeschnitten war.

Durch Eiszeiten und Dürren, durch Kriege und Mißernten hat er sich zu diesem Sieg vorgearbeitet, und die Gefahren, die ihn heute umstehen, die Gefahren, die wir oben beschrieben haben, sind nichts als die logischen Resultate des errungenen Sieges der Art Mensch über die Gleichgültigkeit der ihn umgebenden Natur.

Gegen diese Gleichgültigkeit hat er die Waffen der Medizin, der naturwissenschaftlichen Erkenntnis, der Technologe entwickelt, hat sich dem dräuenden Ungefähr des magischmantischen Weltbilds entrungen, hat die Kunst des Experiments und der Deduktion anzuwenden gelernt, hat immer höhere soziale Organisationsformen entwickelt.

Der Sieg der Medizin hat zur Übervölkerung geführt, weil dieser Sieg sich mit älteren, in der Zeit des kollektiven Überlebenskampfes sinnvollen Fortpflanzungsgrundsätzen überschneidet.

Der Gegensatz zwischen Ost und West ist (oder war) der Gegensatz zwischen verschiedenen Methoden der sozialen Organisation – wobei moralische Wertungen hier irrelevant sind.

Moderne Waffensysteme bis zu den Kernwaffen sind die Indienstnahme höchster wissenschaftlicher Erkenntnis durch die Hordeninstinkte, die in der Zeit knapper Jagdgebiete durchaus lebensnotwendig waren. Die Schwierigkeiten heutiger Planung sind bedingt durch eine Höhe sozialer Verflechtung, welche die Welt noch nie gekannt hat.

Der endgültige Schrecken, der Alarm im Raumschiff Erde, dessen Selbstversorgungssystem in akuter Gefahr ist, ist auch nur das Resultat eines Sieges in einem Kampfe, bei dem es lediglich darauf ankam, der feindlichen Biosphäre eine möglichst große Beute zu entreißen.

Die Menschheit hat also Erfolg gehabt. Zwei fortschrittsfrohe Jahrhunderte haben diesen Erfolg heraufkommen sehen und begeistert begrüßt. Sie waren sich im wesentlichen darüber einig, daß dieser Erfolg gegen die alten Herrschaftsmächte nicht nur der Natur, sondern auch der Menschheit errungen wurde. Die letzte und kurioseste Blüte dieser Überzeugung ist die fast totale Geschichtslosigkeit der jungen Linken, die nur mehr einen ganz begrenzten Koran von einem halben Dutzend Gründervätern als geschichtliche Evidenz gelten läßt.

Aber diese Negation der Geschichte ist auf ihre Art konsequent; ebenso konsequent wie alle bisherigen Negationen auf dem Wege der aktiven Menschheit. Negation ist immer Nicht-Berücksichtigung; und was die Gegner und Kontrahenten im Falle der dialektischen Auseinandersetzungen um die Gegenwart und Zukunft am entschiedensten voneinander unterschied, war weniger das, was sie berücksichtigen, als das, was sie nicht berücksichtigen. Wahrend den großen Stiftern und Ketzern jeweils das überflüssig oder schädlich erschien, was den Bewahrern und Siegelverwaltern des Heils lebensnotwendig und zentral war, setzten sie ihre neuen Visionen. Und selbst der berühmte ›nächste Schritt‹, der Schritt des Fortschritts also, wurde dadurch ermöglicht, daß man die Kontroversen von gestern nicht erledigte, sondern gewissermaßen unterbot: ›Toleranz‹ wurde in dem Augenblick möglich, wo der Kampf an anderen Fronten eröffnet wurde.

Am klarsten ist dies im Fall der religiösen Toleranz. Sie wird immer dann funktionabel, wenn die religiösen Streitfragen, um die es der vorgehenden Generation ging, gesellschaftliche Bedeutung verlieren. In dem Augenblick, wo es den neuen, naturwissenschaftlich oder politwissenschaftlich orientierten Geistern der Neuzeit klar wurde, daß ›Wohlfahrt‹ durch Ausklammerung der sogenannten letzten Fragen und Inangriffnahme sehr konkreter Projekte angesteuert werden konnte, hörte die Theologie auf, eine zentrale Wissenschaft zu sein, und die Frage nach der jeweiligen Wahrheit einer Orthodoxie bzw.

Ketzerei wurde uninteressant genug, um legale Arrangements der Toleranz zu ermöglichen. Konfessionsfragen waren höchstens noch als Verstärkungs- und Verschleierungsmechanismen anderer, konkreterer Konflikte verwendbar. (Ein letztes Beispiel ist der nordirische Konflikt.)

Es entspräche also nur der Logik des bisherigen Geschehens, wenn auch die Frage nach dem Eigentum an Produktionsmitteln in dem Augenblick ›tolerant‹, d. h. nach rein pragmatischen Gesichtspunkten gelöst werden würde, in dem eine neue, unerbittliche Problematik am Bewußtseinshorizont der Menschheit auftaucht. Diese Problematik ist, wie die gegenwärtige Futurologie zeigt, bereits vorhanden. Es ist die Problematik des Verhältnisses zwischen Menschheit und Biosphäre. Bisher war sie rein theoretisch, d. h. sie konnte als rein theoretisch empfunden werden, weil die begrenzte soziale und technische Ausrüstung der Menschheit ihre praktische Relevanz verhüllte. Heute jedoch stellt sich das Problem unverhüllt und in seiner ganzen Härte dar.

Es stellt damit Prämissen in Frage, die – bei aller Wut der Auseinandersetzung – den bisherigen und gegenwärtigen Kontrahenten in der klirrenden Fortschrittsschlacht gemeinsam waren. Je nach den Ausgangspunkten der jeweiligen Kontrahenten wird sich das Problem verschieden formulieren; den Christen etwa als Infragestellung der ›absoluten Zukunft‹, den Marxisten als Infragestellung der bisherigen Subjekte der materialistischen Dialektik; darüber wird noch im einzelnen zu sprechen sein. Hinter solchen heißen und schmerzlichen Überprüfungen steht eine einzige, sehr konkrete und sehr kalte Frage: Ist es der Menschheit überhaupt möglich, ihre Zukunft zu sichern, wenn sie ihre bisherigen Erfolgskriterien beibehält?

Die Frage, die also als erste und dringlichste zu stellen ist, ist die Frage nach dem Preis des Erfolgs.

Gefunden und verloren

Es gilt, vom Preis des Erfolgs zu sprechen, eben des Erfolgs, den wir beschrieben haben.

Daß er hoch ist, wissen und spüren wir alle. Was in den letzten

Generationen geschrieben worden ist, jedenfalls in unseren Breiten, war eine einzige Klage über den Preis des Erfolges. Seit etwa 1800 ist unsere große Literatur eine Schreckens-Literatur; nicht die Wonnen antiker Weltergreifung, nicht die Entdeckerfreude der drei Jahrhunderte zwischen Renaissance und Napoleon sind konstitutiv geblieben, sondern der Schrecken über das, was die erfolgreiche Zivilisation sich selbst antut. Während das, was naivere Zeiten die Schöpfung nannten, immer machbarer und immer zugänglicher für das Wollen des Menschen zu werden scheint, schließt sich um die Psyche der Ahnungsreichen der Dschungel des Grauens. Die Grenzsituation wird zur künstlerischen Normalität. Und die Wut des Schlachtschreis gegen die Ungerechtigkeit des Ganzen ist nicht einmal so eindrucksvoll wie stille Unerbittlichkeit am Rande des Wahnsinns: Hölderlin, Kafka, Beckett haben mehr über uns gesagt als Brecht oder Bloy, die doch – scheinbar – um so vieles ›engagierter‹ sind. Die Seher erstarren vor den Skeletten an der Karawanenstraße; blicken in die Augenhöhlen der Schädel und lesen darin, nicht im Fortschritt der Karawane, die Wahrheit über die Zeit. (Den billigen Trick unserer genormten Kulturprogressisten, die solche Entsetzen ausschließlich dem bürgerlichen, noch besser dem ›spätkapitalistischen‹ Bewußtsein anlasten, können wir doch wohl beiseite lassen.)

Es ist wichtig festzustellen, daß die Termini ›rückschrittlich‹, ›konservativ‹ oder ›progressiv‹ in diesem Zusammenhang von hoher Fragwürdigkeit sind. Gerade die Persönlichkeiten und Richtungen der Kunst, die sich der unerbittlichsten Revolution verschrieben haben, sind entweder formal rückschrittlich – oder sie sind formal selbständig und dadurch im strikten progressiven Sinne dekadenzverdächtig.

Dennoch ist es nützlich, zur Illustration einen Sonderfall heranzuziehen, der nicht seiner qualitativen Bedeutung, sondern seiner Signifikanz für unser Thema wegen gewählt wird: den Sonderfall der christlichen Literatur um 1900, insbesondere des *Renouveau Catholique*.

Heute gibt es ›christliche Kunst‹ und ›christliche Literatur‹ nicht mehr; wenn es sie je in so sauberer Zuordnung von Adjektiv und Substantiv gegeben hat. Die Dialektik der Historie ist, wie wir sahen, in die Felder der säkularen Welt abgewandert, die Ereignisse der Welt und der Seele werden nicht mehr in evangelischen oder patristischen oder scholastischen Kategorien faßbar. Aber es gab, immerhin, Versuche, es gab einige große Namen und gibt einige achtbare Nachzügler. Es gab Bloy und Bernanos und Claudel und Péguy, es gab G. K. Chesterton, T. S. Eliot und Evelyn Waugh, es gibt Heinrich Böll und Graham Greene.

Diese Schriftsteller, vor allem die großen Franzosen, standen der modernen Welt in schärfster Kritik gegenüber. Komischerweise wurden sie aber als Kritiker ihrer christlichen Zeitgenossen berühmt und umkämpft. Sie waren und sind, zunächst und vor allem, nicht erbaulich; mit anderen Worten, sie bemühen sich um ein Niveau, das an sich schon beunruhigend ist. Aber sie waren und sind in der Regel erklärte Konservative, die der verachteten oder gehaßten Zeitgenossenschaft einen Spiegel vorhalten, einen Spiegel, der ihre Fratzen realistisch wiedergibt. Was war, wenn überhaupt, ihre Vergleichswelt? Die Werte, auf die sie sich bezogen?

Sie wählten, um sich verständlich zu machen, Typen von mittelalterlicher, jedenfalls altmodischer Reinheit. Der Mönch, der Krieger, der Gentleman, der Ritter von der Mancha, der Arme, das einfältig-fromme Mädchen: sie sind in Hülle und Fülle bei Bloy, bei Péguy, bei Bernanos, bei Chesterton, bei Waugh und zuletzt bei Heinrich Böll zu finden. Die ganze, sogenannte progressive Literatur der christlichen Erneuerung war und ist zutiefst archaisch-romantisch gestimmt. Sie konzentriert sich auf Lebensformen, die eben deshalb verschwunden sind, weil sie irgendwann einmal – im 13., im 16., im 19. Jahrhundert – von der Dialektik der christlichen Geschichte selbst hinweggefegt wurden. Sie standen der Mehrheit der Christen (oder ihrer Erben) im Wege, dem tiefsten, gräßlichsten Hunger von allen: dem Hunger nach dem Endreich. Und eben deshalb waren diese Leit- und Vorbilder, diese Archetypen christlichen Selbstverständnisses an irgendeinem Punkt von der Kirche selbst aufgegeben, verraten worden – denn die Kirche ist, wie wir sahen, der notwendig verräterische Partner irgendeiner historischen Lebensform.

Diesen Verrat werfen die »progressiven« christlichen Literaturen der Kirche vor; und der Vorwurf besteht natürlich zu Recht. Denn es gab (und es gibt vermutlich noch heute) Inseln im Strom der Entwicklung, auf denen sich wahrhaft christliche Lebensart zu verwirklichen schien; Lebensformen, Entwürfe, die unter dem Zeichen des Trösters standen, des Paraklet, der plötzlich zu lehren schien, wie Gott und Welt zusammengehen. Ihrer gilt es zu gedenken, wenn die Meditation über die Fragwürdigkeit unserer Erfolge nicht einseitig ausfallen soll. Es gab den benediktinischen Vorschlag, es gab den franziskanischen; es gab und gibt eine Atmosphäre über alten christlichen Universitäten, in der die Dämonen der Lüfte noch heute heiter gebannt scheinen. Es gab diese Inseln, auf denen das Herz, das gefolterte Herz der weißen Menschheit zur Ruhe kam. (›*Hic quiescit cor*‹ ritzte ein Rokoko-Gast mit dem Diamantring ins Fensterglas eines bayerischen Klosters – ich glaube nicht, daß der Mann log.)

Auf diese Inseln konzentriert sich fast bewußtlos die Kompaßnadel von Tausenden, Zehntausenden, die durch den gegenwärtigen Dschungel irren; und es ist lächerlich, solche Suche mit dem Slogan ›Heimweh nach gestern‹ abtun zu wollen. Gewiß, Gottfried Benns parfümierte Klage um das Verlorene Ich ist penetrant unehrlich; aber ist es unehrlich, daß die linke christliche Jugend Amerikas auf einen 1968 verstorbenen trappistischen Einsiedler, den Schriftsteller Thomas Merton, schwört? Ist der ganze traurige Glanz der Hippie-Kultur, die im Grunde doch franziskanisch sein will, einfach als lächerlicher Irrweg zu bezeichnen? Und noch in der Sehnsucht unserer Touristen-Millionen nach den Buchten der katholischen Mittelmeere steckt ein aufrichtiger Kern wahrer Verlorenheit: In den vierzehn Tagen, die der Sekretärin, dem Maschinenschlosser in Ibiza oder Istrien vergönnt sind, erhoffen sie einen Wink von oben, eine Hochzeit zwischen Fleisch und Geist, die an die großen Feste der evangelischen Gleichnisse wenigstens von ferne erinnert.

Sie sind nicht mehr möglich; dank unserer Erfolge. Denn diese Erfolge verlangten ihren Preis. Niemand wußte dies genauer als die Konservativen. Sie – die Kaiser, die Priester, die

Ritter, die Gentlemen der alten Schule – glaubten an irgendeinem historischen Punkt ihren Frieden mit der Welt gemacht zu haben. Sie glaubten zu erkennen, daß der nächste Schritt, den die Unzufriedenheit tun würde, der Schritt ins Verderben sein mußte. Sie glaubten, daß alle jene, die weitersuchten, weitertrieben, Besessene waren, denen es nur auf die Zerstörung von Werten ankam.

Denn selbstverständlich vertraten sie alle Werte. Sie hüteten Bücherschätze, sie hegten Wild. Sie pflegten Kranke und Arme. Sie hatten ein ritterliches oder feudales Tötungsritual erarbeitet und sahen voraus, daß die nächste, die revolutionäre Generation eine Generation von Vandalen sein würde. Sie hatten Signale für das Liebesspiel, Regeln für die Konversation erdacht, verstanden etwas von Kirchen und Schlössern. Sie fürchteten, daß alle diese kulturellen und gesellschaftlichen Errungenschaften, dieses System guter Sitten, dieses Schatzhaus künstlerischer Reichtümer von der nächsten Welt töricht und brutal zerschlagen werden würde.

Und sie hatten recht. Talleyrand hatte recht mit seiner Feststellung: »Wer nicht im *Ancien régime* gelebt hat, wird nie wissen, was die wahre Süße des Lebens ist.« Es ist sicher, daß die Welt nie mehr eine Herrenschicht wie die Englands erleben wird, in der auch größte individuelle Dummheit durch soviel echten Instinkt und echte Zivilisiertheit gebändigt und kompensiert wurde. Es ist ziemlich wahrscheinlich, daß sich nie mehr bürgerliche Handwerker, kleine Leute, in einer kreativen Apotheose ausdrücken werden, wie sie der bayrisch-österreichische Barock war. Ja, es dürfte sogar stimmen, daß kaum einer von uns Zeitgenossen unter sechzig je erfahren wird, wie eigentlich eine Kartoffel schmeckt, mögen wir uns auch an tiefgefrorener Reistafel delektieren.

Aber solches Bedauern, solche Sehnsucht nach der insularen Harmonie, ist uralt. Zweifellos war es schon das Bedauern der kultivierten Hellenisten und Römer, der Akademiker in ihren blumen- und brunnengeschmückten Atrien, welche die neue Welle heraufkommen sahen: die Welle der knoblauchfressenden Levantiner, die in unterirdischen Friedhöfen spukhafte Mysterien feierten. Gibbon, der englische Historiker, hat in seinem Werk über den Verfall und den Untergang des Römischen Reiches aus dieser Konstellation eine Kritik des Christentums gemacht – und bedachte dabei nicht, auf welcher historischen Plattform er selber stand. Was er, der großbürgerliche englische Historiker, als verlorenes Erbe empfand, ist ihm durch den Erfolg des Christentums vermittelt worden; dieses Christentum hat nicht nur die materiellen Voraussetzungen für ein altphilologisches und historisches Studium in England geschaffen, es hat ihm auch das Wissen tradiert, das ihm überhaupt eine Kritik an der Rolle des Christentums im spätrömischen Reich erlaubte. Das Christentum war eben gleichzeitig Institution und Botschaft, gleichzeitig Sehnsucht nach Kontinuität und Sehnsucht nach Veränderung, gleichzeitig Stütze der Throne und Treibstoff der revolutionären Motoren. Fortschreitend von Negation zu Negation zerstörte es zuerst die kosmisch-imperiale Balance Roms und wurde dann, nach 312, zur Reichsreligion; schuf es die Basis für ein christliches mittelalterliches Imperium und zerstörte es durch den papalen Internationalismus; verbrannte Giordano Bruno und eröffnete die Welt der Naturerforschung, der exakten Wissenschaft; initiierte die Psychologie des ›innengelenkten Menschen‹, der Kontinente eroberte, und verlor diese Kontinente an den neuen säkularen Menschen; prostituierte sich zur Hausmedizin der Bourgeoisie und gab die Sprengsätze zu deren Zerstörung an den Marxismus weiter.

Das sind die historischen Tatsachen, in denen sich jedes Heimweh nach verlorenen Paradiesen oder Inseln zurechtzufinden hat. Alle Inseln und Paradiese wurden verwüstet oder evakuiert, weil sie zwar einer Minderheit Gelegenheit boten, betörende Möglichkeiten zu entwickeln, aber die unerträglichen Verhältnisse von Mehrheiten nicht veränderten. Diese Mehrheiten waren zwar selten willens und imstande, ihren Hunger zu artikulieren, aber er wurde erfühlt (oft auch suggeriert) von denen, die erkannten, daß die eigentlichen Verheißungen der Herrschaft über die Schöpfung noch immer in weiter Ferne lagen und von den Inhabern der Paradiese systematisch verschwiegen wurden.

Aber warum wird das Endziel nie erreicht? Warum hat uns die Suche danach in das gegenwärtige Entsetzen geführt? Das ist die einzige Frage, die hier interessiert: die Frage nach der Erfolgsvorstellung der Gegenwart – und die Frage nach ihren Fragwürdigkeiten.

Die Suche nach dem Endreich, so sagten wir, ist vorläufig beim materiellen und biologischen Erfolg angelangt. Wir können eigentlich alles, was wir wollen. Aber, wie kürzlich ein geistreicher Franzose fragte, was wollen wir? Bisher war diese Frage müßig, weil sie eine selbstverständliche Antwort hatte: Wir wollen die Herrschaftsformen beseitigen, die uns am Genuß der Güter der Erde hindern. Wir wollen den Skandal beseitigen, der sich – im Laufe der Jahrtausende – als Verbrechen von Menschen an Menschen enthüllt hat: den Skandal der Unerträglichkeit der Verhältnisse.

Dieser Erfolg scheint greifbar. Und deshalb muß er radikal in Zweifel gezogen werden. Nicht in erster Linie, weil er Kulturgüter der Menschheit gefährdet; die Menschheit, und insbesondere die weiße, die sogenannte christliche Menschheit, steht auf einem riesigen Leichenturm von Kulturen, auf einer Schädelpyramide, in der bestimmt unersetzliche Werte verborgen sind.

Das 19. Jahrhundert – auch sein Zeitgenosse Karl Marx – hat diese Pyramide als Fortschrittsbasis achselzuckend zur Kenntnis genommen. Wir sind etwas empfindlicher geworden, aber ändern können wir daran nichts mehr. Wir können die Tasmanier nicht wiedererwecken, die wir – das heißt unsere christlichen Seefahrer und Kaufleute – wie die Wildschweine gejagt haben; nicht die Hereros, die wir in die Wüste trieben; nicht die Indianerstämme, die wir mit Fusel und Pocken ausrotteten; nicht die Hunderttausende von Sklaven, die wir aneinandergekettet in den Atlantik geworfen haben. Aber die Frage ist: Warum soll es unseren Erfolgsvorstellungen besser ergehen als denen der Gemeuchelten, die wir den unseren opferten? Könnte nicht die Begrenztheit unserer Erfolgsvorstellung, eines Tages auch zu unserem eigenen Schicksal werden – einem Schicksal, in das wir bei unserer erprobten Aggressivität möglichst große Teile der leidenden Welt hineinreißen werden?

Die Frage lautet also: was ist das überhaupt – kultureller Erfolg?

Es gibt ein mögliches Kriterium, das vielleicht das objektivste von allen ist: das Kriterium des ökologischen Erfolgs, das heißt der Stabilität in der Lebensumwelt. Letzten Endes sind es nur die allerprimitivsten Kulturen, die diesem Test standhalten. Eine Kultur wie die der Australneger oder die der Sammler am oberen Amazonenstrom dürfte seit mindestens 50 000 Jahren unverändert bestehen und wäre ohne Einmischung von außen sicher noch ebenso lange fortbestanden. Aus Funden in der Nähe von Ahrensburg bei Hamburg kann geschlossen werden, daß die Rentierjägerkultur der Nacheiszeit in Europa ähnlich stabil war: Opferbräuche haben sich dort Zehntausende von Jahren unverändert erhalten.

Selbstverständlich können wir nicht zu den Erfolgskategorien dieser Urmenschheit zurückkehren – aber wir sind nüchtern genug geworden, uns zu fragen, ob die vorzeitlichen Überlebenden der jeweiligen Generation, also die, die ins Reifealter gelangten, psychisch unglücklicher waren und sind als wir.

Sicher, auch sie haben gelitten, ihre schamanischen Ängste, ihre entsetzlichen Initationsriten beweisen es. Aber wir haben keinerlei Instrumentarium mehr, uns ihre psychische Existenz auch nur vorzustellen.

Eine Definition des Erfolgs, die uns kulturell näher liegt, lautet auf englisch: *the greatest possible happiness for the greatest possible number* – also das größtmögliche Glücksquantum für den größtmöglichen Prozentsatz von lebenden Menschen. Sie klingt ehrbar genug; aber sie hat eine Falle eingebaut, die in dem auf sie bezüglichen englischen Witz verborgen ist: *the greatest possible number ist Number One,* die Nummer Eins, die idiomatisch soviel wie ›ich‹ bedeutet. Lassen wir die trefflichen Spekulationen beiseite, die an die Komplexität des Glücksanspruchs und des Glücksempfindens geknüpft wurden (die geistreichsten haben schon die Alten, zumindest seit Epikur, veranstaltet); stellen wir historisch fest, daß die Malaise der Konservativen seit eh und je an ihre Glücksvorstellung gebunden ist.

Wenn zum Glück eine hohe Zahl von Dienstboten, ein Stall von *Hunters,* ein Ballsaal und eine gute Bibliothek erforderlich sein sollten, dann ist in der Tat nicht einzusehen, wie ein solcher Anspruch von einer größeren Zahl als von einigen privilegierten

Familien eingelöst werden kann. Wer diese ihre Glückvorstellung bedroht, hat offensichtlich keine Ahnung von den Höhen, die menschliches Glücksgefühl ersteigen kann. Genauso respektabel wie diese Glücksgefühle des alten Establishments sind die unseres gegenwärtigen Philisteriums: wer den ›satten Sound‹ einer Honda oder eines GTX-Sportwagens für der Güter höchstes hält, wird schwerlich den klugen Argumenten für öffentliche Verkehrsmittel zugänglich sein.

Nun hat man – gerade von wohlmeinend progressiver Seite diesen ›manipulierten‹ Bedürfnissen sogenannte echte oder konkrete gegenübergestellt. Darauf wird noch einzugehen sein; zu bejahen ist daran die Richtung, welche solche Kritik im allgemeinen nimmt – nämlich gegen unsere kapitalistische Konsumwirtschaft. Denn zweifellos hat diese einen der miserabelsten Auswege entdeckt, die überhaupt entdeckt werden konnten; einen Ausweg nämlich, der gar keiner ist.

Diese Art zu wirtschaften ist darauf angewiesen, die Schere zwischen Bedürfnis und Befriedigung immer zuungunsten des Glücks, selbst des wohlverstandenen epikureischen Glücks, offenzuhalten. Nur so kann sie das garantieren, was man lachhafterweise Stabilität nennt, was aber nur ununterbrochene Expansion und damit ununterbrochener und gesteigerter Raubbau an den Voraussetzungen unserer irdischen Existenz ist. Sie liegt uns ständig in Augen und Ohren mit ihrer künstlichen Bedarfsweckung, die dem System immanent ist. Und selbstverständlich ist dieser ›Bedarf‹ längst kein Vitalbedarf mehr; die nächsthöhere Automarke, das Ferienboot, die Haifischflossensuppe aus der Dose sind so abstrakt und zeichenhaft wie der Goldknopf des Mandarins dreißigsten Grades oder das Handschreiben Seiner Majestät, das die Aufnahme in den Adelsstand ankündigt. Im Gegenteil muß Vitalbedarf künstlich verknappt und eingeschränkt werden, um den Status-, das heißt den Symbolbedarf und damit die Maschinerie der Produktion in Gang zu halten. Befriedigung echten Vitalbedarfs – etwa eines stillen Hauses, eines Wassers zum Fischen, einiger Tiere, in deren Nähe man tagtäglich die ursprünglichen Beziehungsmuster menschlicher Existenz erleben könnte – wird zunehmend schwieriger und setzt in den meisten Weltgegenden sehr viel

Geld oder sehr viel Macht voraus – oder beides. Nur reiche Leute können heutzutage wie mittelalterliche Bauern leben (einschließlich biologisch gedüngter Kartoffeln), nur mächtige wie vorzeitliche Jäger. Je gieriger die Allmacht des Hungers, der nie gesättigt werden kann, an den Wurzeln unserer planetarischen Existenz nagt, desto krasser und klarer wird dieses Privileg der Reichen und Mächtigen hervortreten.

Der Sozialismus denunziert also richtig; aber seine Antwort ist keineswegs überzeugend. Das famose Schlagwort von den ›konkreten‹ Bedürfnissen ist denkbar abstrakt; es findet nämlich auch keine ursprünglichen Prägungen des Vitalbedarfs vor, die oberhalb einer gewissen Bevölkerungsdichte noch gleichmäßig zu befriedigen wären. Konkreter Bedarf ist entweder ungemein dürftig – genug Kalorien, ein Dach überm Kopf, Hüllen zur Konservierung der Körperwärme, ein sexueller Partner – oder ungemein gierig – siehe oben. Wenn man die gesamte Bevölkerung also nicht von vornherein auf das Programm des Diogenes in seiner Tonne vereidigen will (und Alexander d. Gr. fand, daß er glücklich war), dann wird irgendein Heiliges Büro mit der peinlichen Aufgabe sich befassen müssen, zu definieren, was eigentlich ein konkretes Bedürfnis sei. Und eine solche Definition würde abweichende Bedürfnishöhen tabuisieren, für illegal erklären, verunmöglichen und mit Strafe belegen müssen. (Auch dann gibt es natürlich noch Unterschiede: Die Genossen Breschnew und Broz Tito konnten an ihrem unentgeltlichen Vergnügen, Bären zu schießen, kaum allzu viele Genossen teilnehmen lassen. Bären sind notorisch selten und lassen sich nicht unbegrenzt reproduzieren.)

Gerade der ›saubere‹ Marxismus, der Marxismus ›mit menschlichem Antlitz‹, bestreitet das. Von befreundeter Seite habe ich gehört, daß Ernest Mandel, der engagierte und liebenswerte trotzkistische Wirtschaftswissenschaftler, mit der Zuckerdose in öffentlichen Restaurants zu argumentieren pflegt: Niemandem, der bei Sinnen sei, fiele es ein, diese Dosen zu plündern und seine Taschen voll Zuckerstücke zu packen. Ebenso werde in einer sanierten, das heißt auf konkrete Bedürfnisse abgestellten Wirtschaft niemand auf den Gedanken kommen, sich zu viel Überschuhe, Regenmäntel, Gulaschdosen oder Motorräder aus den staatlichen oder genossenschaftlichen Verteilungsstellen zu holen.

So verführerisch dieses Argument klingt, so anthropologisch unhaltbar ist es. Schon bei Pelzmänteln wäre wahrscheinlich Schluß: Schöne Frauen werden auch in einer sozialistischen Wirtschaft Pelzmäntel haben wollen. Gegen ihre Einstufung als ›manipuliertes‹ Bedürfnis spricht die Tatsache, daß jahrzehntausendelang die erotische Konditionierung auf Fellen stattgefunden hat. Es müßte also, so oder so, ›De-Konditionierung‹ erfolgen; sei es durch Einstellen der Pelzproduktion, sei es durch Manipulierung des ethischen Überbaus, mit dessen Hilfe man Pelzfrauen irgendwie verächtlich machen müßte.

Am einfachsten erfolgt solche De-Konditionierung durch ›Ideale‹; und genau den Weg gehen die existierenden sozialistischen Gesellschaften. Der Weg ist zwar so alt wie das Bedürfnis nach Fellen und schönen Frauen, aber seine Wirksamkeit konnte bisher nirgends ersetzt werden. Die Sowjet-Gesellschaft zum Beispiel ist ganz einfach puritanisch, sie geht den Weg der Verinnerlichung von asketischen Idealen, deren Begründung im einzelnen höchst zweifelhaft ist. Der individuelle Konsumverzicht soll auf eine geheimnisvolle Weise durch Ölbohrungen in Kasachstan, durch glorreiche Weltraum-Unternehmen, durch Identifikation mit dem Väterchen Staat oder dem Mütterchen Partei kompensiert werden.

Um allen Mißverständnissen vorzubeugen: Ich beneide das russische Volk um seinen hohen Grad an moralischer Erlebnisfähigkeit; aber ich verachte die scholastischen Purzelbäume, die nötig sind, um sie irgendwie mit ›sozialistischer Moral‹, mit ›wissenschaftlichem Materialismus‹ in Verbindung zu bringen. Will man wirklich behaupten, das Bedürfnis, in den Weltraum vorzustoßen, sei ein ›Vitalbedarf‹ des sibirischen Pioniers, des ukrainischen Bauern, des Leningrader Arbeiters? Sicher kann er und wird sich mit solchen Abenteuern identifizieren – aber diese Identifikation ist ein gesellschaftlicher Sublimierungsprozeß. Man kann hier einwenden, daß solche Prozesse und ihre Notwendigkeit immer noch besser sind als die Konsum-Orgien des Westens; ich gebe das unumwunden zu. Aber – und darauf kommt es hier an –: solche solidarischen Bedürfnisse drängen ebenso auf Expansion wie die Bedürfnisse individualistischer Wohlstandsbürger. Wer auf dem Mond war, der muß auch auf den Mars und auf die Venus; das Prinzip der Bedürfniserweiterung ist das gleiche. Und Bedürfniserweiterung schlägt ökologisch so oder so zu Buch. Ob ein Wald sterben muß, weil dort eine Weltraum-Startrampe oder ein *Fun Center* errichtet wird, ist für uns und unsere Nachkommen gleich wenig belangvoll. Beides ist letzten Endes pathologisch, d. h. es stammt aus dem gleichen Pathos: dem Pathos der immer weiter ausgreifenden Weltmächtigkeit des ökonomischen Menschen. Oder hat der Sozialismus den *homo oeconomicus* des Adam Smith vielleicht abgeschafft? Keineswegs. Er hat zumindest in seiner bisherigen Geschichte – deutlich genug zu verstehen gegeben, daß er die Definition des Menschen als eines weltverändernden Arbeitswesens noch heiliger halten will als der Kapitalismus. Das Pathos des Kampfes gegen die Natur zieht sich als roter Faden durch die Schriften fast aller Theoretiker. Bei den Frühsozialisten, vor allem bei Fourier, finden sich Stellen voll hoher, rührender Naivität, die die Erlösung auch der Natur durch den Sozialismus ankündigen; einen wissenschaftlich nachprüfbaren Stellenwert haben sie nicht. Was die Zukunft unseres Planeten betrifft, ist der Sozialismus bisher nicht über die neueste und fatalste Entdeckung hinausgekommen – die Entdeckung nämlich,

DASS UNSER GEMEINSAMES FLOSS ESSBAR IST.

Fassen wir zusammen: Die Definition des Erfolgs als des größtmöglichen Glücks für die größtmögliche Zahl von Menschen stößt auf verschiedene Schwierigkeiten. Sie übersieht die soziale, historische Wandelbarkeit des Glücksbegriffs, sie übersieht die längst durch Bevölkerungsvermehrung überholte ursprüngliche Vital-Basis des Glücksanspruchs – und sie ist, sowohl im kapitalistischen wie im sozialistischen System heutiger Wirklichkeit, auf Manipulationen des subjektiven Glücksgefühls angewiesen, um ihren Anspruch auch nur halbwegs zu erreichen – das heißt, ihn scheinbar zu erreichen.

Es bleibt eine Kategorie des Erfolgs zu besprechen, die, wenn überhaupt eine Fortschrittsgeschichte der Menschheit angenommen wird, wachsende Aufmerksamkeit für sich beansprucht: die Kategorie der laufend größeren Bewußtmachung, der Hineinnahme immer größerer Bestände an Realität in die rationale Überlegung, die Absorption der Weltwirklichkeit in die kollektive Verfügung des Menschen.

Eine Version dieser Überzeugung ist die Naturphilosophie von Teilhard de Chardin; da sie gerade unter Christen viele Anhänger gefunden hat, muß sie besprochen werden. (Ich spreche in seinem Fall nicht gern von Theologie; die kühnen Überbrückungen, die er vornimmt, die zu so wenig reflektierbaren Begriffen wie dem Punkt Omega führen, scheinen mir in der jüdisch-christlichen Heilslehre nicht belegbar.)

Was Teilhard de Chardin interessant macht, ist sein Renommée. Der Weltzustand und seine zunehmende Fragwürdigkeit ließen ein Bedürfnis (auch dies ein echtes Bedürfnis!) nach einem Denker entstehen, der den großen Wurf der Versöhnung wagte. Und es ist in der Tat vornehm, diesen Entwurf zu wagen; eine Lösung vorzuschlagen, die bei richtiger Anstrengung (und Teilhard setzt sie in seinem System voraus) eine mögliche Endlösung unserer Probleme sein könnte.

Meine Zweifel sind dennoch erheblich. Ich möchte hier zwei Einwände formulieren, die mir die Zustimmung zum Teilhardismus unmöglich machen.

Der erste stammt, das gebe ich unumwunden zu, aus der Leidenschaft. Wenn die Geschichte des Menschen, nein, des Kosmos, auf den Punkt Omega zustrebt, eine Art totalen Bewußtseins – dann wird man zwangsläufig den Blauwal, den bengalischen Tiger, den amerikanischen Seeadler, den Apollo-Falter, die alle dem Untergang geweiht sind, und zwar durch uns und unsere expansiven Bedürfnisse – dann wird man sie alle als notwendige Etappen solcher Entfaltung abschreiben müssen; als liebenswürdige, aber letzten Endes überschüssige Entwürfe, die wir Menschen kraft unseres Diktatur-Auftrages eben zu ignorieren oder zu vernichten haben. Die Philosophie Teilhards setzt voraus, daß wir diese allmächtige Richter- und Henker-Position für uns beanspruchen können, ja müssen; denn wo sonst ist Bewußtsein im göttlichen Auftrag tätig?

Das gleiche gilt – darum kommt der Teilhardist nicht herum –

für die Schädelpyramide der untergegangenen Völkerschaften und Kulturen. Ich weiß natürlich, daß der typische Teilhardist keinem Australneger eine Haarlocke krümmen würde; aber es ist unrealistisch, Fortschritt auf den Punkt Omega zu predigen und die Tatsache zu übersehen, daß Primitivkulturen notwendig, logisch untergehen, wenn sie mit aggressiven, expansiven Kulturen zusammenstoßen. Sie holen sich daran den Tod, wie sich der brasilianische Urwald-Indianer noch heute den Tod am gewöhnlichen weißen Schnupfen holt. Ein wahres Beispiel aus der Geschichte: Ein französischer Jesuiten-Missionar verbrachte unter furchtbaren Opfern Jahrzehnte bei den Huronen, rettete viele Seelen – und sah den Stamm an den Irokesen und vor allem den Pocken zugrundegehen. Er hat, vermutlich, die Kausalität nie begriffen – so wenig wie sie der Teilhardist zu begreifen wünscht. Bestenfalls, wenn der Stamm den Zusammenprall überlebte, vegetierten die Individuen als leiblich und seelisch gebrochenes Subproletariat weiter, mit Psychosen und Neurosen geschlagen; als Gedanken Gottes, wie man dies einmal nannte, als Verkörperung einer Möglichkeit aus dem Reichtum menschlicher Vielfalt sind sie gestorben.

Daß der Teilhardist gewillt ist, dies in Kauf zu nehmen, bewies mir das Gespräch mit einem amerikanischen Priester, einem Mann von großer Aufrichtigkeit und Integrität, dem ich diese Bedenken auseinandersetzte. Er meinte: »Wir *müssen* diese Kulturen kontaktieren – sonst erstarren sie.« Mit anderen Worten: Das Prinzip der ›Flüssigkeit‹, der ständigen Bewegung und Entwicklung steht für den Teilhardisten tatsächlich im Vordergrund seiner Erwägungen. Wenn die Kreaturen Gottes einander schon töten müssen, ist mir da ein reeller Kampf um Weidegründe oder Wasserstellen lieber.

Der zweite Einwand ist etwas methodischer. Die Zunahme der Reflexion und die Absorption immer größerer Zusammenhänge durch das Gehirn wären dann ein echter Fortschritt, wenn sie unter Beibehaltung aller bisher geübten Fakultäten des Menschen möglich wäre – oder wenn wenigstens ein Beweis dafür vorläge, daß ihre Verkümmerung in keinem Verhältnis zum Gewinn an Rationalität steht. Die Evidenz der Anthropologie und der Geschichte spricht dagegen. Sie zeigt, daß bei zunehmender Bedeutung bestimmter Bewußtseinsaktivitäten andere Kategorien der Welterfassung verkümmern oder verschwinden, und daß unsere Kategorien dann nicht mehr ausreichen, ihren relativ größeren oder geringen Wert zu bestimmen. Können wir dann mit gutem Gewissen behaupten, daß dieses Entschwinden ein Fortschritt im Sinne ständiger Bewußtseinsentfaltung ist? Bleiben wir im Rahmen unserer eigenen Traditionen: Wer kann behaupten, Homer so zu ›verstehen‹, wie ihn die Hörer seiner Gesänge vor Jahrtausenden verstanden? Wir können zur Not ermitteln, wie er vortrug – unsere Gymnasiasten können es schon handwerklich nicht mehr reproduzieren. Wer kann behaupten, so zu fühlen, wie Franz von Assisi fühlte, als er den Vögeln predigte? Es wird hier keine Ideologie versucht, sondern schlicht festgestellt, daß wir uns davor hüten müssen, *Veränderungen* unserer Welterfassung von vornherein als Erweiterungen und damit als ›Ausfaltung‹ im Sinne des Teilhardismus zu bezeichnen. Aus dem Heimweh nach vergangenen Möglichkeiten ein Programm zu machen, wäre unsinnig – es wäre bestenfalls wirkungslos und schlimmstenfalls eine Art von Edelfaschismus. Aber ebensowenig ist es zulässig, aus der Not der menschlichen Entwicklung, die durch ungeheure Pressionen zustande kommt, die Tugend einer neuen Kosmogonie zu machen.

Wenn es noch eines Beweises dafür bedarf, daß der Kaufpreis des jeweiligen Bewußtseinsfortschrittes voll zu entrichten ist, dann ist es das Schicksal dessen, was ich die ›friedenstiftende Potenz‹ nennen möchte. Schon im vorigen Kapitel war davon die Rede, daß Karl der Große den Frieden mit den Sachsen durch den Transfer der Gebeine des heiligen Liborius nach Paderborn besiegelte. Man kann einen solchen Vorgang als simple Magie bezeichnen. Tatsache ist, daß es den Betroffenen selten darauf ankommt, mit welchen Mitteln eine Schlächterei beendet wird. Im Zuge der unleugbar fortschreitenden Bewußtseinsentfaltung sind der Menschheit immer mehr solcher Potenzen verlorengegangen: das Ritual der Kriegserklärung ist im 20. Jahrhundert endgültig ausgestorben, die Potenz zu endgültigen Friedensschlüssen desgleichen. Machiavellis Analyse der Machtmittel im *»Principe«* war, im Sinne der Bewußtseinsentfaltung, ein Fortschritt, fast alle Höfe seiner Zeit waren von der Brillanz seiner Darlegungen fasziniert und bemühten sich nach Kräften zu lernen. Mit ihm, Machiavelli, öffneten sich bereits die Labyrinthe der ›Optionen‹, der ›Eskalationen‹, der ›Alternativen‹ mit anderen Worten, der Abbau aller magischen oder rituellen Endgültigkeiten im Verkehr möglicher Feinde untereinander. Machiavelli war insofern ein typischer Renaissance-Mensch, als er die abendländische Menschheit zu ihren ›Quellen‹ zurückführte – das heißt, zu den hinterlistigen Operationen des athenischen und des römischen Imperialismus. Nur waren sie jetzt nicht mehr durch abergläubische Beschwichtungsrituale vor den Kraftfeldern ethnisch-feindlicher Gottheiten gemildert. Wenn im Panmunjon die 1000. Waffenstillstandskonferenz stattfindet, sollten die Beteiligten dem Florentiner eigentlich ein kleines Denkmal errichten.

Denn sicher sind die friedenstiftenden Potenzen seit Machiavelli weiter verkümmert. Die Resultate der Kriege seit 1945 sprechen eine deutliche Sprache; überall sind Provisorien zu den unsinnigsten Demarkationslinien erstarrt: Westberlin, der 20. Breitengrad, die Verhältnisse im Nahen Osten, die Pufferzone in Vietnam; und ungeheurer Scharfsinn muß aufgewendet werden, um solche Vorläufigkeiten wenigstens im einen oder anderen Fall in einen erträglichen Modus vivendi umzugestalten. Zwischen Optionen, Eskalationen, Vermittlungsgesprächen ersten, zweiten, dritten Grades laviert der Selbsterhaltungsinstinkt der Menschheit – behindert nicht so sehr durch seine Primitivität als vielmehr durch seine Raffinesse, die hinter jeder Ouvertüre der Gegenseite zunächst einmal eine, zwei, drei Winkelzüge der Kalkulation vermutet.

Aber auch innerhalb der Gesellschaften ist die friedenstiftende Potenz (die man hier besser ›kommunikationsstiftende Potenz‹ nennen sollte) deutlich im Rückgang. Ja, mir scheint, daß viele Erscheinungen der letzten Jahre: Der Verfall der ›guten Sitten‹, der Einbruch der Gossensprache vor allem in akademische Kreise (der angelsächsische Klassen-Instinkt hat bereits registriert, daß kein Arbeiterhaushalt die Ausdrücke gebrauchen würde, die unter Intellektuellen gang und gäbe sind) letzten Endes nichts anderes darstellen als einen verzweifelten Appell an die Gesellschaft, einen neuen Fundus für das zu liefern, was man früher *moeurs,* allgemein tragfähige Konventionen des Umgangs genannt hat. Daß die feierliche Eselei des Wilhelminismus und des Viktorianismus auf die Dauer nicht genügen würde, war vorauszusehen; aber daß ihre Demontage den Bewußtseinsstand der Epoche so reduzieren würde, wie wir das in den letzten Jahrzehnten beobachten können, gibt zu denken. Man vergleiche etwa die Differenziertheit, die einem Robert Musil möglich war, mit den stammelnden Schreibungen unserer sogenannten Besten, und man wird wissen, was gemeint ist. Einer feierlich und immer wieder proklamierten Tendenz zur Egalität, zur menschheitlichen Verständigung steht ein Unvermögen der Kommunikation gegenüber, wie es nicht einmal zwischen Franz Xaver und seinen japanischen Gesprächspartnern vorlag. (Auch im München von 1900 konnten sich die Proletarier und die Akademiker noch sinnvoller verständigen, als dies heute zwischen den Akademikern und Proletariern der gleichen SPD-Sektion möglich ist.)

Ist all dies Rückschritt? Ist es Verfall? Keineswegs. Es ist nichts als das Resultat eines Prozesses, in dem Bewußtsein sich ständig entfaltete, während die irrationalen archaischen Möglichkeiten laufend verkümmerten. Da es die Menschheit noch nicht gelernt hat, all dies auf rationaler Basis zu tun, was sie früher auf ganz anderen Grundlagen erledigte, sind die Ergebnisse nicht überraschend. Die magischen Zeichen, die früher genügten, um Verständigung zu stiften; die Symbole, Rituale, Besiegelungen, sind erschöpft, entlarvt, zerfetzt. Aber neue frieden- und kommunikationsstiftende Potenzen sind noch nicht in Sicht. Wir wissen nicht einmal, ob sie überhaupt möglich sind.

Es bleibt also die Fragwürdigkeit unserer Erfolgskategorien. Es bleibt die Frage nach einer Zukunft, die von solcher Erfolglosigkeit des Erfolgs gebrandmarkt ist. Fast alle – oft sehr unartikulierten – Äußerungen der deprimierten Jugend laufen auf diesen Punkt zu: Was habt ihr mit euren bisherigen Erfolgen schon zu bieten? Und es tröstet nicht, daß diese Jugend nicht hinter unsere sogenannten Errungenschaften zurückkann.

Als letzte rationale ›Front‹, als letzte verzweifelte Zusammenfassung der möglichen Rechtfertigung unseres Weges bietet sich ihr der Neomarxismus an, die roten Büchlein treten als Heilige Schrift auf, die neuen Ikonen von Ché und Mao und Onkel Ho werden vorangetragen, eine letzte Scholastik, eine letzte Devotionsliteratur machen von sich reden, weil man das Schweigen nicht erträgt – und der Versuch ist einiger Ehren wert. Er wird ja durchaus im Rahmen einer Tradition unternommen, einer Tradition, die wir zu skizzieren versuchten. Der Versuch zeigt, daß wenigstens eine aktive Minderheit noch an den alten Verheißungen festhält. Viel, so scheint mir, ist das auch nicht. Vor allem deshalb nicht, weil das Ganze an ein Repetitorium erinnert, in dem längst durchgepaukte Lektionen aufs neue aufgesagt werden. Dabei hat sich der Zustand der Welt weit über das hinaus verändert, was unsere Väter noch bedrohte. Das Schlimmste ist nur, daß die Gefahren, die alle bisherigen Bedrohungen der Spezies harmlos erscheinen lassen, mit den Lektionen des Repetitoriums nur am Rande zu tun haben. Zum ersten Mal nämlich, seit sich der Anthropoide auf den Hinterbeinen aufrichtete, hat er sich selbst Gefahren verschafft, die alle seine Alarmsysteme überfordern.

Kein Adrenalinstoß erfolgt, wenn er von den genetischen Konsequenzen der Radioaktivität hört; keine innere Stimme warnt ihn, wenn er in phenolverseuchten Flüssen schwimmt. Nichts, auch keine Ethik der überkommenen Systeme, hindert ihn daran, seine Äcker von lästigen Schädlingen zu reinigen und dadurch die Weltmeere für die Katastrophe von 1990 oder 2000 vorzubereiten. In 500 Jahren, einer genetisch winzigen Zeitspanne, hat er gelernt, adäquat auf die Drohung einer Stahlröhre zu reagieren, die tödliche Geschosse entsenden kann – eine wahrhaft großartige Leistung; heute werden jährlich Dutzende und Hunderte von neuen Drohungen auf ihn abgefeuert, deren Konsequenzen er nicht im entferntesten versteht, geschweige denn als unmittelbare Gefahr biologisch registriert.

Ähnliches gilt von dem großen sozialen Mechanismus, der nach Adam Smith und Marx die Veränderungen in Gang hält: dem Mechanismus der Interessen. Es ist zum Beispiel nicht wahr, daß noch irgendein unmittelbarer Interessenzusammenhang zwischen den armen Völkern der Erde und den Lohnabhängigen in den Industrieländern besteht; das Gegenteil ist der

Fall. Eine erleuchtete Politik der Entwicklungshilfe lebt heute, soweit überhaupt vorhanden, von der humanitären Tradition der Intelligenz und wird mehrfach wettgemacht, daß heißt neutralisiert, durch die *terms of trade,* das Preisgefüge des Weltmarkts, welches nicht nur unsere Kapitalisten, sondern auch ihre Lohnabhängigen in moralisch unvertretbarer Weise begünstigt. Sowohl unsere Beziehungen zu den nichtindustrialisierten Ländern lassen sich, wenn sie zukunftshaltig sein sollen, nur unter drastischer Zurücksetzung der Eigeninteressen organisieren, wie auch unsere Beziehungen zur Umwelt, zum solidarischen Lebensverband unseres Planeten.

Die Zustände sind also hoffnungslos. Aber da sie hoffnungslos sind, müssen sie uns herausfordern. Wir reden ständig davon, daß es gilt, dieses und jenes Problem zu lösen; aber in Wirklichkeit lösen wir sie alle nicht, sondern schieben sie auf eine andere Ebene. Wenn die Menschheit heute herausgefordert ist wie nie zuvor, dann hat sie zunächst nur eine Pflicht: sich dieser Herausforderung zu stellen. Vielleicht gelingt es uns, wenigstens in Andeutungen zu zeigen, auf welche Ebene unsere Probleme heute transportiert werden müssen. Ich wähle im folgenden zwei Felder der Auseinandersetzung, die mir wichtig zu sein scheinen: Ich wende mich an Christen und Sozialisten. Dies hat nicht nur persönliche Gründe; ich glaube vielmehr, daß – nach dem Verursachungsprinzip diese beiden Gruppen durch die gegenwärtige Situation speziell herausgefordert sind, weil sie in hervorragender Weise zur Schaffung unseres Dilemmas beigetragen haben. Ohne einen grundlegenden Prozeß der *Metanoia,* des Umdenkens, in diesen beiden Lagern wird der Zustand der Welt nicht mehr rechtzeitig so zu ändern sein, daß eine Zukunft – nicht eine bessere Zukunft, sondern *irgendeine* – noch vorstellbar ist.

Anfrage an die Christen

Christliche Brüder!
Wir, das heißt die Christen, haben den gegenwärtigen Krisenzustand der Welt verursacht – zumindest an führender Stelle mitverursacht.

Viele von euch werden diese Feststellung entrüstet ablehnen. Und es ist wohl nicht zweifelhaft, daß die Vater des Christentums, würden sie mit dem heutigen Zustand der Welt konfrontiert, ihn als dämonisch und antichristlich empfinden würden – als Vorstufe des unausweichlichen endzeitlichen Gerichts.

Sicher empfinden viele von euch ebenso. Für sie ist das, was wir täglich und stündlich um uns erleben, der konkrete Beweis für die Stelle im 1. Kapitel des Johannes-Evangeliums: »Er kam in die Welt, und die Welt hat ihn nicht anerkannt.« Für sie hat die Welt Christus abgelehnt, wie sie ihn immer ablehnte; hat Gottes Plan mit seiner Schöpfung aufs schlimmste pervertiert und die Hand ausgeschlagen, die die göttliche Liebe ihr entgegenstreckte. Nicht nur den Christus hat die Welt verworfen, auch seine Freunde: die Apostel, die Männer wie Benedikt von Nursia, Franz von Assisi, die Frauen wie Hildegard von Bingen und Florence Nightingale. Sie alle versuchten Antworten auf die Not der Welt, und alle diese Antworten wurden nicht akzeptiert. Die Besten und Bewußten unter euch werden eine Gegenfrage stellen: Was haben die Verwirrungen und Scheinlösungen der gegenwärtigen Welt mit der wahrhaftigen Botschaft zu tun? Was mit den Frommen des Judentums wie des Christentums? Was mit den Kündern der Gerechtigkeit und der Liebe in allen Jahrhunderten? Immer wieder wurde die Antwort verfehlt oder verweigert, immer wieder wurden Irrwege beschritten, und diese Irrwege haben uns dahin gebracht, wo wir heute sind – nicht die Pfade der Liebe und der Selbstlosigkeit.

Darauf ist nur eines zu sagen: Ich respektiere und ehre eure Leidenschaft – aber ich glaube nicht, daß sich daraus, aus Klage und Anklage, eine fruchtbringende Diskussion ergeben kann. Es geht nicht darum, was die Besten ersehnt und gewollt haben; es geht um Ursache und Wirkung, um Entwicklungen und Resultate. Wer moralische oder historische Schuld postuliert, traut der Welt mehr zu, als sie zu leisten vermag oder zu leisten gewillt ist; er begeht damit einen Fehler – zumindest einen pädagogischen Fehler. Er rechnet mit Bewußtseinszuständen, die auf der Welt nur selten vorzufinden sind. Es geht hier nicht darum, ob der Weg richtig oder falsch war, sondern ob er – unter den gegebenen Umständen der judäisch-christlichen Tradition und der irdischen Kräfte, die sie vorfand, der Gesellschaft, der Politik, der Produktionsverhältnisse und Denkformen unseres Kulturbereichs – zu anderen Ergebnissen führen konnte als zu denen, die wir um uns sehen.

Ich glaube, daß der Weg konsequent war. Der Erfolg unserer Kultur ist der Erfolg eines Lernprozesses, dem eine bestimmte Gruppe von Menschen (romanischen, griechischen, keltischen, germanischen, slawischen) unterworfen wurde. Was hat diese Gruppe unseren Traditionen, denen des Alten und des Neuen Testaments, entnommen? Was hat sie gelernt?

Natürlich nicht das, was die Stifter intendierten. So wenig wie eine durchschnittliche Klasse von Volksschülern oder Gymnasiasten das lernt, was ein begeisterter Christ, Humanist, Sozialist ihnen beizubringen wünscht; sonst sähe unsere Gesellschaft, zumindest die sogenannte Oberschicht ganz anders aus. Der Schüler, der Jünger, rezipiert nur das, was seine gesellschaftliche Struktur, sein Hintergrund ihm erlaubt zu lernen. Die Lektüre der Evangelien – vor allem der Berichte über die Gespräche der Jünger untereinander – sollte uns da alle etwas realistischer stimmen.

Die Erfolge des Christentums sind die Erfolge eines Lernprozesses der europäischen, der weißen, der abendländischen Menschheit. Was hat sie gelernt? Das ist die einzig realistische Frage. Was hat sie als Axiome ihres Denkens, Fühlens und Handelns übernommen?

Ziemlich genau die Urverheißungen der alttestamentarischen Tradition. Die Überzeugung also, daß die ganze Schöpfung auf Verheißung angelegt ist; daß die Kreatürlichkeit des Menschen, sein Leid und sein Tod, ein Skandal ist; daß wir Menschen die einzigen Geschöpfe sind, zu denen der Schöpfer ein besonderes Verhältnis angebahnt hat; daß infolgedessen die Welt eine einzige Beute ist, die wir nach unserem Gutdünken verteilen können, solange wir die Spielregeln gegenüber unseren Mitchristen beachten. (Später, unter erklecklichen Schwierigkeiten, haben wir die letzte Regel auf alle Mitmenschen ausgedehnt.)

Darüber hinaus lernten wir noch, daß der Wert des Menschenlebens absolut ist – zweifellos ein Fortschritt. Wir lernten, daß man nicht ungestraft die Armen und Beleidigten verachtet.

Und daß es – letzten Endes – unter der gesamtmenschlichen Solidarität nicht abgeht.

Wir lernten aber vor allem, daß unsere Zukunft absolut ist. Mit anderen Worten: daß für uns gesorgt wird, so oder so. Daß das, was uns zustoßen wird, die Qualität unserer Zurüstungen glanzvoll übersteigt. Daß Gott aus seinen Fernen wiederkehren und uns an seine Brust nehmen wird wie ein verlorenes Kind. Daß die objektive Befindlichkeit des Menschen auf seinen Triumph angelegt ist: jenen Triumph, der eines Tages – eschatologisch oder weltimmanent – die Absichten Gottes mit dem Menschen enthüllen und rechtfertigen wird.

Ist das wenig? Ich würde sagen, es ist sehr viel, wenn man den Ausgangspunkt der Entwicklung bedenkt. Wir haben Pan getötet, mit ihm sämtliche Naturgötter, Nymphen, Dryaden, Numina. Wir haben den Hunger nach dem Endreich in alle Seelen gesenkt, die ihm noch in den materialistischen Utopien der Gegenwart nachjagen. Wir sind (nach langen und komplizierten Prozessen, gewiß, aber doch folgerichtig) zu den selbständigsten, organisiertesten, unbesieglichsten Menschen der Welt geworden. Wir haben ein System der experimentellen und deduktiven Wissenschaft geschaffen, das selbst den Blütezeiten der Antike qualitativ überlegen ist.

Und was die verworfenen Antworten betrifft – wer hat sie denn immer zuerst verworfen, zumindest verschwiegen, die Antworten der Ekstatiker, der Selbstlosen, der Charismatiker und Geistbeseelten? Es waren doch allemal wir zuerst, die Bedenken hatten. Unsere Hirten wiegten bedächtig die Häupter, wenn ein Franziskus, ein John Wesley, ein Jan Hus unter uns erschienen – und oft genug hat es nicht beim Wiegen der eigenen Häupter, sondern beim Verlust des genialen Kopfes geendet. Denn mit Recht wurde da ein Mangel an Stabilität vermutet, eine Vernachlässigung der gängigen Sorge um das tägliche Brot und den jährlichen Zehnten; mit Recht hat man den Weg der Vollkommenheit isoliert hinter Regeln und Klostermauern, hat die Bergpredigt als evangelische Räte fein säuberlich von der Alltagspraxis getrennt, hat diese Alltagspraxis den Bedürfnissen des Systems unterworfen: des kontinuierlichen Systems, das im ständigen Widerstreit mit den Endverheißungen der Botschaft lag und liegt. Kein bekannter Papst, kein Kirchenvater hat protestiert, als Konstantin die Kirche in sein Schema einbezog; warum reagierten sie, nach den neuen progressiven Erkenntnissen, alle falsch? Waren sie vom bösen Feind verwirrt? Sie reagierten verständlich, das ist alles. Sie reagierten so, wie die religionssoziologische Situation sie reagieren ließ. Die Freiheit für sie war angebrochen, und nun gingen sie daran, Kontinuität zu festigen – jene Kontinuität, die seit dem Ausbleiben der Wiederkunft des Menschensohns notwendig schien.

Sie verwalteten die Schätze des Heils, sie banden und lösten, verwandelten das Heil in eine individuelle Chance jenseits des Grabes. Richtig oder falsch? Wie hätten sie an uns handeln sollen, an den kleinen Leuten, die besorgt nach dem Schicksal ihrer Lieben fragten?

Sie borgten die Naturrechts-Ethik bei den Hellenisten und das *ius divinum* bei den Römern aus. Richtig oder falsch? Sie mußten mitspielen an den Tischen der Welt, und sie hatten keine Karten; sie mußten sich also welche zu leihen nehmen.

Nein, lassen wir diese Art von Fragestellung beiseite. Stellen wir fest: das Christentum sieht heute so aus, wie es aussieht; das ist alles. Es hat Erfolge errungen; nicht die, die es anstrebte, sondern die, welche der Weltzustand hergab. Es hat einige Barbarei abgeschafft (nicht viel, aber einige) und einigen Macchiavellismus eingeführt (auch hier konnte man von Hellas und Rom lernen). Es hat zwar nicht die Stadt Gottes gebaut, aber dafür die *Secular City,* die Weltstadt, mitgebaut – als ziemlich maßgeblicher Unternehmer.

Wir Christen haben jahrhundertelang unsere ganze Geistes- und Seelenkraft auf Fragen konzentriert, die – so oder so – um unser Schicksal jenseits der irdischen Welt kreisten. Wir haben diese Welt transzendiert, wie man so schön sagt; wir haben um Trinitätsformeln und Differenzen in der Eucharistielehre gerungen, während wir unsere Ritter aussandten, unsere Kreuzfahrer, unsere Soldaten, Seekapitäne und Bankiers, unsere Missionare oder auch Naturforscher. Wir haben ihnen die Welt des Lebendigen zum Fraße vorgeworfen, damit das aggressive Tier im Menschen auf seine Rechnung kommt, während die Stadt des Heils erbaut werden sollte.

Unsere Brüder von der Laien-Fakultät begriffen. Sie haben die jenseitigen Fragen den Fachleuten hinterlassen und sind ihrerseits Fachleute für die Ausbeutung der Welt geworden, die doch, wie versichert, für uns, für die Wohlfahrt des Menschen gemacht ist. Der selbstloseste Frater wußte das und der schurkischste Abenteurer. Die armen Teufel, denen sie begegneten, und die es nicht wußten, wurden beiseite geschoben oder vernichtet. War man sehr gewissenhaft, taufte man sie noch rasch, damit der wichtigere Teil ihrer Existenz, ihre unsterbliche Seele, nicht zu kurz kam. Ihr Stück Erde konnten sie offensichtlich nicht richtig, nicht im Sinne der Verheißung verwalten. Das verschleuderten sie, holten nichts heraus, kratzten seine Fülle und seinen Reichtum überhaupt nicht an. Sie lebten in dieser Hinsicht, jedenfalls wie Tiere und konnten wie sie behandelt werden. Die Furcht und das Zittern im Sinne von Genesis VIII brachten wir ihnen jedenfalls gründlich bei. Und wo wirklich der gütige Missionar Fuß fassen konnte, war der Conquistador, der Pfeffersack, mit Kanonen und Pockenviren schon vor ihm da – oder kam kurz hinterher.

Und die übrige Schöpfung? Die Rohstoffe, die Flora, die Fauna? Fülle der Güter, der gegenwärtigen Generation zur Nutznießung übergeben. Wen kümmerte schon, was folgte? Die Welt war ja riesengroß, unerschöpflich, und die Verheißung steht fest: Nie werden aufhören Saat und Ernte, Jagd und Beute. Denn die Zukunft ist nicht unsere Sache, sie ist uns verheißen mit goldenen Mauern und edelsteinernen Toren, als Fülle auf ewig.

In den letzten Jahrzehnten haben wir eines begriffen (oder beginnen es zu begreifen): Was die Laien-Fakultät da anstellte und anstellt, hat wirklich mit unserer Botschaft etwas zu tun. Wir erkannten und erkennen es an, daß hier Saat aufgegangen ist, die wir säten; eine Ernte, die zwar jenseits unserer Hürden sich darbietet, aber dennoch aus unseren Vorräten aufsprießt. Wir suchen, wie man so sagt, den Dialog; wir suchen nach Gemeinsamkeiten, bejahen die *Secular City,* versuchen überall da mitzumachen, wo es um Wohlfahrt und Gerechtigkeit geht. Wir erkannten und erkennen an, daß unsere Kirchen – vor allem die alte griechische und die alte römische – gar nicht so sehr christliche, ja nicht einmal jüdische Frömmigkeit praktizierten, wenn sie gegen den Fortschritt waren, sondern heidnische; die alte Frömmigkeit der Fruchtgötter, der ewigen Wiederkehr, der guten und bösen Geister von Wald und Flur. Daß die Naturforscher, die Aufklärer, die Techniker und Sozialwissenschaftler, die rings um uns munter an der *Secular City* bauten und bauen, besser begriffen haben als wir, was dem alten Pan in der Todesstunde Christi zustieß. Und daß die Sozialisten konkreter als wir die Anliegen der alten Propheten aufgriffen.

Nun haben aber die Christen, vor allem ihre Theologen, seit geraumer Zeit eine fatale Gewohnheit: Sie erschließen sich gerade dann einer Erkenntnis, einer Bewegung, wenn diese ihre eigene Zukunftsträchtigkeit bereits zu verlieren beginnt. Die Frage an uns selbst muß also lauten: ist die Basis für den Dialog, der nun allenthalben mehr oder weniger aufrichtig geführt wird, mit den Brüdern der Weltstadt noch tragfähig? Sichern wir Zukunft oder nicht, wenn wir auf den bisherigen Voraussetzungen weiterbauen? Und wenn nein: Welche Prämissen müssen wir in Frage stellen, welche vertiefen, welche aufheben, wenn wir der Zukunft des Menschen noch dienen wollen?

Das ist die zentrale Anfrage. Nicht: Wie haben wir gehandelt, richtig oder falsch? Moralisch oder schurkisch? Ich bin mir bewußt, daß diese Anfrage möglicherweise die Grenzen dessen überschreitet, was bisher als theologisch zulässig galt und gilt. Aber der Zustand der Welt, den wir besprochen haben, läßt uns keine Möglichkeit, die Anfrage zu umgehen.

Sie betrifft, soviel ist mittlerweile klargeworden, die alten Garantien der Genesis. Da ist, als erste und wichtigste, die Garantie der *Auserwählung* des Menschen, seiner Bildnishaftigkeit Gottes, seines grundsätzlichen qualitativen Unterschieds zum Rest der Schöpfung. Haben wir sie zu verwerfen? Haben wir uns daran zu gewöhnen, daß wir Wölfe unter Wölfen, Schafe unter Schafen, Schädlinge unter Drahtwürmern und Bakterien sind, die ebenso blind und automatisch nach ihrem Futter suchen wie jene? Haben wir uns mit dem Gedanken vertraut zu machen, daß wir ein Zufallstreffer der kosmischen Lotterie sind, Ausgesetzte auf einem kleinen Stern, Kontrollgruppe in einem galaktischen Projekt?

Die Frage ist, wieder einmal, falsch gestellt; denn die Antwort, sei sie Ja oder Nein, besagte nichts für die Praxis. Längst haben die räuberischen Gewohnheiten, die wir der Menschheit ermöglicht haben, sich so weit verselbständigt, daß sie aus kosmischer Verzweiflung genauso, wenn nicht gründlicher funktionieren würden als aus naiver Selbstsicherheit. Schon heute, möchte ich annehmen, handelt die Mehrheit aus solcher wenn auch uneingestandener Verzweiflung; hackt sie immer größere Stücke unseres gemeinsamen eßbaren Floßes ab, weil sie den Glauben an rettende Ufer längst verloren hat. Und die Rückkehr in eine gebundene Frömmigkeit, die Rückkehr zum rituellen Tanz um den göttlichen Bären ist uns historisch und praktisch verwehrt.

Nein, wir müssen den Weg zu Ende gehen, den wir eingeschlagen haben. Wir müssen die Kategorie der Erwählung nicht verwerfen, im Gegenteil, wir dürfen sie gar nicht verwerfen, sondern müssen sie weiterentwickeln, wie sie durch die letzten drei Jahrtausende bereits weiterentwickelt worden ist – unter ständigen Rückschlägen, aber doch in ständiger Erweiterung unseres Bewußtseins.

Erwählung war ursprünglich nichts als die Privilegierung einiger Nomaden-Clans durch ein spezielles Gottes-Bündnis. Dieses Bündnis war zunächst auf das Volk Israel eingeschränkt; aber schon in langen, schrecklichen Prozessen seiner eigenen Geschichte hat es gelernt, die Auserwählung nicht mehr als Privileg aufzufassen, sondern als Auftrag – an die Völker, die in der Finsternis und im Todesschatten sitzen. Privileg blieb die Auserwählung nur in einem: im Bewußtsein. Das Volk war auserwählt, etwas über Gott zu wissen, was die anderen nicht oder noch nicht wußten. Und die Propheten belehrten das Volk, daß damit nicht Triumph verbunden war, sondern Gehorsam.

Das Christentum hat diese Botschaft internationalisiert; damit traten zwangsläufig Rückschläge ein. Wieder waren die einen erwählt und die anderen verworfen, waren die einen, ob sie nun in Rom residierten oder an die Küsten Amerikas zogen, die Empfänger besonderer Privilegien, die Schützlinge der *Magnalia Dei,* der Großtaten Gottes an seinen verwöhntesten Kindern.

Eben jetzt erst, in den letzten wenigen Jahrzehnten, haben wir

Christen begreifen gelernt, daß solche Auserwählung eben kein Privileg ist. Daß wir *von der eigenen Botschaft her* den anderen nichts voraushaben, voraushaben dürfen als das Bewußtsein einer besonderen Verantwortung. Diese Verantwortung haben wir auf alle Mühseligkeiten und Beladenen, alle Entrechteten und Geknechteten auszudehnen gelernt (natürlich noch nicht in der Praxis – wieder genügt der Blick in die Tageszeitung). Der Dienst am Menschen ist – wenigstens theologisch – als die *raison d'etre* des Christentums begriffen worden.

Wir stehen vor einer noch größeren Umwälzung. Wir stehen vor der Aufgabe, die *Auserwählung des Menschen als Verantwortung zu begreifen – und sonst nichts.*

Damit sind wir bei der zweiten Garantie: beim *Herrschaftsauftrag.* Er sieht vor, daß wir uns die Erde untertan machen. Nun gibt es keine Untertanen mehr: die Völker haben den Terminus abgeschüttelt, wie sie den herrscherischen Souverän abgeschüttelt haben. ›Herrschaft‹ ist eine suspekte Kategorie geworden; auch dort, wo sie noch ausgeübt wird, durch Konzernherren oder Zentralbüros, hängt man ihr wenigstens das ideologische Mäntelchen des ›Dienstes‹ um. (Wieder ist das Papsttum mit zweifelhaftem Beispiel vorangegangen.) Noch in solcher Heuchelei steckt aber die Erkenntnis, steckt die Verbeugung vor der Tatsache, daß es Untertanen nicht mehr gibt und geben darf

Die einzigen Untertanen, die wir noch haben, sind die stummen Brüder und Schwestern: die Tiere, die Bäume, das Meer, die Rohstoffe und Energien der nichtmenschlichen Schöpfung. Sie behandeln wir gräßlicher, als wir je menschliche Feinde behandelten und behandeln, in der törichten Annahme, daß sie wehrlos sind und keine eigenen Rechte besitzen. (Wir werden noch sehen, wie selbstmörderisch diese Annahme wirklich ist.) Was nun fällig ist – wenn wir überleben wollen –, ist dieselbe konsequente Weiterentwicklung, welche der Begriff der ›Herrschaft‹ und des ›Untertanen‹ auf menschlichem Gebiet genommen hat. Wir haben uns daran zu gewöhnen, daß Herrschaft Dienst ist, sonst nichts: Ausführung eines Auftrags, den uns die tatsächliche Interdependenz alles Lebens erteilt. Da wir die einzigen Aggressoren in diesem neuen Herrschaftskampfe sind, da wir seinen negativen Ausgang aber bereits absehen können, wenn wir unsere Wege nicht ändern, müssen wir umdenken; radikal und komplett. Ein Bußvorgang ist notwendig, wie ihn die jüdisch-christliche Welt noch nicht erlebt hat. Der erste Bewußtseinsschritt, der bei diesem Umdenk-Prozeß getan werden muß, ist die Belebung einer uralten, nüchternen Formel, die am Aschermittwoch die Bußzeit der römischen Kirche einleitet: *memento homo quia pulvis es* ... Gedenk, Mensch, daß du Staub bist und zum Staub zurückkehrst. Wie sehr uns diese chemische Feststellung ins Gekröse fährt, beweist, daß hier etwas vernachlässigt wurde: ein Aspekt unserer Existenz, der noch nie so verdrängt worden ist wie heute. Das Faktum des Staubseins eint uns mit allem, was der Biosphäre des Planeten angehört. Von hier haben wir auszugehen.

Und schon sind wir mitten in einer dritten Frage, die der Zustand unserer Welt uns stellt – der Frage der *Erbsünde.*

Bleiben wir beim Ausdruck – obwohl wir nicht über seine augustinisch-manichäische, sondern seine alttestamentarische Konkretion sprechen. In dieser Konkretion – der Beschreibung unseres Loses als kranke, zur Plackerei verurteilte Wesen – ist die Erbsünde nichts anderes als die Kondition unserer Geschöpflichkeit; die Ausweitung und Auslegung der Formel vom Menschen, der Staub ist. Daß uns solcher Zustand unerträglich erscheint, ist wiederum natürlich. Aber haben wir eine andere Aussicht als die, mit ihm zu leben? Das Beste aus ihm machen, wie man sagt? Die Unerträglichkeit, die wir fühlten, hat uns zu den Leistungen angespornt, deren Kehrseite unsere heutige totale Krise ist. Diese Leistungen haben uns jedoch keineswegs vom Stachel befreit, der in unserem Fleische brennt. Im Gegenteil: es scheint, als ob er um so schmerzlicher zu fühlen ist, je wütender wir uns gegen sein Vorhandensein wehren.

Die Frommen vieler Jahrhunderte haben das längst erfühlt. Die Heiligen der Freude – Mystiker und Mystikerinnen, charismatische Genies wie Franz von Assisi – haben instinktiv oder meditativ einen Ausweg gefunden, der allerdings nie der Ausweg der Vielen geworden ist. Die Kirche als Institution hat leider nicht viel dazu beigetragen, ihn populär zu machen, indem sie kurzschlüssige Ergebung ins harte Menschenlos predigte und Kompensation im Jenseits verhieß. Zu deutlich stand der

Ideologie-Charakter solcher Predigt fest, zu klar war es, daß herrschaftliche Minderheiten entschlossen waren, sich nicht erst drüben belohnen zu lassen, sondern schon in dieser Welt, und auf Kosten anderer dem harten Menschenlos zu entrinnen. Der Laien-Fakultät mußte sich unter solch verdächtigen Umständen von selbst der Gedanke aufdrängen, daß sie hier auf reichlich billige Weise abgespeist wurde; daß solche Ergebenheitspredigt nichts anderes als der Trumpf im Ärmel der Mächtigen war. Sie folgerte daraus, daß jene nicht nur den Trumpf versteckten, sondern das Endreich selbst; daß dieses Endreich von ihnen ferngehalten wurde zugunsten einer Machtkontinuität, eines Herrschaftsmonopols, einer möglichst hohen Profitrate. Die Mystiker und Charismatiker, die andere Wege ins Freie suchten, mochten auf ihre Art sehr wichtige Leute sein, aber zu bestimmen hatten sie offensichtlich nicht viel, genausowenig wie der arme und heitere Herr Jesus die Praxis Seiner Kirchen zu bestimmen schien.

Man zog die Folgerungen, über die wir sprachen. Der Herrschaftsversuch, die Aggressivität wurde auf die nichtmenschliche Schöpfung ausgedehnt, während man die gleiche Herrschaft, die gleiche Aggressivität bei den eigenen Oberherren hassen und bekämpfen lernte.

Die Konsequenzen müßten eigentlich psychologisch klar zutage liegen. Wir kennen heute den Typus des ›Herrschers‹, der sich selbst vergewaltigt, ehe er andere vergewaltigt. Wir haben dieses Schema unbefragt auf unser Verhältnis zur Welt übertragen. Der ganzen, gräßlichen Unberatenheit des Menschen in seiner Biosphäre entspricht das Fehlen einer Theologie der Natur; nur in Ansätzen wird sie bei Paulus sichtbar, wenn er von der Kreatur spricht, die in Wehen liegt bis in unsere Tage.

Sicher: die Kirche hat später den Begriff des ›Naturrechts‹ bei den Hellenisten erborgt. Aber für das Verhältnis Mensch-Natur, das wir hier im Auge haben, ist daraus nichts zu gewinnen. Als Illustration genüge ein einziges Dilemma, das sich bis in unsere Tage erhalten hat: das Dilemma der Geburtenkontrolle. Wir wollen es hier in einer Form behandeln, die sich grundsätzlich von der üblichen Pro- und Contra-Deklamation unterscheidet.

Das Nein zur Geburtenkontrolle, das sich auf das sogenannte

Naturrecht stützt, hält daran fest, daß der menschliche Wille sich dem Willen des Schöpfers, wie er in Anlage und Konsequenzen eines natürlichen Aktes zum Ausdruck kommt, unterordnen muß. Dieses naturrechtliche ›Wesen‹ des Geschlechtaktes wird aber völlig isoliert in einem widernatürlich-kasuistischen Sinne behandelt. Der Wille des Schöpfers kommt nämlich nicht nur in der Zeugungs-Offenheit des Aktes zum Ausdruck, sondern auch in seiner Korrelation zur allgemeinen ›Natur‹, zur Kreatürlichkeit des Menschen. Diese Kreatürlichkeit war auf eine Todesrate von vier zu eins vor Erreichung der Geschlechtsreife abgestellt. Naturrecht wäre also nicht nur das Recht Gottes auf unsere Einhaltung der Zeugungs-, sondern auch der Todes-Regel: Human-Medizin in der heute praktizierten Form, ja Human-Medizin als einer der nobelsten · Versuche des Menschen, wenigstens den schlimmsten Folgen seiner Kreatürlichkeit zu entrinnen, wäre damit ebenso regelwidrig, ebenso gegen das ›Naturrecht‹ wie die Geburten-Kontrolle selbst.

Ich hielt es durchaus für möglich, daß in irgendeiner reaktionären Schreibstube in Rom oder anderswo noch ein Prälat sitzt, der nur zähneknirschend davon Abstand nimmt, eben dies auszusprechen und den ganzen Fortschritt der Human-Medizin zum Teufel wünscht, wohin er (vielleicht) seiner Meinung nach gehört. Aber er hütet sich selbstverständlich, dies auszusprechen. Er weiß zu genau, daß die Menschheit in ihrem Triumph über die alten Geißeln, über Pest, Kindbettfieber, Typhus und Malaria, die erste und vornehmste Garantie der Genesis, den absoluten und unbestreitbaren Wert jedes Menschenlebens, nicht nur verinnerlicht, sondern erfolgreich durchgesetzt hat. Eine Rückkehr zu natürlichen Auslese-Verhältnissen wäre nicht nur praktisch unvorstellbar (auch wenn sie genetisch wesentlich sinnvoller wäre als der jetzige Zustand), sondern widerspräche einem zentralen Anspruch der Botschaft selbst.

So bleibt die Frage der Geburtenkontrolle im Zwielicht eines ›Naturrechts‹, das keines ist, nicht einmal im magisch-abergläubischen Sinne der heidnischen Römer; und man duldet mehr oder weniger ratlos eine Bevölkerungsexplosion, die auf nichts anderes zurückzuführen ist als auf den Triumph des Menschlichkeitsprinzips und die Weigerung großer Teile der

Menschheit, die natürlichen Konsequenzen solchen Triumphes zu begreifen. Notfalls zieht man sich auf einen Gedanken zurück, den Kardinal Wyszynski ausgesprochen haben soll: »Es ist ja noch so viel Platz im Himmel.«

Der Platz im Himmel – das ist die *absolute Zukunft*. Hier stoßen wir an die letzte und schwierigste Frage, die sich der Christ, speziell der christliche Theologe heute zu stellen hat. Die absolute Zukunft, das Prinzip Hoffnung, das Angelegtsein auf eine Erfüllung, die unsere Zurüstung unvorstellbar übersteigt: Das ist, nach vielen, der eigentliche Kern der christlichen Botschaft, ihr eigentliches Existenzial. Alles, was an Planen darunterliegen mag, betrifft danach nur die relative Zukunft, betrifft Arrangements in der Zeitlichkeit, in jenen Bereichen, die dem Handeln des Menschen freigegeben sind.

Die Antwort sei eine nüchterne Gegenfrage. Ist die Kurve, die wir eingangs erwähnt haben; ist die von Professor Ehrlich in Kalifornien ventilierte These, daß die Weltmeere in absehbarer Zukunft kein Leben mehr bergen können, für die absolute oder nur für die relative Zukunft interessant? (Natürlich kann Ehrlich unrecht haben; es genügt, daß seine These heute bereits wissenschaftlich möglich ist.) Ist transzendierendes Vertrauen noch sinnvoll, wenn die hypothetische Gefahr einer selbstgefertigten und totalen Vernichtung der Sauerstoffbasis – und darauf liefe es hinaus – in der ›relativen‹ Zukunft ausgemacht werden kann?

Angenommen, diese Hypothese würde sich als realistisch erweisen: Was wäre die theologische Folge? Der ›Platz im Himmel‹, der dann den Kindern des Wohlgefallens so oder so sicher wäre? Ware das, nach allem, was wir heute theologisch wissen und reflektieren, nicht ein Bankrott? Ein Bankrott, der entweder auf ein individuelles Entwischen oder auf ein schon rechtzeitig erfolgendes eschatologisches Eingreifen von ›außen‹ hinauslaufen müßte?

Halten wir fest: eben die Hoffnung auf die absolute Zurüstung von außen oder unten, von Gott oder von der dialektischen Entwicklung her, ist der Blankoscheck, den die Menschheit – so wie sie ist, nicht wie sie sein sollte – in voller Höhe einfordert. Das Christentum hat diese Entwicklung beschleunigt; erstens durch den Hunger nach der Verheißung, der profaniert wurde, zweitens durch den Pragmatismus, mit dem die Kirchen alles Weltliche, Wirtschaftliche, Politische dem freien Ermessen einer räuberischen Spezies zum Fraße vorwarfen. Halten wir fest: Alle die ratlosen Eroberer und Ausbeuter handelten wenigstens in diesem einen Punkt in ›bestem Glauben‹, nämlich im Glauben an jene Garantien der Genesis, welche die christliche Botschaft so überaus erfolgreich internationalisiert hat. Sie glaubten alle richtig zu handeln, denn ihres totalen Herrschaftsauftrags waren sie ja sicher.

Aber wenn wir heute eines sicher wissen, dann ist es dies: der Blankoscheck kann nicht honoriert werden, ob Ehrlich nun recht hat oder nicht. Wir haben heute die Möglichkeit, die Erde selbst zu zerstören; sei es durch zwischenmenschliche Aggressionen, sei es durch die extraspezifische Aggression auf die gesamte Biosphäre. Wie wir schon sahen, ist der Joker im Deck, der nicht ausgespielt werden kann und dessen Wert so irritierend schwankt, nicht mehr Satan, sondern es ist der Schöpfergott selbst, der Schöpfer Himmels und der Erde. Hiobs Urenkel haben gesiegt, haben den großen Leviathan und den Behemoth umgebracht und die Brunnen der Tiefe ausgetrunken. Allein, als scheinbare Sieger, stehen sie auf dem biosphärischen Schlachtfeld. Und sie erleben, daß der Gott, gegen den sie sich prometheisch erheben, in seiner Abwesenheit am mächtigsten ist. Im totalen Sieg erlebt Hiob erst seine tiefste Ohnmacht, seine unheilbaren Schwären: erfährt aus der Evidenz des Weltzustandes, daß ihm nichts gehört, nichts, nichts, nicht einmal das Hemd am Leibe, daß er kein Eigentum besitzt, das er nicht teilen muß – und zwar nicht nur mit seinen menschlichen Gefährten, sondern mit allem, was lebt, ist, sich verändert und schwindet.

Das, so möchte ich meinen, ist ein Theologumenon. Und es gibt meines Erachtens einen einzigen Weg, es zu honorieren und zu respektieren. Wir haben auch diesen letzten Denk- und Handlungs-Spielraum zu profanieren, freizugeben: Wir haben auch die Zukunft so zu behandeln, ›als ob‹ sie profan bestimmt werden kann und muß. Ganz gleich, was in den Wolken des Himmels heraufzieht: Wir müssen so denken und handeln. Und wir dürfen nichts und niemandem genehmigen, dahinter noch ein Türlein offenzulassen; irgendein mirakulöses Eingreifen, das uns schon aus der selbsterdachten und selbstangerichteten Misere herauswischen lassen wird. Wir müssen, theologisch gesprochen, auf diese letzte *Kenosis,* diese letzte Selbstentäußerung hinaus: auf die Entäußerung von der garantierten Zukunft. Nur wenn wir sie verlieren, werden wir sie gewinnen; nur wenn wir handeln, als gäbe es sie nicht, wird sie uns – vielleicht – zufallen. Wir sind in eine neue dialektische Phase der Unberechenbarkeit Gottes eingetreten.

Ich bin kein Theologe und möchte es den Theologen überlassen, zu ermitteln, was das im einzelnen bedeutet. Ich habe aber eine Vermutung, daß es mit dem toten, liquidierten und ersetzten, dem ganz in Jesus subsumierten Gott nicht mehr getan ist. Wir werden uns auch mit der Frage befassen müssen, warum aus der Unbekümmertheit Jesu um leibliche Vorsorge unsere Weltstadt gewachsen ist, die sich zwar so viel auf ihre Rationalität und ihre Planung einbildet, aber ausgerechnet in der heute entscheidenden Lebensfrage der Menschheit und ihres Sterns so blind und zerstörerisch vorgeht. Sollten wir uns nicht ein wenig stärker an Bruder und Schwester Sonne, Mond, Esel, Tau und Regen gewöhnen, wie dies das Preislied des Francesco von Assisi ahnen läßt? Sollte nicht auch die Moraltheologie, die sich in unseren Zeiten schon so oft an ganz neue Ansätze gewöhnen mußte, genötigt sein, einen neuen Katalog von Prioritäten aufzustellen? (Wir werden auf die moralische Frage noch zurückkommen.) Und vor allem, die schmerzlichste Frage an uns alle: werden wir es fertigbringen, *offen* zu reden? Werden wir Verantwortung auf uns nehmen – *diesmal*? Nur dann werden wir den Dialog mit der Welt beginnen können, auf den es jetzt vor allem anderen ankommt: den Dialog über unsere gemeinsame Arbeit an der Schöpfung des abwesenden Gottes.

Anfrage an die Sozialisten

Genossen!

Wie wollen wir uns stellen zu den neuen Fakten? Welche Überprüfungen sind notwendig?

Zunächst scheinen wir ja, wenigstens theoretisch, weil besser placiert als unsere kapitalistischen Rivalen, mit den Problemen des Globus fertig zu werden. Das Chaos der Welt ist – so heißt es ganz selbstverständlich – die direkte Folge der spätkapitalistischen Produktionsbedingungen; Ostwestkonflikt, Konflikt zwischen industrialisierten und nichtindustrialisierten Ländern, Konflikt mit der biosphärischen Umwelt: das scheint sich alles machen zu lassen, wenn erst einmal das grundlegende Verhältnis zwischen Kapital und Arbeit geklärt ist. Dann werden die übrigen Verhältnisse verwandelt werden, und zwar so radikal, daß die wirkliche Herrschaft des Menschen über die Welt und über sein Geschick überhaupt erst ermöglicht wird. Aber hier setzen meine Zweifel ein. Wohin wird sich denn die Welt zunächst einmal verändern, wenn das Verhältnis zwischen Kapital und Arbeit geklärt ist? Sie wird sich – das geht jedenfalls aus dem Zusammenhang der elften These gegen Feuerbach ganz einwandfrei hervor – zugunsten des absoluten Herrschaftsauftrags des Menschen verändern. Die Welt wird als absolutes Objekt erst richtig interessant werden; die hoffende Zukunftsgewißheit im ehernen Pendelgang der dialektischen Uhr ist unmittelbar verbunden mit dem Pathos der weltverändernden Arbeit.

Und worauf soll Arbeit hinaus? Doch wohl auf Bedürfniserfüllung – wie immer die praktische Geschichte der sozialistischen Staaten aussehen mag. Bedürfniserfüllung aber bedeutet Produktion – Mehr-Produktion. Der Held ist der Mehrarbeiter, der Recke der Realitätsveränderung im Sinne der Produktionssteigerung. Hier liegen die unmittelbaren Interessen; und zwar die Interessen der technischen Intelligenz und der Massen (sowohl als Produzenten wie als Konsumenten). Hier wird das Pathos generiert, auf das es noch in allen Sozialismen ankam: der *homo oeconomicus* des Adam Smith wird ja vom Sozialismus keineswegs geleugnet. Wenn überhaupt, soll er durch die Ökonomie, durch die Ordnung der Volks- und Weltwirtschaft überwunden werden.

Unzählige Orden, Bulletins, Fünf- und Mehrjahrespläne, Romane und Filme, das ganze Arsenal der Traktor- und Fabrik-Propaganda, der Erzeugungsschlachten zwischen Elbe und Amur dient doch wohl dazu, zu beweisen, daß erst mit dem Sozialismus die Ausbeutung der Erde so richtig in Schwung kommen wird; oder was soll es sonst beweisen? Worin unterscheidet sich aber dieses Pathos von der Fetischisierung der Ware, die man dem kapitalistischen Wesen vorwirft – jedenfalls in der Auswirkung auf das Selbstverständnis des Menschen in dieser Welt?

Freilich, so werden wir erwidern: es unterscheidet sich in einem ganz wesentlichen Punkt. In dem Punkt nämlich, daß der Sozialismus es nicht nötig hat, künstliche Bedürfnisse zu wecken. Er kann sich auf die konkreten, auf die wahren Bedürfnisse des Menschen konzentrieren, die durch den Konsum-Fetischismus des Westens sogar hintangehalten werden. Aber darüber – erinnern wir uns? – haben wir uns bereits unterhalten. Konkrete und ›wahre‹ Bedürfnisse sind im Einzelfall sehr, sehr schwer von der falschen und manipulierten Sorte zu unterscheiden. Im Laufe der Menschheitsentwicklung haben wir notgedrungen und in langwierigen Prozessen wahre Bedürfnisse abgestreift oder verdrängt, deren Begründung in unserer Geschöpflichkeit wir schon gar nicht mehr zu erkennen vermögen; und in der Gegenwart sind wir dabei, uns weiterer konkreter Bedürfnisse notgedrungen zu entledigen, wie etwa des Bedürfnisses nach Kindern, die unsere eigenen Möglichkeiten fortführen und variieren, die – was man früher sagte – der Trost und die Freude unseres Alters sind. Notgedrungen tun wir es; selbst dann notgedrungen, wenn unser Bewußtsein der Manipulation der Notpropaganda freudig zuzustimmen scheint. (Als der greise Horkheimer diese selbstverständliche Tatsache erwähnte, antwortete ihm ein Aufschrei aller Aufgeklärten; ein Zeichen dafür, wie hart unter der Oberfläche unsere Pillen-Freiheit noch immer aufhört.) Weitere Vitalbedürfnisse haben wir in anderem Zusammenhang bereits erwähnt: Tiere, mit denen man leben könnte; ein Jagd- oder Fischrevier; eine Portion privater Stille, von den kleinen Geräuschen der Natur erfüllt, und dergleichen mehr. Man kann auch sie als Konsumer-Idylle denunzieren – Marx hat es nicht getan, sondern hat sie als Utopie in seine »Deutsche Ideologie« eingebaut. Er hat noch nicht nach einem guten Grund für eine schlechte Entwicklung gesucht – eine Entwicklung, die uns laufend die Erfüllung weiterer Vitalbedürfnisse verweigert.

Eine weltweite oder auch nur kollektive Erfüllung im Rahmen der gegenwärtigen Verhältnisse gibt es also nicht mehr. Im Streit um diesen Punkt kann es nur mehr um die Methode gehen, mit der Bedürfnisse akzeptiert oder verworfen werden; und um die Instanz der Bedürfnisregulierung. Wie das im spätkapitalistischen System aussieht, wissen wir alle: hier ist die Wirtschaft bereits mit der Wirtschaftskriminalität identisch, gleichgültig, ob die entsprechenden Tätigkeiten von Paragraphen erfaßbar wären oder sind. Aber wer wird im Sozialismus regulieren? Und nach welchen Prioritäten?

Die Alternative der Instanz zunächst. Entweder wird sie eine Zentralbehörde sein, die nach Planziffern vorgeht – mit den bekannten Folgen, nämlich der Fortsetzung der Entfremdung. Oder es werden in irgendeiner Form Räte sein. Räte der Betriebe? Räte der Regionen? Der Verbraucher? Der Wissenschaftler? Sie werden, das ist leider menschlich und in einem menschlichen Sozialismus also nicht zu umgehen, allemal versuchen, zu hoch zu greifen, um das Beste für ihre Mandatare, ihre Betriebskollegen, ihre Wohnviertel herauszuholen; Rohstoffe auf Kosten des Nachbarbetriebs, Wasser auf Kosten der Nachbardörfer, Etatmittel auf Kosten der anderen Fakultät.

Wer wird sie dann belehren, daß sie zu weit gehen? Und wie? Wird die letzte Verfügungsgewalt doch bei der Zentrale bleiben? Und welche exekutiven Mittel werden notfalls eingesetzt werden müssen? Woher wird das Wahre, das Notwendige seine Weihe holen? Aus den konkreten Erfordernissen der Gegenwart oder der Zukunft?

Das, Genossen, ist nämlich längst das zentrale Problem: Die Interessen der Ungeborenen stehen in krassem Gegensatz zu denen der *present generation*, der lebenden Generation. Sie die Ungeborenen, sind unsere Unterdrückten. Harvey Wheeler, der Denker aus Santa Barbara in Kalifornien, vergleicht das Verhalten der Menschheit gegenüber ihrer Umwelt, ihrer planetarischen Biosphäre, mit dem des *Ancien régime* vor 1789, wobei die industrialisierte Menschheit *als ganze* die Rolle der sorglosen, ausbeuterischen Aristokratie übernommen hat. Irgendwie, so lautet die Parole, wird es weitergehen, und wenn nicht: *après nous le déluge*.

Nach uns die Sintflut: das war und ist immer eine Parole der untergehenden Klasse. Wenn die entwickelte Menschheit als ganze nach dieser Parole handelt, dann ist sie historisch-dialektisch bereits gerichtet. Vorläufig hält sie sich für siegreich, weil sie das neue dialektische Subjekt (die Biosphäre als Kämpferin für unsere ungeborenen Enkel) noch nicht als solches anerkannt hat. Die Schlacht tobt dennoch äußerst real. Hier sollen beispielshalber ein paar Anweisungen für die Schlacht folgen, die sich dauernd eskaliert:

»Um der gefürchteten Krautfäule und Dürrfleckenkrankheit vorzubeugen, setze man jetzt schon 200 g Dithane in 100 l Wasser ein. Spritzungen nach der Blüte sollen mit Kupfermitteln wie 900 g/100 l Cuproxy durchgeführt werden. Bei Auftreten von Blattläusen sind zu dieser Spritzbrühe 50 ccm/100 l Systox (ein besonders schweres Gift, d. V.) zuzusetzen.

Beim Auftreten der ersten Kartoffelkäfer und ihrer Larven 200 g/100 l Multanin einsetzen. Es wirkt auch gegen die häufig auftretenden Zikaden ...«

Das ist eine Heeresdienstvorschrift mit dem ganzen Vokabular des *chemical warfare,* der chemischen Kriegführung. Und eben darum, um chemische Kriegführung, handelt es sich. Es ist eine Empfehlung an Kartoffelbauern, die aus einer westdeutschen landwirtschaftlichen Wochenzeitung stammt; aber es ist wohl nicht zu leugnen, Genossen, daß sie genausogut aus einer sozialistischen Agrar-Direktive stammen könnte – mit anderen Markenbezeichnungen für die C-Waffen vermutlich. Die Schlacht eskaliert sich; das dialektische Subjekt, der Klassenfeind, schlägt zurück – mit Schädlings-Mutationen, mit Entzug freundlicher Lebensformen, mit Verteilungsmechanismen, die das Gift in unsere Erde, unsere Flüsse, unsere Meere treiben. Und worum geht es in diesem Krieg? Um den Alleinvertretungsanspruch der Menschheit im Kosmos; um eine dumme und anmaßende Parole der Macht.

Damit hätten wir, Genossen, den nächsten Schritt der Dialektik; jenen Schritt nach dem Sieg der Arbeiterklasse, der unseren Theoretikern soviel Kopfzerbrechen macht. In den Schritten der historischen Entwicklung wurde eine Klasse nach der anderen im Zusammenhang mit ihren Produktionsformen, die sich überlebten, gestürzt, ihre Interessen denen der aufsteigenden Klasse untergeordnet, wobei das Schicksal von Individuen völlig gleichgültig war.

Die Tatsache, daß es noch andere, ältere zwischenmenschliche Unterdrückungsverhältnisse gibt, besagt philosophisch nichts. Natürlich herrscht noch keine Gerechtigkeit zwischen Arbeit und Kapital im Westen; natürlich gab es lange noch den Kaiser von Äthiopien, und es gibt noch Steinzeitmenschen in Australien und Westbrasilien. Entscheidend ist doch, welche Dialektik in den entwickeltsten Produktions- und Gesellschaftsverhältnissen vorliegt; diese sind maßgebend für das künftige Schicksal der Menschheit, so wie gestern die Verhältnisse Englands maßgebende Modellbedeutung für die gesellschaftliche Prognose hatten. Die Verhältnisse älterer Zustände ordnen sich in der Praxis den Problemen der avanciertesten Gruppen unter.

Ihr, Genossen, seid der Ansicht, daß die sozialistischen Verhältnisse heute die fortschrittlichsten, die maßgeblichsten sind.

Das Gebot der Stunde muß also lauten: Der Sozialismus, als avancierteste Gesellschaftsform der Menschheit, muß die neue Dialektik, das neue dialektische Subjekt akzeptieren. Das neue Subjekt ist die in ihrer Existenz bedrohte zukünftige Menschheit, deren Interessen wir mit ebenso ungeeigneten, da klassenfeindlichen Mitteln wahrzunehmen behaupten, wie dies noch alle alten Regimes ›für das Wohl aller‹ zu tun behaupten. Die Interessen der Zukünftigen sind schon heute weitgehend identisch mit denen der uns umgebenden Biosphäre, also den unseren entgegengesetzt.

Zwei ungemein praktische Aufgaben sind daher in Angriff zu nehmen. Erstens ist der Begriff der Ausbeutung auf die Höhe der Zeit zu bringen. Wir müssen uns damit befassen, die Immoralität *jeder* Ausbeutung als eines Instruments der Herrschaft zu entlarven. Bisher haben wir den Begriff willkürlich (und weil wir die Garantien und Perspektiven der jüdisch-christlichen Tradition ohne die notwendige Reflexion übernommen haben) auf die Ausbeutung des Menschen durch den Menschen eingeengt. Diese Schlacht ist noch nicht ausgestanden.

160

Daß sie jedoch bereits in der Realität, nicht in unserem Bewußtsein, von der nächsten, viel kritischeren Phase der Auseinandersetzung überlagert wird, ist eindeutig. Ebenso eindeutig ist die Prognostik über das, was sich ereignen wird, wenn wir diesen Schritt verweigern oder seine Notwendigkeit nicht zur Kenntnis nehmen. Je starrer wir, die Feinde der Ungeborenen, an unserer Selbstinterpretation als Herren der Erde festhalten, desto vernichtender wird die Niederlage sein, welche uns die Biosphäre beibringt.

Der pathetische Satz des linken amerikanischen SDS in seinem Gründungsmanifest: »Diese Generation kann vielleicht die letzte im Experiment der lebenden Materie sein«, setzt die Potenz des Feindes viel zu niedrig an. Selbst wenn wir, stolze Sieger eines globalen Vietnam, nicht nur die Dschungel des Mekong-Deltas, sondern sämtliche Voraussetzungen für die Existenz bisheriger Lebensketten ruinieren sollten, wird die Biosphäre auf einer neuen Basis – die keineswegs eine Sauerstoffbasis zu sein braucht – ein neues Experiment beginnen. Unsere Interessen, diejenigen des *Ancien régime*, wären dann allerdings nonexistent. Sie wären von der wahrhaft totalen Revolution der Ausgebeuteten, Vergifteten, Unterdrückten total liquidiert.

Damit ist die zweite Aufgabe klar: die Zielvorstellung einer neuen, der nächsten dialektischen Synthese zu schaffen und auf sie hinzuarbeiten. Diese Synthese wäre das Ziel einer gesamtplanetarischen Solidarität, der wir unsere intraspezifischen Beutemacher-Interessen unterzuordnen haben.

Das Pathos der menschlichen Arbeit wäre damit keineswegs erledigt; aber sie würde vor gänzlich neue Aufgaben und Produktionsziele gestellt. Größen wie Rentabilität und Quantität, Menge und Charakter von Arbeitsplätzen nähmen sich völlig anders aus. ›Rentabel‹ wäre eine Tätigkeit nur dann, wenn sie die Chancen der Ungeborenen in der Biosphäre nicht vermindert oder, wenn irgend möglich, vergrößert; Arbeitsplätze als solche wären überhaupt kein Kriterium für erfolgreiche Produktion; Dienstleistungen an der Zukunft stünden im Mittelpunkt des Arbeitsinteresses und an der Spitze der Prestige-Skala. Die Quantität der Produktion, ihr Verfahren, ihre

161

Ausrichtung und Schwerpunkte hätten einer ständigen und effektiven Kontrolle auf biosphärische Auswirkungen zu unterliegen.

Die Liste kann fortgesetzt werden.

Natürlich würde eine solche Akzeptierung der neuen Dialektik unsere alten Beschwerden gegen die Schöpfungsordnung – das, was wir ›Zwang‹ und ›Entfremdung‹ nennen – nicht beseitigen; im Gegenteil, sie würde sie zunächst verstärken. Dabei handelt es sich aber um keine objektive Erscheinung, sondern lediglich um eine Offenlegung der Gründe dafür, warum es bisher noch keiner sozialistischen Gesellschaft gelingen konnte, mit Zwang und Entfremdung fertig zu werden. Denn – das scheint mir ein Gesichtspunkt zu sein, der noch viel zuwenig berücksichtigt worden ist – Zwang und Entfremdung erwachsen aus ihrer eigenen Negation, aus der frontalen und daher unzweckmäßigen Glücks-Appetenz des einzelnen und der Gesellschaft (theologisch nannte man das einmal die ›Begehrlichkeit‹).

Glück, auch repressionsfreies Glück, ist allemal nur ein Nebenprodukt; die Suche nach dem Endreich als Selbstzweck hat dies grotesk verdunkelt. Die sinnvolle Zuordnung unserer Sublimationen, unserer Bedürfnisverzichte auf ein konkretes zukunftsgeschichtliches Ziel war noch immer die Ursache für die Überlegenheit aufstrebender Gruppen oder Bewegungen: nicht ihr Anspruch, Verzicht abzuschaffen, sondern ihre Potenz, Verzicht-Energie zu aktivieren. Eine solche ›Sublimation‹ wird, falls die neue Dialektik akzeptiert und die neue Synthese angesteuert werden sollte, auf jeden Idealismus verzichten können, jeder ideologische Anspruch von außen würde verschwinden. Aber davon wird im nächsten Kapitel zu sprechen sein.

Und nun warte ich auf euren Aufschrei, Genossen. Er wird natürlich so sicher kommen wie das negative Amen der Kirche zum vorhergehenden Kapitel. Ihr werft mir vor, daß ich die Mitarbeit an den Aufgaben des Tages verweigere, daß ich die Genossen verwirre durch die Einführung eines neuen dialektischen Subjekts, daß ich als Seher und Warner auf billige Distanz gehe und damit typisch bürgerliche Ohnmacht reproduziere.

162

(Ich brauche im Grunde gar nicht zu warten, ich kann mir alles lebhaft genug vorformulieren.)

Wenn der Aufschrei kommt, beweist er nur eines: daß ihr nach wie vor von den unreflektierten Prämissen der jüdisch-christlichen Tradition nicht loskommt. Daß ihr euch Geschichte nur als intraspezifische, als Menschengeschichte vorstellen könnt. Daß ihr euch ein neues antagonistisches Subjekt der Dialektik nicht vorstellen könnt, das nicht mit humanen Sprechwerkzeugen ausgestattet ist. Strikt philosophisch gesprochen seid also ihr die Idealisten. Ziel meiner Warnungen (Visionen habe ich keine, ich halte mich an Fakten) ist nicht die Lähmung der Kämpfer, sondern ihre Aktivierung zum Kampf an der neuen Front. Denn an die Aufgabe, so schwer sie ist, müssen wir heran; vor ihr erblassen alle alten Prioritäten.

Im Zuge zum Endreich zur Zukunft ohne Leid und Tränen haben wir einen Bergkamm erobert, den wir fast schon für das Ziel hielten. Nun tun sich dahinter erst die riesigen, gleichgültigen Gipfel auf, und vor ihnen der Abgrund, in dem wir zerschmettert werden können. Wir müssen hinunter. Es bleibt uns keine Wahl – außer der Zustimmung zum Ende aller noch sinnvollen Zukunft. Entsetzliche Härten – politische, gesellschaftliche, wirtschaftliche – werden uns bevorstehen. Aber wir werden nicht einmal imstande sein, den ersten Schritt zu tun, wenn wir nicht die Prämissen revidieren, das Rüstzeug, das uns bisher zur Verfügung stand, die Verheißungen, die uns vorantrieben. Und während die Agonie dieser Revision vor sich geht, werden wir weiterleben müssen, mit oder ohne sinnvollen Bezug zum Kommenden, mit oder ohne Ethik, die uns wenigstens die ersten Schritte ermöglicht.

Aber wie in allen totalen Konfrontationen liegt auch in dieser eine Chance.

Wenn wir uns das Menschheitsproblem in seinem ganzen Ernst klarmachen, wird es – wie alle Situationen der kollektiven Gefahr – die grundsätzliche Einfachheit der fälligen Entscheidungen offenbaren; wird uns vor ein Entweder-Oder stellen und uns von einem Alpdruck befreien, der immer schwerer auf dem scheinbar gesättigten Teil der Menschheit lastet: dem Alpdruck der Beliebigkeit ethischer Entscheidung.

Übung: Moby Dick in Marienbad

Der letzte Bartenwal – nennen wir ihn nach seinem berühmtesten Ahnen Moby Dick – stellt bei seiner Durchpflügung der Meere fest, daß es ihm ständig schwerer fällt, eine Gefährtin zu finden.

Er konsultiert die Veröffentlichungen der FAO und entdeckt, daß er auf dem Aussterbe-Etat steht.

Fair wie Bartenwale sind, möchte er wissen, ob dieser Entwicklung eine zwingende Notwendigkeit zugrunde liegt, und besucht anno 1967 eine Konferenz der Paulus-Gesellschaft in Marienbad, welche dem christlich-marxistischen Dialog gewidmet ist. Er hat die instinktive Vermutung, daß beide Bewegungen mit seiner existenziellen Not etwas zu tun haben.

Er nimmt stumm an den Dialogen und Referaten teil.

JÜRGEN MOLTMANN: Der christliche Glaube versteht sich authentisch als Anfang einer Freiheit, wie sie die Welt noch nicht gesehen hat. Darum stehen an seinem Ursprung die schöpferischen Symbole der Freiheit: der Exodus Israels aus der Knechtschaft ... und die Auferweckung Christi vom Tod am Kreuz ins kommende Reich Gottes. Darum steht an seinem eschatologischen Ziel eine neue Schöpfung, die diese Welt von der Knechtschaft des Vergänglichen befreien wird.

MOBY DICK (beginnt zu hoffen)

JÜRGEN MOLTMANN: Mit dem christlichen Glauben wurde in der Welt des antiken Humanismus ein neuer, freier Mensch geboren. Für ihn heißt Existieren nicht mehr, sich in die göttlichen Weltgesetze des in sich geschlossenen Kosmos einzuordnen, sondern auf Grund der am erniedrigten Christus erschienenen Zukunft Gottes zu einem Leben freier Entscheidungen befreit zu sein.

MOBY DICK (ahnt wieder Übles)

ROGER GARAUDY: Befreiung und Freiheit sind nur möglich durch die Idee einer Schöpfung, die kein Akt der Notwendigkeit ist. Dies brachte das Christentum zum Ausdruck, wenn es sagte, daß die Schöpfung ein freiwilliges Geschenk, ein Akt der Liebe ist. Zum Unterschied von der Beziehung zwischen Herr und Knecht oder der Beziehung zwischen Ursache und

Wirkung impliziert die Beziehung der Liebe als einzige die Einheit zwischen dem Ich und dem anderen – jeder ist dem anderen Ziel und schöpferische Überwindung des eigenen Ich.

MOBY DICK (hofft wieder und wartet auf die logische Fortführung des Gedankens, die auch ihn betreffen wird)

ROGER GARAUDY: Dadurch wird, wie Harvey Cox gezeigt hat, dreierlei möglich: erstens die Entsakralisierung der Natur; die Natur wird von den Geistern und Göttern des Animismus, aber auch von den ›unveränderlichen Wesenheiten‹ eines dogmatischen Denkens befreit.

MOBY DICK (erinnert sich sehnsüchtig der Zeiten des Animismus)

JIŘÍ ČERNY: Als Summe der chemischen Elemente, als System der Atome oder Moleküle ist der Mensch Bestandteil der Natur und Bestandteil einer Totalität, die in Entstehung und Verfall kein Ende hat.

MOBY DICK (stimmt zu)

JIŘÍ ČERNY: Aber der Mensch kann nicht . . . als eine Summe von physikalischen, chemischen, biologischen oder anderen Elementen und ihren bindenden Kräften definiert werden. Der Mensch ist immer etwas, was diese Ewigkeit der Natur, diese Ewigkeit der Summe aller Entstehung und allen Verfalls überschreitet . . . Der Mensch transzendiert die ewige Bewegung der Natur durch seine Historizität.

MOBY DICK (fragt sich, warum er nicht transzendiert)

HEINRICH FRIES: Daraus folgt, daß der Mensch in seinem Erkennen und Denken und dem, was daraus für sein Tun und Verhalten sich ergibt, auf das andere, auf das Gegenüber, auf den Partner . . . angewiesen ist –

MOBY DICK (atmet auf: man ist auf ihn angewiesen)

VITĚZSLAV GARDAVSKY: Indem er – als Sinnsucher – seine eigene Evolution in seine eigenen Hände nimmt, entsteht durch den Menschen im Kosmos eine zielbewußte Evolution – wie sowohl Marx wie Teilhard de Chardin betonen. Durch den Menschen wird das Weltall zu einem strebenden Universum, zum sinnsuchenden Kosmos.

MOBY DICK (will schreien, kann nicht)

VITĚZSLAV GARDAVSKY: Dennoch erscheint der Mensch nicht als ein ›Herr‹ der Natur, als ein Träger der Willkür, sondern er braucht zu einem sinnvollen Leben auch die Dimension der Demut der Realität gegenüber.

MOBY DICK (atmet auf)

GIULIO GIRARDI: Das moderne religiöse Bewußtsein bestätigt . . . , daß die Gestaltung dieser Welt durch und für den Menschen vom Glauben an Gott selbst gefordert wird.

MOBY DICK (sieht seinen schlimmsten Verdacht bestätigt)

YVES CONGAR: Die Bibel ist entschieden historisch. Sie setzt die volle Wahrheit der Dinge an das Ende der Geschichte. Sie macht diese Wahrheit von einer neuen und endgültigen Schöpfertat abhängig, aber auch von einem historischen Prozeß, in dessen Verlauf sich etwas wirklich Neues ereignet . . . Diese Geschichte ist ein Kampf, ein schwieriges Gebären. Erst am Ende dieses Prozesses wird man in aller Wahrheit sagen können: Der Mensch ist geschaffen, ja, »der Mensch ist die Zukunft des Menschen«.

MOBY DICK (ringt nach Luft, findet wie im Alptraum keine, glaubt zu ersticken, kann plötzlich wie im Alptraum schreien und spricht):
Meine Hoffnung? *Meine* Zukunft? *Mein* Gebären?

ALLE (sehen ihn mißbilligend an)

YVES CONGAR: Wie Luther sagte, ist der Himmel nicht für die Gänse da.

ROGER GARAUDY: Wenn der Mensch etwas anderes ist als das notwendige Produkt der Naturgesetze . . . , Verlängerung oder Resultante seiner Vergangenheit, kann er die Notwendigkeit nur aufheben, wenn er selbst am kontinuierlichen Schöpfungsakt teilnimmt.

JIŘI ČERNY: Die Weltgeschichte ist die Geschichte der Selbstdarstellung des Menschen, die Geschichte der Bildung einer menschlichen Welt.

JÜRGEN MOLTMANN: Die Freiheit dessen, der die Geschichte offen hält, und in den geöffneten Horizont der Geschichte dem Menschen voranschreitet, öffnet diesem eine Zukunft über die Natur, ja sogar über jedes bisherige Menschsein hinaus.

Moby Dick ist längst abgereist. Er meditiert einsam in den Polarmeeren und wird Jahre später, der letzte Wal, vom letzten russischen Fangschiff erlegt. Es trägt den Namen SCHÖNERE ZUKUNFT und wird auf den Fang von Krillkrebsen umgerüstet.

Seeleute, die dabei waren, behaupten später, Moby Dicks totes Antlitz habe ein unangenehmes Grinsen gezeigt. Aber vielleicht behaupten sie dies nur auf Grund späterer, viel zu später Einsicht.

Ethischer Ausblick

Wenn wir zum Abschluß unserer schmerzlichen Bilanz eine neue ethische Orientierung der Menschheit, zumindest ihres aktivsten und aggressivsten Teils, fordern, dann haben wir von der Tatsache auszugehen, daß noch nie die moralischen und ethischen Werte der Zeitgenossen so weit von den objektiven Anforderungen ihrer Epoche entfernt waren wie heute.

Jede große ethische Satzung, welche die Menschheit hervorgebracht hat, war darum bemüht, die erkannten, erfühlten und erahnten Forderungen eines allgemeinen Sittengesetzes mit den praktischen Gegebenheiten der Menschengruppe zu harmonisieren, für welche der Gesetzgeber tätig war. Wenn Zarathustra dem Bogenschießen einen hohen moralischen Wert zuschreibt, trifft dies ideal mit den Bedürfnissen eines kriegerischen Reitervolkes zusammen, welches sein Imperium zusammenhalten mußte. In der alttestamentarischen Verfassung des Sittengesetzes, aus dem wir den Dekalog exerpiert haben, stehen nüchterne Hygiene-Vorschriften für ein Nomadenleben in der Wüste neben den zeitlosen ›Du sollst‹ und ›Du sollst nicht‹, die jeder von uns, ob Jude, Christ oder Freigeist, in irgendeiner Weise verinnerlicht hat. Und die großen Tugendsysteme der Griechen, von Platon über Aristoteles zu den Stoikern und den Epikuräern, entsprachen ziemlich genau den Bedürfnissen und dem Bewußtseinszustand einer Epoche, in der wachsende Bewußtheit der Lebensgestaltung mit den Aufgaben griechischer und später römischer Urbankultur konfrontiert wurde.

Wie wir sahen, sind diese Systeme ziemlich geschmeidig vom Christentum absorbiert und assimiliert worden. Ihren ersten großen Bruch erlitt diese Methode in dem Augenblick, wo ein siegreiches Christentum sich in zwei Formen der Lebensführung spaltete: einen ›vollkommenen‹ Weg, der den Geist der Bergpredigt zu konkretisieren versuchte, und einen unvollkommenen, der anderen, mehr oder weniger vernachlässigten Ständen der Christenheit vorbehalten blieb. Das ›Minimalprogramm‹ für diese Stände war ein buntes Gemisch aus alten heidnischen Erfahrungen, dem jüdischen Dekalog und einer Reihe von Untertanentugenden, die man – aus leicht ersichtlichen Gründen – für wichtig und notwendig hielt.

Das doppelgleisige System funktionierte lange Zeit überraschend gut. Natürlich wurden immer wieder Versuche gemacht, diese doppelte Buchführung abzuschaffen: Interessierte seien etwa auf die Ordensregel verwiesen, die Bernhard von Clairvaux für einen Ritterorden im Heiligen Land entwarf, und die eine enorm positive Wirkung auf den Lebensstil der halbwilden Feudalbarone ausübte. Dennoch blieb der Abgrund zwischen Klerus- und Laienethik im Mittelalter so gut wie unüberbrückbar; auch Bernhards Regel ist in der Praxis der Grenzkriege im Nahen Osten, später unter den imperialistischen Ambitionen der Templer und Deutschordensritter gründlich zusammengebrochen.

Von Grund auf änderte sich diese Situation durch den Protestantismus. Er schaffte einerseits die Klöster ab, vernichtete den Zölibat, führte aber andererseits die intensive Seelenkultur der Klöster in die Arbeits- und Familien-Ethik seiner Gläubigen ein. Damit schuf er ein Instrument der Weltbewältigung, das historisch konkurrenzlos war.

Die Katholiken (nicht so sehr die Orthodoxen) zogen nach. Der Jesuitismus war von Anfang an nicht nur auf den Orden angelegt, sondern bemühte sich um die möglichst lückenlose Mobilisierung aller Stände im Sinne der Gegenreformation. Da das Prinzip der Gegenreformation von einer fast totalen Seelenführung durch den gebildeten Klerus ausging, bestanden natürlich von Anfang an erhebliche Unterschiede zum Protestantismus; doch was die Intensität der psychologischen

Auswirkungen betraf, konnte sich die innere jesuitische Mission vor allen in Bürgerkreisen durchaus mit den Resultaten des Calvinismus messen. Einer der positivsten Leitfäden für die neue bürgerliche Existenz der anhebenden Epoche wurde von Franz von Sales entworfen. In allen Fällen kam es – und das ist für unser Thema wichtig – auf individuelle Seelenkultur an; eine Seelenkultur, welche es dem frommen Laienchristen ermöglichen sollte, ein Leben unter Berücksichtigung aller seiner Standespflichten zu führen.

In beiden Fällen – dem calvinistisch-protestantischen wie dem neukatholischen Moralmodell – blieb viel Mehrwert, viel Antriebsüberschuß; und da die Welt eben expansiv erschlossen wurde, waren diese Modelle den Verhältnissen hervorragend angepaßt. Ihre gemeinsamen Wurzeln hatten sie in der *Devotio Moderna,* einer kleinbürgerlichen Erweckungsbewegung, die schon im Spätmittelalter in der aktivsten europäischen Landschaft entstanden war, nämlich in Brabant und Holland. Ihr hervorragendes Dokument war die »Nachfolge Christi« des Thomas à Kempis, ein Buch, das jahrhundertelang neben der Bibel der Bestseller Europas blieb.

Dieses Werk des Thomas à Kempis ist deshalb so bedeutsam, weil er bis in unsere Tage die bedeutsamsten Folgen hatte. Es hat Hunderttausende von Christen dem Gefühl der Frustration entrissen; denn es sicherte gerade den Demütigen und Bescheidenen, den kleinen Leuten, einen entscheidenden Anteil am Heilsplan zu. Der Fromme wurde hier darauf hingewiesen, daß seine unbedeutende Existenz teilhatte am Reich der Lebenden und Toten, daß sie gewissermaßen von unten am Muster eines Teppichs mitknüpft, den Gott eines Tages in seiner ganzen herrlichen Harmonie enthüllen wird. Eck- und Schlußstein aller Motive des Teppichs würde dann gerade der Beitrag jener sein, die in diesem Leben und mit irdischen Augen keinerlei historische Relevanz ihrer Arbeit und ihrer Entbehrungen zu gewahren vermögen: »Der Stein, den die Bauleute verwarfen, ist zum Eckstein geworden.«

Mit der kleinbürgerlichen *Devotio Moderna* und der nachreformatorischen Leistungsethik gelangte die weiße Menschheit sozusagen wieder auf die Höhe der Zeit; die Opfer, welche sie dem Einzelnen materiell und psychisch abverlangte, flossen als Potenzen der Re-Investition der Aufgabe der Welteroberung zu.

Solche Leistungsethik prägt in säkularisierter, aber funktional kaum veränderter Form noch heute die ›offiziellen‹ Werttafeln von West und Ost. Sie ist als Produktionsethik unentbehrlich geblieben; Arbeitsmoral ist selbst in unserer ›dekadenten‹ westlichen Welt die letzte Bastion der alten Tugendlehren. Ihre Belohnungen und Strafen, der Ausweis von Erfolg bzw. Tugend und Mißerfolg bzw. Laster, ist handfester geworden, das ist alles; er besteht in vermehrten oder verminderten individuellen und kollektiven Lohntüten.

Natürlich ist die Relation zwischen Tugend und Tugendlohn nicht peinlich eingehalten: Privilegien von Eliten sorgen dafür, daß es zusätzliche Gnadengeschenke von oben gibt. Dennoch ist in Ost und West diese Leistungsethik puritanischer Herkunft so weit in den Massen verinnerlicht, daß sich das Anti-Faulenzer-Ressentiment, die blinde Anbetung der Werkelei in der UdSSR nicht minder feststellen läßt als bei uns oder unter der sogenannten schweigenden Mehrheit der USA.

Im Westen ist allerdings eine neue ethische Haltung entstanden, die scheinbar zu ihr in krassem Gegensatz steht: die Konsumentenmoral. Sie ist durch einen Triumph der alten Ethik entstanden, und zwar durch die unheimlich wachsende Produktivität pro Arbeitsstunde. Bibliotheken sind über diese Tatsache und ihre Folge geschrieben worden; hier genügt es festzuhalten, daß die Konsumer-Moral mit ihrer heiligen Pflicht zum Verschleiß und Verbrauch nur die Kehrseite der Produktionsmoral ist. Dieselbe mönchische Energie, die sich in den letzten Jahrhunderten damit befaßt hatte, die Produktion auszuweiten, wendet sich nun der kaum minder anstrengenden Aufgabe zu, das Produzierte mittels Verbrauch, Verschleiß und glatter Zerstörung zu bewältigen. Es ist deshalb nur komisch, wertbewußte Produzenten über den Verfall der Arbeitsmoral jammern zu hören: Ohne die Umfunktionierung der alten Energien zum Konsumbetrieb müßte die Produktionsmaschine heißlaufen wie ein Motor ohne Schmieröl und schließlich zusammenbrechen (was sie sicherlich eines Tages ohnehin tun wird).

Global unheimlicher ist schon die Tatsache, daß es noch unter- bzw. fehlentwickelte Gebiete der Erde gibt, die bis heute noch nicht die entscheidenden Margen der Produktivität erreicht haben. Da sie angesichts des im System eingebauten Rentabilitätszwangs kaum noch Hoffnung haben, den Anschluß zu finden, müssen sie sich entweder sozialisieren oder es entstehen Minoritäten, die von vornherein mit der Konsumer-Ethik des Westens geimpft sind und nun versuchen, auf Kosten ihrer bitterarmen Mehrheiten die Symbole des tugendhaften Verbrauchers zu erlangen und vorzuzeigen.

Wird sozialisiert, ist die erste zwangsläufige Folge eine puritanische Ethik mit allen ihren asketischen Merkmalen. Weder das rumbatanzende Kuba noch die weise altöstliche Gelassenheit sind diesem Zwang entronnen. Solchen neuen, straffen Regimen gegenüber nimmt sich der Versuch der USA, der in Ibero-Amerika, auf den Philippinen und in Vietnam zu beobachten war und ist, Demokratie durch die mehr oder weniger gewaltsame Schaffung einer ›Mittelklasse‹ zu zementieren, ebenso irreal wie zerstörerisch aus. Es kommt nichts anderes dabei zustande als eine Horde von einheimischen Aasgeiern, die uralte Ausbeutungspraktiken mit den Annehmlichkeiten der Konsum-Zivilisation wohl zu verbinden wissen. Harmloser, aber ethisch noch konsequenter sind die Cargo-Kulte, die unter den steinzeitlichen Bewohnern Neuguineas entstanden sind: Durch die Anlage magischer ›Flugplätze‹ und die Hantierung mit Bambus-›Antennen‹ versuchen sie jene mythischen Riesenvögel anzulocken, aus denen sich die himmlische Fülle der Güter auf die Weißen ergießt. Wer sich die Mühe macht, den dornigen Weg von Vertretern und Kleinhändlern durch unsere heimischen Landgebiete zu verfolgen, wird feststellen, daß die Psychologie der vom Cargo-Kult befallenen Steinzeitler auch hierzulande noch zu finden ist; an die Stelle der Bambus-Antenne tritt der in blindem Vertrauen auf die Vorsehung unterzeichnete Ratenkaufvertrag. Leider werden dann, wenn Kurzschlußhandlungen infolge solchen Mißverständnisses in der Bank- oder Handtaschenraub-Statistik zu Buche schlagen, die armen Eingeborenen vor den Kadi zitiert und nicht die betrügerischen Medizinmänner.

Aber all dies ist wohl bekannt. Kehren wir zur Feststellung zurück, die dieses Kapitel einleitet: Noch nie waren die ethischen Systeme, nach denen die Zeitgenossen mehr schlecht als recht leben, so weit von den tatsächlichen Anforderungen der Epoche entfernt wie heute. Beide Systeme – das der Produktionsethik wie das der Konsumethik – gehen von der blinden, längst unhaltbaren Macht der Vorsehung aus, für produktive wie für konsumierende Raubzüge ständig und überall die nötigen Ressourcen bereitzuhalten; das eßbare Floß also, das von selbst auf wundersame Weise nachwächst.

Beide Orientierungen verstoßen also ganz klar und offensichtlich gegen die langfristigen Interessen der Menschheit, wie sie jedem Einsichtigen heute erkennbar sind. Man kann die Schwierigkeit betonen, die darin besteht, sie abzuschaffen; man kann auf die vielen intraspezifischen Probleme hinweisen, die es noch zu lösen gilt: Reichtum und Armut, Rassenfrage, Wettrüsten. Man kann (wie es in diesem Buch geschehen soll) die historischen Wurzeln solcher Fehlhaltung freilegen. All das ist gut und schön, aber es ändert nichts an den Tatsachen, und von diesen Tatsachen ist die gültigste die Gleichung zwischen den Planeten und seinen Bewohnern. Man kann die eine Seite der Gleichung quantitativ nur innerhalb der einzelnen Faktoren verändern – das Produkt auf der anderen Seite bleibt konstant. Solange sich die Menschheit noch auf Kosten anderer Faktoren in Zahl und Macht vermehren konnte, war ihr Wachstum gesichert. Nun erreicht sie den Punkt in der Rechnung, wo dies nicht mehr möglich ist, das ist alles.

Ist ein Ausweg möglich? Wie kann die totale Krise, in der wir leben und die nichts anderes ist als das Resultat eines sehr realen Sieges, überhaupt noch gemeistert werden?

Ich bin mir nicht sicher, daß sie gemeistert werden kann. Es ist interessant, daß angelsächsische Denker (vor allem seit dem Bau der Atombombe und verstärkt in jüngsten Reflexionen über die Umweltkrise) nach einer religiösen Erweckungsbewegung rufen. Die Tradition der religiösen Erweckung hat gerade in England und Amerika immer wieder über sehr gefährliche Klippen hinweggeholfen; sie war auch dort wirksam, wo sie nach den Analysen von Marx niemals hätte Erfolg haben dürfen, etwa bei der Entfaltung eines reformistischen Sozialismus. Da der Weg aus der gegenwärtigen Krise der Menschheit jedenfalls ungeheure Opfer auferlegen wird, und da diese Opfer kaum mit unmittelbaren Interessen begründet werden können, liegt der Ruf nach der religiösen Erweckung nahe.

Sie stünde allerdings vor Schwierigkeiten, die wir bereits erörtert haben. Bisher hat es noch keine wirksame Erneuerungsbewegung im jüdisch-christlichen Raum gegeben, die auf breiter Basis ohne die Verheißung des Paradieses ausgekommen wäre; und zwar eines kollektiven, eines allen zugänglichen Paradieses. (Die Glücks-Techniken der Minderheiten: der Mystiker, der Mönche, der schwärmerischen Gruppen, blieben im christlichen Bereich immer von der mehrheitlichen gesellschaftlichen Praxis isoliert – eben aus diesem Grunde.)

Diese Verheißung des kollektiven Paradieses aber ist zu folgerichtig mit den Ursachen der gegenwärtigen Krise verbunden, als daß sich eine wirksame Erweckung vorstellen ließe, die auf dem Boden der jüdisch-christlichen Tradition verbleibt. Und die Rückkehr in eine kosmisch-mantische Naturreligiosiät ist in der gegenwärtigen gesellschaftlichen Verfassung unvorstellbar.

Überraschenderweise erinnert eine neue Variante des Sozialismus stark an antike ethische Strukturen: jene Variante, die man ungenau Freudomarxismus nennt, also die Neue Linke einer bestimmten Art, deren Denken von Herbert Marcuse beeinflußt ist. Diese Neuen Marxisten sind stark an der ökologischen Zukunft des Planeten interessiert, und es ist wohl kein Zufall, daß sie letzten Endes das Proletariat als Träger der Bewegung in solche Zukunft vernachlässigen.

Die Welt der Lust, der Stille, des Glücks einer bukolischen Menschheit (darauf läuft diese Anthropologie hinaus) wäre, das geben ihre Sprecher offen zu, nur durch eine Diktatur der Besten, das heißt ihre Diktatur, erreichbar.

Die konkreten Bedürfnisse, die man den Massen gerade noch zugestehen will, sind – vom Standpunkt der Massen aus gesehen natürlich ein grausames Verzichtprogramm; jedenfalls bei uns im Westen. Nahegelegt wird, daß diese Verzichte sich lohnen würden, weil hinter ihnen, hinter dem Nadelöhr, durch welches man das kapitalistische Kamel jagen muß, eine Welt von ruhiger Schönheit wartet, die solche Verzichte mehr als rechtfertigen wird.

Nun ist es durchaus möglich, daß die Neue Linke recht hat, was die Notwendigkeit des Verzichtprogramms betrifft. Die ›konkreten Bedürfnisse‹ werden sich ziemlich rasch definieren lassen, wenn erst einmal die Futurologie von ihrem optimistischen Pferd heruntersteigt und mehr Berechnungen von der Art angestellt werden, wie sie das MIT durchgeführt hat. Aber indem die Neue Linke ein solches Verzichtprogramm im Namen der künftigen restlosen Freiheit und Harmonie fordert, ist sie selbst Opfer der alten Verheißungen geworden und beweist mit solcher Propagierung ihre Abhängigkeit von den trügerischen Traditionen des Fortschritts.

Damit aber wird sie automatisch für die Mehrheit unglaubwürdig. Die Mehrheit hat nämlich ein langes kollektives Gedächtnis und erinnert sich genau daran, daß dies – die Zumutung gegenwärtiger Leiden im Dienste künftiger allgemeiner Herrlichkeit – immer die Masche einer neuauftretenden Herrschaftsgruppe gewesen ist. Sie zieht es daher im allgemeinen vor, sich im vorhandenen Unvollkommenen schlecht und recht einzurichten – und sei es auf Kosten nicht persönlich bekannter Nachbarn.

Wenn etwas den Weg zum Sozialismus, zur Gesellschaft aller Freien und Gleichen, zum Tausendjährigen Reich aufgehalten und verzögert hat, dann war es dieses kollektive Gedächtnis der Massen und ihr daraus resultierendes Mißtrauen. Es läßt sich rein statistisch beweisen, daß die Volksaufstände mit Vendee-Charakter – also mit reaktionären Zielsetzungen – häufiger waren als die progressiven Volksaufstände, und daß sie bei den Teilnehmern mindestens ebensoviel Enthusiasmus und Kampfgeist entfachten.

Nur wenn das Benehmen der Herrenschicht jenes kolossale Ausmaß an Idiotie und Repression erreicht wie das *Ancien régime* vor 1789 oder der Zarismus 1917, wird dieses kollektive Mißtrauen überwunden, und die Volkskraft fällt mit voller Wucht in die Waagschale des wirklichen oder vermeintlichen Fortschritts. Lenin, der ein sehr guter Politiker war, hat dies klar erkannt und – gegen den Widerstand seiner doktrinären Genossen – die entsprechenden Folgerungen gezogen.

Es gibt Denker (vor allem solche, die aus dem Marxismus kommen und ihm den Rücken gekehrt haben), welche dieses Mißtrauen der Massen, ihren fast immer spürbaren Mangel an Bedürfnis nach Vollkommenheit der Gesellschaft und ihr Talent, sich im Zeitlichen einzurichten, als Evidenz gegen den großen Hunger zitieren, der die Völker Europas auf der Suche nach dem Millennium voranpeitschte. Nach diesen Denkern ist der kleine Mann immer falsch interpretiert worden; ist er, so oder so, zum Opfer abstrakter Entwürfe gemacht worden, die seine bescheidene Suche nach Glück als Rechtfertigung ihrer selbst benutzten und mißbrauchten. Sicher haben die Obrigkeiten ihre Untertanen mit Füßen getreten, und die Untertanen haben mit Recht darüber gemurrt; aber was die Untertanen wirklich wollten, war ein Leben, in dem kleine Bedürfnisse auf befriedigende Weise erfüllt werden konnten, nicht die heroische Verwendung in den Kreuzheeren der Maximalisten. Ein Abend auf der Gartenbank bei Rotwein oder Slivowitz; die Freude an hübschen Mädchen, die wiegenden Schritts in die untergehende Sonne schreiten: Das wäre sozusagen der existenzielle Beweis gegen den Kurs, den die Beherrscher wie die Demagogen der Befreiung genommen haben. Und zweifellos gab und gibt es – in alten menschlichen Räumen vor allem, die unter dem Einfluß Roms, Österreichs, Frankreichs standen – genug solcher verführerischen Möglichkeiten zu einem unreflektierten, gegenwartsfrohen Genuß des Lebens, der auch der guten Erde ihr Recht läßt.

Aber wir haben darüber schon gesprochen: von den Inseln im Strom, die immer wieder den Eindruck hervorrufen mochten, daß es dem Tröster gelungen sei, Gott und die Welt zusammenzubringen. Immer wieder wurden diese Inseln weggeschwemmt – und heute ist es für die Anrufung solcher Kronzeugen endgültig zu spät.

Die Suche nach dem Millennium in dieser Welt war nur allzu erfolgreich: der Kleine Mann (wo immer er zu finden ist) hat sich voller Unschuld den aktiven Kräften der Weltzerstörung angeschlossen. Er fährt Auto und legt Wert auf klopffreies Benzin; er profitiert von der Ausbeutung der Dritten Welt; er verwendet ökologisch katastrophale Insektizide auf seinen Äckern; er mißt sein eigenes wirtschaftliches Schicksal am Tempo der Expansion, an der er teilnimmt. Mit anderen Worten: die Ursachen der Katastrophe gehören – wenigstens in unseren Breiten – schon zu seinem Besitzstand, und er wird, genau wie der Bauer des 16. und der Wilderer des 18. Jahrhunderts, mit der Leidenschaft der Vendee auf alle obrigkeitlichen Versuche reagieren, diesen seinen Besitzstand zu schmälern. Dieser Leidenschaft werden sich auch die benevolenten Diktatoren der Neuen Linken ausgesetzt sehen, in dem Augenblick, wo sie anfangen, ihr Verzichtsprogramm in die Praxis umzusetzen.

All das gehört bereits zum unmittelbaren Bereich der Ethik, um den es geht; einer Ethik, die wir vorläufig nicht oder nur in blassen Konturen wahrnehmen. Seit dem Beginn der Geschichte, das heißt der großen Menschheitsüberlieferung, hat sich mindestens ein Teil der Menschheit auf eine Moral geeinigt, die das Überleben sozialer Gruppen in einer feindlichen Um- und Mitwelt sicherstellen sollte. In dem Maß, in dem dieses Problem kollektiv bewältigt erscheint (und für die Spezies *ist* es bewältigt – die Elendszustände der meisten Kontinente sind kein naturgeschichtliches, sondern ein humanitäres und soziales Problem), wird die alte Ethik fragwürdig, und das heißt heute, die Produktions- und die Konsumentenethik.

Soll dies heißen, daß die großen Erkenntnisse aller großen Menschenfreunde der Geschichte irrelevant geworden sind? Keineswegs. Im Gegenteil: Das Zusammenleben der Menschen auf engem Raum (und das wird wohl auf unabsehbare Zeit unser Los bleiben) ist heute schon unerträglich barbarisiert, und es bedarf der Verfeinerung der Kommunikation, des Aufbaus oder der Wiederaufnahme aller bisherigen Einsichten, um es erträglich zu machen. *Aber* – und darauf kommt es hier an – die Menschheit hat sich an den Gedanken zu gewöhnen, daß ihre erste und realste Verantwortung heute eine kollektive Verantwortung nicht nur für die eigene Gruppe oder die eigene Art, sondern für den Planeten als Ganzes geworden ist.

Mit anderen Worten: Die Priorität der ›Todsünden‹ und der ›läßlichen Sünden‹ hat sich vollständig verändert. Erlaubt sei

176

hier ein etwas frivoles Beispiel: ein junger Mann fahrt zum Rendezvous mit einer verheirateten Frau. Vor fünfzig Jahren war dies noch ein Problem ersten Ranges, auch ein moralisches Problem. Wir sind heute gestimmt, es toleranter zu behandeln. Ich würde trotzdem daran festhalten, daß der junge Mann seine Verantwortlichkeit gegenüber den Mitmenschen – der Dame selbst, ihrem Gemahl, vielleicht ihren Kindern – wohl erwägen sollte, desgleichen die Wirkung, welche das Unternehmen auf ihn selbst hat.

Was jedoch unverzeihlich ist, sind Dinge, die er überhaupt noch nicht in Erwägung zieht; zuvörderst die Tatsache, daß er in einem Kleinauto mit schlechtem Vergaser und bleigespicktem Benzin fährt. Hier stiftet er quantitativ feststellbaren Schaden; hiermit nimmt er in aller Unschuld an einer weltweiten Verschwörung teil, die für unsere Enkel wesentlich gefährlicher ist als die bisher so genannten moralischen Folgen seiner Unternehmung.

Ich hoffe mich klargemacht zu haben:

Diese Ethik der planetarischen Verantwortung wird, wenn sie noch Erfolg haben soll, einen ungeheuren Schock auslösen müssen. Sie wird gegen den Strich der sogenannten Menschennatur gehen; zumindest jener Menschennatur, die in unseren Breiten mit immer neuen Prämien des Erfolges überschüttet wurde. Sie wird auf die vereinigte Wut der Reaktionäre wie der Progressiven stoßen. Beiden wird sie, wenn sie Erfolg haben soll, ihre Lieblingsspielzeuge wegnehmen. Die Propheten dieser Ethik werden – darüber kann gar kein Zweifel bestehen – in dem Augenblick hingeschlachtet werden, in dem der Umfang der Agonie klar wird, die sie der siegreichen und krisengeschüttelten Menschheit zumuten. Greifen wir, um diese Tatsache zu illustrieren, noch einmal ein einziges modernes Symptom auf: unsere Art zu wirtschaften. Angesichts der planetarischen Krise, vor der wir stehen, ist sie grotesk und kriminell; und zwar in allen bisher bekannten Spielarten, ob sie nun kapitalistisch oder sozialistisch firmieren. Was die Ausbeutung des Menschen durch den Menschen betrifft, haben wir inzwischen gelernt, diese Kriminalität zu erkennen; völlig außerhalb der Betrachtung blieb die Kriminalität der Ausbeutung der nichtmenschlichen Hilfsquellen des Planeten. Sie wird mit der totalen Unbekümmertheit betrieben, die Herrenschichten von einst gegenüber ihren Hintersassen, Leibeigenen und Sklaven auszeichnete. Bisher war es einigen Naturaposteln vorbehalten, ihre Stimme für den Singkranich, den Zedernwald, den geschändeten deutschen Rhein oder den Mississippi zu erheben; jetzt ist daraus längst eine Frage des Überlebens geworden – eine Frage nackter Interessen. Und zwar nicht der Interessen der USA, nicht der Interessen des Zehnerklubs, des sozialistischen Blocks oder der Dritten Welt, sondern eine Frage der gesamten ungeborenen, vielleicht schon der nach 1950 geborenen Generationen. Die bisherigen Wirtschaftsformen basieren restlos auf dem sogenannten Rentabilitätsprinzip und der sogenannten Expansion; das heißt auf dem Prinzip des unbekümmerten Verschleißes der Ressourcen von morgen. Diesen Prinzipien muß eine simple Wahrheit gegenübergestellt werden; eine Wahrheit, die wir im Vorhergehenden immer und immer wieder betont haben und die der amerikanische Schriftsteller Philip Wylie so formuliert: »Eine Wahrheit muß die Menschheit erst noch zur Kenntnis nehmen: Niemand besitzt irgend etwas. Alles, was wir haben, ist der Gebrauch unserer sogenannten Besitztümer. Das ist das ökologische Gesetz. Es gilt für Kommunisten wie für Kapitalisten, für unglückliche Völker wie für die reichen industriellen Gesellschaften. Und es ist absolut.«

Betrachten wir im Lichte dieses absoluten Gesetzes das Bewußtsein unserer planetarischen Mitbürger – und unser eigenes Bewußtsein! Die Ergebnisse sind niederschmetternd; und wie furchtbar die Umstellung sein wird, wird sich erst herausstellen, wenn wir sie in politische Forderungen übersetzen.

Aber der Moralist darf vor unangenehmen Folgen der ethischen Konsequenz nicht zurückschrecken – und eine angenehme Folge von wahrer Konsequenz ist, daß sie die Verhältnisse wenigstens für den menschlichen Geist vereinfacht. In der Tat hat die totale Krise, in der wir uns befinden, wenigstens diesen methodischen Vorteil: Sie vereinfacht die ethischen Probleme, von denen wir im Bewußtsein der Unzulänglichkeit unserer bisherigen Bemühungen stehen. Auf diese

Einfachheit der neuen Ethik – die eine Einfachheit der Konsequenz ist – möchte ich zum Schluß eingehen.

Erstens kann die neue Ethik weitgehend darauf verzichten, mit Bewußtseinsmanipulationen zu arbeiten. Sie ist eine schlichte Ethik der Verursachung; Gut und Böse bedeuten in ihr nichts anderes mehr als Überleben – und zwar kollektives Überleben – oder Sterben – und zwar den Untergang der Spezies, jedenfalls in ihren bisher bekannten Lebensmöglichkeiten. Sie wird der Menschheit vorstellen, was sie sich leisten kann, und was sie sich nicht leisten kann. Sie ist *selfenforcing;* das heißt, sie bedarf keines weltlichen Arms und keiner verinnerlichten Schuld-Strafe-Mechanismen, um ihre Wertwelt zu begründen. Sie hat die schlichte und massive Einsichtigkeit eines Betonblocks, der an einem Nylonfaden über unseren Köpfen hängt. Reißt der Faden (oder raspeln wir ihn an), werden wir plattgequetscht. So einfach ist der Schuld-Strafe-Mechanismus, der ihr zugrunde liegt. Der Industrielle, der die letzte, biologisch entscheidende Dosis Gift in die Weltmeere kippt, kann persönlich noch so feinsinnig sein, er mag ein Förderer der Künste, ein zärtlicher Ehemann, ein vorbildlicher Arbeitgeber, ein überzeugter Christ oder Sozialist sein; in dem Augenblick, wo seine Ladung von der Kippe oder vom Schleppkahn rutscht, ist er der planetarische Schurke Nummer Eins. Der Sittenstrolch, der Heroin-Fixer, der Massenmörder mögen nach unserem gegenwärtigen Empfinden wesentlich tiefer stehen; ihre Taten oder Unterlassungen sind ein wahres Nichts, verglichen mit der Endgültigkeit des Verbrechens, das er (von unseren Gerichten vermutlich mit 5000 DM Geldstrafe geahndet) an der Menschheit begeht.

Frühere Kulturen kannten dennoch Sanktionen für dergleichen. So sah ein Gesetz des Zarathustra vor, daß jeder, der einen Fluß verunreinigte, an den Ufern eben dieses Flusses aufgehängt werden sollte. Die vierhundert verantwortlichen Aufsichtsräte Westeuropas am Lorelei-Felsen baumeln zu sehen, wird uns wohl nicht vergönnt sein, aber hier genügt es, die Größe ihrer Verantwortlichkeit (und das heißt immer noch die Größe ihres fortlaufend begangenen Verbrechens) festzuhalten.

Sollte der Prophet erstehen, der dieses Verbrechen der

Öffentlichkeit in Herz und Hirne brennen könnte, würde er ohne Zweifel von den genannten Herren zuerst gehängt werden; aber auch dies ändert nichts an den tatsächlichen ethischen Gewichten, ändert nichts an den schlichten Kausalitäten.

Ähnliches gilt selbstverständlich für das Problem der atomaren Bedrohung und für das Problem der Verelendung der Dritten Welt. Überall sitzen die Veranlasser, die – bestimmt mit den einleuchtendsten Gründen – den angesammelten Zündstoff zur Explosion bringen können. In einem besseren Jenseits (wie immer die Betreffenden sich dieses Jenseits vorstellen) werden sie sicher diese ihre einleuchtenden Gründe zum Vortrag bringen; den Toten (oder, was fast noch schlimmer ist, den Überlebenden) werden sie nichts bedeuten, weniger als nichts.

In jedem Fall – und darauf kommt es an – ist die Ethik der neuen Situation eine solche der schlichten Kausalität. ›Schuld‹ ist auf diese Ebene nicht mehr eine Frage komplizierter Beziehungen zu einem unsichtbaren, aus religiösen oder philosophischen Voraussetzungen abstrahierten Prinzip, sondern so evident und berechenbar wie der Tritt oder der Kieselstein, der eine Lawine auslöst.

Das bringt uns zum zweiten Vorteil der neuen Ethik. Seit einiger Zeit – etwa seit dem Ende des Zweiten Weltkriegs leiden viele denkende und fühlende Menschen unter der Angst, daß für uns das zu Ende geht, was man bisher Geschichte genannt hat; daß wir unwiderruflich in den Mechanismus einer Maschine geraten sind, in der wir als Rädchen laufen, und daß über die Erhaltung der eigenen Existenz hinaus kein großes historisches und kulturelles Ziel mehr sichtbar ist. Wenn ich mich nicht irre, sind viele Erscheinungen unter der Jugend, die den Philister in uns so irritieren, auf diese Angst zurückzuführen. Sowohl der Rauschgiftverfallene, der sich aus dem Mechanismus selbst ausschaltet (›ausflippt‹, wie das bildhaft heißt) wie der radikale Fahnenschwinger suchen auf ihre Art dem Würgegriff der Belanglosigkeit zu entrinnen.

»Wir sitzen so in Westeuropa herum«: Das ist die beste mir bekannte Formulierung dieser kollektiven Gemütskrankheit.

Demgegenüber steht die Tatsache, daß wir planetarische

Geschichte machen; und zwar wir alle, und zwar in einem bisher unbekannten, lebens- oder todesentscheidenden Umfang. Der letzte Mopedfahrer, die letzte Waschmittelverbraucherin wirkt negativ an dieser Entscheidung mit. Es ist der zweite große Vorteil der neuen Ethik, daß sie diese Tatsache ins allgemeine Bewußtsein heben kann.

Die neue Ethik wird wirkungslos bleiben, wenn es ihr nicht gelingt, große Massen mit ihrer planetarischen Geschichtsmächtigkeit vertraut zu machen; ihnen klarzumachen, daß es sich dabei nicht um eine verborgene Heilsgeschichte, auch nicht um das Pathos eines zukünftigen Reiches, sondern um das Leben oder Sterben der einzigen Heimstatt geht, die wir und unsere Nachkommen mit allen unseren Sinnen erleben. Alle bisherigen Sinngebungen – ganz gleich, ob sie religiös firmierten oder nicht – waren und sind insofern noch mythisch bzw. magisch, als sie einen verborgenen, einen noch zu enthüllenden, einen futurischen oder eschatologischen Sinn proklamieren mußten, um ihren Jüngern das Gefühl ihrer Mächtigkeit zu vermitteln.

Sie mußten die Jünger davon überzeugen, daß sie selbst an der Unterseite des Teppichs tätig seien, dessen strahlendes Muster eines Tages durch einen eschatologischen Akt sichtbar werden würde. Die neue Ethik wird diese Vorstellung (die uns allen, auch den sogenannten Ungläubigen und insbesondere den Marxisten, in Fleisch und Blut übergegangen ist) radikal widerrufen. Sie wird zeigen, daß Heil oder Unheil hier und heute gewirkt wird, daß seine Muster offen zutage liegen und in ihrer schlichten Kausalität ohne weiteres einzusehen sind. Und es wird sich dabei vielleicht herausstellen, daß die Suche nach dem Glück, auch nach dem kollektiven Glück, die sich immer wieder in die Suche nach dem Reich der Zukunft organisierte, viel stärker durch die Methoden der Glücksuche selbst als durch äußere feindliche Einflüsse behindert und frustriert wurde. Indem wir die Welt hominisierten, das heißt zum alleinigen Rohstoff einer einzigen Spezies machten, haben wir sie enthumanisiert. Sie zu rehumanisieren wird nur möglich sein, wenn wir die Partnerschaft mit allem Lebenden bejahen und praktisch ernst nehmen. Der Typus des Beutemachers, des Expansionisten, der bisher von unseren eigenen Vorstellungen mit der Prämie des Erfolgs honoriert wurde, wird geächtet werden und einer Haltung Platz machen müssen, die man ohne Scheu als weltliche Askese bezeichnen soll.

Dies, der ganz reale und legitime Platz einer neuen, weltlichen Askese, ist meines Erachtens der dritte große Vorteil der notwendigen neuen Ethik.

Askese – der Ausdruck läßt alle zusammenzucken. Nicht zuletzt die Kirchen, die ihn heute scheuen wie weiland ihr großer Partner, der Teufel, das Weihwasser. Solche fromme oder unfromme Scheu vor einem Wort hat bestimmt gute historische Gründe. An sich ist nämlich gegen Askese überhaupt nichts einzuwenden, im Gegenteil: Sie war allen nennenswerten Kulturen, ob heidnisch, jüdisch oder christlich, wohlbekannt und war immer Überlebenstraining. (*Askesis* heißt philologisch nichts anderes als Training.) Dieses Training schuf jene individuellen und sozialen Mächtigkeiten, mit deren Hilfe Hochkulturen sich entwickeln konnten.

Woher kommt es also, daß alle zusammenzucken? Daß selbst der glühendste Freiheitskämpfer, der 18 Stunden täglich damit zubringt, den Kampf gegen den Klassenfeind zu organisieren, nicht um alles in der Welt als ›Asket‹ charakterisiert werden möchte?

Das Wort ist historisch falsch besetzt worden: und zwar im Laufe der Entwicklungen, die wir im ersten Teil besprochen haben. Es wurde erstens mit Weltflucht identifiziert – und zweitens mit Aggressivität. Der weltflüchtige Mensch von heute, der – sagen wir – in esoterischen Kommunen sein Seelenheil sucht, legt wenigstens Wert darauf, kein lächerlicher Zölibatär zu sein (selbst wenn ihm das schwerfallen sollte) und definiert sich so gegen den historischen Begriff.

Dazu kommt, daß die letzte, die schärfste Ausprägung der Askese – die jesuitisch-puritanische – die bisher machtvollste und unheilvollste Kanalisierung der Aggressivität erzielt hat: Der finstere Abstinenzler der neuenglischen und der finstere Conquistador der spanischen Expansion waren die extremen Typen solcher säkularisierter Askese. Sie hat viel zur Enthumanisierung der Welt beigetragen und ist heute darum widersinnig geworden; im Schrei nach totaler Repressionsfreiheit wird vor allem der berechtigte Unwille gegen solchen Widersinn hörbar.

Aber natürlich gibt es keine totale Repressionsfreiheit. Es liegt gerade im Wesen der menschlichen Freiheit, daß sie ohne Auswahl ihrer Antriebe – und das heißt schon Askese – nicht artikuliert werden kann. – Die bisherige Askese, jedenfalls diejenige, die im christlichen Teil der Menschheit führend geworden ist, vermag jedoch das Notwendigste nicht mehr zu artikulieren, weil ihre Zielsetzungen mit den Notwendigkeiten der neuen Lage nichts mehr zu tun haben. Der Verfall der Bußpraxis in den Kirchen ist ein Indiz solcher Entfremdung, und wohl nicht einmal das wichtigste; bezeichnender noch scheint mir die Verachtung, die ein großer Teil der Jugend dem Arbeitsethos ihrer Väter entgegenbringt. Hier stoßen zwei Formen der Askese aufeinander, die sich gegenseitig nicht wahrhaben wollen.

Nach allem, was wir bisher besprochen haben, sollten die Natur und die Zielrichtung der neuen Askese völlig klar sein. Die wird Existenzformen einzuüben haben, die dem gemeinsamen Überleben von Menschheit und Biosphäre nicht widersprechen. Wie schwierig und gleichzeitig realistisch solche Einübung sein muß, ist ebenfalls klar. Sie betrifft keineswegs nur den einzelnen, sondern fordert von allen, die sich der Dringlichkeit unserer Lage nicht verschließen, eine Solidarität der Haltung und der Aktion. Sie wird in allen (vor allem den sogenannten ›zivilisierten‹) Kulturkreisen auf äußerste Ablehnung stoßen. Sie wird den machtvollen Interessen fast aller Maßgebenden auf der ganzen Welt einen neuen *way of life* entgegenzusetzen haben; eine Kultverweigerung, die um nichts ungefährlicher ist als die Kultverweigerung der Juden und der Urchristen im spätrömischen Imperium.

Die politische Aufgabe, die Welt von morgen zu sichern, ist also zunächst und ganz konkret eine Erziehungsaufgabe. Sie könnte in Asien und anderswo auf Denk- und Gefühlsstrukturen stoßen, die ihr bereitwillig entgegenkommen: Hierzulande ist sie zunächst eine fürchterliche Strapaze. Aber abgesehen von der Schwierigkeit der Aufgabe sind ihre Ziele klar. Sie hat sich auf folgende Nahziele zu konzentrieren:

Erstens – PGZ – das heißt *Population Growth Zero* (Bevölkerungswachstum Null) – oder, wenn möglich, PGM – *Population Growth Minus.*

Mit den bisherigen Ressourcen – wissenschaftlichen wie politischen – kommt es frühestens um das Jahr 2000 als globale Realität in Frage; jüngste Fortschritte so die in der (ausgerechnet!) päpstlichen Universität Chile entwickelte › Jahresspritze‹ – könnten bei entsprechender Konzentration der Aufmerksamkeit und der Mittel diese Prognose ändern. Wie schon aufgeführt, ist eine solche Bevölkerungsdisziplin nicht ›natürlich‹ – aber sie ist nicht unnatürlicher als die Elimination der natürlichen Bevölkerungskontrolle durch Seuchen und Kindersterblichkeit, derer wir uns entledigt haben.

Zweitens – Totaler Kampf gegen die Heiligen Kühe der Wirtschaft: ›Wachstum‹ und ›Rentabilität‹. Es bedarf ständiger Anstrengungen, ihre Kriminalität aufzuzeigen; geschieht dies wirksam genug, werden Blutzeugen nicht zu umgehen sein. Um so schlimmer für die Wirtschaft!

Drittens – Neu-Definition der menschlichen Arbeit. Sie ist, recht verstanden, Dienstleistung an einer planetarisch-solidarischen Lebensgemeinschaft und sonst nichts. Als solche kann sie eine Würde beanspruchen, die ihr durch die bisherigen Ethiken der Werkelei nur mühsam vermittelt werden kann.

Viertens – Abbau der Erfolgsprämien für Aggressoren und Einführung von Erfolgsprämien für Dienste an der planetarischen Solidarität.

Die Forderung klingt etwas abstrakt; sie impliziert jedoch die notwendigsten und gleichzeitig schwierigsten politischen Aufgaben der nächsten Jahrzehnte. Da die Rettung nicht durch die Abwendung von, sondern nur durch die äußerste Anspannung der wissenschaftlichen und technischen Intelligenz erreicht werden kann, wird es vor allem darauf ankommen, die Belohnung neuer wissenschaftlicher, technischer und politischer Errungenschaften zur Überwindung der Krise von jeder Erwägung ihrer ›Rentabilität‹ zu trennen. Was dies für die ganze politische Wertwelt, aber auch für die Selektion der politischen und gesellschaftlichen Führungskräfte bedeutet, kann hier im einzelnen nicht weiter erörtert werden. Ein Hinweis genüge: In

Ost wie West scheinen heute immer mehr Typen an die Schaltpulte der Macht zu kommen, die sich ihrem Charakter wie ihrem Habitus nach ausgezeichnet im Überlebenskampf der Fauna unter einem nassen Stein behaupten würden. Sie dorthin zurückzubefördern, wäre eine der angenehmeren Aufgaben der Zukunft.

Soweit das – keineswegs vollständige – Minimalprogramm. Spätestens hier ist dem Verfasser das Gelächter der Realisten sicher. Es wäre leicht, dem zu entgegnen, daß am besten lacht, wer zuletzt lacht; aber das Gelächter, das sich im Massengrab der Menschheit erheben dürfte, wäre wohl für niemand besonders heiter.

Sinnvoller ist es, zu entgegnen, daß die bisherige Bilanz des ›Realismus‹, des jeweils nächsten ›praktischen Schrittes‹, der in der Regel nichts als die blinde Resultante der bewegenden Kräfte war und ist, nicht gerade erfolgreich aussieht. Der Realismus der politischen und gesellschaftlichen Praxis hat, immer in völlig naiver Annahme der (zuletzt völlig säkularisierten) alten Garantien und Verheißungen, die Welt immer unwirtlicher gemacht und sie an den Rand ihrer endgültigen Katastrophe geführt.

Die famose Vokabel vom ›Sachzwang‹ ermöglicht es heute diesen Realisten, unrealistischer denn je die verschiedensten Einflußfaktoren in die Richtung der explosiven Interaktion voranzutreten, von der Peccei warnend spricht.

Wird, gegenüber solchem Realismus, die Menschheit sich zur Vernunft, wird sie sich auf die Höhe ihrer Zeit erheben? Schon die Hoffnung auszusprechen, hieße sündigen. Es hieße auf einen Blankoscheck sündigen, dessen mangelnde Deckung wir im Lauf unserer Untersuchungen und Überlegungen freigelegt haben.

Es ging uns um die Folgen und Resultate einer Entwicklung aus der jüdisch-christlichen Tradition. Wir haben sie nicht beim Wort genommen, sondern bei den Resultaten; wir haben nicht ihre großen Intentionen verherrlicht, aber wir haben auch nicht – wie dies heute gemeinhin geschieht – den großen Abfall von diesen Intentionen beklagt. Wir haben vor allem festgestellt, daß gerade die gefährlichsten Gefühls- und Verhaltensprämissen, die sich als Resultate der Tradition allmählich ergaben, von den fortschrittlichen Erbauern der *Secular City* unserer Tage kritiklos und freudig übernommen worden sind: Einzigartigkeit des Menschen, sein Gegensatz zu jeder anderen Geschöpflichkeit; sein totaler Herrschaftsauftrag über die Welt; seine ursprünglich geplante und deshalb auch wieder erreichbare Vollkommenheit, welche die Unvollkommenheiten kreatürlicher Existenz nur als Skandal empfinden kann; Garantie des ökologischen Gleichgewichts durch einen bilateralen Vertrag mit der Schöpfung – und, schließlich, die Gewißheit einer absoluten Zukunft, eines Endreichs, das zwangsläufig entweder durch göttliche Gnade oder durch den Gang der historischen Dialektik heraufgeführt werden wird.

Von diesen Mustern werden wir uns trennen müssen; jedenfalls in jeder konkreten Aktion und Reflexion. Wir werden davon ausgehen müssen, daß die Erde keine garantierte Heimat ist, daß wir sie und damit uns sehr wohl vernichten können, daß kein außer- oder innerweltliches Bündnis von der Verpflichtung für die eigene Zukunft entbindet und entbinden kann.

Als ich solche Gedanken in einem Treffen mit wachen Menschen andeutete, fragte mich ein junger Mann: »Was ist dann noch der Sinn des Lebens?« Derlei Fragen sind immer höchst peinlich zu beantworten, weil schon die Frage nach dem Sinn des Lebens eine Störung solchen Lebenssinnes anzudeuten scheint. Dennoch sei's gesagt: Ich glaube nicht, daß unser Leben aufhören wird, sinnvoll zu sein – genausowenig wie das eines Zehnjährigen, der entdeckt, daß er kein Cowboy mehr werden kann. Ich glaube im Gegenteil, daß sich erst im Licht der vollen gesellschaftlichen, politischen, ethischen Verantwortung für den Planeten das Selbstverständnis seiner erwachsenen Menschheit bilden kann. Bislang sind wir in Platos Höhle gesessen und freuten uns an der Wärme des selbstentzündeten Feuers.

Nun müssen wir hinaustreten ins Licht des faktischen Tages. Wir müssen lernen, die Welt und unseren Platz in ihr zu sehen – von Angesicht zu Angesicht. Die Welt, die unsere Heimat nicht werden wird, wenn wir nicht begreifen, daß sie die einzige Heimat ist, die wir je hatten, haben oder haben werden.

was rufst du um Hilfe, törichter? Ich helfe dir nicht. du hast dir selbst geholfen.

erwählt, geprüft, verbündet mit der Allmacht, wie du sie verstehst, hast du aus deiner winzigen weltecke die erde erobert. du hast die zeichen deines sieges und die zeichen der vernichtung in die flanken der berge, in den schoß der erde, auf die linien des wassers geschrieben. und nun, da du mit deiner siegerfahne auf den leichen stehst, da du dich einsam fühlst und von der zukunft verlassen, willst du von Mir die alten verheißungen einfordern.

warum forderst du? Ich fordere nichts von dir. Ich fordere Meine blauwale, Meine laufvögel, Meine schmetterlinge und zedern nicht zurück, Meine flüsse und Meine kohle. Ich fordere nicht einmal Meine huronen, tasmanier, pruzzen und australier; ja, nicht einmal Meine geliebten und frommen diener, die du auf scheiterhaufen verbranntest in Meinem namen.

sie gehören alle dir. du stehst auf ihnen, du hast ihre kadaver in die brunnen deiner welt geworfen und klagst nun, daß das wasser faul ist.

was habe Ich dir versprochen, was du dir nicht selbst holen wolltest?

du hast geschrien: geh fort, solange Du da bist, bin ich ein untertan, Du kannst nicht wollen, daß ich untertan bin.

Ich ging also fort, Ich gab dich frei. Ich bin abwesend, weil du es so willst.

was schreist du also, daß du in Meinem auftrag gehandelt, daß du Mir vertraut hast? Ich habe dir alles überlassen – auch die vorsorge für dich selbst.

aber was hast du mit Meiner abwesenheit gemacht?

du hast Mich einen finster-weisen natur-baal genannt; und du selbst warst den deinen ein finster-dummer moloch.

du bist kein untertan mehr, aber den deinen bist du ein pfahler und röster, brauchst ihre qualen, um dich deiner herrschaft zu freuen.

solange du gefressen wurdest, hast du die welt des fressens und gefressenwerdens unerträglich gefunden. nun frißt du selbst, frißt und frißt, und schreist darüber, daß du nun vielleicht doch gefressen wirst.

du schreist; ich allein bin nach Deinem bild und gleichnis gemacht! Ich aber sage dir: an dir allein ist es, bild und gleichnis zu werden.

du schreist: der himmel ist nicht für die vögel da, die weltgeschichte nicht für die abkömmlinge von schimpansen. Ich aber sage dir: kein Himmel, der nicht für die vögel da ist, war und ist je für dich da; und ferner: was du dem geringsten Meiner schimpansen, deiner brüder, antust, das hast du dir selbst getan; und abermals: wenn du nicht wirst wie der geringste dieser schimpansen, wirst du nicht in das Reich eingehen.

du fragst: wo ist dieses Reich, das Du mir versprochen hast? Ich aber sage dir: das Reich, das paradies, ist in dir und um dich, und du hältst deine augen zu, daß du es nicht sehen mußt.

du fragst: ist nicht alles auf meine freiheit, mein glück, meine befriedigung allein angelegt? und Ich sage dir: glück für einen allein gibt es nicht.

du fragst: wo ist das Neue Jerusalem, wo sind die zederntore, wo die edelsteinernen türme? Ich aber sage dir: zweimal zwei ist vier. du hast Meine zedern für deine hurenhäuser gebraucht und Meine edelsteine deinen huren umgehängt, Ich fordere sie nicht zurück, aber zweimal zwei ist vier. soll Ich, der Abwesende, wunder wirken, die du dem Anwesenden nicht glaubtest?

du fragst: hast Du mir nicht den Sohn geschickt mit der Verheißung einer Zukunft, die alle meine zurüstungen übersteigt? Ich aber sage dir: Er hat dir ein beispiel gegeben, daß du tust, wie Er getan hat. geh hin, gib deine untertanen frei und diene, wie Er gedient hat: diene deinen brüdern und schwestern sonne, mond, ochs, esel, schimpansen, ameisen, bäumen, regen und tau.

wen habe Ich je erwählt, den anderes erwartet hat als dienen?

gedenke, daß du staub bist und zum staub zurückkehrst. dann - kannst du Mein Sohn sein.

II.
Natur als Politik

ERSTER TEIL

ÖKOLOGISCHER MATERIALISMUS

At this sad time among our people, we are scrambling for the ball, and some are not even trying to catch it, which makes me cry when I think of it. But soon I know it will be caught, for the end is rapidly approaching, and then it will be returned to the center, and my people will be with it. It is my prayer that this be so, and it is in order to aid in this recovery of the ball that I have wished to make this book.

In dieser traurigen Zeit meines Volkes haschen wir blindlings nach dem Ball, und einige versuchen gar nicht, ihn zu fangen – es macht mich weinen, wenn ich daran denke. Aber bald, das weiß ich, wird er gefangen; denn das Ende naht rasch, und dann wird er zur Mitte zurückkehren, und mein Volk wird dabeisein. Darum bete ich, daß dies geschieht; und um beim FANGEN DES BALLES zu helfen, wollte ich dieses Buch machen.

> *HEBAKASAPA (Schwarzer Hirsch)*
> *Heiliger Mann der Oglalas, gestorben August 1950,*
> *in seinem Buch »The Sacred Pipe«.*

Einleitung

Die Menschen haben sich bisher stets falsche Vorstellungen über sich selbst gemacht; ... vor ihren Geschöpfen haben sie, die Schöpfer, sich gebeugt. Befreien wir sie von den eingebildeten Wesen, unter deren Joch sie verkümmern!

Vorwort zur *Deutschen Ideologie*

189

Wenn der unreine Geist aus dem Menschen gefahren ist, geht er in die Wüste, sucht Ruhe und findet sie nicht. Und er wird zu sich sprechen: Ich will in das Haus zurückkehren, aus dem ich kam! Und er findet es leer, besenrein und geschmückt. Da holt er noch sieben weitere Geister, die ärger sind als er, und sie ziehen zusammen ein. So steht es zuletzt um diesen Menschen schlimmer als zu Anfang. Und so wird es diesem ganzen verderbten Geschlecht ergehen.   *Matth. 12,43–45*

D ieses Buch setzt dort ein, wo das 1. Buch *Das Ende der Vorsehung* endete. Dort ging es um einen Rückblick; ich versuchte zu zeigen, daß der heutige praktische und theoretische Materialismus aus den Wurzeln einer Tradition sich nährt, welche in den handlungsmächtigsten Regionen der Erde zwei wichtige Leitsätze verinnerlicht hat: erstens den Auftrag absoluter, um nicht zu sagen tyrannischer Weltbeherrschung an den Menschen als die einzige herrscherliche Art des Planeten – und zweitens die Deutung des Weltzustandes als eines Skandals, der durch »Heils-Geschichte« eines Tages in irgendeiner geheimnis –, aber auch glanzvollen Weise aufgehoben werden wird. Und wir haben versucht darzustellen, auf welche Weise der Weg des Christentums durch die Geschichte konsequent zum modernen Materialismus als Instrumentarium solchen Heiles geführt hat.

Die Folge solcher menschlicher Herrschaftsideologie und Herrschaftspraxis ist das, was man die ökologische Krise nennt. Sie wird rings um uns immer noch als völlig selbständige, gewissermaßen zusätzliche Krise behandelt, und man versucht immer noch, sie innerhalb der die Köpfe beherrschenden Ordnungs- bzw. Unordnungssysteme abzuhandeln und zu erklären. Die wunderlichen Fronten und Bündnisse, die dabei zustande kommen, gehen quer durch alle ›weltanschaulichen‹ Lager, quer durch die geographischen und ideologischen Blöcke. Ehe wir uns mit dem ›Warum‹ befassen, genügt hier ein kurzes Schema der Gruppen und Richtungen, die sich jeweils zu den sogenannten ›Wachstumsgegnern‹ – und den ›Wachstumsbefürwortern‹ zusammenfinden.

In Theorie und Praxis gibt es Wachstumsbefürworter vor

allem unter den Inhabern und Handhabern der Produktionsmittel, ob sie sich nun Kapitalisten oder Sozialisten bzw. Kommunisten nennen. In der Welt technischer Großvorhaben (Kriwoj Rog oder die Alaska-Pipeline, westdeutsche Atomkraftwerkskombinate oder Mehrjahrespläne der DDR) sind sich Parteien und Kapital, Arbeitgeber und Arbeitnehmer, Planer und Profitler über die Notwendigkeit, ja das Wünschenswerte weiteren Wachstums einig. Ideologisch unterstützt werden sie von der institutionalisierten Philosophie bzw. der institutionalisierten ›Wirtschaftswissenschaft‹ der alten Orthodoxien: von sogenannten Konservativen, denen es um Reichtum, von Revisionisten, denen es um die Finanzierung von Reformen, von Falken, denen es um den Rüstungsetat, und von Gewerkschaftern, denen es um Arbeitsplätze und höhere Tarifabschlüsse, das heißt um höhere Produktivität pro Arbeitsstunde zu tun ist. Hinter den sogenannten Sachzwängen (und hinter der nackten Angst vor Popularitätsverlust) bleibt dabei immer die alte, selten als solche erkannte Theologie sichtbar; das Dogma der Heilserzwingung durch Brechung der natürlichen Grenzen.

Ähnlich bunt ist die Zusammensetzung der Wachstumsgegner. Zu den Resten der alten konservativen Kulturpolitik stieß ganz plötzlich der autoritätsumwitterte *Club of Rome*. Seine grundsätzlichen Thesen werden schon 1972 von einem stattlichen Prozentsatz sowjetischer Naturwissenschaftler anerkannt – viel vorbehaltsloser, als dies im Westen geschah. Sozialistische Revisionisten gesellten sich dazu: Sicco Mansholt, Erhard Eppler, Jochen Steffen. Nach links schließt sich ein Spektrum unorthodoxer Linker an (bei uns am auffälligsten Hans Magnus Enzensberger mit seinem *Kursbuch 33*), letzten Endes aber auch H. Marcuse mit seiner im *Eindimensionalen Menschen* angelegten Industriekritik. Ganz wenige entschlossene Theoretiker des eigentlichen marxistischen Lagers folgten gleichfalls: nennen wir hier Guya Biolat, André Gorz und Wolfgang Harich.

Seit der wirklichen oder eingebildeten Rezession in Westdeutschland ist es um diese Theoretiker etwas ruhiger geworden. Der Konsolidierungsprozeß der Wachstumsgegner findet hier hauptsächlich in den Bürgerinitiativen statt, die sich zur Abwehr ganz bestimmter Gefahren bilden oder gebildet haben –

als bisher klassischer Fall muß Wyhl genannt werden. Die Koalition von Wyhl, die aus uralten Ständen – Winzern, Bauern, Fischern –, einigen Arbeitern, Vertretern der Kirchen und linken Dissidenten besteht, erinnert nicht nur von ferne an eine Koalition, die der letzte Stuart, Jakob der Zweite, in England und Schottland gegen das heraufsteigende Industriezeitalter zu formen versuchte. Damals waren es die schottischen Highlander, die alten Landbesitzer, Reste älterer Wirtschaftsformen, Katholiken und, vor allem, die sogenannten Dissidenten, also die damalige christliche Ultralinke. Das englische Establishment hielt diese Koalition immerhin für gefährlich genug, um die sogenannte Glorreiche Revolution gegen Jakob in Gang zu setzen.

Bedeutet das, daß auch die Sache der Wachstumsgegner eine historisch überholte Sache ist, so weit sie es damals in den Inselkönigreichen war? Nun, die Sachlage hat sich eindeutig geändert. Damals war die Sache des Industriesystems im Aufstieg – heute ist sie eindeutig auf dem Rückzug, geistig wie materiell. Heute liegt ein genauer gegenteiliger Tatbestand vor: Die öffentliche Begriffsbildung hinkt den Anforderungen der Zukunftspolitik nicht nur einen Schritt, sondern viele Bewußtseinsschritte hinterher. Die zentrale Problematik der Zukunft läuft Gefahr, im Pragmatismus unterzugehen; läuft Gefahr, von den uralten Herrschaftstricks der Etablierten unterlaufen zu werden, weil sie noch nicht auf die Höhe des Begriffs gebracht ist.

Das ist also die Aufgabe. Wir müssen eine Sicht der Dinge, eine Anordnung unserer Aufgaben und unserer Gedächtnisinhalte erarbeiten, welche den tatsächlichen, bereits allenthalben geführten Kämpfen zwischen ›Wachstumsgegnern‹ und ›Wachstumsfetischisten‹ ihre tatsächliche Bedeutung erst vermittelt – kurz: Was fehlt, ist ein Konzept oberhalb der Taktik, ein Konzept auf der Höhe der Zeit.

Nun übersteigt ein Konzept, das, sagen wir, der kaltblütig-leidenschaftlichen, massiven Anstrengung etwa des *Kapital* von Marx entspricht, vorläufig die Fähigkeiten und vor allem die Arbeitsmöglichkeiten des Verfassers. Er kann lediglich hoffen, Wegweiser zu setzen, Markierungen, welche ihm, dem Zeitgenossen, aber auch den unmittelbar Zukünftigen eine solche systematische Anstrengung erleichtern. Er fühlt sich dazu gedrängt, weil die Zeit drängt. Wir sind zum Handeln gezwungen, und zwar in diesem Jahrzehnt. Und es ist völlig klar, daß die bisherigen Mächte (die Institutionen wie die Ideologien) weder gewillt noch imstande sind, das Notwendige hinreichend zu begründen und zu fördern. Der Grund ist bedrückend klar: ihr eigenes Überleben hängt von der Fortsetzung des Wahnsinnskurses ab, den die Menschheit ratlos und kurzsichtig steuert. Diese Institutionen und Ideologien sind längst so weit verselbständigt, daß sie, vor die Wahl gestellt, entweder sich oder die Menschheit zu opfern, natürlich für Letzteres votieren werden; trotz der Tatsache, daß vom Überleben der Menschheit auch ihr eigenes Überleben abhängig ist.

Daran ist (um gleich eine These unserer Betrachtungen vorwegzunehmen) gar nichts Unheimliches, Gespenstisches oder gar Mystisch-Theologisches. Mythen, Systeme, Staaten, Institutionen stehen nicht außerhalb der natürlichen Gesetzmäßigkeiten und Kreisläufe, sie sind keine Einheiten eigener Definition. Sie sind vielmehr ökologische Gattungen zweiter, dritter, vierter Stufe. Für ihre Existenz sind sie auf Wirtstiere angewiesen, also auf ein Ökosystem von menschlichen Gehirnen. Zunächst sind sie symbiotisch, das heißt hilfreich, sie helfen den Menschen, die Welt, in der er lebt, zu interpretieren und zu organisieren. Fast immer werden sie jedoch zu parasitären Gattungen, wenn ihre Zeit überschritten ist, das heißt, wenn sie nicht mehr imstande sind, die Hilfe in einer neuen Situation zu leisten, die sie anfangs geboten haben. Sie interpretieren nun die Welt nicht mehr für ihre Wirtstiere, sondern blockieren im Gegenteil die notwendige Information; sie organisieren nicht mehr das notwendige Überleben der Individuen und Gruppen, sondern organisieren vielmehr ihre Vernichtung.

›Revolution‹ ist also, ökologisch gesprochen, die Vernichtung parasitär gewordener Organisations- und Erklärungssysteme. Dabei geht meistens, wie die Geschichte zeigt, die Vernichtung des noologischen, das heißt des Erklärungssystems, der Vernichtung der organisatorischen, der ›Herrschafts‹systeme voraus.

Schicksalhaft wird, gerade in unserem Jahrhundert, die Möglichkeit der Scheinrevolution; der Möglichkeit nämlich, organisatorische Systeme vor ihrem entsprechenden noologischen System zu zerstören. Einer solchen Scheinrevolution folgt dann genau das, was das Bibelwort vor unserer Einleitung beschreibt (übrigens das Wort eines erfahrenen Dämonenausreibers). Die Sätze aus dem Vorwort der *Deutschen Ideologie* von Marx, die ihm vorangehen, sind keineswegs die Meinung von Marx selbst, im Gegenteil macht er sich über diesen Ansatz lustig, welchen er der deutschen Philosophie seiner Tage zuschreibt. Marx, selbst ein Dämonenaustreiber von hohen Graden, gibt der organisatorischen Revolution eindeutig den Vorrang vor der noologischen – aber wie das Schicksal seiner eigenen Lehre beweist, hat er da noch nicht klar – wenn man will, nicht dialektisch – genug gesehen. So wurden etwa die leeren Räume seiner ›Staats-Theorie‹ (die keine war) zum Schicksal der marxistischen Praxis – die Dämonen kehrten zurück, mit etlichen, die schlimmer waren als sie selber. Wird ein noologisches System nicht gründlich genug vernichtet, wird es nur verdrängt und nicht vollgültig ersetzt, erfolgt eine neue Setzung, scheinbar willkürlich und aufs Geratewohl, in Wahrheit aber aus den Beständen der alten Dämonie. So hat Lenin bestimmt nicht gewußt, was er der Revolution antat, als er die Formel »Sowjets plus Elektrizität« ausrief.

Vor dem Hintergrund dieser warnenden Beispiele, aber auch vor die Notwendigkeit raschen Handelns gestellt, gilt es also:

1. eine Erkenntnisweise zu finden, die es erlaubt, das zentrale Anliegen der Gegenwart auf den Begriff zu bringen – ich nenne sie im folgenden den *Ökologischen Materialismus;*
2. im Lichte dieser Erkenntnisweise unsere Geschichte, das heißt unsere kollektiven Gedächtnisinhalte zu revidieren und zu ergänzen;
3. die Perspektiven aufzuzeigen, die bisher zur Bewältigung der Krise dargeboten werden, und ihre Unzulänglichkeit zu beweisen – und
4. relativ sichere Voraussetzungen für gegenwärtiges Handeln unter solchen Umständen wenigstens zu skizzieren.

Für einen konsequenten Materialismus

Die Geschichte der neuesten Zeit ist gekennzeichnet durch den sogenannten Fortschritt – und durch den Angriff auf diesen Fortschritt. Dieser Angriff wurde und wird in der Regel von konservativen Voraussetzungen her vorgetragen. Während der Fortschritt jahrhundertelang (oder doch wenigstens eineinhalb Jahrhunderte lang) auf seine unzweifelhaften Erfolge hinweisen konnte, nämlich die Verbesserung des materiellen Loses immer größerer Teile der Gesellschaft, beharrte und beharrt der Konservative auf der Behauptung, daß der Preis für diese Verbesserungen zu hoch sei und schon lange zu hoch gewesen sei. Die alten Werte und Ordnungen, um die es dem Konservativen zu tun ist, werden dabei in der Regel als geistige, als spirituelle, als emotional getönte, jedenfalls als *immaterielle* Größen definiert; als Größen also, die ihren Wert und ihre Einsehbarkeit nicht aus der mehr oder weniger geglückten Befriedigung materieller Ansprüche, sondern aus der Natur des Menschen als eines übernatürlichen Wesens beziehen.

Es ist das Verdienst des Marxismus, die Kontroverse auf ein neues Feld getragen zu haben. Marxistische Analyse weist allenthalben die materielle und gesellschaftliche, also nicht die spirituelle Problematik des bürgerlichen Fortschritts auf. Diese Kritik ist allerdings nicht immanent fortschrittsfeindlich, im Gegenteil. Sie impliziert vielmehr das, was wir in der Einleitung zu beschreiben versuchten: die institutionelle und erkenntnismäßige Unzulänglichkeit, das heißt Rückschrittlichkeit des bourgeoisen Systems, das seinen materiellen Fortschritt, nämlich die Entfaltung der Produktionskräfte, behindert und blockiert.

Wir halten hier an einem wesentlichen Teil dieser marxistischen Erkenntnis fest: nämlich an der Einsicht, daß das Problem der gesellschaftlichen Krise ein Problem der Materie ist. Unsere Anstrengung wird also eine materialistische genannt werden müssen.

Wir gehen jedoch einen Schritt weiter, als der marxistische Ansatz dies tut: Wir verbieten uns den voreiligen Rekurs auf rein innermenschliche, auf rein gesellschaftliche Verhältnisse. Wir fragen vielmehr nach dem grundsätzlichen Verhältnis zur Materie, wie es allen gegenwärtigen Systemen zugrunde liegt – und jedem nur denkbaren gesellschaftlichen Organisationsschema zugrunde liegen könnte. Dieses grundsätzliche Verhältnis, zweifellos anthropologisch und nicht erst gesellschaftlich angelegt, ist das der Ausbeutung.

Heute herrschen in allen bedeutsamen Räumen des Planeten materialistische Systeme. In den sogenannten sozialistischen Räumen wird das offiziell proklamiert; in den Industriestaaten der sogenannten freien Welt werden noch notdürftig metaphysische und ethische Designs der Vergangenheit über den Stahlbeton der Praxis gepinselt, die aber an den Tatsachen nichts ändern. Es ist im Gegenteil so, daß der praktische Materialismus des Westens viel erfolgreicher in der Zerstörung nichtmaterialistischer Denk- und Gefühlsstrukturen ist, als dies dem offiziösen Materialismus im Osten gelingt. (Ein unbefangener Blick in die Literatur dortselbst, auch in die offiziell anerkannte, genügt als Evidenz.)

Eine weitere Tatsache ist jedoch, daß Materie, belebte wie unbelebte, noch nie so mißhandelt worden ist wie in unserer materialistischen Gegenwart. Dies bedarf der Erläuterung; nicht, was die Tatsachen betrifft (die sind klar genug), wohl aber, was den meist unbewußten Ansatz der ›praktischen Ideologie‹ betrifft.

Der Materialismus, den wir kennen und in dem wir leben, ob in Ost oder West, bemüht sich nur insoweit um Verständnis für die Materie, als er dieses Verständnis in *Herrschaft* über die Materie umsetzen kann. Er sah und sieht sie ausschließlich in ihrer Beziehung zum Menschen; und zwar nicht in Beziehung zu einem Menschen, der als körperliches Wesen inmitten anderer Körper leben muß, sondern zu einem Menschen, der von vornherein als Herrscher über alle anderen Gattungen, Formen, Aspekte der Materie auftritt.

Diese Sicht war und ist in gewissen Traditionen der jüdisch-christlichen Lehre angelegt (ob sie die »wahren« Traditionen, also die von den Stiftern angelegten Traditionen waren, ist für unseren Ansatz unwesentlich). In vergangenen Zeiten, das heißt vor der Neuzeit, waren Wissen und Technik allzu begrenzt, um die volle Ausfaltung der Herrschaft zu ermöglichen; ferner wirkten die Reste primitiver bzw. antiker Frömmigkeit, wie sie sich zum Beispiel im Katholizismus und in der östlichen Orthodoxie hielten, als Bremse auf solchen Fortschritt aus. Diese Bremse greift nicht mehr seit der Renaissance bzw. der Reformation.

Für die historische Praxis jedenfalls läßt sich feststellen: Wahrend von den Primitiven über die Antike bis ins Mittelalter hinein die Dichte, Würde und Komplexität der Materie (also dessen, was man einmal »Schöpfung« nannte) noch mehr oder weniger anerkannt war, während damals das Nichtmenschliche eher noch als Gegenstand der Meditation als der Aktion begriffen wurde, wird die Materie in den letzten dreihundert Jahren zusehends stärker *instrumental* empfunden. Sie ist heute nur mehr Depot und Werkzeugkammer, ihre Zweckbindung ist klar und ausschließlich. Auch der zweifelsfreie Fortschritt der naturwissenschaftlichen Erkenntnisse wurde und wird zunächst nur als ein Instrument gesehen und gewürdigt: als ein Instrument der ständig erweiterten und ständig brutaleren Herrschaft des Menschen über die nichtmenschliche Materie.

Der (relative und sehr kurzfristige) Erfolg dieses Materialismus hat uns bisher daran gehindert, seine grundsätzliche Inkonsequenz zu erkennen. Diese Inkonsequenz aber führte und führt zum ethischen wie zum faktischen Bankrott unseres inkonsequenten Materialismus. Ein historisches Beispiel soll uns die Einsicht in die Natur solchen Bankrotts erleichtern.

Das altrömische Recht definiert den Sklaven als *instrumentum animatum*, das heißt als beseeltes Werkzeug. Sämtliche Aspekte seines Menschseins, die außerhalb einer solchen Definition liegen, also nach unseren Begriffen die wesentlichen, die Grundeigenschaften des Menschen überhaupt, waren für das römische Recht nicht vorhanden. Eine solche Einstellung zum Sklaven wird erhärtet durch die älteste Vokabel für die ›Abhängigen‹ im Lateinischen – sie heißen *mancipium,* Menschzeug, ein Neutrum – ohne Geschlecht, ohne Inviduation. (Es ist bezeichnend, daß in fast allen Religionen Spätroms, nicht nur im Christentum, dieses Instrumentalverhältnis nicht galt – kultisch waren die Sklaven gleichberechtigt.)

Solches Menschzeug, unterhalb der juristisch anerkannten Definition des Menschseins, war sämtlichen Marktgesetzen vorbehaltlos unterworfen. Es ist überliefert, daß sich der Feldherr Lukullus, ein Pionier der Gastronomie, dazu entschloß, einige seiner Sklaven an Fische zu verfüttern. Dies war juristisch klar, lag innerhalb der Legalität. Die Billigkeit des verfügbaren Menschenmaterials machte solche Reduktion des *mancipium* auf den Nährwert rentabel. Natürlich dürfen wir annehmen, daß Lukullus wertvolleres Material, etwa vollwertige Arbeiter, nicht in den Muränenteich werfen ließ; und bei, sagen wir, griechischen Hausphilosophen oder leckeren Konkubinen wird das vollends unwahrscheinlich; schon deshalb, weil der Marktwert für Weisheit und Schönheit in der Antike etwas höher lag als bei Erbauern von modernen Altersheimen oder Sesselliften. Solche Unwahrscheinlichkeit beruhte aber niemals auf einer Anerkennung des Menschseins der Sklaven, sondern auf den einsichtigen Kalkulationen des Marktwertes.

Folgerichtig war der Sklavenaufstand des Spartakus eines der größten Schockerlebnisse des antiken Rom. Siebzigtausend Instrumente, siebzigtausend Einheiten Menschzeug entschlossen sich plötzlich zu einer eigenständigen Aktion, die nach römischem Recht völlig illegal, ja logisch undenkbar war.

Der Spartakus-Aufstand wurde niedergeschlagen – der Schock war überwunden. Trotzdem scheiterte das Imperium letzten Endes am Sklavenproblem; nicht an irgendwelchen Triumphen der Menschlichkeit, nicht an der philosophischen oder theologischen Unmöglichkeit der alten Definition sondern am Sklaven als Material, gewissermaßen am Nachschubproblem.

Aus den patriarchalischen Produktionsverhältnissen der römischen Republik entwickelten sich immer ›rentablere‹, das heißt immer großräumigere Wirtschaftsweisen mit Sklaven. Dies führte zu Sklavenplantagen und Sklavenfabriken. Sollten sie rentabel arbeiten, mußten die Sklaven kaserniert sein, und das erlaubte keine hinreichende natürliche Reproduktion. Lieferanten für den Nachschub waren die Eroberer, die »Erschließer« neuer Provinzen, das heißt neuer Rohstoffvorkommen. Die imperiale römische Wirtschaft war demnach auf ständigen Verschleiß belebter Instrumente und auf ihre ständige Ergänzung durch Eroberung programmiert. Die letzten Kriege, etwa gegen die Daker, strebten schon gar keinen Territorialgewinn mehr an, sondern waren reine Sklavenjagden.

Aber selbst solche Sklavenjagden wurden allmählich unmöglich – die römische Verwaltungstechnik und vor allem der niedrige Stand des Transportwesens waren durch die Größe des Reiches ständig überanstrengt. Die Sklavenkriege wurden also eingestellt; der Preis, der finanzielle wie der gesellschaftliche, für den Rohstoff Mensch stieg, die Energiekrise wurde chronisch.

Nun lohnte sich eine neue, eine illegale Form der Sklavenjagd – lohnte sich ein Schwarzer Markt. Mafiaähnliche Banden lauerten an den Reichsstraßen auf Sklaventransporte, kidnappten die Ware und setzten sie auf Hehlermärkten ab. Die exponentiell wachsende Inflation auf diesen Märkten ist bekannt – der Schrumpfungsprozeß des Imperiums war im Gange und nicht mehr aufzuhalten.

Der Übergang vom Altertum zum frühen Mittelalter ist nicht zuletzt markiert durch einen technischen Fortschritt – einen »Durchbruch«, wenn man will, im Management des Rohstoffs. Das Feudalsystem verzichtet auf die kurzfristige hohe Rendite der Sklavenkaserne und geht zu einer längerfristigen Rentabilität über. Ihr Kennzeichen ist der Hörige, der inmitten seiner Familie und seines Wirkungskreises sitzt. Zwar ist er rechtlich fast so schutzlos wie der antike Sklave, aber es wird ihm die natürliche Reproduktion gestattet (in Grenzen, versteht sich). Sein Nutzen wird nicht mehr durch die Produktivität pro Arbeitsstunde bestimmt, sondern durch die dauerhafte Fruchtbarkeit, das heißt Investitionskraft seines Arbeitsbereichs – seiner Hube, seiner Halb-, Viertel-, Achtel-, Sechzehntel-Hofstelle.

Die neue Produktions- und Reproduktionsform entläßt wenigstens einen Aspekt seines Menschseins aus der reinen Werkzeugdefinition, emanzipiert ihn wenigstens in einem

Punkt: Aus dem geschlechtlosen *mancipium* wird der männliche *servus,* ein bedeutsamer Kreis der wirtschaftlichen Reproduktion wird sinnvoller geschlossen, als dies im antiken Verschleißsystem der Fall war, und durch diesen Fortschritt wird Menschlichkeit freigesetzt. Zudem entfällt so die unmittelbare Ursache für den antiken Expansionismus. (Später, im frühen Hochmittelalter, wird allerdings der starre *numerus clausus* der Lehens- und Hofstellen zu einem neuen Imperialismus führen: dem der Kreuzzüge.)

Die Ausweitung der imperialen Räume in der Neuzeit hat die Wiederaufnahme des kurzfristig-rentablen Sklavensystems ermöglicht – bis in unsere Tage hinein. Wichtiger für uns ist jedoch die Tatsache, daß wir heute im Bereich der nichtmenschlichen Materie die Situation erleben, vor der das späte Rom stand: die Situation der spärlicher werdenden Ressourcen, die immer größere Schwierigkeit des Nachschubs.

Stoßen wir nicht allenthalben an die Grenzen des Wirtschaftsreichs ? Frieren, schwitzen seine Stoßtrupps nicht heute schon im Unbewohnbaren, in der Antarktis, der Arktis, dem tobenden Nordmeer, den Sandwüsten der *Arabia deserta*, um uns den letzten, immer teurer werdenden Nachschub an dienstbarer Materie zu sichern? Führen wir auf unseren Äckern nicht einen immer wahnsinniger werdenden ABC-Krieg, um die paar dienstbaren Pflanzenarten, die wir haben, und die es ohne uns gar nicht gäbe, vor immer gefährlicheren Feinden zu schützen? Müssen wir uns nicht immer tiefer in die Eingeweide der Mutter bohren, um ihr die durch Jahrmilliarden gehorteten Metalle und Brennstoffe zu entreißen? Und müssen wir die Sonden der Ausbeutung nicht in die tiefste, die gefährlichste Mitte der Schöpfung, in die Kohäsion der Atome, treiben, um unsere Herrschaft in der bisherigen Form noch aufrechterhalten zu können?

Und dennoch: allenthalben sind wir eingekreist, allenthalben rückt die Wüste vor. Urwälder werden zu Laterit, allenthalben sinkt der Grundwasserspiegel, rinnen Bäche und Flüsse spärlicher, werden zu Kloaken und Giftrinnen. Allenthalben steigen die Folgelasten und mit ihnen die Investitionen – immer näher rückt der Punkt der Unkontrollierbarkeit der versklavten Materie: kein Aufstand, beileibe nicht, sondern eine kollektive indirekte Form von Selbstmord.

Die Materie als solche funktioniert also nicht mehr. Was ist passiert? Entzieht sie sich uns einfach durch ihr Entschwinden, ihr Sterben? Verwest sie schon in unseren Kellern, erfüllt sie unsere Behausungen mit ihrem Verwesungsgift? Oder ist der gute alte Onkel Tom in die Wildnis geflohen, wetzt er dort das Haumesser, ein grauhaariger Mau-Mau?

Allenthalben drängt sich solcher Verdacht auf – und zwar nicht nur in unserem Jahrhundert. Der Verdacht ist, um das vorwegzunehmen, so alt wie das Zeitalter des Materialismus selbst. Friedrich Engels, der weiter als Marx in das vorgestoßen ist, was er »Dialektik der Natur« nennt, argumentiert für die autoritäre Führung von Wirtschaftsunternehmen, indem er sie mit einem sturmbedrängten Schiff vergleicht, auf dem zentrale und absolute Kommandogewalt gelten müsse – ein Vergleich, der nur dann sinnvoll ist, wenn Materie kein freundlicher Helfer, sondern eine elementare Bedrohung ist.

Aber der stärkste, das eindringlichste Bild des Verhältnisses von Mensch und Materie, welches das 19. Jahrhundert hervorgebracht hat, ist wieder dem Bereich der Sklavenwirtschaft entnommen, Herman Melville, der Autor des *Moby Dick*, hat dieses Bild in seine Novelle *Benito Cereno* gefaßt. Da besucht ein ahnungsloser Yankee-Kapitän ein spanisches Schiff, trifft darauf einen schwachen und kranken Kapitän, eben den Benito Cereno, der rührend von seinen schwarzen Sklaven umsorgt wird. Alles scheint in Ordnung – bis es dem Kapitän gelingt, ins Boot der Yankees zu entrinnen. Alles, so stellt sich nun heraus, ist völlig anders – alles war nur mehr Theater. Die profitable Sklavenfracht ist längst eine Rotte von Aufrührern geworden, der Kapitän ist ihr Gefangener, den sie brauchen, um den Kurs zu erstellen – den Kurs auf Befreiung. Und am Bug des Schiffes, den Augen des Besuchers verhüllt, prangt längst die neue, die entsetzliche Galionsfigur: das Skelett des Eigentümers. Es ist gleichermaßen Trophäe der Rache wie Wegweiser in eine unausweichliche Zukunft – in eine endgültige Bestimmung, der keines unserer Staatsschiffe entrinnen wird: das Nichts.

Naturwissenschaftlich Geprägte werden solche Phantasmen vielleicht mit einem Achselzucken abtun, als Restbestände magischen Denkens. Sie sollten jedoch beherzigen, daß es in den letzten Jahrhunderten gerade die naturwissenschaftlich Gebildeten waren, welche solchen Alptraum der ›fortschrittlichen‹ Menschheit vermittelt haben. Sie haben als erstes das Gefühl artikuliert, daß uns aus dem Haufen der Milchstraßen, aus der Wucht des Anorganischen, den unpersönlichen und mörderischen Gesetzen der Biologie das eigentliche Antlitz der Welt anstarrt. Und gerade dann, wenn sie literarisch am besten waren, haben sie dieses Gefühl vermittelt.

Kant, der tapfere und keineswegs kirchliche Aufklärer, mochte noch die Formel finden vom »gestirnten Himmel über mir und dem moralischen Gesetz in mir« – aber schon hundert Jahre vor ihm hat ein frommer, an der Spitze der Forschung stehender Wissenschaftler namens Blaise Pascal das modernere Gefühl ausgedrückt, als er vom »Grauen der leeren Räume« sprach. Dieses Grauen, manchmal von hohem Heroismus überklingelt, bleibt das Leitmotiv der naturwissenschaftlich determinierten Literatur bis in unsere Tage. Was aus H. G. Wells' Zukunftsromanen zuletzt wurde, wissen wir: die negative Utopie, welche heute die Science-fiction beherrscht. Bertrand Russell, einer der geistreichsten Wissenschaftler des Jahrhunderts, war gebannt von der »stummen Gleichgültigkeit der wahrhaft großen Dinge«. Den endgültigen Aspekt der Verzweiflung setzt der promovierte Arzt Gottfried Benn mit seinem Gedicht vom »Verlorenen Ich« – ein Gedicht, in dem jeglicher Sinn der Menschengeschichte im Schlund und den Kaldaunen der Weltbestie verschwindet.

Solcher Gefahr für die geistige kollektive Gesundheit setzt der Marxismus seinen wackeren, in sich widersprüchlichen Atheismus entgegen, der zwar einerseits das Dogma des leeren Himmels postuliert, andererseits aber unbeirrt an der Theologie eines erahnbaren, ja wissenschaftlich determinierbaren höheren Menschheitszieles festhält. Es ist unter Konservativen und Reaktionären viel darüber gerätselt worden, was eine »gottlose« Ideologie so attraktiv machen könne – hier haben wir, vielleicht, einen entscheidenden Grund. Atheistische Militanz, die den Himmel besenrein sauberhält, ist heute psychisch hilfreicher als jene immense, seit Jahrhunderten drohende Gefahr für unsere Zukunft und unser Selbstverständnis: die Gefahr eines wahnsinnigen Schöpfergottes.

Der bösartige Weltenschöpfer, der finstere Demiurg: Das war einst Besitzstand der sogenannten Gnosis, mit welcher die Urkirche zu kämpfen hatte, und er ist lebendig geblieben in vielen, immer wechselnden Formen des Manichäismus. Im sogenannten wissenschaftlichen Zeitalter taucht er fast gleichzeitig mit der Aufklärung wieder empor. Seine bekannteste künstlerische Verkörperung ist der Urizen des William Blake: ein finsterer langbärtiger Zirkelschläger, der auf abstrakte Konstruktionen und damit auf die Schaffung natürlicher Höllen sinnt. Sämtliche christlichen und marxistischen Hoffnungstheologien der jüngsten Vergangenheit, alle mehr oder weniger hingeordnet auf ihren vornehmsten Kirchenvater Ernst Bloch, haben ihren methodisch schwachen Punkt nicht in der Auseinandersetzung mit der sozialen, also menschlich bedingten Ungerechtigkeit, sondern in der Notwendigkeit, dem wirklichen oder angenommenen Schöpfergott seine Existenz abzusprechen, ihn irgendwie abzulösen oder methodisch madig zu machen, weil die einzig mögliche Alternative dazu die Kriegserklärung wäre. Klarer als die Theoretiker haben diesen Verdacht eines bösen oder wahnsinnigen Schöpfergottes die existentiell Betroffenen ausgesprochen. Früher einmal hätte man sie die Frommen genannt. Es gibt eine Briefstelle bei van Gogh, welche solchen Verdacht klar ausdrückt – einen Verdacht, um den seine grellen, bösartigen Sonnen der Spätzeit kreisen. Der deutsche katholische Autor Reinhold Schneider, weiß Gott ein Frommer, kämpft mit dieser gräßlichen Versuchung einen ganzen Winter in Wien lang (dies ist auch der Titel seines letzten Buches) – am erschütterndsten ist dabei wohl seine Beschreibung der Ausstellungsstücke des Naturwissenschaftlichen Museums, jener Welt der gräßlich-vitalen, auf Dauermord selbst in der Liebe programmierten Geschöpfe mit Mandibeln und Stielaugen, mit Reproduktionszyklen, welche das lebendige langsame Sterben von Wirtsarten bedingen.

Es war übrigens in diesem Wien, wo das Gegenteil eines Frommen, der junge Müßiggänger Adolf Hitler, seine mit vulgär-darwinistischen Slogans vollgestopfte Kernbotschaft ausbrütet; jene Kernbotschaft, die er dann durch ein ganzes Leben, von den Gesprächen mit Dietrich Eckart über *Mein Kampf* bis zum Testament im Berliner Bunker festhalten sollte. Es ist die Botschaft von der »Natur als der grausamen Königin aller Weisheit« (*Mein Kampf*). Wir werden diese wahnwitzige, aber methodisch bestechende Quintessenz des Hitlerfaschismus noch eingehend besprechen müssen.

Wie gesagt: Für viele naturwissenschaftlich Geprägte mag dies alles Restbestand sein, Katzenjammer des menschheitsbegleitenden Animismus, den auch die Hochkulturen nicht ganz ausscheiden konnten. Aber was an seine Stelle zu setzen ist, das wird entweder nicht ausgesprochen oder bringt seinerseits nicht mehr als den sinnlosen pseudo-Spenglerschen Heroismus der Schildwache von Pompeji hervor: ewige Schildwache des Bewußtseins am Rande der zufallsbestimmten Weltnacht.

Jeder Logik nach müßte der Jammer über das Ausgeliefertsein an eine gleichgültige Welt am stärksten bei jenen zu finden sein, die seit unvordenklicher Zeit den un- oder außermenschlichen Gesetzen der Welt ausgeliefert waren und sind: den sogenannten Primitiven.

Nun stecken diese Urkulturen (besser: archaischen Kulturen) in der Tat voll Angst und Grausamkeit. Aber bezeichnenderweise bezieht sich die Angst in der Regel nicht auf die umgebende Natur, sondern auf die Welt der Geister. Ihre potentielle Grausamkeit und Unberechenbarkeit aber resultiert aus der Angst vor Tod, Traum und Doppelgängerei – ist letzten Endes also ein menschliches, ein intraspezifisches Phänomen. Der Natur gegenüber, der nichtmenschlichen Welt, scheint die religiöse oder, wenn man will, die philosophische Grundstimmung des ›Primitiven‹ von großer, poetischer Gelassenheit und Harmonie zu sein. Natürlich ist es nicht möglich, diese sehr kleinen Kulturen mit ihren vielfältigen Variationen untereinander über einen Kamm zu scheren; dennoch leistet in ihnen allen der Mythos oder, in der Sprache der Verhaltensforscher, das

Corpus der jeweiligen *legends*, der animistischen Welt- und Verhaltensregeln, eine fast wunderbare, auf jeden Fall sehr leistungsfähige Bestimmung der Rolle des Menschen bzw. des Stammes in einer größtenteils nichtmenschlichen Welt.

Literarische Zeugnisse werden ausgerechnet jetzt (vor dem Sterben der letzten Kulturen) zunehmend verfügbar. So ist kürzlich in England unter dem Titel *The Sacred Pipe* die Liturgie der Dakota-Indianer erschienen, wie sie der große Weise Schwarzer Hirsch einem weißen Freund mitgeteilt hat. Abgesehen von den herrlichen Einzelheiten dieser Riten, ihrer eigenständigen Poesie, fällt eine Grundstimmung auf, die sich radikal von dem des richtungs- und ratlosen Bewohners der leeren Räume unterscheidet. Die Grundstimmung ist *dankbar*, dankbar einfach dafür, daß in der bunten, vielfältigen, von den dichtesten materiellen und animistischen Bezügen erfüllten Welt überhaupt ein Platz, und zwar ein einsehbarer und würdiger Platz, für den Menschen und sein Bewußtsein vorgesehen ist.

Das stellt natürlich diese Archaischen genau wie uns (oder alle Religionen bzw. Philosophien) vor das Problem der Grausamkeit und des Schmerzes. Wir inkonsequenten Materialisten, Erben einer christlich-jüdischen Tradition, welche Schmerz und Leid als sündebedingten Skandal interpretiert, funktionieren dieses Problem nur allzuschnell in ein solches der Theodizee um: Eine Welt voll Leid (so verkürzt das Argument) spricht grundsätzlich gegen eine gütige Schöpfung oder, religiös gesprochen, gegen einen gütigen Gott.

Für die ›Primitiven‹ stellt sich die Frage so gut wie gar nicht; und zwar von ihrer Theorie-Praxis her. Ein gutes Beispiel für solche Theorie-Praxis der ›Wilden‹ ist der Bericht eines Weißen, der von einem alten Indianer erzogen wurde. Er schildert tagelange Märsche bei minimaler Rast und Verpflegung, die er, immer hinter seinem alten Lehrer her, im Trab bewältigen mußte. Trotz seiner guten Kondition erlaubte sich der Zwölf- bis Vierzehnjährige gelegentliches Jammern. Der Alte wandte sich darauf um und sagte unwillig lachend: *»White man always think pain pain* – Weißer immer denken Schmerz Schmerz.« Hier geht es nicht um größere (oder geringere) Durchtrainiertheit, sondern um eine grundsätzliche Einstellung. Sie ist auch an ihren Schattenseiten erkennbar – etwa der Leichtigkeit, mit der Fremd- und Eigenfolter als Sozialisierungsinstrumente eingesetzt wurden. Jammern ist letzten Endes immer Protest – Protest gegen einen Schmerz, den wir der Welt (oder unseren Göttern) als einen Zug von Grausamkeit übelnehmen. Für den Primitiven ist er Teil des normalen Lebens – ja, der normale Preis für ein sinnvolles Selbstverständnis.

Und das ist er in der Tat. Eine Kultur, die sich die Abschaffung von Leid und Schmerz zum Ziel setzt, ist logischerweise keine konsequent materialistische Kultur. (Wahrscheinlich wird sie überhaupt keine Kultur.) Eine solche müßte ja von jedem Anthropozentrismus absehen; müßte einsehen, daß Leid und Schmerz Signale sind, daß sie eine steuernde Funktion im lebendigen Gefüge der Arten haben; und sie müßte Leid und Schmerz in dieser Funktion anerkennen und ernst nehmen. Indem wir jedoch Leid und Schmerz nach wie vor, auch in einer postchristlichen Kultur, als theologisches Moment in den Materialismus hineintragen, übersehen wir, daß eine konsequent materialistische Kultur eben nicht anthropozentrisch sein kann. (Daß auch einer anthropozentrischen Kultur die Elimination von Leid und Schmerz nie gelingt, daß ihre mangelhafte Verarbeitung viel mehr nur zu ihrer imperialistischen Übertragung auf andere und damit zu ihrer Vervielfältigung führt, wird uns später noch beschäftigen müssen.)

Entscheidend ist, daß diese archaischen Kulturen, auf die der moderne Mensch nur allzu lange als auf eine Anhäufung abstruser Mythen und Praktiken herabsah, eben nicht anthropozentrisch waren. Sie verstanden den Menschen vielmehr als ein Wesen unter anderen, die alle durch komplizierte mythische und praktische Beziehungen untereinander verbunden sind. Selbstverständlich gibt es in und bei solchen Beziehungen Konflikte, die theoretisch oft gar nicht lösbar sind, die aber doch, mittels eines komplizierten magischen ›Machiavellismus‹ gelöst werden:

Der Baum ist unser Bruder. Aber wir brauchen ihn zum Bau unserer Hütten. Wir müssen ihn also fällen, das heißt töten. Wie lösen wir das Dilemma? Wir müssen ihn täuschen. Wir werden ihm etwa erzählen, daß wir ihn zu einer Hochzeit ins Dorf mitnehmen. (So handhaben es einige Stämme der Tropen.)

Der Bär ist unser Bruder. Aber es ist Winter, die Jagd ist schlecht, der Stamm braucht Nahrung. Wir werden den Bären natürlich töten, aber die Dakota-Großmutter wird sein riesiges Haupt mit Tränen der Reue umarmen und küssen.

Wir Mayajäger halten es anders. Über jedem Tier, das wir töten, durchbohren wir unsere Zunge oder unseren Penis und versprengen so das sühnende Opferblut auf den Toten.

Erlauben wir uns eine ironische Konfrontation. Stellen wir uns vor, man könnte einem solchen ›Primitiven‹ ein extrem modernes europäisches Modell anbieten, wie es etwa der Jean-Paul Sartre von 1945 in seinem Werk *L'Étre et le Néant* vorstellte. In diesem Modell gibt es einerseits eine undurchdringliche Welt des Nicht-Menschlichen – ein *en-soi,* ein In-sich, welches opak, also undurchsichtig, uneinsichtig ist. Ihm steht ein immaterielles, letzten Endes ›nichtendes‹ Bewußtsein, eben das menschliche Bewußtsein, gegenüber. Dieses ist ein *pour-soi,* also ein Für-sich, das nach freier, letzten Endes willkürlicher Absicht handelt. In solcher Absicht hackt es sich Stücke aus dem undurchdringlichen Material der Welt heraus, die es für seine Zwecke verwendet – und damit vernichtet.

Was hätte, sagen wir, Schwarzer Hirsch zu einem solchen Modell zu sagen? Vermutlich wäre er ob solch primitiver Armut der Auffassung zu Tränen des Mitleids bewegt. (Schwarzer Hirsch, Hebaka Sapa, war übrigens noch ein Zeitgenosse dieses frühen Sartre, er starb erst 1950.) Er hätte Jean-Paul vielleicht erklärt, daß Weiße Bisonkuh-Frau, die Stifterin der Dakota-Riten, unter einem Aspekt eine Büffelkuh, unter anderem Aspekt eine schöne junge Frau war oder vielmehr ist, und daß beide Aspekte letzten Endes ohnehin der Große Geist seien, genauso wie der herrlich-schreckliche Weiße Adler, der die südliche Weltgegend und die Pfade der Toten regiert. Was ist da undurchsichtig? Wo bleibt etwas übrig an Willkür für das nichtende *pour-soi?* Und wohin will es, dieses Für-sich, eigentlich das Leben der Welt verschwinden lassen, nachdem der Tod ohnehin nur das andere Ufer ist? Kurz, wo ist Platz und Begründung für den großen Katzenjammer, die Existenzialpose der Einsamkeit in leeren Räumen, angesichts einer rings von beziehungsreichem Leben und Sterben erfüllten Welt?

Sehen wir von der mythischen Verkleidung ab, so kann man feststellen: Schwarzer Hirsch und seine frühgeschichtlichen Zeitgenossen haben wissenschaftlich in einem, und zwar im entscheidenden Punkt korrekter gedacht als wir, die modernen Materialisten. Sie haben ihr Verhältnis zur nichtmenschlichen Natur auf einem egalitären, vielfältigen Netz von Beziehungen aufgebaut, in dem es – außer gegenüber dem Großen Geist – keine Über- und Unterordnung gibt, sondern wechselnde funktionale Abhängigkeiten, die höchstens durch die Vorläuferin der Technik, die Magie, in etwa beeinflußbar sind. Eine solche Beziehung entspricht durchaus den Erkenntnissen der Ökologie.

Sie wurde durch das dualistisch-imperialistische Sieges- und Überlegenheitsbewußtsein des modernen Menschen abgelöst. Daß diese Ablösung nicht abrupt, sondern in langen, das Bewußtsein allmählich vorbereitenden Übergängen erfolgte, ist das historische Spezifikum, wenn man will die Abnormität des Mittelalters. Über ein Jahrtausend lang blieb die europäische Menschheit, religiös längst auf den dualistischen Imperialismus vorbereitet, unter dem Zwang des materiellen Mangels und der dürftigen Technik. So ergab sich die Notwendigkeit einer neuen Interpretation der Dürftigkeit des Menschen, des Leidens in und an der Welt – eine Interpretation, die mit dem Anspruch des alttestamentlichen Herrschaftsauftrages in Einklang zu bringen war.

Diese Interpretation war eine christliche – wohlgemerkt nicht *die* christliche, sondern eine, die den Verhältnissen angemessen war. Grundsätzlich wurde der Herrschaft des Menschen kein theologisches Argument mehr entgegengesetzt (mit Ausnahme einer mystisch-franziskanischen Linie, die nicht zur Macht kam): Der Mensch war de jure Herrscher und König. Aber innerhalb dieses bilateralen Vertrages zwischen Gott und Mensch, dieser Versöhnung von Schöpfung und Verheißung kam dem Leid, dem Schmerz, dem Mangel durchaus ein Sinn zu: Sie wurden zum Heilsinstrument, zu Agenten der Läuterung und der Prüfung. Als solche waren sie selbstverständlich nicht mehr eigenen Wertes, sondern waren auf das Kommende, das Heil im Jenseits ausgerichtet. Widrigkeiten auf dieser Erde verbessern das Gesamtkonto, über das erst jenseits des Grabes, und zwar individuell, abgerechnet wird.

Auch so entsteht Interpretation, entsteht ein sinnvolles Muster, leugnen wir es nicht. Es hat ungeheure Schätze an echter Frömmigkeit hervorgebracht. Leid, Schmerz, harte Arbeit sind kein Fluch unter solchem Vorzeichen, sondern besonders kostbare Fäden eines geheimnisreichen Teppichs, an dem wir alle weben und dessen Pracht erst am Jüngsten Tage offenbart wird. In solchem Muster spielt allerdings nichtmenschliche Materie keine eigenständige Rolle mehr, sie ist bereits reines Werkzeug, Heilsinstrument, Heilsrohstoff auch. *WELT* wird zur Kulisse, vor der das einzig entscheidene Drama, das Drama zwischen dem Menschen und seinem Schöpfer, abläuft.

Nun liegt die Widersprüchlichkeit, die schließlich zum Ende dieser möglichen Interpretation (und damit zum Ende des Waffenstillstandes zwischen Mensch und Welt) führen mußte, klar zutage. Denn in der Heiligung jeglicher Mühsal, die aus solchem Muster hervorgeht, wohnt ja auch schon, wie der Schmetterling in der Puppe, die Heiligung der Arbeit selbst, auch jener Arbeit, die auf Aufhebung der Mühsal ausgerichtet ist. Selbst wenn die ursprüngliche (fromme) Intention der Arbeit nicht auf Verbesserung des Weltzustandes gerichtet ist: durch ihre Heiligung selbst entsteht ein Qualitätsanspruch, der zielnotwendig auf die Beendigung der alten Abhängigkeit zuläuft.

Erst mit dem Ende der Interpretation des Mangels als Schickung und Prüfung kommt die Herrschaft des Menschen über die Materie, der materielle Imperialismus des Industriesystems, auf den Begriff. Damit wird eine neue theologische Disziplin notwendig: die Politische Ökonomie. Sie ist nun beauftragt, die immanenten Gefahren des Systems, seine Widersprüche zu kaschieren und scholastisch zu überbrücken. Sie wird, genau wie im Mittelalter die Theologie, zur exakten Wissenschaft ernannt.

Sie war es nie und wird es nie werden. Aber im klirrenden Kampf zwischen Physiokraten und Merkantilisten, zwischen Protektionisten und Freihändlern, zwischen Kapitalisten und Sozialisten wurde die Leistung erbracht, die jedes noologische, das heißt jedes Erkenntnissystem erbringen muß, wenn es selbst am Leben bleiben will: die Leistung (oder die Illusion der Leistung) einer Welterklärung, welche ihren nach wie vor miserablen Zustand wenigstens zusammenhängend interpretiert. Politische Ökonomie schreibt so Geschichte: Geschichte als ein zusammenhängendes, deutbares Corpus von Erfahrungen, die in sich zusammenstimmen – oder doch zu stimmen scheinen.

Heute ist auch diese Pseudotheologie an ihr Ende gelangt. Unter ihrem dünner werdenden Firnis wird eine neue, eine ganz andere Sorte von Geschichte sichtbar – die Geschichte einer Welt, die nicht nur von Menschen bewohnt wird und nicht nur für den Menschen da ist. Und das Bewußtsein des Menschen, nach wie vor besetzt von veralteten, also parasitären Erklärungsmustern, muß diese neue Geschichte so oder so – unter kapitalistischen oder sozialistischen, ›konservativen‹ oder progressistischen Vorzeichen – zur Kenntnis nehmen.

Diese wahre Geschichte ist die Geschichte des Zusammenbruchs des Industriesystems, also des Systems der Sklaverei der belebten und unbelebten Materie. Nichts vermag diesen Zusammenbruch aufzuhalten; jeder ›Revisionismus‹ oder ›Reformismus‹ vermag ihn höchstens zu beschleunigen.

Die wahre Geschichte schickt laufend ihre Nachrichten. Sie werden natürlich heruntergespielt; wenn aus keinem anderen Grund, dann deshalb, weil die Interpreten unseres Geschicks, die Publizistik und Journalistik, aber auch die artikulierteren Politiker, nach wie vor in den alten Erklärungsgittern festhängen. Wenn Sie, verehrter Leser, auf Fernseh- und Zeitungsschlagzeilen horchen, werden Sie deshalb nicht allzuviel von der wahren Geschichte mitbekommen. Da ist aufgeregt von Anhebungen der Arbeitslosenversicherungsbeiträge um drei Prozent die Rede, von Währungskonferenzen, vom Gezerre linker und rechter Fraktionen. Da dürfen Sie den markigen Worten zur Lage lauschen, die unter Prinz-Heinrich-Mützen, Trachtenhüten oder Astrachanpelzkappen hervordringen. Da werden Sie grinsende Herren beobachten, die zwecks Klärung oder Verwirrung gänzlich drittrangiger Fragen Gangways hinauf- oder hinabklettern. Nehmen Sie das ruhig alles zur Kenntnis. Aber seien Sie sich auch in jedem Moment klar darüber, daß dies nur das Oberflächenspiel und der Oberflächenlärm über der wahren Geschichte unserer Tage ist: einer Geschichte, die in die unvermeidliche Zukunft führt.

Die wahren Nachrichten beruhen auf handgreiflichen und materiellen Daten. So ist, zum Beispiel, die Nachricht nicht unterdrückbar, daß in weiten Teilen unserer Industrielandschaft die Milch in den Brüsten der Mütter vergiftet ist. Für Primitive – oder auch noch für mittelalterliche Bauern – wäre dies ein Grund gewesen, ihre Obrigkeiten zu erschlagen. Der moderne Industrieuntertan ist vorläufig noch geduldig und töricht genug, sie als kleinen Gegenstand im gesundheitspolitischen Teil auf Seite acht zur Kenntnis zu nehmen. Aber immerhin: Als Nachricht aus der wahren Geschichte ist sie vorhanden.

Eine andere solche Nachricht ist auch die Kunde von den Vorgängen in Wyhl (und, hoffentlich, bald anderswo, wo Kernkraftwerke gebaut werden sollen). Dort werden unberechenbare ›Großvorhaben‹ wenigstens zeitweise von uralten Berufsständen verhindert: von Bauern, Winzern, Fischern, welche um ihre Enkel und ihre Ernten fürchten. Diese Befürchtungen sind (was immer die Einzelgutachten sagen mögen) materiell korrekt; das ihnen entgegengeschleuderte Argument vom ›Gemeinwohl‹ ist es nachweislich nicht; es ist Pseudodogma, schlechte ökonomische Theologie. Und zu dieser wahren Nachricht gehört auch die zusätzliche Information, daß von allerhöchster Stelle ein Millionenbetrag dafür ausgegeben wurde, um herauszufinden, wie man diesen Widerstand desorientieren, spalten, zerlegen kann.

Eine weitere wichtige Nachricht betrifft die Abholzung tropischer Regenwälder (unter anderem zu dem Zweck, deutschen Chefärzten ein standesgemäßes Masanderparkett zu garantieren).

Eine andere ist die Kunde, daß nicht nur die Palette der Säugetierarten, sondern auch der Insektenarten ständig und alarmierend verarmt.

Die relative Bedeutung (oder Nicht-Bedeutung) von solchen Nachrichten im täglichen oder wöchentlichen Publicitybetrieb ist in sich eine wahre Nachricht: die Nachricht über den Bankrott eines Interpretationssystems, das an den tatsächlichen Ernst unserer Lage überhaupt nicht mehr herankommt. Der Bankrott aber dieses Systems ist kausal aufs engste verbunden mit dem Bankrott der Politischen Ökonomie.

Nun ist natürlich eine Politische Ökonomie vorstellbar, welche ein bisher vernachlässigtes Prinzip in ihre Erwägungen einbezieht: das Prinzip der Dauer. Unter diesem Prinzip würden sich in der Tat die kurzatmigen Lösungen und Scheinlösungen, die uns laufend vorgeschlagen werden, als reine Illusionen entlarven. Aber selbst eine solche politische Ökonomie würde den Grundwiderspruch unserer Epoche nicht auflösen können: den Widerspruch zwischen einem anthropozentrischen Herrschaftssystem und den tatsächlichen planetarischen Gegebenheiten. Was wir benötigen, ist eine Leitwissenschaft, welche von *vornherein* diesem Anthropozentrismus widerspricht, die ihn abbaut und vernichtet, die ihn als Interpretament nicht mehr zuläßt. Wir brauchen eine Leitwissenschaft, welche den Menschen und die menschliche Gesellschaft fest und nachweisbar in das tatsächliche Netz planetarischer Beziehungen einbaut, die nur zum allergeringsten Teil intraspezifische, das heißt Beziehungen zwischen Menschen oder Menschengruppen sind. Nur eine solche Wissenschaft wäre imstande, das Grundübel unseres Selbstverständnisses von heute zu beheben: den Mangel an Kriterien für eine Emanzipation der belebten und der unbelebten Materie. Verfügen wir nicht über solche Kriterien und zwar bald –, wird in Zukunft auch jeder Humanismus unmöglich sein.

An diesem Punkt ist eine Warnung nötig. Ökologische Schriftsteller wie G. R. Taylor, Harvey Wheeler, Alfred Goldsmith und andere sind zu dem Schluß gekommen, daß nur die Rückkehr zu ›para-primitiven‹, jedenfalls vorchristlichen Verhältnissen die Rettung bringen könnte. Vor einer solchen Lösung ist zu warnen; und wenn aus keinem anderen Grund als dem, daß sie unmöglich ist. Der Sprung des Erkenntnisvermögens, den griechische Philosophie, Altes und Neues Testament, Renaissance und Humanismus bezeugen, ist nicht widerrufbar. Pan ist tot, und keine noch so subtile Theologie (es gibt sie noch nicht sehr subtil...) kann ihn zum Leben erwecken. Im Gegenteil: Eine solche Primitivtheologie würde das nötige Umdenken nur verzögern. Die animistische Theologie, auch die von so verehrungswürdigen Gestalten wie Schwarzer Hirsch, ist letzten Endes anthropomorph, das heißt, sie schreibt der Materie menschliche Verhaltensweisen zu, unter anderem die Möglichkeit, auf magische und mythische Ansprache zu reagieren. Damit aber (wie etwa mit dem Blutopfer des Maya-Jägers) sind in unserer Lage die Probleme nicht mehr lösbar. Es muß im Gegenteil befürchtet werden, daß uns der ›Ausweg‹ der magischen Beschwörung, der Beschwichtigungsgeste gegenüber irgendwelchen, meist nur dumpf gefühlten jenseitigen Instanzen, noch immer viel näherliegt, als dies für uns alle gut ist.

Betrachten wir doch nur einmal die Rituale, zu denen sich unsere Gesellschaft durch die ökologische Krise genötigt glaubt! Da Blut als magisches Vehikel längst durch das Geld abgelöst wurde, tritt an die Stelle des durchbohrten Gliedes die Bar- oder Scheckzahlung. Man stiftet eine Bank für den Verschönerungsverein (Magie noch des 19. Jahrhunderts); man richtet ernsthafte Akademietagungen aus, man begrünt Fabrikhalden oder Braunkohlenwüsten, man bringt Inserate mit schönen Wolkenbildungen über klaren Seen, ja man gründet vielleicht sogar ein Umweltministerium. All das sind – steinzeitlich gesprochen – magische Handlungen; mittelalterlich gesprochen: Formen des Ökologie-Ablaßhandels. Man rechnet in vorreformatorischer Naivität immer noch damit, daß irgendwo eine geheime Gnadenbank dergleichen Gratisgaben als Abschlags- oder doch wenigstens Zinszahlung für unsere mörderischen Verbrechen an der Materie akzeptiert und verrechnet.

Man erfindet dann, wie etwa der bayrische Umweltminister Streibl, ein so gekonntes kleines Stoßgebet wie die Formel »Umweltschutz für den Menschen«, die so hübsch wie falsch ist; man verbietet Grillroste im Freien und richtet Trimmdich-Pfade ein, um dann reinen – oder doch reineren Herzens zur

Absegnung von neuen gigantomanischen Kernkraftwerksplanungen schreiten zu können.

Nein, der Anthropomorphismus einer animistischen Theologie, der für den Schwarzen Hirsch und die Seinen noch durchaus die erforderliche gesellschaftliche Leistung erbrachte, wird sie in einem nachchristlichen Zeitalter sicher nicht mehr erbringen. Wir brauchen vielmehr eine neue wissenschaftliche Sicht, welche den Materialismus nicht abschafft (soweit dies überhaupt noch möglich wäre!), sondern ihn vom Kopfstand seiner Inkonsequenz auf die Füße stellt.

Diese Wissenschaft muß von der methodischen Gleichrangigkeit alles Belebten ausgehen – aber einer Gleichrangigkeit, die weder Hierarchien noch Egalitäten metaphysischer Herkunft zur Prämisse erhebt. Diese Wissenschaft müßte in vielen und vielfältigen Abhängigkeiten denken und forschen, Abhängigkeiten, in denen der Mensch ebenso lebt wie alle übrige Materie, und in der er kein Privileg voraus hat. Sie müßte die vielfältigen Rückwirkungen, die netzartigen Verknüpfungen jeder Art mit allen anderen Arten, jeder Materie mit jeder anderen demonstrieren und definieren können.

Gibt es einen solchen wissenschaftlichen Ansatz?

Es gibt ihn. Es ist die Ökologie.

Man wird demnach einen Materialismus, der sich mit Hilfe der Ökologie neu, das heißt konsequent zu orientieren versucht, einen ökologischen Materialismus nennen. Die Zeit für ihn ist reif, die Evidenz liegt in Fülle vor. Vor diese Evidenz stellen wir noch immer einige dürftige Wandschirme unserer human-chauvinistischen Eitelkeit. Es ist höchste Zeit, sie wegzureißen, das heißt wirklich wissenschaftlich zu werden.

Wird die Ökologie imstande sein, dieser Forderung nachzukommen? Natürlich wird sie nicht alle unsere Probleme lösen oder auch nur Lösungsansätze aufzeigen können. Ökologie wird auf politische Hilfe angewiesen sein; auf die Durchsetzung der Forderungen, die sich aus ihren Erkenntnissen ergeben.

Aber auch ein geschlossenes Forderungssystem, eine Systematik der ökologischen Parteilichkeit wird es noch lange nicht geben. Das oberste Kennzeichen ökologischer Tatbestände ist ihre Vielfalt. Fest steht: Sie definiert schon heute den Platz des

Menschen in der Welt korrekt, der alte Materialismus tat dies nicht. Und sie ist bereits seit geraumer Zeit der sinnvollste, ›materialistischste‹ Ansatz zur Kritik des Industriesystems überhaupt.

Die beiden nächsten Fragen also lauten: Wie läßt sich der ökologische Ansatz für unsere Zwecke näher beschreiben? Und wie nimmt sich, vor solchem Ansatz, die gesellschaftlich-politisch-wirtschaftliche Praxis unseres inkonsequenten Materialismus, nämlich unser Industriesystem, aus?

Um beides, um Definition und Kritik, wird es folgerichtig in den beiden nächsten Kapiteln gehen.

Der ökologische Ansatz

Die Ökologie ist eine höchst konkrete und höchst nüchterne Wissenschaft. Sie entstand aus einem zwingender werdenden Bedürfnis der biologischen Wissenschaften, zu einer Betrachtungsweise zu kommen, welche die Pflanzen- und Tierarten in aktiver und passiver Beziehung untereinander und zu ihrer natürlichen Umwelt sieht.

Daran ist auf den ersten Blick so wenig Aufregendes, daß man sich fast wundern kann, warum diese Methode so lange, bis in die Mitte des 20. Jahrhunderts hinein, auf sich warten ließ. Die Gründe für solche Verzögerung sind methodischer und materieller Art; es seien hier nur einige genannt:

1. Die erste und wichtigste Methode der biologischen Wissenschaften (zumindest in Europa) war die Klassifikation. Sie allein vermochte aus dem Nebel der Aristoteles-Zitate und der Bauernweisheiten herauszuführen. Klassifikation aber bedeutet methodisch immer zugleich Isolierung. Eine Art muß isoliert werden, eine Gattung, ein Exemplar. Seine Eigenschaften müssen isoliert werden, und zwar, wenn möglich, nach numerischen Gesichtspunkten (siehe die Unterscheidungen nach Zahlen im Linneschen Pflanzensystem). Mochten so die zünftige Botanik und die zünftige Zoologie auch zu ›exakten‹ Wissenschaften werden: Der Weg dahin führt sie zunächst von den ganzheitlichen Erfordernissen der Ökologie weg.

2. Zwischen dem klassischen klassifikatorischen Studium der Phänomene und der Ökologie mußte noch der genetische Ansatz kommen – ein Ansatz, der die Biologie wenigstens potentiell zur *hard science*, also zur mathematisch arbeitenden Naturwissenschaft machen konnte. Erst mit dem genetischen Ansatz wurde die typisch materialistische Forschungsweise ermöglicht: die Versuchsreihe im Laboratorium. Die klassische *drosophila*, die Taufliege, wurde mit ihren Chromosomen sozusagen zum x der endlosen genetischen Gleichungen und Gleichungsreihen, die erforderlich waren.
3. Der ökologische Ansatz, der aus dem Labor wieder ins Freie führt, benötigt noch viel größere Mengen an Material und Daten. Er machte wieder eine Reorganisation des biologischen Wissenschaftsbetriebs notwendig. Ohne Instituts –, ohne Teamarbeit war sie ohnehin nicht möglich – und vergessen wir nicht, daß solche Institutsarbeit auch in allen anderen Wissenschaftszweigen verhältnismäßig spät einsetzte!

Neben diesen nüchternen Gründen gab und gibt es allerdings noch viele Sperren individual- und sozialpsychischer Natur gegen die neue Wissenschaft. Über sie wird noch oft gesprochen werden müssen.

Die Pioniere der Ökologie waren, wie alle anderen Naturwissenschaftler auch, auf die klassische Methode der Reduktion, der möglichst behutsamen Verkleinerung des studierten Problems angewiesen. Kleinstmögliche Einheiten, überschaubare Lebensgemeinschaften, wurden *Biotope* genannt. So ein Biotop kann ein Teich sein, ein Moorfleck, ein isoliertes Waldstück. Es ist natürlich nie völlig von der Außenwelt abgeschlossen, aber erlaubt dennoch das, was unbedingt zur Naturwissenschaft gehört: die Quantifizierung. Ohne sie ist es nicht möglich, Gesetzlichkeiten aufzustellen (besser: auszuweisen). Seit neuestem gibt es die Chance, große Datenmengen von EDV-Anlagen aufarbeiten zu lassen – eine Aufarbeitung, die schließlich zum endgültigen Resultat führen kann und muß (oder müßte): zur mathematisch-funktionellen Formel, die verifizierbar durch jede beobachtete Praxis ist.

Damit kommen auch andere Formen der Ökozönose, die größer sind als Biotope, als Forschungsgegenstand in Betracht. Man kann etwa über längere Zeiträume ein so ausgedehntes *Habitat*, das heißt eine Lebenswohnstätte, wie die Staustufen des unteren Inntals beobachten und dort die Quantifizierung von zehn Wasservogelarten vornehmen – eine Quantifizierung, die schließlich die Aufstellung der bereits genannten funktionellen Formeln erlaubt.

Gibt es eine Wissenschaft, die von ihrem unschuldigen Ansatz her weniger geeignet erscheint, die Welt mit Aufregung zu erfüllen? Diese jungen Männer und Frauen im Lumberjack, die ihre Haubentaucher zählen, die Fluktuationen, Rezessionsgrade, gegenseitige Abhängigkeiten ihrer Populationen ermitteln, die Teichwasser in etikettierte Behälter abfüllen oder trickreiche Zählfallen für in Freiheit lebende Präriemäuse erfinden: sie gleichen so ganz und gar nicht jenen Exilierten, die in Zürich, Wien und München bei Tee und Heringen den Umsturz einer Welt vorbereiteten.

Und dennoch: Plötzlich überschreiten die Mäusezähler eine Grenze, die Grenze zu den Humanwissenschaften. Plötzlich sind sie mitten in der Soziologie, in der Wirtschaftswissenschaft, in der Politologie – kurz, sie sind mitten in der Kontroverse.

Selbstverständlich wird solche Grenzüberschreitung zunächst einmal als unwissenschaftlich gebrandmarkt. Daran ist nichts Neues, das stieß noch immer denen zu, die ihrerseits in markierte Reviere älterer Disziplinen vorstoßen. Es wäre ja höchst sonderbar, wenn es ausgerechnet auf akademischem Gebiet solches gemeinsames Erbgut alter Platzhirsche nicht gäbe. Unter den alten Platzhirschen selbst mochte man sich rempeln um Grenzfragen, sagen wir zwischen Zeitgeschichte und Politologie, Soziologie, Wirtschaftswissenschaft, Volkswirtschaft – aber da war und ist man wenigstens unter gleichrangigen Rivalen.

Wie ganz anders wird das, wenn plötzlich aus Wald und Moor eine Wissenschaft daherkommt, die alte und neuere Humandisziplinen auf Daten- und Problemzulieferung zu reduzieren droht! So mochte Gelehrten des Spätmittelalters zumute sein, als die Männer mit den Fernrohren plötzlich die Planetenkunde aus der Theologie entfernten, als das alte, bequeme Axiom vom *horror vacui* ins Wanken kam, als alles Mystische auf leisen Sohlen aus der Alchimie entschwand und sie als öde Chemie zurückließ.

Solche Herausforderung ergeht natürlich an alle Verwalter der alten Disziplin – ob sie sich nun als Linke oder als Rechte fühlen. Mein Kollege Hans Magnus Enzensberger ist einer der einsichtigsten marxistischen Behandler des ökologischen Problems; aber gerade deshalb läßt der gereizte Ton aufhorchen, den er (in seinem Marksteine setzenden *Kursbuch 33*) gegen den Anspruch der Humanökologie, der Politischen Ökologie anschlägt. Er wirft ihr eben diese Grenzüberschreitung, diesen Bruch der Methode vor – obwohl er ihn auf den folgenden Seiten seines Aufsatzes laufend zurücknehmen und die Gültigkeit der ökologischen Warnungen anerkennen muß. Und natürlich hat er, wie er glaubt, für seinen Vorwurf einen guten Grund: den bürgerlichen Ideologieverdacht, den man von marxistischer Seite jeder ›objektiven‹ Wissenschaft entgegenbringt.

In der Tat gibt es bürgerliche Grenzüberschreitungen von seiten bürgerlicher Ideologen und Ökologen; es wäre sonderbar, wenn es sie nicht gäbe. Wer das westliche Privateigentum mit den Stampfplätzen der Gnus, die christliche Einehe mit den Paarungsgewohnheiten der Graugans, den Mangel an innerbetrieblicher Demokratie mit irgendwelchen Pavianhierarchien rechtfertigt, tut den von ihm vertretenen Naturwissenschaften keinen Gefallen.

Dennoch liegt hinter der linken (wie der rechten) Gereiztheit gegen die politischen Ansprüche der Ökologie selbst eine Grenzüberschreitung – nämlich das Festhalten an Glaubensprämissen gegenüber einer durchaus seriösen wissenschaftlichen Methode.

Diese Glaubensprämissen prägen das Denken der Befallenen um so stärker, je weniger sie einer konsequenten materialistischen Kritik standhalten. Sie lassen sich verhältnismäßig leicht beschreiben; alle führen sie zurück auf eine Grundüberzeugung: die Überzeugung von dem ungeheuren Abgrund, der die nichtmenschliche Welt von der Welt des Menschen und damit einer Welt mit und für den Menschen trennt. Letzten Endes ist dieser Glaube nichts anderes als die atheistische Verinnerlichung einer jüdäisch-christlichen Tradition, wie sie sich im Schöpfungsbericht konkretisiert hat.

Die Tradition hat alles überlebt – einschließlich Darwin, Marx und Freud. Die Pioniere des Materialismus waren einst hochgeschätzte Bundesgenossen im Kampf gegen »Metaphysik« und »Idealismus« – aber alle wurden mehr oder weniger rasch, mehr oder weniger gründlich in die neue Menschheitstheologie des progressiven Atheismus integriert.

Besonders auffällig ist dies im Falle Darwins. Als er im 19. Jahrhundert auftrat, schien die Sonne endgültig unterzugehen – die Sonne eines möglichen optimistischen Lichtes der Menschheit. Sie stammt vom Affen ab – in diesem dürren Befund erschöpfte sich plötzlich die Auskunft der Weisen über den Menschen.

Unversehens, und ohne daß klare Argumente für den Umschwung erkennbar wurden, drehte sich der Wind. Aus der grimmigen Auskunft über den mörderischen Pavian, den australopithecinen Killer mit den flachen Augenwülsten und den baumelnden Armen, erwuchs eine Prophetie und eine Prognostik, strahlender als die, welche seinerzeit die Kirche verkündet hatte.

Der Mechanismus war absurd, aber nicht ohne absurde Logik. Während der Glaube ziemlich vorsichtig von einem vorzeitigen und zukünftigen Paradies sprach, zwischen denen sich ein offensichtlich gebrochener, nicht im Vollbesitz seiner Möglichkeiten befindlicher Mensch mehr schlecht als recht durchzubringen hat, ein Mensch, der letzten Endes immer auf das Wohlwollen eines Schöpfergottes angewiesen ist – dreht der optimistische Darwinismus des 20. Jahrhunderts die Argumentationsrichtung glatt um. Zwar hat es nie einen Gott gegeben, dessen Verheißungen uns zu Größerem bestimmen – dafür aber hat die Entwicklung und Ausfaltung der Art von jenem Frankenstein-Monstrum zum *Homo sapiens* geführt. Und angesichts von Schutzimpfungen, Schnellfeuerkanonen, Mondlandungen und Akademiesitzungen besteht kein vernünftiger Zweifel mehr daran, daß diese Evolution immerdar nach aufwärts gerichtet ist: *per australopithecos ad astra*. An die Stelle einer zögernden, zielgerichteten Verheißung tritt ganz einfach eine verheißende Zielgerichtetheit.

Wie aus dem durchschnittlichen Menschheitspathos des (wissenschaftlich-atheistischen ...) Marxismus erhellt, hat er sich diese mittelpunktlose Prophetie des Humanchauvinismus voll zu eigen gemacht. Ja, er treibt sie noch einen Schritt weiter.

Der darwinistische Ansatz enthält ja die Möglichkeit, wenn nicht die Wahrscheinlichkeit, daß der Mensch, *so wie er ist*, keineswegs die Krone der Schöpfung, das Ziel der Entwicklung darstellen muß. Er ist kein aufregend vollkommenes Wesen –, wie jeder Mensch über vierzig beim Blick in den Spiegel – oder beim Blick auf eine beliebige Hauskatze feststellen kann. Die Schlampereien im Bau des Auges, der Prostata, die mehr als dürftigen Verbindungen vom alten limbisch-kortikalen Urbestand des Hirns zum Großhirn, der Widerstreit zwischen den genetischen Instinkten und den offenbaren Notwendigkeiten der menschlichen Sozialität – da wäre überall noch reichlich Platz für Verbesserungen. Die Mutation vom *Homo insipiens* oder *Homo demens*, der wir zweifellos noch sind, zum *Sapiens et Perfectus* wäre darwinistisch mehr als überfällig, wenn man die wachsenden Gefahren für das Überleben unserer, insgesamt vielleicht doch ganz liebenswürdigen, Spezies denkt.

Nun diese darwinistische Implikation wird vom Marxismus energisch, ja leidenschaftlich zurückgewiesen. Für die marxistische Anthropologie ist der Mensch so, wie er ist, der Abschluß der biologischen Evolution: das ZK blickt ihn an und, siehe, er ist sehr gut. Zwar wird die Evolution weitergehen – aber nicht mehr biologisch wird sie sein, sondern gesellschaftlich. Ihre Wirkkraft hat sich, mit Vollendung des Menschen, so wie er ist, aus dem Bereich der Natur in den Bereich der Gesellschaft verlagert. Keine neuen, tastenden Mutationen fügt nun die Natur dem Genpool zu – dafür aber wachsen und quellen neue, immer perfektere Formen des Zusammenlebens, werden zu Überarten, die sich selbständig in Ökosystemen von menschlichen Gehirnen, in körperlosen Zeugungen und Empfingnissen zwischen Komitees und Büros, zwischen Kollektivwirtschaften und Planungszentralen reproduzieren und regenerieren.

So, und nur so, ist die marxistische Parole zu verstehen, daß die ›Geschichte des Menschen‹ jetzt erst beginne, ja beginnen könne. Auf den ersten Blick muß der Anspruch der neuen, der befreiten Zeit, zugleich Paradies und Geschichte sein zu wollen, abstrus erscheinen: Vollkommenheit ist allemal das Ende der Geschichte, die ja (nach eigener marxistischer Auskunft) immerdar dialektisch ist. Aber wenn man davon ausgeht, daß der zu Ende evolvierte Mensch, die unveränderliche biologische Gattung, nun erst an ihre eigentliche Aufgabe schreiten kann – nämlich die Erzeugung von supermenschlichen Konglomeraten in einer kollektiven Evolution –, dann, von solcher Sinngebung her, beginnt tatsächlich erst jetzt das, wofür die genetische Evolution des Individuums nur ein Vorspiel war.

Aber beenden wir unseren Trip auf der gräßlichen evolutiven Geisterbahn der marxistischen Orthodoxie. Nehmen wir die Feststellung wieder auf, daß beide Versionen des optimistischen Darwinismus – die individualistische und die sozialistische – auf ihre Weise gleich stark an der Zurückweisung des humänökologischen Anspruchs interessiert sein müssen. Aber liegt wirklich eine Grenzüberschreitung vor? Der Frage muß man sich ernsthaft stellen.

Gehen wir, um überhaupt auf sie antworten zu können, von den Grundlagen der Humanökologie aus, die sich etwa so zusammenfassen lassen:

Der materielle Mensch, das heißt der Mensch als Materie, ist nicht Besitzer oder Herrscher auf unserem Planeten. Er ist noch nicht einmal Mieter. Er ist, wie alle übrigen Arten, Squatter; das heißt, er läßt sich nieder und hofft darauf, daß niemand anders einen besseren Besitztitel vorzuweisen oder auch nur einen dickeren Knüppel hat als er. Er nimmt also keineswegs einen privilegierten Platz ein. Sein einziges, meist höchst zweifelhaft praktiziertes Privileg besteht darin, als ›überorganischer Faktor‹ auf die ihn umgebende Natur einzuwirken. Dieser überorganische Faktor, in dem sich alle Himmel und Höllen auch der Metaphysik subsumieren lassen (jedenfalls, soweit sie die

Ökologie betreffen), wird meistens ganz und gar unterorganisch eingesetzt – das heißt als blinder biologistischer Anspruch, die Art auf Kosten jeder anderen Art und jeder anderen Materie durchzubringen und auszubreiten, und als blinder religiöser Berechtigungsanspruch auf solche Praxis.

Aber auch wenn der Mensch seine ›überorganischen Potenzen‹ so einsetzt; wenn er grundlegende Zusammenhänge zerstört, Lebensketten zerreißt, Raubbau an der Natur und ihren Ressourcen treibt, bleibt er als materieller Mensch den Grundgesetzen der organischen und anorganischen Kreisläufe unterworfen – vor allem dem Grundgesetz von der Erhaltung der Materie und der Energie. In solchem Zusammenhang gibt es keine Privilegien oder Hierarchien. In solchem Zusammenhang ist der Mensch, wenn man ihn klassifiziert, ein *top-top-top predator* – ein Raubtier dritter (oder vierter) ökologischer Ordnung. Solche höheren Raubtiere werden wie alle anderen Wesen ständig in den Energie- und Stoffwechselprozeß der Natur zurückgeführt – und in diesem Prozeß spielen sie, verglichen etwa mit der Welt der Bodenbakterien, eine eher bescheidene Rolle. Die Müllmänner oder die Sanitätspolizei der Natur sind solche Raubtiere wie Menschen oder Hyänen – die echten Produzenten, das sind die Humuserzeuger in Allianz mit den Regenwürmern.

Ausbeutung war von jeher ein Prinzip von Flora und Fauna; aber diese Ausbeutung blockierte sich selbst, wenn sie über den Punkt des ökologischen Gleichgewichts hinausgeführt würde. Angeblich hat es, in grauer Weltvorzeit, einmal eine Art gegeben, der dies gelungen ist – eine Blaualgenart. Der Sauerstoff, den wir einatmen – ja, der Sauerstoff, der die Grundlage unserer Existenz bildet, ist nach dieser Theorie nichts als das Ausscheidungsprodukt jener Art, die sozusagen in den eigenen Exkrementen erstickte. Nach diesen Blaualgen wäre Homo sapiens die zweite Art, die ein solches Privileg für sich beansprucht.

Dies würde natürlich zur Reduktion, zur radikalen Vereinfachung und schließlichen Vernichtung aller anderen Lebensformen führen, ehe der Mensch seinen Triumph vollenden würde. Mit anderen Worten: Die Entropie, der Wärmetod, die immer gleichmäßigere und immer weniger nutzbare Verteilung von Energie im Raum, würde durch die Taten des Menschen selbst beschleunigt. Der Mensch wäre, logisch gesprochen, ein Verbündeter des Todes und der Wüste.

Jeder Versuch, aus den Kreisläufen von Leben und Tod, aus den vielen, nie entschiedenen Wettbewerben zwischen den Arten, aus der Vielfalt des natürlichen Systems auszubrechen, würde nicht nur die ökologischen Lebensgrundlagen des Menschen, sondern die allen Lebens auf unserem Planeten schmälern. Genau dies aber ist der Kurs, den der Mensch heute absichtsvoll und in blinder, selbstmörderischer Entschlossenheit verfolgt.

Wenn noch irgend etwas nötig wäre, um den Zorn des sogenannten ›Fortschritts‹ auf eine solche Weltsicht zu ziehen, dann ist es ihre Übereinstimmung mit sehr alten Weisheiten und Einsichten der Menschheit, die schon wegen ihres Alters suspekt sein müssen.

Abgesehen davon, daß jeder Bauer oder Förster die einfachsten Prinzipien der Ökologie und viele Möglichkeiten ihrer Anwendung seit Jahrhunderten aus der Praxis kennt, ist auch die Politische Ökologie als philosophisches Programm nachweislich schon mindestens zweitausenddreihundert Jahre alt. An der Wende vom vierten zum dritten vorchristlichen Jahrhundert belehrte Menzius den König Hui von Liang:

»Wenn man nicht willkürlich gegen die von den Jahreszeiten vorgegebenen Tätigkeiten in der Landwirtschaft verstößt, wird man mehr Korn ernten, als überhaupt gegessen werden kann. Wenn zu enge Netze in den Seen und Teichen nicht erlaubt werden, dann wird es mehr Fische und Schildkröten geben, als überhaupt verzehrt werden können. Wenn Axt und Beil nur zur rechten Zeit Eingang in den Bergwäldern finden, dann wird man das Bauholz gar nicht mehr aufbrauchen können. Wenn all das geschieht, dann gibt man dem Volk damit Gelegenheit, die Lebenden zu ernähren und die Toten zu betrauern ohne Gram, und das wiederum ist der erste Schritt zu einer wahrhaft königlichen Regierung«.

Tiefer als diese profunden Anweisungen geht der Ansatz der Taoisten. Für sie war »Gemeinsinn«, also das lebendige Pflichtbewußtsein der Verbundenheit, nicht nur für eine Tugend gegenüber der Gesellschaft, sondern auch gegenüber der Natur – und sie gingen damit ausdrücklich über Konfuzius hinaus. Im Buch Lüh-Shih wird dieser Ansatz so formuliert und verdeutlicht: »Die Welt gehört nicht einem einzigen Menschen, sondern sie gehört der Welt. Yin und Yang in ihrer Harmonie bevorzugen nicht nur eine Gattung, der süße Tau und der zur rechten Zeit einsetzende Regen geben nicht einem einzigen Wesen persönlichen Vorrang ...

Ein Mann aus dem Staate Ching verlor seinen Bogen, suchte aber gar nicht nach ihm, sondern sagte nur: ›Ein Mensch aus Ching hat ihn verloren, ein Mensch aus Ching wird ihn auch finden – warum also danach suchen?‹ Als Konfuzius davon hörte, meinte er: ›Hätte er das Wort CHING ausgelassen, so hätte er recht gehabt.‹ Laotse aber fügte dem hinzu: ›Wenn er auch noch das Wort MENSCH ausgelassen hätte, dann erst hätte er wirklich recht gehabt.‹ So bewies Laotse die höhere Form des Gemeinsinns.«

Der Streit um die sogenannte Grenzüberschreitung einer Politischen Ökologie geht im Grunde darum, welche der beiden Definitionen von ›Gemeinsinn‹, die konfuzianische oder die taoistische in der obigen Erzählung, den Vorrang hat. Für die ökologische Sicht ist ein ›Gemeinsinn‹, der sich nicht über den Menschen hinaus erstreckt, widersinnig. Und wenn es dafür noch eines Beweises bedürfte, dann wäre es die Entstehungsgeschichte des Problems selbst.

Jahrhundertelang haben die Humanwissenschaften (die Historie, später dann die neueren Disziplinen wie die Ökonomie, die Politologie, die Soziologie) vor dem Hintergrund der naiven Annahme operiert, daß die Natur eines, die Welt des Menschen ein anderes sei; daß die Abläufe, die Bewegungen, die Gesetzmäßigkeiten des menschlichen Kosmos vor einer gänzlich abgetrennten Kulisse von ›Natur‹ sich ereignen, einer Kulisse, für die man jene in Genesis VIII/IX formulierte voraussetzte:

»Nicht aufhören werden Tag und Nacht, Frost und Hitze, Saat und Ernte. Furcht und Zittern werden die Tiere nicht mehr verlassen ...«

Wenn es überhaupt eine Grenzüberschreitung von einer Disziplin in eine andere gibt, dann war und ist es diese naive Grenzüberschreitung der alten Humanwissenschaften – und der neuen. Der Ökologe brauchte keine Grenzen zu überschreiten, er saß und sitzt an seinem Weiher oder in seinem Moor, zählt friedlich Kaulquappen oder Tauchenten und erlebt nun seinerseits den Einbruch einer Spezies mit ›überorganischen‹ oder anderen Fähigkeiten, die in diesen Kreisläufen tätig werden. Ist der Eindringling ein Wilder, sagen wir ein Oglala-lndianer, benimmt er sich verhältnismäßig anständig; ist er ein Zivilisierter, benimmt er sich säuisch. Das ist die schlichte Wahrheit, die der Ökologe notgedrungen zur Kenntnis nehmen muß – es sind Daten, die ihn angehen, ob er will oder nicht. Und mit der Mitteilung dieser Daten ist er mitten in der Systemkritik, ohne seine Befugnisse auch nur einen Augenblick überschreiten zu müssen.

Durch solche schlichte Mitteilung und die in ihr enthaltene Systemkritik hat der Ökologe aufs ärgerlichste die Hymnen des Triumphes gestört, die in den sechziger Jahren allenthalben harmonisch ertönten. Die Idee einer hominisierten, das heißt restlos für die Bedürfnisse des Menschen zurechtgemachten Welt war ja damals so vorherrschend, daß man sich auf allen theoretischen Jahrmärkten eigentlich nur noch über Details stritt. Schlimmstenfalls ereiferten sich Christen, Marxisten oder Technokraten darüber, wer nun diese unbezweifelte Bestimmung der Welt zum Menschen hin am raschesten und reibungslosesten zum glücklichen Ende führen würde; und die wichtigste politische Frage war, wie man den rückständigen Mitmenschen diese Entwicklung soziologisch, ethisch, psychologisch, theologisch am besten beibringen könne. Die Fährnisse einer Wohlstands- und Freizeit-, einer hedonistischen Gesellschaft (Kahn), die Mißlichkeiten psychologischer und pädagogischer Natur, die aus einer Welt ohne Vater- und Schöpfergott erwachsen, die Klippen der allmenschlichen Emanzipation: Das waren die Themen, um welche sich in dieser triumphalen Ära ganze Heere von Berufs- und Amateurtherapeuten bemühten – im Detail sorgenvoll, aber in der Gesamtperspektive optimistisch.

Diesem Triumphalismus nun setzte und setzt der ökologische Ansatz das Ärgernis der taoistischen Form des Gemeinsinns entgegen. An ihr kommt, sowie die Dinge liegen, niemand mehr vorbei. Es geht nicht darum, welche Welt wir ›wollen‹, sondern welche uns gegeben ist, mit welcher Welt wir zurechtkommen müssen; und zwar nach Maßgabe unserer Befindlichkeit als Spezies in einer von vielen Arten bewohnten und beanspruchten Welt.

Es geht aber, darüber hinaus, auch um die Frage, ob Gemeinsinn, auch zwischenmenschlicher Gemeinsinn, überhaupt noch praktiziert werden kann, ohne seine alte, anthropozentrische, das heißt ausschließlich auf den Menschen bezogene Bedeutung. Es ging und geht um den Nachweis, daß unsere Theorie/Praxis, die Theorie/Praxis des inkonsequenten Materialismus, wie sie sich im Industriesystem niederschlägt, nicht nur die Natur, sondern auch die Grundlagen unserer eigenen biologischen und sozialen Existenz zerstöre. Aus der ökologischen Kritik des inkonsequenten Materialismus erwächst so eine neue, wirklich radikale Analyse des Systems, die weit über und hinter Hypothesen und Anklagen wie die der ›Entfremdung‹ die objektiven Wurzeln der Zerstörung bloßzulegen vermag.

Die ökologische Systemkritik

Die Theorie/Praxis und die Wirtschaftsweise der sogenannten fortschrittlichen Weltteile (gleichgültig, ob unter kapitalistischen oder sozialistischen Vorzeichen) widerspricht den Prinzipien der ökologischen Vernunft absolut.

Eine Praxis der Zwecke, und zwar der ausschließlichen Zwecke, kann nie in Kreisläufe eingeordnet werden. Die einzige zweckfreie Prämisse der Theorie/Praxis aber ist das ausschließliche Recht des Menschen, die Welt zu verwenden, wie er das für richtig hält; eine reine Annahme, und zwar eine falsche, eine schlechte theologische Annahme.

Das Deutsche dokumentiert sehr genau, welche Sicht solcher Praxis zugrunde liegt. So werden etwa Produktionsvorgänge, die Natürliches seiner Selbständigkeit entfremden und nur die

sklavischen Eigenschaften der Verwendbarkeit übriglassen, als
›Veredelung‹ bezeichnet, und der Stoff, der solcher zweckge-
richteten Sklaverei noch nicht unterzogen wurde, wird ›Rohstoff‹ genannt. *Edel* und *roh*: Besser als durch solche Unterscheidung läßt sich der Anspruch des Menschen, die Rangordnung des Materiellen nach seinen Bedürfnissen zu bestimmen,
kaum bezeugen.

Ein weiteres Zeugnis sind zwei Vorsilben, die ebenfalls der
Klassifizierung dienen. Materie, die entweder überhaupt nicht
verwendbar ist, oder der jede Verwendbarkeit bereits entzogen
wurde, muß die Vorsilben ›Un‹ oder ›Ab‹ erdulden:

Unrat – Unkraut – Ungeziefer;

Abraum – Abschaum – Abfall – Abwärme – Abgas – Abwasser.

Solche Einteilungen sind ökologisch bedeutungslos, ja irreführend. Für die Hausfrau, die abstaubt, mögen sie wichtig sein –
aber die Hausfrau widersteht ja nur einer Tendenz der Natur, die
unsere Zimmer nicht einer einzigen Spezies und ihrer bakteriel-
len Flora überlassen will, sondern ein etwas mannigfaltigeres
Leben wünscht. Ähnliches gilt für unsere Bemühungen in Feld
und Garten. Kraut ist Kraut, Geziefer ist Geziefer – und oft
genug werden wir durch naturwissenschaftliche Einsichten
gezwungen, die Klassifizierung von heute auf morgen zu
ändern: aus Unkraut wird Nutzpflanze oder Gründüngung, aus
Schädlingen werden Nützlinge und umgekehrt.

Und was ist Abfall? Materie wie jede andere – wenn nicht
heute, dann morgen. Wir werden es noch oft erleben, daß der
Abfall, der bereits einmal durch einen ›Veredelungsprozeß‹ (wie
etwa die aristokratische Verwandlung in Konservendosen oder
Klodeckel) gegangen ist, wieder zum wertvollen Rohmaterial
wird.

Abwärme ist Wärme wie jede andere; nur heizt sie statt
unserer Küchenherde oder Zentralheizungen die Atmosphäre
auf und verdirbt den Wyhler Winzern ihren Prädikatswein.

Über das Weiterwirken von Abgasen in natürlichen Kreisläufen können uns Bodenforscher, Landwirtschaftsexperten (wenn
sie nicht von den falschen Leuten bezahlt werden), Krebsfor-
scher und Lungenspezialisten einiges erzählen.

Der radioaktive Abraum wird (ob uns das gefällt oder nicht)

unser gesellschaftliches und politisches Leben verändern und den Polizeistaat unausweichlich machen. Das leugnet nicht einmal die Kernenergielobby mehr.

Das, was man Umweltbelastung nennt, ist also nicht die Folge einer Praxis, wenn auch einer unzweckmäßigen, letzten Endes unpraktischen Praxis – sondern die Folge einer falschen Klassifikation, die diese Unzweckmäßigkeit verschleiert, nicht wahrhaben will. Umweltbelastung als Folgelast würde zu einem großen Teil überhaupt nicht existieren, wenn es der Zweckmensch nicht darauf anlegte, sich laufend, punktuell und willkürlich von seiner Umwelt zu entlasten. Wenn Materie Rohstoff bliebe, oder wenn sie so restlos genützt wird wie zum Beispiel der Bison samt Haar und Haut und Knochen von den Prärie-Indianern, gibt es solche Folgebelastungen nicht: den winzigen Rest inerter Materie, der nicht verwertet wird, kann man ohne Kosten und zusätzlichen Energieaufwand den natürlichen Kreisläufen zurückgeben.

Paradoxerweise steigt also die Umweltbelastung, steigen die Folgelasten in dem Maß, in dem der Mensch die Natur immer gründlicher und vor allem immer rentabler auszubeuten, also zu verwenden glaubt. Ja, diese Lasten steigen sogar schneller an als die Produktion des Verwertbaren. Materie wird Schmutz; und zwar in dem Sinne, in dem ein geistreicher Engländer den Begriff definiert hat: *dirt is matter in the wrong place* – Schmutz ist Materie am falschen Ort.

Falsch ist der Ort solcher Materie entweder auf Grund einer menschlichen Entscheidung, daß bestimmte Arten von Materie an einen bestimmten Ort oder bestimmte Orte nicht hingehören (daher die endlosen Arbeitsstunden mit Wäscheschleuder, Staubsauger, Rehleder und Unkrauthacke) oder auf Grund der Tatsache, daß die Materie durch einen sogenannten Produktionsprozeß gegangen und somit als Abfall aus gebrauchten Produkten oder als ›Abfall‹ vom Rohmaterial gelten muß. Der Produktionsprozeß läßt also Abraum entstehen – und zwar, wie die Industriegesellschaft täglich und stündlich beweist, nicht nur materiellen, sondern gesellschaftlichen, psychischen, menschlichen Abraum.

Solche Folgelasten wachsen heute bereits quadratisch im

Verhältnis zur eigentlichen Produktion: sie stellen also paradoxerweise das ›eigentlich‹, das vorrangig Produzierte dar. Aufschlußreiche statistische Kurven ließen sich erstellen, auf denen etwa der steigende Prozentsatz von Ausgaben für Müllbeseitigung, Aufräumungstätigkeit jeder Art, Sanierungen (materieller ›Abraum‹), für Strafvollzug, Sozialarbeit, ambulante und stationäre Behandlung von Zivilisationskrankheiten bis hin zur unverzeihlichsten Krankheit der Gegenwart, nämlich dem Alter (menschlicher ›Abraum‹) dieses tatsächliche Produktionsverhältnis klar belegen und widerspiegeln würde.

Der Stein, den die Bauleute nicht brauchen können und wegwerfen, wird damit zum Stein des Anstoßes. Das Gift, das in chemischen Produktionsprozessen übrigbleibt, wird zum Alptraum der Kommunal- und Regionalbehörden. Die tatsächliche Kosten-Nutzungs-Rechnung des Automobils (einschließlich aller Abfälle, Abgase, Abwässer, in den Kliniken oder Friedhöfen liegenden Abmenschen) wird grundsätzlich nicht aufgemacht – sie wäre, wie man heute so schön sagt, nicht ›durchsetzbar‹. Ebensowenig aber kann oder darf eine echte Schadensrechnung des menschlichen Abraums in Kliniken, Gefängnissen, Sonderschulen, Altersheimen aufgemacht werden – der Maßgebende, der dies wagen würde, könnte seinen letzten Augenblick in der politischen Arena leichter vorausberechnen als alles andere.

So laufen unsere Wirtschaftsformen und unser *way of life* nicht nur den ökologischen Prinzipien und Erfordernissen diametral zuwider: Sie bringen sich selbst in immer größeren Gegensatz zu diesen Prinzipien und tragen damit den Zusammenbruch bereits in sich. Die Frage, die sich stellt, lautet längst nicht mehr: Läßt sich dies oder jenes an unserem System zurücknehmen? Sie lautet vielmehr: Wie können wir den Schaden, der beim unweigerlichen Zusammenbruch des Systems entsteht, möglichst klein halten? Wie können wir das Ausmaß an menschlichem Leid verringern, das mit ihm verbunden sein wird?

Spätestens hier wird der linke Leser protestieren. Gut, so wird er zurückfragen, die Kritik aus dem ökologischen Ansatz mag berechtigt sein; aber was hat er an wirklichen Ratschlägen zu bieten? Was soll, vor allem, aus dem Menschen werden, wenn man ihm verbietet, die Natur zu beherrschen? So realistisch dieser Ansatz auch sein mag, ist er nicht zutiefst unmenschlich, widerspricht er nicht allen Grundsätzen und Verkehrsformen des Humanismus, die wir uns, trotz allem, im Laufe der Jahrtausende angewöhnt haben?

Wenn wir, so könnte das linke Argument weiterlaufen, schon dazu verurteilt wären oder sind, als Spezies das Schicksal jener vorzeitlichen Blaualgenart zu teilen, welche in ihrem eigenen Exkrement, dem Sauerstoff, erstickte – sollten wir dann nicht wenigstens das Bekenntnis zu unserem historischen Herrschaftsauftrag ablegen, dem wir unterlagen und unterliegen – mit anderen Worten, sollten wir nicht wenigstens zu diesem Irrtum stehen, der schließlich ein heroischer Irrtum ist? Sollten wir nicht, in solch heroischer Solidarität, wenigstens dafür sorgen, daß die Milliarden unserer Zeitgenossen und unmittelbaren Nachfahren in relativer Gleichheit, in relativer Gerechtigkeit zusammen mit dem ökologischen System untergehen? Und wäre dann solche Gleichheit und Gerechtigkeit nicht der nachträgliche Sinn der Geschichte überhaupt: der Sinn von Religiosität, Christentum, Sozialismus – der kurze, wenige Jahrhunderte, das heißt wenige Augenblicke während Sinn einer Geschichte von Ungetümen unter ewig gleichgültigen Himmeln?

Dieses Argument, dem man sehr gelegentlich begegnet (im allgemeinen ziehen die linken wie die rechten Humanisten herzwärmende Blindheit, das heißt Informationsverweigerung vor . . .), ist sicherlich das redlichste und sauberste Argument gegen eine mögliche ökologische Konsequenz und eine mögliche, ökologisch konsequente Politik.

Gottlob ist es so nicht richtig.

Es ist nicht richtig, daß dem Menschen keine Alternative geboten wäre, als entweder das bewußtlose Dasein des Wirbeltiers inmitten anderer Fresser und Opfer – oder das Bündnis mit der Wüste gegen den Rest des Lebens. Es ist nicht richtig, daß die Grenze zwischen Humanismus und Antihumanismus die Grenze zwischen Naturversklavung und Naturunterworfenheit wäre. Und damit ist es – dreimal gottlob! – nicht richtig, daß der Menschheit keine andere Alternative bleibt, als entweder Untergang mit dem Ökosystem – oder Sturz in tiefstes vorkapitalistisches, vielleicht vorfeudales, vielleicht tribalistisches Elend.

Daß diese Alternative nicht stimmt, läßt sich historisch erhärten. Ehe wir darangehen, die Szenarios für die Gegenwart und die unmittelbare Zukunft zu prüfen, und ehe wir dann versuchen, einen eigenen, tatsächlich humanen und humanistischen Weg der Zusammenarbeit mit dem ökologischen System zu skizzieren, ist es also angebracht, eine Retrospektive vorzuziehen. Wir sollten die Geschichte unserer Art daraufhin untersuchen, ob ein Humanismus, der auf perfekte Naturbeherrschung gründet, tatsächlich die Logik und sei es die tragische Logik – der Artgeschichte für sich hat.

Tatsächlich ist – um dies vorwegzunehmen – das Gegenteil der Fall. Auf die Dauer schlug jeder Humanismus, der die Einbettung des Menschen in seine natürlichen Gegebenheiten außer acht ließ, in einen krassen Antihumanismus um. Einem Menschen oder einer menschlichen Gruppe, die versucht, die Natur zu versklaven, ist es nie möglich, die Abgrenzung Mensch-Natur, die solcher Praxis angeblich prinzipiell zugrunde liegt, aufrechtzuerhalten – und dann folgt logisch nicht die Humanisierung der nichtmenschlichen, sondern die Entmenschlichung der humanen Umwelt. Das Problem des Unkrauts, des Ungeziefers, des Abraums und Abschaums wird zum Problem der zwischenmenschlichen Beziehungen – zum anorganischen, zum chemischen, zum organischen Müll tritt zwangsläufig auch der menschliche, der dann auch als solcher behandelt wird.

Wieder spricht die Sprache für sich: Es gab und gibt kein sogenanntes zivilisiertes Zeitalter, das nicht seinen eigenen Abschaum, sein eigenes *Ungeziefer*, seinen Menschen-*Unrat* hervorbrachte, bezeichnete und behandelte. Wir sind sprachlich etwas zimperlicher geworden – aber nur scheinbar. Wir sprechen immerhin noch von *Randgruppen* – und welcher Rand ist damit gekennzeichnet? Der Rand des Produktionsprozesses natürlich.

Die Vokabel erfaßt die Alten, die Asozialen, die Hilflosen, die Konsum- oder Produktionsverweigerer in dem Augenblick, wo sie, eben vom gesellschaftlichen Bulldozer erfaßt, an den Rand des zivilisatorischen Müllberges geschoben werden.

Es wird uns also im folgenden aufgetragen sein, auch unsere historische Sicht – die Sicht eines inkonsequenten Materialismus – zu überprüfen und umzustülpen, wenn und wo es nötig ist. Es wird zu zeigen sein, wie die Loslösung von den natürlichen ökologischen Existenzbedingungen unserer Gattung (mochte sie auch unausweichlich scheinen) jeweils ihre eigenen ›Randgruppen-, Abschaum-, Ungezieferprobleme mit sich brachte und bringt. Es wird aber auch zu zeigen sein (tröstlicherweise zu zeigen sein), daß es das ökologische Paradies, das primitive oder paraprimitive, von dem heute so viele Ökopartisanen schwärmen, nie wirklich gegeben hat. Jede zeitweilige Stabilität war das Werk einer kollektiven, einer gesellschaftlichen Anpassung, eines Prozesses, der menschlich, ja human war. Er war ja eine Abfolge von Versuch und Irrtum. Und auch uns ist es aufgegeben, aus unseren Versuchen und Irrtümern zu lernen.

ZWEITER TEIL

RETROSPEKTIVE

Versuch und Irrtum – Krise und Entfremdung

Die ökologische Geschichte des Menschen – kann sie geschrieben werden? Sicherlich nicht mit den bisherigen historischen Methoden. Diese haben ja einen Zeitabschnitt aus der Geschichte der Art untersucht, der grotesk kurz ist: fünf- oder sechstausend von vermutlich neunhunderttausend bis zu zwei Millionen Jahren; sie haben das winzige Fragment einer Zwischen- oder Nacheiszeit isoliert, in dem wir leben, und sie haben sich innerhalb dieses Fragments auf Quellen beschränkt, die zunächst kaum etwas anderes waren und sind als das geschriebene Wort. Sie haben an Hand dieser ›Quellen‹ den Lauf von Ereignissen zu rekonstruieren versucht, die immer oder doch fast immer einseitig, verzerrt, propagandistisch verfälscht dargestellt wurden. Die Epochen, in denen die Menschen es fertigbrachten, über sich selbst und vor allem über ihre Mächtigen auch nur die bescheidensten Wahrheiten niederzuschreiben, sind erstaunlich kurz, sind Lichtblitze in einer schwülen Nacht des Wunschdenkens, der mythischen oder ideologischen Verkleidungen, der unrekonstruierbaren Gedanken- und Gefühlssysteme und -konstellationen, mit denen das Unerträgliche jeweils erträglich, das Widersprüchliche jeweils kohärent gemacht werden sollte. Nein, weder der Zeitraum noch die Aussagen und Ergebnisse der klassischen historischen Methode können für unseren Zweck genügen.

Nun sind gottlob seit einiger Zeit neue Methoden der geschichtlichen Forschung im Gange. Die Grenzen zwischen Archäologie und Historie, zwischen Vor-, Früh- und eigentlicher Geschichte sind fließend geworden, verwischen sich. Taucher ergänzen unser Wissen über die Schiffahrt der Griechen, Römer und Byzantiner; Datenberechnung aus den Jahresringen verarbeiteten Holzes (die sogenannte Dendrologie) erlaubt die Aus- und Auffüllung der Baugeschichte unserer europäischen Dome ebenso wie die der indianischen Pueblos. Dazu kommen immer exaktere Methoden der Auswertung von ›indirekten‹ Quellen: Die Wirtschaftsrechnungen alter Archive, die Personalangaben der alten Pfarrbücher, die neu ausgewerteten Zeugnisse der Kunst erlauben immer präzisere Aussagen über die materielle Geschichte unserer Vorfahren.

Aber bringt uns dies den entscheidenen Schritt weiter, den wir hier tun müssen? Zunächst, so will es scheinen, hat eine ›materialistische‹ Geschichtsschreibung den Gesichtskreis eher verengt als erweitert. Daran ist nichts verwunderlich: Die rapide materielle Beschleunigung in den letzten vierhundert Jahren liefert eben entsprechende Berge materieller Daten, und das führt wiederum zur Konzentration der ›materialistischen‹ Methoden auf diesen Zeitraum. Gerade dieser Zeitraum aber ist der des Regiments des inkonsequenten Materialismus, von dem wir sprachen. In seinen Quellen steckt viel über Budgets, über Weizenpreise, Sterblichkeitstabellen, Finanz- und Handelsbewegungen, aber wenig oder nichts ist zu finden über die Erde, auf der sich solche Produktionsverhältnisse entfalteten. Zudem läßt die dogmatische Konzentration auf ›Produktionsverhältnisse‹ vorläufig immer nur den einen großen Grundraster zu, das Begriffsgitter, an dem sich der ›historische Materialismus‹ emporrankt: von Jägern und Sammlern zu Stammeswirtschaften, von denen zu Ackerbaudespotien, von der Sklavenwirtschaft zum Feudalismus, von dem wiederum zum Kapitalismus und dann, natürlich, zum Sozialismus: Mit Ausnahme der letzten zweihundert Jahre war das alles doch vorwissenschaftlich, mythisch, ›bewußtlos‹ – ein Sammelsurium mehr oder weniger grotesker Barbarei und mehr oder weniger gefährlichen Aberglaubens. Vergleicht man die Geschichte mit einer nächtlich beleuchteten Straße und setzt man eine Bogenlampe für jeweils ein Jahrhundert an, so ist die ›materialistische‹ Geschichtsschreibung eigentlich nur an den letzten zwei oder drei Abständen zwischen ihnen interessiert – dahinter, in den Jahrtausenden und Jahrzehntausenden tatsächlicher Artgeschichte, ist vielleicht noch eine schwach leuchtende Perlenschnur auszumachen, und dann folgt Nebel – bestenfalls bläulich schimmernder Nebel. Einem solchen – durchaus üblichen – Geschichtsbewußtsein ist schroff die ökologische Geschichtsschreibung entgegenzustellen. Für sie wären die Jahrzehntausende der Artbildung und der sozialen Ausformung mindestens ebenso interessant wie die letzten zwei oder drei Jahrhundertabstände. Für sie ist zentral die Wechselwirkung zwischen Natur und Geschichte. Die wäre also weder eine reine »klassische‹ Menschheitsgeschichte noch eine Naturgeschichte der Spezies, sondern die Beschreibung der Wechselwirkung beider: die methodische Erforschung und Darstellung dessen, was der Mensch mit der »Welt«, aber auch dessen, was die Welt mit dem Menschen getan hat.

Sie wäre Naturgeschichte als Sozialgeschichte, aber auch als politische Geschichte; Politik als Schicksal der Natur, aber damit auch schon wieder Schicksal der Gesellschaft. Es wäre die Geschichte von ständigen Krisen und Irrtümern, von wenigen geglückten und stabilen Epochen, von Allianzen mit dem Leben, mit anderen Arten und gegen andere Arten und, zuletzt, Allianzen mit der Wüste.

Keine Art, so stellt der Naturforscher fest, schreckt davor zurück, sich auf Kosten anderer auszubreiten. Das ist natürlich Ausbeutung, ist Herrschaft – besser gesagt: der Versuch zur Herrschaft. Denn sie ist im natürlichen, das heißt im vormenschlichen Gang der Dinge, nie wirklich erfolgreich. Die blinden Ambitionen der einzelnen Arten heben sich gegenseitig auf. Im Endeffekt: Die Populationen mit den besten Eigenkontrollen gegen ungezügelte Ausbreitung und Vermehrung schneiden am stabilsten ab, sie generieren aus sich selbst die wenigsten Katastrophen – das heißt, sie nehmen das natürliche System der *checks and balances* weitgehend in die eigene Art hinein.

War der Urmensch, der Hominide im Grau der Artgeschichte, noch diesen *checks and balances* unterworfen? War diese Unterwerfung – bewußt oder unbewußt vollzogen vielleicht sein Paradies, sein Goldenes Zeitalter – und damit das Paradies der Menschheit überhaupt, vielleicht ihr einziges?

Viele vertreten heute diese Ansicht. Gerade im Schlagschatten unserer planetarischen Instabilität, angesichts der unermeßlichen Drohungen, denen wir gegenüberstehen, lassen wir uns gern zu einer solchen, wenn auch sterilen Paradiesvision überreden, die uns wenigstens den bittersüßen Geschmack unnützen Heimwehs auf die Zunge gibt.

Und die meisten über Primitivkulturen bekannten Tatsachen scheinen wirklich auf unermeßliche Stabilität hinzuweisen. Man hat in der Nähe von Ahrensburg Rentierskelette gefunden, die auf Opferrituale schließen lassen: Im Brustkorb war ein Stein versenkt, und so waren die Tieropfer in den Teich geworfen worden. Moderne Testmethoden haben ergeben, daß dieser Brauch Zehntausende von Jahren geübt wurde; ein Rekord religiöser Kontinuität, der jede heutige Hochreligion vor Neid erblassen lassen muß.

Ähnlich positiv wie die sozio-kulturelle Stabilität der Ahnen sieht man ihr Verhältnis zur natürlichen Umwelt; und in der Tat bietet sich der Vergleich mit den uns bekannten und so genannten ›Primitiven‹ an. (Freilich ist der Ausdruck für die alten homogenen Stammes- und Sippenkulturen völlig falsch.)

So konnte man sehr genau die Lebensgewohnheiten der Digger-Indianer erforschen, einer der ärmsten Indianerkulturen überhaupt. Es waren Sippen, die auf den großen Prärien umherwanderten und es nie zu richtigen Stämmen brachten, weil die Lebensbedingungen dafür zu schlecht waren. (Die klassischen Prärie-Stämme Gerstäckers, Karl Mays und anderer, die Pawnees, Komantschen, Dakotas, gehörten ja erst der Roß- und-Reiter-Zeit, also der Epoche nach 1780 an.) Die Digger-Indianer kannten jede Wurzel, jedes Kraut, jede Lebensäußerung in ihrem Sammelbereich aufs genaueste. Dutzende von medizinischen Kräutern, Dutzende von Rauchkräutern waren ihnen bekannt, alle mit ihren speziellen Eigenschaften, fast jeder der Sammler konnte sie aufzählen. Ihre Lebensweise könnte man (ökologisch definiert) ins Unendliche der Vollzeit zurückverlängern.

Aber seltsamerweise war das nicht der Fall – gerade in Amerika nicht.

Die Jagdmethoden der ersten zwischeneiszeitlichen Jäger, die nach Amerika vordrangen, waren nämlich durchaus nicht umweltfreundlich. Noch ist die Kontroverse darüber im Gange, ob es diesen Jägern aus eigenem Vermögen (und Unverstand) gelang, die äußerst reichen und reichhaltigen Großtierfaunen auszurotten, die damals den Kontinent erfüllten. Bei der geringen Zahl dieser Jäger, die noch nicht einmal den Bogen kannten, scheint eine solche Annahme grundsätzlich grotesk; aber gerade die primitiveren Jagdmethoden sind extensiv und verschwenderisch.

So ist (wie wir aus amerikanischen und aus französischen Funden wissen) eine der ältesten Jagdmethoden die Treibjagd; und zwar hetzten die Jägerhorden riesige Herden von Pferden oder von Bisons steilen Felsabstürzen zu, über welche die Tiere hinausschossen und im Abgrund zerschmettert wurden. Von den so vernichteten Tieren wurde oft nicht einmal ein Zehntel ausgeschlachtet. Der Schleuderspeer und, später, der Bogen sind dagegen wesentlich umweltangepaßter: Sie erlaubten intensivere Jagd, gründlichere Verwertung. Aber der Bogen ist, so glaubt man heute zu wissen, kaum älter als 25 000 Jahre: eine sehr kleine Zeitspanne in der Geschichte der Art.

Doch wann und wie hub sie an, diese Artgeschichte? In den letzten Jahrzehnten mußte man das Datum dieses Anfangs immer weiter in die Erdgeschichte zurückschieben – was vor einer Generation noch Jahrhunderttausende waren, sind heute schon Millionen. Was für Wesen waren diese ersten Hominiden, die kaum vierzig Kilo wogen und kaum einen Meter groß waren? In kleinen sozialen Verbänden waren sie bereits zusammengefaßt. Waren sie die pathologischen Killer, welche die Schädelhaufen in der Olduwai-Schlucht und anderswo vermuten lassen? (Der Forscher Dart, gefragt, welcher von seinen Australopithecinen eines natürlichen Todes gestorben sei, düster: »Keiner.«)

Waren sie immer von jenen Ängsten gepeitscht, welche ihnen befahlen, die Köpfe von Frauen und Kindern, wohl vorher erschlagenen, mit Ocker zu bemalen und zu Pyramiden eines dumpfen Rituals zu türmen?

Wohl keine stereotype Antwort ist erlaubt. Innerhalb der Spanne der europäischen Steinzeit stellt man heute eine Oszillation fest – ein Auf und Ab von Freundlichkeit und Mißtrauen, von offener Siedlungsweise und frenetisch verteidigten Höhlen, von Mordepidemien und jahrtausendelanger bukolischer Ordnung.

Amerika ist, weil spät besiedelt, das Schulbeispiel eines langen, schmerzlichen Lernprozesses, der vor, nicht nach der Bildung der sogenannten primitiven Kulturen liegt. Nach dem Aussterben der Großfaunen (mit Ausnahme des Bisons) werden die Funde rar, die Evidenz menschlicher Tätigkeit und menschlichen Vorhandenseins dürftiger. Nach den Orgien der Treibjagden, den freizügig genossenen Mammutlebern und Bisonnakken ist Not da, Hungersnot, das ist evident. Aber damit ist auch Diversifikation fällig, das heißt die Entwicklung mannigfaltiger Eß- und Produktionsgewohnheiten, das Anschmiegen ans karge Angebot, die gemischte Nahrung und die Erzeugung von Hilfswerkzeugen zu dieser Lebensweise. Mahlsteine tauchen auf, Reste von kleinerem Getier, Ausnutzung von Knochen und Horn für mancherlei Bedarf. Die vielfältigsten Beziehungen zur belebten und unbelebten Umwelt, die derart nötig werden, bringen Erfahrung – und <u>Erfahrung bringt das Bedürfnis nach Tradition.</u>

Solche Tradition schlägt sich nieder in den animistischen *legends*, den Kennzeichen aller archaischen Stammes- und Sippenverbände. Kompliziert verschränkte Totems und Tabus; Heiratsregeln und -verbote; Liturgien und Traditionen: Das ist die Lebenswirklichkeit der »Wilden«, welche die weißen Entdecker im Amerika des 16. und 17. Jahrhunderts vorfinden.

Der Ausdruck »Wilde« oder »Primitive« ist allerdings für diese Kulturen ganz unpassend, und er wird auch von den Anthropologen nicht mehr verwendet. Keine ihrer Sprachen ist weniger kompliziert als die unsere – viele sind im Gegenteil stärker ausgebaut. Mögen Abstrakta (oder was wir so bezeichnen) vielfach fehlen – dafür ist die Semantik des sinnlich Erfahrbaren äußerst fein. Die Maoris kennen Dutzende von Wörtern für ebenso viele Nuancen von »rot«; in einigen Indianersprachen gibt es verschiedene Numeri für einige wenige, für mehrere Gegenstände; für Gegenstände links, für solche rechts vom Betrachter, für lebendige, für tote Gegenstände. Der so dokumentierten Sinnenschärfe der Steinzeitkulturen entsprach (oder entspricht, wenn sie noch funktionieren) die Zweckmäßigkeit des Lebensstils, das religiöse und praktische Arrangement mit der Umwelt, das sie – wenigstens soweit dies unserem Überblick gestattet ist – so beneidenswert stabil zu machen scheint oder schien.

Aber solche »Stabilität« ist, wie wir sahen, bereits Resultat kultureller Bewegung; Resultat eines Prozesses von Versuch und Irrtum, erfüllt mit Leid und Erfahrung; ein Resultat, für das der Preis hoch, sehr hoch war – es ging ja nicht nur immerfort um Leben und Tod für den einzelnen, sondern oft genug um das Überleben ganzer Gruppen, ganzer künftiger Nationen und Rassen – ja vielleicht um das Überleben der Art.

Vieles an dem so Erlernten erscheint uns heute überflüssig; aber nur deshalb, weil uns seine Notwendigkeit oder Nützlichkeit nicht mehr zugänglich ist. So verbringt der Mensch der archaischen Gesellschaft wesentlich mehr Zeit im Umgang mit Geistern, mit Riten und Beschwörungen als mit der sogenannten ›notwendigen‹ Reproduktion. Das, was wir »Arbeitszeit« nennen würden, setzt der Amerikaner Marshall Sahlins, der eine Monographie über Steinzeitökonomie geschrieben hat, auf etwa vier Stunden täglich an; fast ebensoviel Zeit oder mehr wird der »Primitive« auf Zeremonien, Kulte, individuelle oder gemeinschaftliche »Religiosität« verwenden.

Darüber können nur noch Vulgärfortschrittler lächeln, die ihrerseits mindestens ebensoviel Prozente ihrer Zeit mit total Überflüssigem, wenn auch nicht mit so Kreativem vergeuden. (Kenner setzen den Prozentsatz tatsächlich produktiver Tätigkeit in unserem »arbeitsteiligen« System ohnehin auf vielleicht drei Prozent an.)

Das wichtigste »Überflüssige«, das uns diese Kulturen hinterlassen haben, ist wohl die Idee des Festes. Ursprünglich war es Arbeit, genauso wie die Arbeit als solche nicht ohne weiteres erkennbar war. Der Kult sollte besänftigen, vereinen, Kommunikation herstellen, beschwören, bannen, erweitern – und das Fest war Kult von einer Intensität, wie sie nach der Stufe der »Primitiven« nie mehr erreicht worden ist. Das bißchen Fest, das wir uns heute noch erlauben, und das wir mit halluzinogenen

Drogen wie Tabak und Alkohol mühsam anheizen müssen, ist schwacher Abglanz, Scherbe dieser primitiven Erfahrungen.

Ärgerlich ist und bleibt für den Materialisten, daß ein Mehr des Menschseins gerade beim »Primitiven« dem Immateriellen gewidmet ist, daß die materielle Reproduktion keineswegs so im Mittelpunkt seines Bewußtseins stand und steht, wie dies bei uns Zivilisierten der Fall ist. Aber einem aufgeklärten, das heißt einem konsequenten, an der Ökologie orientierten Materialismus kann die Annahme dieser Tatsache nicht schwerfallen. Ehe die Welt ›ausgebeutet‹, besser: Ehe sie als Zeughaus und Spenderin des Lebensmittels erkannt und genützt werden kann, muß sie einmal *er*kannt werden – und dies Erkennen ist dem Menschen von *Anfang an* nur mit Hilfe von Hypothesen, von Arbeitsgittern möglich, die Erklärung des Zusammenhängenden und Ausmerzung von Widersprüchen gestatten. Erst solche Hypothesen und Gitter schaffen Identität für Gruppe und Individuum – und auf der Stufe der Steinzeit werden sie allemal mythisch eingekleidet sein (ja, sie werden es bis in unsere Gegenwart hinein bleiben, auch wenn sie sich lachhafterweise als »wissenschaftlich« ausgeben werden). Und trotz dieser mythischen oder magischen Einkleidung war kein Erklärungssystem gegenüber der nichtmenschlichen Welt ›korrekter‹ als dieses vorgeschichtlich-steinzeitliche der Jäger und Sammler.

Fassen wir zusammen: Die sogenannten »Wilden«, die homogenen Stammeskulturen der steinzeitlichen Stufe, sind keineswegs Kinder des Paradieses, bewußtlose Erzeugnisse der Natur. Sie sind schon das Ergebnis von Lernprozessen, deren Dauer und Gefährlichkeit wir nicht kennen, aber vielleicht erahnen können. In diesen Kulturen sind schon zahlreiche Widersprüche präsent, sie werden rituell bewältigt oder beschwichtigt, durch Riten, Legenden, Bräuche umstellt oder aufgelöst. Das Corpus, das Ganze dieser Legenden und Bräuche ist bereits ein Filtersystem, das die vielen verwirrenden Daten, die auf den Menschen einstürmen (eine Verwirrung, die dem Kreischen sich überlappender Sendebereiche in einem altertümlichen Radiogerät vergleichbar ist), zu brauchbaren, sinnverbundenen Informationen ordnet. *To establish order from noise:* Auf diese informatorische Notwendigkeit der Mythen, der

Götter und -ismen hingewiesen zu haben ist das Verdienst französischer Anthropologen wie Edgar Morin, Pierre Auger und anderer.

Da die soziale Organisation zweckmäßig, reich strukturiert, aber nie sehr kompliziert ist, und da der Status des einzelnen viel mehr durch immaterielle *goods and bads* als durch materielle bestimmt wird, leistet die Religiosität dieser Animisten außerordentlich viel; mehr wahrscheinlich, als dies den Hochreligionen gelang oder gelingt – zumindest was das stabile Verhältnis des Menschen zur belebten und unbelebten Materie betrifft. Darüber haben wir bereits gesprochen. Aber es ist mehr als wahrscheinlich, daß auch diese Religiosität bereits durch Versuch und Irrtum, Schock und Schmerz gegangen ist – und daß sie der eigenen Gefährdung keineswegs unbewußt gegenüberstand.

Unbezweifelt wird der Kulturschock beim nächsten, dem ökologisch bedeutsamsten Schritt der Menschheit: beim Übergang zum Ackerbau.

Der war sehr graduell, er ging und geht in kleinsten Schritten vor sich. Mischwirtschaftliche Formen; Arbeitsteilungen, welche etwa den Männern noch Pfeil und Bogen beließen, aber den Frauen Pflanzstock oder Hacke in die Hand drückten; nomadische Feldbestellung als Teilzeitbeschäftigung: Alle diese und manche andere Formen von Übergangswirtschaft sind bis in die Gegenwart hinein möglich gewesen und wurden und werden praktiziert.

Dennoch ist es legitim, sozusagen den Archetypus des Ackerbauern und der ackerbäuerlichen Kultur dem Typus des schweifenden Jägers und des Nomaden gegenüberzustellen – schroff und reinlich gegenüberzustellen, wie das ja auch die uralten Erzählungen der Menschheit tun.

Eine der wichtigsten ist der Paradiesvertreibungsbericht des Buches Genesis. Ich bin mit Leyhausen (und vielen Autoren vor ihm) der Ansicht, daß er ein ziemlich genaues Zeugnis dessen ist, was dem Menschen zustieß, als er zum Ackerbauem wurde. Wie so oft lohnt es sich, den Bericht eben nicht ›entmythologisierend‹, sondern praktisch-wörtlich aufzunehmen.

Da steht geschrieben, daß der Mensch die neue Lebensweise als Fluch erfährt. Er fühlt sich vertrieben aus einem Paradies, dem Jäger-Sammler-Paradies – und zwar mit Recht.

Er, der Mensch, ein Wesen, das durch Jahrmillionen der Praxis zum freischweifenden Beutemacher konditioniert wurde, ist nun seßhaft; das heißt, er hockt zwischen den Grenzen seiner winzigen Anbauflächen fest. Sein Körper, der lange brauchte, bis er sich mit immer längeren Beinen, immer kräftigeren Waden, immer robusteren Gesäßmuskeln dem Jägerleben, dem Rennen, Spähen, Speerewerfen angepaßt hatte, stöhnt wieder unter der Anstrengung des Bückens, des Grabens und Wühlens: in der Tat wäre hierfür der Körperbau des Pavians oder des Schimpansen wieder wesentlich besser geeignet. Der Bandscheibenschaden wird zum kollektiven Schicksal – wenn nicht des Bauern, so zumindest der Bäuerin; die verkrümmten Greisinnen werden zum Fluchsignum ungezählter Generationen von Bauernkulturen.

Wahrscheinlich macht diese neue Arbeits- und Lebensweise auch das Gebären schwerer und riskanter.

Dazu kommt neue Feindschaft mit Tier und Pflanze. Das Raubzeug bleibt als Gefahr und Nahrungskonkurrent, ja es wird potentiell gefährlicher, weil das hilflose Haustier ihm weniger gewachsen ist als das schnelle Reh oder die Antilope; und vollends das Federvieh lockt massenhaft Feinde wie Fuchs, Wiesel, Iltis und Habicht. Noch schlimmer für den Bauern aber ist die Feindschaft so vieler Pflanzen, der Kampf mit ihnen um die Frucht der Erde. Jetzt wird es notwendig, zwischen *Kraut* und *Unkraut*, zwischen *Nützlingen* und *Schädlingen* zu unterscheiden. »Dornen und Disteln soll sie dir tragen ...« Das *dir* ist wichtig in diesem Fluchvers, der reflexive Bezug: Natürlich hat es schon Dornen und Disteln zu Zeiten der Jäger gegeben, aber sie waren keine Feinde – höchstens lästige Hindernisse bei Marsch oder Waldlauf, aber auch willkommenes Versteck auf der Jagd.

Das Schlimmste aber ist die Arbeit.

Nicht nur verdoppelt und verdreifacht sich die Zeit der notwendigen Reproduktion, nein, in gewissem Sinne entsteht sie jetzt erst als das, was wir heute »Arbeit« nennen. Geboren wird die Mühsal, die verfluchte Schinderei.

Ja, *Schinderei:* Nicht umsonst werden die Ausdrücke für die landwirtschaftliche Arbeit in fast allen Sprachen dem Bereich der Qual, der Folter entnommen. *Labor* war das lateinische Wort für die Geburtswehen; *arebeit* bedeutet »Schmerz«, »Mühsal«; französisch *travail,* spanisches *trabajo* sind abgeleitet von tripalium, einem dreipfahligen Folterwerkzeug der spätantiken Justiz.

Dementsprechend war die tatsächliche Einstellung des Bauern zu seiner Arbeit. Sicher kannte er seinen eigenen Stolz, liebte sein Eigentum; aber der Arbeitsprozeß als solcher war für ihn keineswegs so romantisch, wie er in vielen Passagen der Literatur erscheint. Für jüngere Leser, die eventuell der nostalgischen Sicht auf ein vorindustrielles Europa erliegen könnten, das sie nie gekannt haben, darf der Verfasser aus eigener Erfahrung mitteilen, daß der März, der Pflügermonat, nicht so sehr vom herrlichen Schlag der Lerchen als vor allem von den endlosen Flüchen der pflügenden Bauern erfüllt war. (Vermutlich fluchen sie noch heute beim Pflügen, aber das Rattern des Traktors übertönt es.)

Eine mißgünstige Erde; ein widerspenstiger Körper; die dreifache Arbeit, ja, zum ersten Mal in der Artgeschichte die *Arbeit an sich:* War es ein Wunder, daß der exilierte Jäger, der verbannte Hüter der Gärten Gottes, den Fluch über sich schweben sah wie den niedergedrückten, den verweigerten Opferrauch des Kain, des ersten Ackersmannes?

Und doch: auch dies war nicht das Schlimmste – noch nicht das Schlimmste. Das Schlimmste, was dem Bauern zustieß, war weder die Leibesnot noch die Feindseligkeit der Natur – es war der Mitmensch. Genauer gesagt, es war der Mitmensch, der auf das aufmerksam wurde, was den Bauern am grundsätzlichsten vom Jäger und vom Nomaden unterschied: seine Seßhaftigkeit.

Seßhaftigkeit aber heißt Schutzlosigkeit. Seit der Mensch auf dem Acker sitzt, bedarf er des Schutzes. Seit er auf dem Acker sitzt, kann er geplündert werden – und er kann zum Untertanen werden. Seit es den Acker gibt, ist die Freiheit nie mehr das geworden, was sie einmal war: unmittelbares, konkretes Ergebnis des menschlichen Lebens selbst. Denn seit es den Acker gibt, gibt es die Herrschaft.

Die Herrschaft – ihre Geburt, ihre Kindheit und ihre Jugend

Über dem flachen Hügelrücken auf der Steppe werden die Reiter sichtbar – zuerst die Spitzen der Lanzen, die in der Sonne blinken, dann die Roßschweife, die unter ihnen wehen, dann die Reiter selbst, mit flatternden Mänteln. Unheimlich schnell werden sie größer, die Schwärme im Sturm ihres Galopps.

Hoch im Turm sitzt der irische Mönch, der Freund und Beichtvater der Bauern. Mit grimmigem Vergnügen blickt er in die Hagel- und Regenböen hinaus, die übers Meer herantoben, blickt er in die gischtende Brandung. »Wohl uns!« schreibt er in seine Chronik. »Wohl uns an diesem Tag der Heiligen Simon und Juda, daß es hagelt und stürmt – so kann der Wiking nicht landen, die Bestie der Meere. Möge der Herr seine Drachen verderben!«

Aus dem Unterholz des Waldrands spähen die ummalten Augen der Wilden. Keiner sieht sie, keiner hört sie – nur sie selbst sehen und hören die Vogelschreie, mit denen sich die kleinen Horden untereinander verständigen. Sie haben ihre Streitäxte und ihre Skalpmesser geschärft, aus zusammengekniffenen Lidern taxieren sie die Farbe des Himmels hinter dem dünnen Morgenrauch aus dem Kamin der Farm. Gleich wird es soweit sein.

War der Bauer immer wehrlos, mußte er es sein? Nun, es gab ein paar tapfere Bauernrepubliken, die sich selbst zu verteidigen wußten; ihre Zahl ist gering. In der Regel gelang dies nur, wenn sie mächtige geologische Verbündete hatten: einen unwegsamen Gebirgsstock wie die Schweizer, eine sturmumgürtete kahle Insel wie die Isländer. Der Bauer kann nicht fliehen wie etwa die Jägersippen, die beim Nahen eines überlegenen Feindes mit allem, was sie haben (es ist, im Vergleich zum Bauern, so gut wie nichts) in die Ferne der unbewohnten Räume verschwinden. Er lebt ja buchstäblich vom Prinzip des *Vorrats*: Er hat Investitionen zu beschützen, Vieh, Saatgut, Vorräte an

Nahrungsmitteln und künftiger Arbeitskraft in Form von Frau und Kindern und Knechten. So muß er denn bleiben und die Plünderer erwarten – dumpf auf Gnade, wenigstens auf einen Anschein von Gnade, auf einige Überreste hoffend, mit denen er durch den Winter kommt, auf die Großmut der Plünderer, die vielleicht ihn und die Seinen nicht genug foltern, um ihm und ihnen das Versteck des Wertvollsten zu entreißen.

In der Regel erfährt er nicht allzuviel Gnade, wenn der Schlachtschrei von den Hügeln oder den Brandungswellen hallt, wenn das gellende Trillern der Wilden zum Himmel steigt. Das Kalkül, in dem er steckt, ist einfach: So und so viele Bauern sind imstande, so und so viele Plünderer mehr oder weniger bequem am Leben zu erhalten, ihre Lust auf Abenteuer zu befriedigen und, vor allem, sie vor dem Los zu bewahren, das den Bauern selbst überkommen hat: Seßhaftigkeit, Schutzlosigkeit, gekrümmter Rücken auf ewig. Plünderer, Räuber, Wilde: Das sind ja Leute, die sich auf Kosten des Bauern dem Fluch Adams entziehen. Sie dürfen das aufrechte Rückgrat behalten, das kühne, weitblickende Auge, sie dürfen bei den alten Geschicklichkeiten der Rasse bleiben und ihr Räuberleben noch in prahlerischen Liedern besingen. Und so verachten sie denn von Herzen den, von dem sie leben: den Bauern, den Gescherten – das heißt den Geschorenen, den Hörigen.

Was bleibt ihm, dem Gescherten? Wie vermag er sich zu helfen? Die Arbeit erlaubt ihm nicht, sich zusätzlich als Krieger zu verhalten, sie verlangt zwölf, vierzehn Stunden täglich, wenigstens im Sommer – einen Wachdienst, eine eigene Miliz kann er da nicht organisieren. Zudem: Der Feind hat alle Vorteile der Guerilla für sich, er kann angreifen, wann und wo er will. Das heißt, daß für einen Räuber mindestens sechs oder acht Verteidiger ständig unter Waffen stehen müßten.

So zahlt man denn Tribut. Man zahlt ihn entweder an die bequemer werdenden Räuber selber, welche die hohen Investitionen ihrer Beutezüge überschlagen und feststellen, daß sie mit einer regelmäßigen Erpressungssumme besser fahren. Solche Räuber waren bis ins 18. Jahrhundert hinein die Clanchefs der schottischen Highlanders; keinen höheren Lobpreis kannten ihre Barden als die Floskel vom »reichen Tribut aus dem Süden«.

Sicherer scheint für den Bauern ein anderer Weg: Er wendet sich an einen Mächtigen, der ihn vor den Räubern schützen soll. Er verspricht ihm, daß er für die Ernährung des Mächtigen und seiner Gefolgschaft aufkommen wird – das Feudalwesen ist geboren, das erste und einfachste Prinzip jeglicher Herrschaft.

Natürlich bleibt, ökonomisch gesprochen, das Kalkül das gleiche. Der Baron, der Fürst, seine Soldaten, welche den Bauern schützen sollen, verlangen ihren Preis – ihren Tribut, ihre Steuern. Sie sind in der Regel kaum weniger räuberisch als die Räuber selber – das bißchen zusätzliche Interesse, das sie am Wohlergehen oder wenigstens am produktiven Weitervegetieren des Bauern haben, ist das Interesse des Parasiten an der weiteren Existenz seines Wirtstiers. Denn Parasiten werden die Beschützer in allerkürzester Zeit – institutionalisierte, bodenständige Erpresser. Sie treiben die unsinnigsten Steuern ein, sie legen härteste Lasten auf – Frondienste, Scharwerke; sie schwächen die Frauen und Töchter der Untertanen, ziehen dem Bauern (wie es im frommen Landsknechtslied heißt) das wollene Hemd vom Leibe, weil es ihm übel ansteht.

Damit, mit dieser Umkehrung, mit diesem vollständigen Rollentausch, ist Herrschaft komplett. Der ursprüngliche ›Arbeitgeber‹ – nämlich der Bauer/Ernährer, der den Waffenhandwerker als Spezialisten anstellt – wird zum Knecht, und der Reisige, auf die Mehrwertbrosamen vom Tisch des Subsistenzbauern angewiesen, wird zum Herrn und Meister.

Solche Herrschaft offenbart ihre Perversität vollends dann, wenn sie ihren ursprünglichen Rechtsgrund, nämlich den Schutz der Nahrung der Gemeinschaft, auch noch durch Frondienst, das heißt durch erzwungenen Wehrdienst, auf die Bauern abschiebt. Sie werden dann drei, fünf, acht Jahre zu Militärknechten gemacht, in schlechtsitzende Stiefel gesteckt, durch Krautäcker gescheucht, von untergeordneten Parasiten mit »Bauernrammel« betitelt und mit Weinrebe, Stock oder Nagaika durchgeprügelt. Die römischen Päpste, alte Kenner des Feudalsystems, wußten genau, warum sie bis ins 19. Jahrhundert hinein strikte Gegner der Wehrpflicht waren: Sie sahen als erste und fast einzige, was dies den Grundlagen der alteuropäischen Ordnung antat.

Mit der Wehrpflicht, von einem feudalen Staatswesen eingeführt, erledigt sich der Feudalismus von selbst – aber er hat damit den Begriff der Herrschaft erst restlos verabsolutiert und verselbständigt. Sie ist nun aus einer zweifelhaft-symbiotischen zu einer zweifelsfrei parasitären Gattung geworden; einem Parasiten allerdings, der fest davon überzeugt ist, daß seine Wirtstiere ohne ihn nicht lebensfähig seien, weil sie auf einer untauglicheren Stufe der Entwicklung stünden als er.

Wer, wie der Bauer, von Anfang an den Daseinsschaden hat, der braucht sich um gesellschaftlichen Spott nicht zu sorgen. Nur sehr alte und weise Kulturen wie die chinesische haben wenigstens theoretisch-kultisch den Bauern geehrt – sonst, vor allem im Feudalismus, wird er zum Hohnobjekt derer, die von ihm leben. *Bauer, vilain, peasant, mushik:* Das ist überall das verächtliche Wort für den Ungeschlachten, den Dreckwühler. Er kann nicht hübsch sein; denn das heißt ja so viel wie *höfisch,* ist also den besseren, parasitären Herrschaften vorbehalten. Und noch in den meisten Volksliedern wird diese Zweistufen-Ideologie verankert – denn auch die Lautenklimperer leben letzten Endes und indirekt vom bäurischen Mehrwert, der sie auf dem Umweg über die Huld eines Großen erreicht.

Solcher Spott, von Anfang an ungerecht, wird nur durch die rätselhafte Demut gerechtfertigt, mit welcher der Bauer sein Geschick durch Jahrhunderte ertrug. Sie verrät, daß er mindestens zum Teil seine eigene Einschätzung durch die herrischen Parasiten und ihre Hofschranzen teilte. Dafür gibt es eine logische Erklärung: der biblische Fluch auf den Ackersmann, die Erinnerung an die freiere Zeit des Jägerparadieses blieb allen bewußt – auch und nicht zuletzt dem Bauern selbst.

Eine der wichtigsten Indizien für dieses gemeinsame Bewußtsein ist die Jagd. Bis in unsere Tage hinein gilt sie als Ausweis des »Herrn« – noch das feudal verkitschte Seelenleben unserer Industriellen besteht auf der Jagdmöglichkeit und zahlt, wenn nötig, einige tausend gute DM für den ungarischen Zwölfender.

In Hochzeiten, noch mehr aber in Zeiten des Niedergangs der Feudalaristokratie nahm die Jagd ausgesprochen pathologische Züge an: Die Riesenstrecken von Löwen, welche die Könige der Assyrer; von Hirschen, welche die Fürsten des Rokoko; von Gemsen, welche der österreichische Thronfolger Franz-Ferdinand; und von Wildschweinen, die der bayrische Prinzregent Luitpold zusammenmordeten – dieser ganze destruktive Aufwand für einen Sport (durch Jahrhunderte und Jahrtausende der erste und einzige Sport) muß einen existentiellen Grund haben.

Er erhellt sich sofort, wenn man die genetische und soziale Erinnerung an das Jägerparadies als »ideologische« Daseinsentschuldigung für die Aristokratie ansetzt. Materiell völlig von der Notwendigkeit der Jagd gelöst, blieb sie mit allen Emotionen an diese Erinnerung gebunden – eine Erinnerung, die sie als älteren, als den ältesten Stand schlechthin auswies. Worum es dabei ging, das wußten die Bauern genauso. Wenn sie, im Spätmittelalter gemächlich zu einem ständischen Selbstbewußtsein erwachend, die Frage stellten:

Als Adam grub und Eva spann –
Wo war da der Edelmann?

– dann hatten sie nur halb recht und wußten das auch: Adams Graben, Evas Spinnen sind ja schon die Folge der Ackerbaurevolution, des organisierten Mangels, vor dem jeder Freie ein Edelmann, das heißt ein Jäger und Abenteurer gewesen war. Der Bauer selbst, solange er noch einen Funken Freiheitsgefühl besaß (und in Europa besaß er den eigentlich immer), kämpfte erbittert um sein Jagdrecht: die Sage vom Großen Wilderer und vom Wild, das »Gottes freies Eigentum« sei (so heißt es in einem bayrischen Lied) zieht sich wie ein roter Faden durch unsere Sozialgeschichte – und diese Wilderer, von Robin Hood bis zum Kneißl, waren immer die Helden des Volkes.

Jagd aber ist Waffenhandwerk, genau wie der Krieg. Jenseits – oder diesseits – aller Theologie war und blieb die Rechtfertigung für feudale Herrschaftsausübung die Annahme, daß der Bauer eben zum Waffenhandwerk, ob gegen Menschen oder Tiere gewendet, nichts tauge; eine Annahme, die dürftig genug war. Überall dort, wo es, vor Erfindung des Schießpulvers und des

Drills, Königen einfiel, gegen ihre feudalen Feinde den bewaffneten Bauern (oder Bürger) mit seinen speziellen Geschicklichkeiten ins Feld zu stellen, ging die goldstrotzende Kavallerie der Burgherren unter. So war es bei Crézy und Azincourt, so bei Bouvines – und am schlimmsten war es dort, wo sich die Bauern selbst ermannten, ihre Eignung zum Infanteristen entdeckten und sich zu Regimentern drillten: Ihre Siege waren totaler als alle anderen. Das zeigten die Schweizer bei Morgarten und Nancy, die barfüßigen katalanischen Bergsöldner im Kopaissee in Griechenland, wo sie im 13. Jahrhundert die Blüte der französischen Ritterschaft des besetzten Hellas niedermetzelten.

Der Alptraum des Feudalzeitalters war daher der allgemeine Bauernaufstand, die Jacquerie; so wie der Spartakus –, der Sklavenaufstand der Alptraum Roms gewesen war. Bei der Niederschlagung von Bauernaufständen wurden deshalb alle Gebote der Ritterlichkeit außer Kraft gesetzt – der ganze Fehdekomment der feudalen Offizierschicht, der bis ins 19. Jahrhundert hinein zu funktionieren schien, war restlos vergessen. Der weiße Terror, die Angstgeburt einer Oberschicht, die ihre Herrschaft bis in die Tiefe der letzten, existentiellen Begründungen hinein erschüttert sieht, hat seine Vorgeschichte in der Reaktion der Feudalen auf den Bauernkrieg.

Die Herrschaftsverhältnisse der Feudalzeit waren also verhältnismäßig einfach. Dienstleistung, wirkliche oder vorgebliche, an der Landwirtschaft – oder Raub an der Landwirtschaft: Dies waren die einzigen Möglichkeiten, das Wühlen im Dreck zu vermeiden und das Lebensgefühl des freien Jägers zu bewahren.

Und dennoch, trotz der Brutalität des Dorflebens, trotz der Härte, mit der die Tribute eingetrieben wurden, trotz der tiefen Armut des frühen Mittelalters, trotz der existentiellen Verstümmelung durch den Fluch der Genesis: Es ergab sich Mehrwert, es ergaben sich Traditionen und Kenntnisse, die vom Vater zum Sohn weitergereicht wurden, es ergaben sich Lernprozesse, unter anderem in und durch die Klöster. Es ergab sich, teilweise als Folge solcher Prozesse, eine ständige Verbesserung der Produktionsformen vor allem im Spätmittelalter, in dem eine der entscheidenden technischen Revolutionen stattfand – wir haben schon des öfteren darüber gesprochen. Der europäische Bauer von der spätmittelalterlichen bis zur Barockzeit hat den Gegebenheiten, auch denen der Ökologie, den einzigen *echten* Fortschritt abgerungen, den die Menschheit seit den Tagen der Steinzeitjäger zu verzeichnen hat: Er hat die Ernährungsbasis verzehn-, ja verzwanzigfacht, ohne faule Wechsel auf die Zukunft seiner Erde und seiner Enkel ziehen zu müssen. Trotz der Verschwendung der Bodenrentennutzer trat bescheidener Wohlstand ein, und es entstand das, was europäische Dorfkultur war (bis vor kurzem – heute ist sie zerstört). Mit Kindern und Gesinde, mit Getier und Pflanze, mit Haus und Stall und Stadel und Gerät, mit differenzierten, aber leicht reparierbaren Werkzeugen, mit einem entsprechend differenzierten Wortschatz – für dies alles gelang ein echter, aus der Quantität dichter Seßhaftigkeit resultierender qualitativer Sprung – und er gelang in voller Übereinstimmung mit der Welt der alten Fruchtbarkeitsgötter, der volkskirchlichen Schutzheiligen, gelang mit einem Corpus von neuen, immer noch halb magisch-mythischen, aber durchaus wirksamen *legends*. Die Welt der Dörfer war weithin zu einem *locus amoenus*, das heißt zu einem Ort geworden, in dem angenehm zu leben ist.

Die archaische Steinzeitgesellschaft der Jäger und Sammler – die intensive Dorfkultur: Auf zwei verschiedenen Stufen war es der Menschheit gelungen, ihren Frieden mit der sie umhüllenden Welt der Materie und des Lebens zu machen – sicher keinen Frieden ohne Konflikt, sicher keine paradiesische Harmonie, aber einen Frieden, der Dauer wenigstens als Möglichkeit in sich trug. Der erste Friede hielt einige Jahrzehntausende; der zweite nur wenige Jahrhunderte.

Dabei war das Dorf, ob in Europa oder in Asien, keineswegs der ehrgeizigste Versuch, zur ökologischen Stabilität in einer Welt des fruchtbaren Ackerbaus zu gelangen. Ein wesentlich ehrgeizigerer war vorausgegangen – ein Versuch, der sehr viel kostete, nicht nur der Menschheit, sondern auch der übrigen Welt des Lebens.

Der Ackerbau hatte sicher nicht nach 6000 v. Chr. eingesetzt – man hat Spuren von Hirseanbau aus dieser Zeit gefunden.

Die Erfahrung des erschöpften Bodens, der abnehmenden Fruchtbarkeit bei ausbleibender oder mangelhafter Pflege – diese Erfahrung konnte schon früh gemacht werden. Und man mußte auch begreifen, daß dabei mehr auf dem Spiel stand als seinerzeit für die verschwenderischen Mammutjäger. Damals ging es um ein paar Arten höherer, das heißt leichter entbehrlicher Fauna; aber im Fall des Ackerbauern geht es um die Erde selbst. Wird sie verdorben, ausgehagert, entwässert; wird das Bodenleben zerstört – dann entstehen Verluste, die oft in Jahrtausenden nicht mehr reversibel sind.

Die frühgeschichtlichen Ackerbaureiche wurden gegründet, um solchen Verlusten vorzubeugen. Was sie erreichten, war das Gegenteil. Sie, die Erbauer der ersten Städte, waren auch die ersten massiven Verderber des Bodens – auch und gerade deshalb, weil sie eine bis dahin (und in weite Zukunft hinein) unerreichte Höhe der Organisation erreichten.

Wieder ist bezeichnend, was die Bibel berichtet: Kain, so steht da, ist der erste Ackerbauer, und er begreift, daß sein Opfer dem Herrn nicht wohlgefällig ist – mit anderen Worten: Er begreift, daß der Ackerbau in die Entfremdung führt. Er tötet seinen glücklichen nomadischen Bruder. Ihm wird dafür das Mal des Mörders aufgebrannt – aber er selbst wird nicht getötet, sondern audrücklich durch das Wort des Herrn: »MEIN ist die Rache!« für tabu erklärt. Er geht hin und – gründet die Stadt.

Sie bietet dem Dörfler eine straffe Organisationsform an; straffer, als sie das Mittelalter je kannte. Fast sofort entstehen alle Merkmale einer wirkungsvollen Bürokratie: Tempel-, später Palastarchive, Hierarchien von Priestern und Beamten, kodifizierte Gesetze an Stelle der alten *legends*. Alles ist sofort kompliziert, sehr kompliziert – und damit sind alle Voraussetzungen für eine Form der Herrschaft gegeben, wie sie weder der Steinzeitjäger noch der primitive Bauer für möglich halten.

Angesichts der Ambitionen und der Schwierigkeiten dieser Reiche ist das kein Wunder. Sie entreißen ja die Fruchtbarkeit buchstäblich der Wüste; sie muß organisiert werden, um überhaupt zu existieren. Die Schlüsselstellungen des technischen *knowhow* sind die Kanalsysteme der künstlichen Bewässerung. Und der Himmel der Götter ist voll neuer, bisher unbekannter und drohender Beziehungen – zwischen den Sternen. Wahrend in der Stammesgesellschaft nur die schamanische Begabung, die Bedeutung der Träume und Gesichte so etwas wie religiösen Führungsanspruch verlieh (ein Anspruch, der sich im Prophetischen erhalten hat), entsteht hier Himmelswissenschaft: Astrologie, Theologie. Es entstehen immer neue Kombinationen von Göttern und Ritualen, es entstehen Kasten von priesterlichen Sakralhandwerkern und Nekromanten, Sterndeutern, Vorzeichenlesern.

Damit aber ändert sich auch die ganze Ausrichtung der Religion. War sie bisher unmittelbar Leistung für das kontinuierliche Leben des Stammes in seiner Beziehung zur Außen- und Umwelt gewesen, so bezieht sie sich jetzt auf ein Zwischenreich, das ohne sie gar nicht existieren würde. Zuoberst steht der Despot, die radikal neue Figur dieser Bewässerungsreiche und -städte. Er zieht alles Mana, alle heiligen Kräfte der Welt auf sich selbst. Die Totems verschwinden oder werden in fabelhafte Kombinationen eingeschmolzen: Greife, Sphinxe, Harpyen. Eigentliches ›Heil‹ aber ist von ihnen nicht mehr zu erwarten, sondern nur mehr von den Gottkönig-Dynastien, in denen sich irdische und himmlische Herrscher mischen und verfilzen. Das, was wir ›Natur‹ nennen, hat damit nichts zu tun.

Die Stadt, das ummauerte Viereck, weist mit ihren Verteidigungsanlagen, ihren künstlichen Hügeln, ihren engen Straßen und ziegelgesäumten Prozessionswegen nicht nur den möglichen Feind, sondern auch die Erde schroff ab – die Erde, von der man lebt. Mittelpunkt ist die Opferpyramide der Tempel, das Observatorium, später die Agorá oder die Plaza; immer aber sind es Vierecke, Muster der Abstraktion, die man auf die Erde zeichnet – Muster, die der umgebenden Ackerbaugesellschaft demonstrativ widersprechen. Nur in der Form des Gartens für den König und andere Privilegierte findet die Natur wieder Zugang – in Babylon schon in hängenden, das heißt auf Terrassen angelegten Gärten – oder in der Form gestutzter Kugelbäume und Rabatten auf der Plaza: Natur als gezähmtes, lizenziertes Vergnügen des Städters, der über sie verfügt.

Dieser neue Städter ist immer mehr Spezialist. Er ist zwar, jeder Logik nach, auch dazu da, der Fruchtbarkeit des Bodens zu dienen, wenn auch indirekt; aber sein Selbstgefühl bezieht er davon längst nicht mehr. Er fertigt zierliche Votivgaben aus Ton oder Gold; er lernt durch Keilzeichen Gesetze und Epen in den weichen Ton zu schreiben, er wird Sandalenmacher, Aufseher, Tempelprostituierte – alles *Berufe* jetzt, das heißt Fertigkeiten, die Lehrzeit, Unterweisung erfordern. Seine Sinne werden stumpfer, aber dafür wächst sein Wissen. Ein gewaltiges Erklärungssystem für Götter und Menschen ist notwendig, um dieses komplizierte Leben zu bewältigen – Leben in wachsender Unfreiheit. Diese Unfreiheit aber, so weiß er, ist nötig; denn ihr entspricht nicht nur die göttliche Macht des Herrschers, ihr entspricht die ganze, immer größer und mächtiger werdende Heilswelt, die sich als neue bioökologische Gattung über ihrem kollektiven Wirt, der Stadt, türmt, um Heil sicherzustellen – ja, wessen Heil, welches Heil?

Doch gerade das leistet die Despotie nicht, vermag sie nicht zu leisten: ewiges, dauernd gesichertes Heil, das heißt Fruchtbarkeit der Reichsregion. Sehen wir einmal von den späteren Stürmen – den arabischen, den Mongoleneinfällen – völlig ab; zentraler für unsere Betrachtung ist die Tatsache, daß intensive Bewässerung subtropischer Böden unweigerlich zu ihrer Versalzung führt.

Es gibt heute über diesen Vorgang eingehende Untersuchungen; ich folge hier der von Professor Karl-Heinz Kreeb, die 1972 in *Umschau in Wissenschaft und Technik* veröffentlicht worden ist. Er stellt zunächst fest, daß sich die allmähliche Verschiebung der mesopotamischen Kulturkreise von Süden (Uruk, Ur) nach Norden (Uruk, Nippur, zuletzt Babylon) bereits als Ausweichen vor der Versalzung deuten läßt. Geschichtliche Quellen belegen, daß es schon im Altertum mindestens drei große Epochen der Versalzung gab, und zwar immer nach Blütezeiten: 2400–1700 v. Chr. – dann 1300–900 v. Chr. – und dann eine bis 1300 n. Chr. Die Erträge nahmen dabei ständig ab. Noch wichtiger als Indiz ist die Verschiebung des Verhältnisses zwischen Weizen- und Gerstenbau: Weizen ist nicht salztolerant, wohl aber Gerste, 3000 v. Chr. wurden Weizen und Gerste zu gleichen Teilen angebaut, schon 2000 v. Chr. verschob sich das Verhältnis auf 1:50, und ab 1700 v. Chr. wird nur noch Gerste angebaut. Heute ist es in

Südmesopotamien unmöglich, die durch künstliche Bewässerung der Jahrtausende eingetretene Versalzung zu beseitigen – sie beträgt schon 18 kg auf den Kubikmeter Boden. (Drohende Versalzung, so hört man, ist heute auch im sowjetischen Turkestan im Gange.)

So war es den alten Bewässerungsreichen nicht beschieden, ihr wirkliches Heilsziel – die ewige Fruchtbarkeit – zu erreichen; trotz der ungeheuren Opfer, die sie der Gesellschaft auferlegten, trotz der fast völligen sozialen Erstarrung, trotz des furchtbar drohenden Antlitzes der Despotie.

Einen gänzlich anderen Weg schlugen von vornherein die Griechen ein. Sie waren Rebellen; Kinder von indogermanischen Kriegernomaden. Mühsame Stabilität, die sanfte Idiotie des Landlebens (wie das ein paar Jahrtausende später der hellenisch gebildete Abenteurer Friedrich Engels nennen sollte) waren von vornherein nichts für sie. Sie hegten zu lebhafte Erinnerungen an das genetische Erbe der Menschheit: an das jägerische Abenteuer der Ferne. Sie dehnten es auf die See aus, sie kniffen die Augen gegen das Wetter zusammen, sie waren schnell, beutetüchtig. Die Standbilder ihrer Jünglinge bewahren die Harmonie sportlich und kriegerisch gestählter Muskeln. Ihnen, den Hellenen, war es vorbehalten, die Bürde des Bevölkerungswachstums mit dem Abenteuer zu kombinieren. Das wurde das Prinzip der Polis.

Erst in ihr ist die moderne Stadt vorgebildet; nicht in den starren Hierarchien der theokratischen Bewässerer. Anfangs, gewiß, war jede Polis eine autarke Ackerbaustadt, und in den ersten Verfassungen wird der Rang der Bürger noch durch die Höhe der jährlichen Ernteerträge bestimmt: Es gibt Fünfhundert-Scheffel-Männer, Dreihundert-Scheffel-Männer und so fort. Aber das ändert sich rasch. Die Polis wird zur ausgreifenden Macht, die Handel treibt und Kolonien gründet. Ökologische Entfremdung setzt ein – früh in mörderischem Umfang. Schon das klassische Athen hatte, wie wir von Platon wissen, den Waldbestand Attikas erschöpft und holte sich das Holz für seine Land- und Schiffsbauten, ja die Nahrung für seine Menschen in immer größerem Umfang aus immer weiter gestreuten Pflanzstädten und Handelsregionen. In den Schatzhäusern des Attischen Bundes, dessen Vormacht (und man kann ruhig hinzufügen: dessen Herrscherin und Ausbeuterin) Athen war, häuften sich die Schätze der Ferne und die Tribute der Unterjochten. Hermes, so drückte es die griechische Mythologie in schöner Offenheit aus, ist der Gott der Diebe, der Seeräuber, der Kaufleute. Schöne Menschen ziehen aus, Menschen mit lockigen Haaren und Bärten, Menschen mit den schönsten Waffen und Vasen und Gedichten der bekannten Welt. Ihre Götter sind Menschen wie sie: ebenso schlau, ebenso heiter, ebenso traurig und verantwortungslos. Die Eule der Athene, die Kuhaugen der Hera erinnern noch von ferne an die alte animistische Verwobenheit alles Lebendigen – aber diese Erinnerung wird immer mehr zum rein künstlerischen Attribut, zur Identifizierungshilfe, nichts weiter.

Diese Hellenen handeln, sie beschwatzen *aimylioisi logoisi*, mit gleißnerischen Worten, wie es bei Homer heißt. Sie schließen Verträge, und wenn sie ihnen nicht mehr in den Kauffahrteikram passen, dann brechen sie dieselben, fallen wie die Raubvögel über eine alte Stadt her und lassen alles, Mann und Frau und Kind, über die Klinge springen, und ihre Dichter machen die schönsten Epen der Welt daraus. Überall sind sie gefürchtet – und geliebt. Ihr Geschmack ist noch mächtiger als ihre Waffen, er macht griechisches Design, vom Tempel bis zur Münze, zu einem der wichtigsten Exportartikel bis in den Beginn der Neuzeit hinein. Karthago ist, längst ehe es von Rom den Todesstoß erhält, diesem Monopol erlegen. Im Museum auf dem Byrsahügel zu Karthago sind Vasen griechischen Musters zu sehen, welche die desperaten Punier von etruskischen Firmen plagiieren ließen, um Karthagos (und Etruriens) Märkte im westlichen Mittelmeer halten zu können. Und die Münzen, die dort ausgestellt sind, stammen auch von Griechen (die Karthager selbst prägten keine) – es sind die schönsten Münzen der Welt, die Drachmen aus Syrakus mit dem Bildnis der Quellnymphe Arethusa und des springenden Delphins.

Aber folgen wir nicht weiter dem Gang der griechischen Geschichte (sosehr sie noch heute mitzureißen vermag)! Beschränken wir uns auf die Polis und ihr Verhältnis zur nichtmenschlichen Welt. Die Polis ist von Anfang an Ergebnis eines *trade-off*, eines Handelstausches, bei dem die Ernährungsbasis und die Rohstoffgewinnung nach außen verlagert werden. Die Handelsbedingungen aber, die *terms of trade*, werden zugunsten des städtischen Händlers, Plünderers, Kaufmanns, Räubers manipuliert. So können diese, wenigstens psychosomatisch, zu den herrlichen Zeiten der Jäger zurückkehren, Beute wartet hinter dem jeweils nächsten Höhenzug, wartet hinter den gekrümmten Horizonten der See.

Aber der Beutemacher löst sich endgültig von der ökologischen Basis seiner Existenz. Er dispensiert sich von ihren Kreisläufen, schiebt die Belastung den Unterworfenen oder den Übervorteilten zu, plündert ihre Wälder, wie er die seinen geplündert hat, nimmt ihnen das Erz, das Eisen, die Bronze ab, die er zu Hause nicht mehr vorfindet.

Dieses Muster erhält sich bis in unsere Tage hinein, bis in die Problematik der sogenannten Dritten und Vierten Welt. Die auf Kosten anderer befreite Polis aber wird selbst zum Kunstwerk – ein Erbe, das sie an die italienische Signorie des Mittelalters und der Renaissance weitergibt.

Äußerste Instabilität ist damit eingeleitet. Aber daß sie wirklich gefährlich in Gang kommt, daß, wie unsere modernen Beutemacher sagen, der Motor wirklich brummt – dafür ist noch eine weitere Entwicklung erforderlich, die ungeheuerlichste von allen: die Entwicklung der Zentralmacht.

Die Dialektik der Zentralmacht

Die Bildung von Zentralmacht in jedem Sinne – politisch, militärisch, gesellschaftlich, wirtschaftlich – ist in der historischen Evidenz einfach, einleuchtend, auch einleuchtend-brutal. Eine Nomadenhorde ohne ausreichende Weidegründe bietet sich in einer ackerbauenden Region als »Beschützer« an; ein starker Mann mit einer persönlichen Gefolgschaft bietet sich an, die Bauern vor diesen Beschützern zu beschützen, und er wird zum König gesalbt. Eine Stadt errichtet einen Markt, gibt den Bauern Gelegenheit, ihre Waren, das heißt ihren Überschuß, zu veräußern – sie wird Zentralmacht in doppelter Weise: Erstens monopolisiert sie diese Dienstleistung und zahlt Beiträge, die ein Drittel bis ein Viertel des Endpreises für den Verbraucher darstellen (siehe noch heute die Preisschere zwischen Erzeuger und Lebensmittelgeschäft) – und zweitens versucht sie, andere Märkte zu verdrängen, zu beherrschen oder auszuschalten.

Solche Zentralmacht wird komplizierter, wird philosophisch-metaphysisch immer gewissenhafter untermauert, wird aber andererseits ökologisch immer verantwortungsloser. Die Stadt, die ihr eigenes Umland leergefressen hat, mausert sich zur Vormacht eines Handels- und Räuberbundes. Der Stadtkönig, dessen Untertanen über ausgepowerte Felder, über Dürre wegen abgeholzter Wälder und Mißwuchs klagen, organisiert mit Hilfe einer Priester- und Beamtenschaft ein Bewässerungs-system, das ihn nicht nur zum Wohltäter, sondern zum unentbehrlichen Nervenzentrum des ländlichen Wirtsorganismus macht. Der König eines Landes, zu dem gehäufte Klagen über die Grausamkeit und Willkür der ursprünglichen Beschützer, nämlich der Feudalherren, dringen, schafft einen Apparat – eine Beamtenschaft, eine stehende Armee –, mit dem er die alten, einfacheren Parasiten entmachtet – dafür einen neuen, oft noch kostspieligeren Parasiten an ihre Stelle setzt.

Doch wäre es offensichtlich falsch, solche Entwicklung zur Zentralmacht einlinig und monokausal zu sehen und zu beschreiben. Neben der blinden biologischen Evolution zur nächsthöheren parasitären Ordnung wirkt ja – oft im Gegensatz oder doch in scheinbarem Gegensatz dazu – ein »überorgani-scher Faktor«, die Sehnsucht nach Gerechtigkeit, die Hoffnung, alte Lebensordnungen gegen den Übermut der unmittelbaren Beschützer bzw. Plünderer zu bewahren.

»Herr, gib dem König deine Gerechtigkeit!« In diesem Gebet des Psalmisten läßt sich diese dialektische, aus dem Konflikt geborene Wirkung der Zentralmacht zusammenfassen. Die Gerechtigkeit des Königs soll die Gerechtigkeit Gottes sein; das heißt nichts anderes, als daß die zu höherer Anarchie gewordene Herrschaft der ›älteren‹ und ›kleineren‹ Parasiten gezähmt, wenn möglich gebrochen werden soll, um Gleichheit vor dem Gesetz zu schaffen.

Solche Gerechtigkeit ist durchaus, wenn auch auf eine

mythische Weise, mit dem Wohlergehen nicht nur des Menschen, sondern des Landes verbunden. Alle Sterndeuterei; alle chinesischen Kaisermodelle; aber auch der Gerechtigkeitsbegriff des Alten Testamentes, wenigstens der Königszeit, gehen davon aus, daß dem Walten irdischer Gerechtigkeit auch kosmische Huld entspricht oder doch entsprechen sollte. Die berühmte Prophetie vom Löwen, der neben dem Lamm liegen werde, geht von solcher Verknüpfung menschlicher mit allgemein irdischer und kosmischer Gerechtigkeit genauso aus wie die schon zitierte Stelle aus Menzius – der Rat an den König Hui von Liang.

Letzten Endes leitet sich alle »Metaphysik« der Zentralmacht, leitet sich ihr verinnerlichter Daseinszweck aus diesem – angenommenen – Zusammenfall von menschlicher und kosmischer Gerechtigkeit ab. Der Tatbestand der »Majestätsbeleidigung« ist überhaupt nur dann strafrechtlich sinnvoll, wenn nicht nur die jeweilige mehr oder weniger uninteressante Person des Königs, sondern seine kosmischbewahrende Kraft, der Fundus der »Gerechtigkeit« vor frevelhaftem Angriff geschützt werden muß. Und in voller Übereinstimmung mit solcher Gnadenkraft des Königtums (bis ins Mittelalter hinein lebendig in der Anschauung, daß die Berührung durch den König bestimmte Krankheiten zu heilen vermag) entstehen im Alten und Neuen Testament auch die entsprechenden Theorien der »Verwirkung«, sündigt der Herrscher, sündigt sein Haus selbst gegen den kosmischen Harmonie- und Gerechtigkeitsauftrag, ist seine Legitimität vor Gott verwirkt.

Es liegt auf der Hand, daß solche theokratische Verknüpfung den jeweiligen Trägern der Zentralmacht nicht ins Konzept passen konnte. Der Gefahr einer theologischen Absetzung durch Priester oder Propheten mußte daher stets besonders gründlich entgegengetreten werden. Mit anderen Worten: Das Prinzip der Tribute aus der Landwirtschaft und des Raubes an der Landwirtschaft, damit auch an der Erde, mußte möglichst in den Hintergrund gedrängt, möglichst überschattet werden, sobald der unmittelbare Anlaß der Zentralisierung, die »Gerechtigkeit des Königs«, seine zeitbedingte Legitimität zu verlieren drohte.

So werden Probleme, die im Tribalismus, also in der alten Stammesgemeinschaft, ob sie nun aus Jägern, Nomaden oder schon aus Ackerbauern bestand, gar keine Probleme waren, zu den zentralen, ja den einzigen Problemen der Geschichtsschreibung und der Politik gemacht. Auf Tausenden von Historien- und Chronikseiten werden die äußeren und inneren Siege der Herrscher verewigt – alles vor einem selbstverständlichen und selbstverständlich verschwiegenen Hintergrund der Ausbeutung. Diese Ausbeutung betraf sowohl die landwirtschaftlich produzierende, überwältigende Mehrheit als auch den Boden, die Materie, denen man beiden keine eigene geschichtliche Potenz mehr zugestand. Herstellung von Macht gegen innere und äußere Feinde: Das ist die genaue Beschreibung dieses neuen Zentralthemas der Geschichte.

Am besten illustriert den Hintergrund, den logischen Hintergrund solcher Zentralisierung eine Geschichte aus der Frühzeit der römischen Republik. Die Plebejer, also doch die eigentlich produktive und wohl auch ursprünglich ansässige Mehrheit der Bevölkerung, ist des Regimes der Patrizier überdrüssig (vermutlich einer Klasse, die ihre Stammbäume aus der Zeit der etruskischen Oberherrschaft ableitet) und beschließt die Sezession. Sie zieht auf einen nahegelegenen Hügel und beginnt mit der Gründung einer eigenen Stadt.

Menenius Agrippa, ein vornehmer und geistreicher Patrizier, wird zum Retter Roms, was heißen soll des bisherigen Herrschaftssystems. Er sucht die Plebejer auf und erzählt ihnen die Fabel von den Organen des Körpers, die sich gegen den Magen, den Parasiten erhoben. Sie warfen ihm vor, auf ihre Kosten zu leben, und riefen den Antimagenstreik aus. Menenius Agrippa, so will es die Legende, hatte Erfolg mit seiner kleinen Geschichte: Die Plebejer ließen sich überzeugen, daß sie ohne Verdauungsorgan nicht existieren konnten, und kehrten in die Mauern der *urbs* zurück.

Eine der Folgen dieser kurzen Sezession war nach römischem Bericht das Volkstribunat – eine Einrichtung, welche weises Zurückweichen der alten Herrschaft in die Verfassung verankerte. Das bedeutet jedoch nichts anderes, als daß jede Macht (Rom war erst auf dem Wege zur Zentralmacht) ihre eigenen

Folgelasten in Form von *Randgruppen* produziert, die erst dann gefährlich werden, wenn sie einen bestimmten Prozentsatz der Bevölkerung umfassen – und sich politisch organisieren. Zu ihrer Besänftigung wird einerseits der Volkstribun – und andererseits die Metapher vom ›Organismus‹ herangezogen, die wir weit bis in unsere Generation hinein als konservatives Argument kennen. Zur entscheidenden Rechtfertigung der Zentralmacht wird aber auch hier – das *Gesetz*.

Die christliche Königs- bzw. Kaiseridee war sicher einer der bewegendsten Versuche, die blinde, »freiheitliche« Wucherung der Ausbeutung durch ein übergeordnetes Gesetz zu bändigen. Witwen und Waisen zu schützen war ja die wichtigste moralische und politische Weisung Gottes an diese Kaiser und Könige – was bedeutet, daß sie vor allem *Randgruppen, Abfall, Abraum* zu schützen haben.

In der feudalen Praxis hat dies wenig genug bewirkt. Die Zentralmacht mußte sich, wie die Dinge lagen, letzten Endes doch immer mit den »Großen« arrangieren – und auch die vielgerühmten Anfänge westeuropäischer Freiheit, wie etwa die *Magna Charta*, waren zunächst und vor vielem anderen erfolgreiche Versuche, die königliche Zentralmacht an der praktischen Ausübung ihrer antiausbeuterischen Aufgabe zu hindern: Die Feinde des Königs, welche die Charta ertrotzten, waren ja keine Bauern und Gemeinen, sondern Lords Große des Reiches, die sich sehr merkwürdig vorgekommen wären, hätte man die Prinzipien dieses Papiers auf ihre eigenen Beziehungen zu ihren Untertanen übertragen.

Das reinste und gleichzeitig wirkungsloseste Beispiel hat der Beginn der Neuzeit hervorgebracht. Es waren die *Nuevas Leyes*, die ›neuen Gesetze‹ Kaiser Karls V., die er in seiner Eigenschaft als König von Spanien und Herr der neuen Territorien in Amerika erließ.

Das Gesetzeswerk entstand unter dem unmittelbaren Eindruck, den die furchtlosen und erschütternden Berichte des Dominikaners Las Casas beim Kaiser hervorriefen. Sie sollten die weitere Ausrottung und Folterung der Indios verhindern. Über die Köpfe der Praxis und der Praktiker hinweg dekretierte Karl 1542 eine Schutzgesetzgebung, die erst Jahrhunderte später ähnlich ›sozial‹ vorzufinden ist, etwa auf dem Höhepunkt des Industriezeitalters. Die neuen Gesetze erklärten die Indianer zu gleichberechtigten Untertanen, verboten die Frauen- und Kinderarbeit und setzten für die indianischen Arbeiter einen Acht-Stunden-Tag fest. Der erste Richter, den der Kaiser zur Durchsetzung dieser Anordnungen nach Peru schickte, war ein alter, eiserner Gerechtigkeitsfanatiker; nach seiner Ankunft bestand er darauf, nicht von einer weißen, sondern von einer indianischen Eskorte nach Lima begleitet zu werden. Die Ausbeuter schäumten; Alarmreiter fegten dem eisernen Richter voraus, allenthalben im besetzten Inkareich erscholl bei den Konquistadoren, die gerade dabei waren, es sich bequem zu machen, der Ruf: »Unsere Freiheiten sind in Gefahr!«

Unsere Freiheiten, tatsächlich. Die christlich gesalbte Schutzidee, das heißt die ethische Rechtfertigung für die Zentralmacht an sich, stößt in der Praxis immer wieder auf den erbitterten Widerstand jener, welche sich weigern, die Kosten für diesen Schutz zu tragen. In unseren Tagen und in unseren Breiten hat sich dieser Widerstand völlig konsequent auf Entwicklungshilfe und Umweltschutz verlagert.

Englische und andere Piratenhaie schlachteten die Silberflotten; Frankreich finanzierte Gustav Adolf, um Mitteleuropa den Spaniern zu entreißen. Dreißig Jahre lang wurde Deutschland zum Vietnam der Barockzeit, zum Schauplatz eines Kampfes zwischen Lebewesen, die längst jeden Zusammenhang mit dem tatsächlichen Leben (dem der Untertanen und ihrer ökologischen Umwelt) verloren hatten. Der Kampf fand vor dem Hintergrund der selbstverständlichen Verschwendung aller Ressourcen, einschließlich der menschlichen, statt: Das Überleben und Größerwerden der Zentralmacht war zum zentralen Anliegen geworden, und es ist dies bis in unsere Tage hinein, die Tage des Overkill, der ›Sowjetmacht‹ und der ›bewaffneten Präsenz‹ der USA, geblieben.

Damit wird die Zentralmacht selbst zum Verbündeten der Wüste. Sie hat dies bisher am effektvollsten im Deutschland des Dreißigjährigen Krieges – und im Vietnam des dreißigjährigen Krieges unseres Jahrhunderts demonstriert.

Es ist logisch, daß sich damit auch die Kennzeichen für

politische und administrative ›Tüchtigkeit‹ ändern mußten. Die beste Organisation war nicht mehr die, welche den Untertanen am meisten Wohltaten brachte oder die ökonomisch-ökologische Stabilität sicherte – es war vielmehr die, welche die Ressourcen des beherrschenden Territoriums mit den geringsten Reibungsverlusten durch die kürzesten Kanäle an die richtige Stelle, das heißt an den Hof oder die Zentralbürokratie, zu leiten versteht.

Dieser Hof, diese Zentralbürokratie verstanden und verstehen sich nun als die eigentlichen Subjekte der Geschichte – was immer man vor dem lieben Gott oder der Geschichte aus religiösen oder progagandistischen Gründen vorschützt, um diese neue Subjektdarstellung zu rechtfertigen.

Diese neuen zentralmächtigen Geschichtssubjekte stellten zunächst die erste Maschine her, die es im ›modernen‹ Sinne gibt: das Heer. Sie hatte Bestandteile toter Materie: Bronze, Eisen, Stahl, Holz. Sie hatte vor allem einen stattlichen Prozentsatz an biologischer Materie, in Form von Zehntausenden von Gäulen, ohne die es nicht ging; vor allem aber bestand die neue Maschine aus Menschen – genormten Menschen.

Meist denkt man zuvörderst an das preußische Heer, wenn dieser Aspekt der Normung zur Sprache kommt; und in der Tat war die Maschine Friedrichs des Großen vermutlich die perfekteste des 18. Jahrhunderts. Aber vor ihm hatten sie andere zumindestens anzuwenden versucht: Karl XII. von Schweden etwa, oder auch die hannoveranischen Engländer. Gleichschritt im Gleichtakt; der Drill, der die alten Säfte der Panik, des Überlebenwollens, aber auch der unzweckmäßigen Bravour des Einzelkämpfers unterdrückt; Pawlowsche Reaktionen des zurechtgeschliffenen, genormten Maschinenteils auf den eingedrillten Befehl – unter solchen Umständen konnte jeder halbwegs gutgebaute Bursche, der die Prügel und den Stumpfsinn aushielt, als standardisiertes Teilchen in die Maschine eingebaut werden. Damit erst war der Untertan als ›Militärperson‹ interessant; vorher waren die Zentralmächte immer gezwungen gewesen, sich auf tatsächliche oder künstlich privilegierte Wilde zu stützen – entweder Söldner oder ihre eigenen Feudalen, welche die Tugenden, aber auch die höchst zweifelhaft-anarchischen Laster der Jägerzeit konservierten.

Eines der besten Beispiele für die Art und Weise, wie der Drill die alten Kampfestugenden ablöste und erledigte, stammt übrigens nicht aus preußischen, sondern aus englisch-hannoveranischen Beständen. Der Aufstand von 1745/46 (in vieler Hinsicht ein Lehrbeispiel, das uns noch zu beschäftigen haben wird) verbreitete zum letzten Mal das Entsetzen vor den unwiderstehlichen Kelten des schottischen Hochlands. Ihr Schockangriff mit Pistole, Schild und Schwert triumphierte noch einmal – bei Prestonpans und Falkirk. Das Hauptproblem war, daß der Einzelkämpfer mit Schild und Schwert das längere – also potentiell gefährlichere – Bajonett von vorn zu unterlaufen vermochte. William von Cumberland, der Sieger von Culloden, drillte nun seine Rotröcke auf indirekten Nahkampf; jeder Mann in der vordersten Linie hatte nicht mehr seinen unmittelbaren Gegner zu bekämpfen, sondern den Mann rechts vor ihm, dessen Schilddeckung er umgehen konnte. Voraussetzung war allerdings, daß die Maschine funktionierte, das heißt, daß im Ernstfall die natürliche Panik, der Instinkt, sich gegen den unmittelbaren Angriff zu wehren, nicht den Sieg über den Drill davontrug. Und der Drill siegte, die letzten Einzelkämpfer Europas verschwanden.

Die Standardisierung von Geräten kam also später auf als die Standardisierung von Menschen – und als sie kam, war sie bezeichnenderweise wieder eine Standardisierung von Waffen: in Amerika wurden die ersten Musketen im Teilstückverfahren nach vorgeschriebenen Abmessungen und Toleranzen fabriziert.

Aber nicht die Waffenproduktion wurde zum wichtigsten, zum entscheidenden Signum der Industrialisierung; dieses Signum lieferten vielmehr drei Erfindungen, die jede für sich betrachtet werden müssen, um die Größe und die Natur des Umsturzes zu erfassen. Es handelt sich um die Dampfmaschine, den Gin, das heißt die Baumwollentkernungsmaschine, und den mechanischen Webstuhl.

Die Bedeutung der Dampfmaschine ist klar. Sie verschiebt, wenigstens theoretisch, das Problem der Energieausbeutung und damit der wahrnehmbarsten Formen der Sklaverei in die sogenannte unbelebte Materie. Statt fünfzig Pferden hat man nun die 50-PS-Maschine (die Umrechnung stimmt nur mechanisch, aber das wird von nun an so bleiben) oder auch die 100-MS-(Menschenstärken)-Maschine: Eine Lieblingsverwendung von Strafgefangenen im frühindustriellen England, die Beschäftigung im Tretrad, wird sinnlos, das heißt unrentabel. Freilich entstehen fast sofort die neuen Folgelasten: die Verschmutzung der Städte und der Landschaft, der jäh steigende Bedarf an fossilen Brennstoffen und an Eisen und Stahl – und, langfristig das Problem der strukturellen Arbeitslosigkeit.

Der Gin gehört wenigstens der Definition nach in die älteste Kategorie nichtlandwirtschaftlicher Tätigkeit: Er ist ein Angebot an eben diese Landwirtschaft. Er ermöglicht es einem bestimmten Produktionszweig, nämlich dem Baumwollanbau, sich zu kommerzialisieren. Sein Vorhandensein ermöglichte das Aufsteigen der südstaatlichen Pflanzeraristokratie in Amerika – und damit die Sezession.

Unmittelbar, aber doch wohl typisch wirksam, wurde dieses Angebot durch seine Vereinzelung, seine *Unvollkommenheit*. Die Cotton-Produktion wurde nämlich nicht total, sondern nur partiell mechanisiert; die ideale Ergänzung, nämlich die Baumwollpflückmaschine, wurde erst anderthalb Jahrhunderte später anwendbar. Der Baumwollanbau, die zerstörerischste Monokultur, die bisher ihren historischen Weg gehen konnte, ist insgesamt eine Maschine, die fünf Generationen lang aus einer Kombination von mechanischen (Gin, Ölmühle) und menschlich-biologischen Teilen (den Baumwollpflückern) besteht. Die menschlichen Rädchen der Maschine sind beliebig austauschbar, ihr Wert bestimmt sich ausschließlich aus der Verwendbarkeit und ihrem Arbeitsausstoß pro Tag oder Saison – ideale Voraussetzungen für die Sklaverei, die dann auch zum Schicksal des Südens wurde. Die prinzipielle Argumentation der Südstaatenideologie, nämlich das relativ sichere Los des agrikulturellen Sklaven, verglichen etwa mit dem des frühindustriellen Industriearbeiters im Yankee-Norden, war bereits Frucht und Resultat eines zurückgebliebenen Bewußtseins – des Bewußtseins nämlich, das seine Wurzeln im vorindustriellen Pflanzersüden hatte. Wer, wie der Verfasser, noch als einer der letzten manuellen Baumwollpflücker im alten Süden tätig war (1943/45), konnte feststellen, wie trügerisch dieses Selbstbewußtsein und dieses Selbstverständnis des Südens sich auswirkte. Vom mechanischen Teil der Maschine her, nämlich den Inhabern der Gins und Ölmühlen, wurde der vorindustrielle Teil, nämlich die alte Gesellschaft des ländlichen Südens, ruiniert – durch die Kapitalknappheit der Farmer gerieten sie zwangsläufig und immer schneller in die Peonage der Banken.

Der mechanische Webstuhl vollends führte in die eigentliche Problematik des Industriezeitalters hinein: die endgültige Loslösung der Produktion von den Bedürfnissen und Fakten des Menschen als eines Bewohners der Erde. Was der mechanische Webstuhl an menschlichem Entsetzen generierte (etwa die notorische Kinderarbeit, die lange für die mechanische Weberei kennzeichnend war), ist von besseren Autoren längst ausführlich dokumentiert worden. Hier interessiert ein anderer, nämlich der Konsumaspekt. Die massenhafte Manufaktur von Baumwollgeweben schafft die erste scharfe Konkurrenz im Konsumbereich, und sie schafft das, was man die imperialistische Konsumstrategie nennen kann: die Perpetration des ganzen Planeten mit dem zunächst ganz rational scheinenden, in Wahrheit aber bereits künstlichen Massenverbrauch. Sie *sagen Gott und meinen Kattun:* Dieses bittere Wort eines deutschen Romanciers jener Zeit über die Engländer (im Ersten und Zweiten Weltkrieg wurde es weidlich von den Deutschen ausgeschlachtet, die ihrerseits längst Gott sagten und Krupp meinten) ist insofern sehr genau, als tatsächlich die Missionare, welche den prüden Zwang zur Blößenbedeckung über ahnungslose Kontinente verbreiteten, damit auch einen ständig expandierenden Markt für die Maschinen von Manchester und Birmingham schufen.

Damit werden nicht nur wichtige Teile der Primärversorgung (eben der mit Kleidung und Wasche) der kapitalistisch-industriellen Maschine eingegliedert und der individuellen oder handwerklichen Konsequenz entzogen: Es entsteht der künstliche Kreislauf des Reichtums. Immer größer wird der Prozentsatz, der Anteil dieses Reichtums an dem, was man heute als das

Bruttosozialprodukt bezeichnet. Der künstliche Kreislauf erst löst das kollektive Bewußtsein von den Grundvoraussetzungen menschlicher Existenz ab – von dem ganz simplen Bewußtsein, das durch Jahrhunderttausende das Bewußtsein des Menschen gewesen ist: Daß nämlich letzten Endes alles auf die Erde und ihr laufendes Energieeinkommen, nämlich die Sonneneinstrahlung (als solche erlebt oder in Form von fossilen und ähnlichen Brennstoffen kapitalisiert) hinausläuft. Zwar bleibt jede menschliche Produktion unverrückbar das, was Marx als »Stoffwechsel mit der Natur« bezeichnet; aber die sinnlich überschaubaren Einzelheiten dieses Stoffwechsels, die jeder Bauer jedes Erntejahr an den Erträgen seiner mehr oder weniger gut gedüngten Felder nachlesen kann und konnte, entziehen sich nun dem allgemeinen Bewußtsein. »Reichtum« wird nun überall dort generiert, wo produziert bzw. Produkte ausgetauscht werden (alles Nähere kann man den ersten Kapiteln des *Kapital* entnehmen) – und zwar ohne Rücksicht darauf, ob diese Produktion einem tatsächlichen Gebrauchsbedürfnis entspricht oder ihm nur mittelbar bzw. überhaupt nicht zugute kommt.

Es ist hier nicht der Ort, Binsenweisheiten aus der Geschichte der neuesten Zeit zu wiederholen. Wichtig für uns ist, daß erst dieses Prinzip des künstlichen Kreislaufs die beiden ökologisch verderblichsten Praktiken der Menschheitsgeschichte erzwingt: das ständige Ziehen von Wechseln auf die Zukunft (in Form von Verschleuderung der Ressourcen) und das Entstehen eines neuen Menschentypus, des vierten nach dem Jäger, dem Bauern und dem Handelsstädter: des Proletariers.

Was ›Proletarier‹ zu deutsch heißt und wie ihn Marx definierte, ist bekannt. Im Zuge unserer eigenen Betrachtungen können wir aber eine zusätzliche Definition geben, die vielleicht sogar den Vorteil größerer Trennschärfe für sich hat – zumal in unseren Tagen, wo das alte Kriterium der ›Verelendung‹ immer weniger benützt werden kann.

Nach dem Jäger und Sammler, der in relativ stetiger, wenn auch immer gefährdeter und vom Mangel begleiteter Harmonie mit der nichtmenschlichen Welt lebte; nach dem Bauern, der diese Harmonie nur um den Preis körperlicher und psychischer

Opfer erkaufen kann; und nach dem Städter und Händler, der sich eine trügerische psychosomatische Freiheit durch rücksichtslose Plünderung der Ressourcen einhandelt, ist der Proletarier der Typus, der alle Nachteile der vorhergegangenen Typen in seiner Lebensweise vereinigt. Er hat sich endgültig vom Boden gelöst – aber er ist dadurch keineswegs freizügiger geworden, im Gegenteil. Seine Tätigkeit ist körperlich wie psychisch völlig einseitig, und sie wird in dem Maße, in dem die Maschine, also die organisierte unbelebte Materie, in den Vordergrund der Produktion tritt, immer einseitiger. Die impulsive Kreativität des Städters alter Art, die sich aus der Anhäufung von Kommunikation und *knowhow* ergibt, ist ihm von vornherein verwehrt. Der alte Handwerker, oft genug an verrückte Kundenwünsche und starres Zunftwesen gebunden, war ein schöpferischer Gigant verglichen mit dem Mann, der Frau oder dem Kind am Webstuhl oder am Fließband. Was an Kreativität in maschinenproduzierte Produkte eingeht, ist von vornherein arbeitsteilig völlig vom Arbeiter abgelöst, ist völlig an die bezahlten Spezialisten des Design, der Modelle, der Zeichenbüros abgetreten. Das Slumviertel, das Wohnquartier wird dem Proletarier zum Dorf mit seinen engen Grenzen, die Monotonie, oft genug die akute gesundheitliche Gefährdung am Arbeitsplatz wird ihm zu Dornen und Disteln – aber niemals ist ihm auch die Genugtuung gegönnt, die Frucht seiner Mühen als fertiges, sinnlich erfahrbares Produkt in die eigenen Scheuern zu führen.

Daß eine solche Produktionsweise nur durch Kapital organisierbar ist, dürfen wir, zumindest seit Karl Marx, als bekannt voraussetzen. Dieses Kapital wird zur nächsten und letzten, zur menschheitsgeschichtlich wirksamsten Zentralmacht überhaupt. Es ist deshalb nur konsequent, daß der Marxismus, das heißt die Schriften des frühen Marx, genau dort ansetzt, wo auch die konservative Kritik am Industriesystem immer angesetzt hat: am Problem der Entfremdung. Der Werdegang dieser Entfremdung; das welthistorische Verbrechen, das in der Hervorbringung des ›vierten Typus‹ gipfelt, die moralische Widerwärtigkeit des Systems ist der Leidenschaftsmotor, der Marx ebenso antreibt wie die Frühsozialisten oder (um Namen zu nennen) die christliche Maschinenstürmerei der romantisch-restaurativen Epoche. Marxens entscheidender Fortschritt ist – ob das unsere heutigen Konservativen wahrhaben wollen oder nicht – seine konsequent historische Interpretation der Erscheinung; das Abrücken vom Moralisieren und das Denken vom Materialistischen her, also von der materiellen Produktion. Damit haben wir zum ersten Mal den entscheidenden Hebelansatz, den archimedischen Punkt der Kritik.

Aber – und damit wollen wir nur das Problem andeuten, das uns später noch zu beschäftigen hat – es entsteht mit diesem Ansatz sofort ein neues Dilemma. Es findet seinen Ausdruck in der sonderbaren Ambivalenz des Marxismus, vor allem der Ambivalenz seiner Imperative. Einerseits wird das System (wie wir meinen, zu Recht) in Grund und Boden kritisiert – andererseits wird der Entfaltung der Produktivkräfte als solcher das Privileg des entscheidenden Fortschritts durchaus eingeräumt. Einerseits wird die neue Zentralmacht, das Kapital, zu Recht als unabdingbare Voraussetzung des neuen Zustandes analysiert – andererseits wird eine Produktionsform, welche aufs genaueste solcher zentralmächtiger Organisationsweise entspricht, nämlich die industriell-mechanistische, mit fast religiösem Pathos als Errungenschaft gefeiert und festgehalten. Einerseits wird mit einmaligem Scharfblick und ungeheurer Wirkung das immanente Elend des Proletariers beschrieben – andererseits wird die Wurzel seiner Entfremdung, nämlich die Produktionsform, der er unterliegt, der Erlösung in einem »qualitativen Sprung« für würdig und fähig erachtet, der bescheidenstenfalls eine psychologisch-seelsorgliche, meistens jedoch eine absolut religiös-metaphysische Größe ist. Darüber wird später, unter dem Titel der möglichen Perspektiven, noch ausführlicher zu handeln sein.

Runden wir unseren historischen Gang ab, indem wir den letzten, ebenso logischen wie irrsinnigen Schritt erwähnen: die Unterwerfung der natürlichen Reproduktionskreisläufe unter die Gesetzmäßigkeiten des künstlichen, des industriellen Kreislaufs.

Das Schicksal des amerikanischen Südens war bereits eine

vollwertige Lektion in dieser Entwicklung. Was wir zur Zeit in Europa erleben, nämlich den Tod des alten europäischen Dorfes, entspricht vollauf diesem Paradigma. Das sogenannte Wirtschaftswachstum, in und von den Städten erfunden, getragen oder vielmehr gefordert von parasitärer Zentralmacht, bietet zunächst der Landwirtschaft ihre trügerische Hilfe an. Es bietet Märkte, Techniken, organisatorische Vorteile jeder Art, Kapitalausstattung an. Aber in dem Maße, in dem der trügerische Symbiont schneller wächst als das Wirtstier, die Landwirtschaft, wird der Vertrag immer einseitiger zugunsten der Stadt bzw. der Zentralmacht interpretiert und praktiziert, das politische und ökonomische Nervensystem des Wirtsorganismus, das Bauerntum, wird vollständig gelähmt oder eliminiert, und das sogenannte Gemeinwohl wird immer entschiedener nach den Erfordernissen des Parasiten definiert. Die Industrialisierung der Landwirtschaft ist die notwendige Folge. Der Parasit legt seine sogenannten Produktionsgesetze, also die Gesetze eines künstlichen Kreislaufs der Akkumulation (zugunsten des Kapitals oder seiner bürokratischen Nachfolgeorganisation), dem Wirt auf. Da dieser Wirt aber nicht so sehr das Bauerntum selbst als die Produktionskraft, das Produktionspotential der lebendigen Materie ist, sorgt der Parasit für seinen eigenen beschleunigten Untergang. Dieser wird zwar kaschiert, aber nur unausweichlicher gemacht durch die Organisationstechnik der Städte, die immer eine solche der faulen Wechsel auf die Zukunft war. Jede, aber auch jede Ertragssteigerung der Landwirtschaft mit Hilfe des gegenwärtigen Systems läuft auf einen solchen faulen Wechsel hinaus, auf die Anhäufung einer wahnwitzigen Schuldenlast: Aushagerung der Böden, Verarmung der Artenpalette, Eutrophierung der Gewässer – all das sind unvermeidliche Folgen einer ländlichen Betiebswirtschaft, die auf dem industriellen Prinzip der augenblicklichen Ertragssteigerung (meist ohne Einkommenssteigerung) beruht. Wachstum in solchem Zusammenhang ist letzten Endes immer nur das Wachstum des Parasiten, während das Wirtstier, die Erde, zusehends verkümmert. Die klassische Kontrollinstanz des demokratischen Zeitalters – besser gesagt: Seine Kontrollinstanzen, vom Parlament bis zu den Gewerkschaften, sind völlig außerstande, die historischen Schutzfunktionen der Zentralmacht wahrzunehmen, weil eine echte, das heißt mit Macht ausgestattete Interessenvertretung des Verletzlichsten (etwa des Bodenlebens) immer mit der blinden biologischen Ausbeutungstendenz der Parasiten rechnen muß.

Noch mehr gilt dies selbstverständlich von den modernsten, den parasitärsten Zentralmächten des Planeten: den großen Machtkombinationen der internationalen Politik und Wirtschaft. Zwischen ihnen, in trauter Zusammenarbeit zwischen Multinationalen und Weltentwicklern jeder Art (man denke an die Zusammenarbeit zwischen der deutschen Schwerindustrie und der UdSSR oder auch das 16-Milliarden-Dollar-Geschäft zwischen ITT und Moskau) wird der Planet zur Wüste gemacht, und zwar auch ohne das beschleunigende Eingreifen der interkontinentalen Atomraketen. Zudem häufen sie – wegen der wachsenden Entfernung zwischen den sogenannten Machtträgern und den sogenannten ›lokalen‹ Problemen – den menschlichen, psychischen, sozialen Abraum zu Bergen, die bereits drohend unsere gesamte politische und gesellschaftliche Landschaft umringen. Die bisherigen Regierungen und Administrationen, denen man diese Abfallproblematik zuschiebt, übernehmen immer mehr die Rolle der jeweiligen territorialen Gesundheits-, Wohlfahrts- und Müllbeseitigungspolizei. Dies gilt für die Regierung in Warschau oder Budapest nicht minder als für die in Bonn oder Brüssel.

Das Muster, das wir hier aus den Prämissen des ökologischen Materialismus zu entwickeln versuchten, hat keine glatte Absage an die bisherigen materialistischen Versuche zum Inhalt. Unser Muster sollte vielmehr wie ein auf transparentes Material gezeichnetes Design über die bisherigen Erkenntnisse gelegt werden, um ihnen eine neue, eben die ökologische Perspektive hinzuzufügen. Dennoch soll man sich nicht täuschen: Oft genug wird dies zu einer völligen Umwertung der bisherigen Wertungen führen.

Der beste Ansatzpunkt für solche Neu- und Umwertungen ist das Schicksal des jeweiligen historischen, gesellschaftlichen, menschlichen Abschaums oder Abraums. Er ging nicht immer klaglos unter, verrottete nicht immer stumm und schweigend auf den Müllhalden der Geschichte. Immer und immer wieder versuchte er, sein Recht auf Eigenwert und Eigengesetzlichkeit geltend zu machen, immer wieder brach er aus seiner Wüste hervor und hat sich zu Wort und Mord gemeldet: Caliban für die einen, die neuen Verkünder des Fortschritts – Abel für die anderen, Schlachtopfer, erschlagen im Dienst des Molochs im Zentraltempel.

Die Rache des Abschaums

Geschichte, so heißt es, wird von den Siegern geschrieben. Und so wurde auch die Geschichte der ökologischen Entfremdung des Menschen von denen geschrieben, die dabei Sieger zu sein glaubten, aber dennoch: Wie fragwürdig war und ist dieser Sieg immer gewesen, wie viele Zweifel und Ängste, ja Gewissensbisse haben sich von Anfang an in den Becher des Sieges gemischt! Die Spuren dieser Ängste und Skrupel sind allenthalben in unserer Erinnerung vorzufinden. Und so ist es trotz allem möglich, die Geschichte dessen zu schreiben, was der entfremdete Sieger vernichtet zu haben glaubt: die Geschichte der Wüste, des Abraums, des Ungeziefers; die Geschichte derer, die scheinbar unterlagen und dennoch Rache nahmen und nehmen – oft eine höchst hinterlistige, indirekte Rache.

Für die Fortschrittsgläubigen, für die im wahren Geschichtsverständnis und damit im Verständnis ihrer eigenen ausbeuterischen Praxis jeweils Gefestigten ist die Geschichte des Abschaums zunächst ein Ärgernis, nicht viel mehr. Man ist überzeugt von der Berechtigung, diesen Abschaum zu beseitigen, und kommt sich noch tugendhaft vor, wenn man sich etwa statt des Genozids, das heißt der physischen Vernichtung eines Stammes oder Volkes, auf den Ethnozid, das heißt die Vernichtung seines Selbstbewußtseins und seiner Kultur beschränkt.

Dennoch war und ist der Weg des Siegers durch die Leichenhaufen stets von Gesten der Beschwichtigung begleitet. Wichtig ist dabei, daß diese Gesten nicht allzuviel kosten und vor allem den sogenannten Fortschritt nicht aufhalten dürfen. In Zeitaltern, die sich noch als christlich empfanden, war das verhältnismäßig einfach: Man schickte den tödlich Bedrohten, den schon vom Untergang Gezeichneten, Missionare, damit sie wenigstens ihre Seelen retten konnten. Höchstwahrscheinlich war der Zynismus, der uns in solcher Missionsarbeit (von den Tagen der Spanier bis in die Gegenwart) zu stecken scheint, objektiv kleiner als der, welcher heute in den Beziehungen zwischen sogenannten Hochentwickelten und sogenannten Primitiven herrscht. Denn immerhin war auch der Mehrheit der Aggressoren die Rettung der Seele subjektiv sehr wichtig und mochte einer Mehrheit tatsächlich als fairer Kaufpreis für das irdische Ungemach erscheinen, das man dem menschlichen Ungeziefer antat und antun mußte.

Heute sind an die Stelle der Missionierung die Propanda oder die sogenannten *public relations* getreten. Man gibt etwa im Amerika von heute den kläglichen Resten der Seminole-Indianer ein paar tausend Hektar Boden, denen der Utahs eine Ölquelle, denen der Natchez einen heiligen Baum zurück. Man weist in aufrichtigen Broschüren nach, daß das, was man treibt, nicht Ausbeutung und Entfremdung, sondern Verbesserung und Entwicklung sei. Und in der Tat: Verbesserung und Entwicklung sind die beiden einzigen Kategorien, in denen altes, monokausales Fortschrittsdenken den Gang der Welt zu deuten vermag. Dies ist keineswegs auf die Gegenwart beschränkt – ihre manchmal tödlichen Formen der Entwicklungshilfe. Schon im England der Tudors waren die Landbesitzer der Meinung, daß ihre Vertreibung der Freibauern vom Land und die Anlage sogenannter *enclosures*, also weitläufiger Schafgehege, dem Nutzen des Gemeinwohls diene. Dreihundert Jahre später, in Schottland, folgten die sogenannten *clearances*, die Säuberung der Landschaft von keltischem Ungeziefer. Die Landlords, so etwa der notorische Sutherland, bezeichneten dies ausdrücklich als *improvement*, als Verbesserung, und zwar war die Landräumung die Voraussetzung für eine angemessene Bodenrente. Was bei solchem Veredelungsprozeß des vorgefundenen Landes an Menschen oder an Gesellschaften draufgeht, was sich nicht in das Veredelungsprodukt ›Fortschritt‹ verwandeln läßt, ist dann eben Ungeziefer, Abraum, Abschaum.

Differenzierter wird das Fortschrittsproblem in der Dialektik des Marxismus. Indem sie den Konflikt zum Werkzeug des Fortschritts ernennt, sieht sie zunächst zwei Partner, zwei Kräfte, die sich messen, und der Ausgang des Konflikts, die Synthese, ist die Aufhebung der beiden Kontrahenten in etwas Neues, eine fortgeschrittene Stufe der Entwicklung. So ist etwa, um das bekannteste Beispiel zu nennen, die künftige klassenlose Gesellschaft keineswegs als ›Vernichtung‹ der Bourgeoisie zu verstehen, vielmehr als ihre ›Aufhebung‹, in der, zum Beispiel, die wichtigsten Errungenschaften des bürgerlichen Kulturerbes nicht nur bewahrt, sondern sogar erst auf ihren wirklichen Wert, ihren Begriff gebracht werden.

So weit, so gut. Aber wie sähe eine solche Dialektik in der historischen Praxis aus, wenn man sie konkret anwendet? Wie sieht sie *de facto* dort aus, wo es Minoritätenprobleme, und zwar solche mit echtem zivilisatorischem Gefälle, in den kommunistisch regierten Staaten gibt?

Es gibt, um gleich konkret zu werden, im sowjetischen Machtbereich kein einziges Minoritätenproblem, keine Nationalitätenfrage, keine Frage der Seßhaftmachung alter Nomadenstämme oder der ›Weiterentwicklung‹ alter, religiös bestimmter Kulturen, die nicht im Sinne der alten monokausalen Fortschrittspraxis, also entweder durch Genozid oder durch Ethnozid gelöst worden wäre oder würde. Es gibt trotz Lenin (des frühen Lenin, muß man hinzufügen) keine bleibenden Grundsätze, welche ein marxistisches System daran hindern könnten, eine Minderheit so zu behandeln, daß sie zumindest als kulturelle Entität zu bestehen aufhörte.

Es gibt ferner auf der ganzen Welt keine Genozid- bzw. Ethnozid-Praxis, die von sozialistischen Staaten und ihren propagandistischen Helfern nicht stillschweigend geduldet, ja kalt gerechtfertigt würde, wenn es um die unmittelbaren Eigeninteressen oder um Interessen von augenblicklichen Verbündeten ging oder geht.

Ist alles bei solchen Kreuz- und Quersprüngen der dialektischen Propaganda reiner Zynismus? Nun, eine gute Portion ist natürlich dabei, aber es wäre falsch, darin nichts anderes zu sehen. Die Unsicherheit liegt im Prinzipiellen. Nehmen wir, nur des Arguments halber, einmal einen Sozialismus mit hundertprozentig menschlichem Antlitz an – einen Marxismus, der sich als strikten Humanismus versteht und ihm mit Hilfe seines Geschichts- und Praxisverständnisses gerecht zu werden versucht.

Dieser Marxismus hätte sich, wie wir alle, mit einer Welt zu befassen, in der mehrere Millionen oder mehrere hundert Millionen täglich und stündlich mit dem Hungertod rechnen müssen, in der andererseits am Amazonasstrom und anderswo noch Stämme leben, deren Lebensweise eine Maximaldichte von ein bis zwei Menschen auf den Quadratkilometer erlaubt. Nach jeder Regel des Fortschritts und der Menschlichkeit wäre ein solcher Zustand unerträglich. Die Schaffung von Reservaten würde daran nicht viel ändern, weil die Reservate entsprechend großgehalten werden müßten, um den Stämmen ihre bisherige Produktionsweise und damit ihre Identität zu garantieren.

Die Antwort wäre also auf jeden Fall Ethnozid; und es wäre kindisch, es anders zu nennen. Man würde die Indianer oder Samojeden oder um wen es sich sonst handeln mag, mit mehr oder weniger sanften Mitteln zu einer anderen Lebensweise überreden müssen. Da solche Stämme in der Regel sehr hartnäckig sind und zudem meist den Tod verachten, wird es sich meist um weniger sanfte Mittel handeln. Der zünftige humane Marxist würde also kaum um einen Deut anders handeln als sein kapitalistischer Vorfahr dies in Amerika, oder als sein kosakischer Urgroßvater dies in Sibirien tat; jedenfalls nicht im Prinzip. Einige ›menschliche Härten‹ ließen sich vielleicht vermeiden; sie liefen in der Praxis auf den Unterschied zwischen Schlachtung mit oder ohne Betäubung hinaus – auf eine humane Tierschutzgesetzgebung. Die Schlachthöfe blieben stehen.

Dies wäre keineswegs ein rein praktisches Problem, es ist vielmehr die notwendige prinzipielle Folge der marxistischen Geschichtsbetrachtung. Wieder wird die Ambivalenz lebendig, die wir schon im vorigen Kapitel besprochen haben: Wenn man zwar herrschaftsfreie, ausbeutungsfreie Verhältnisse anstrebt, aber den einzig möglichen Durchgang zu solchen Verhältnissen in der ›Entfaltung der Produktivkräfte‹ sieht, muß diese Entfaltung der Produktivkräfte – und zwar ihre *globale Entfaltung in der Weise der materiellen Produktionssteigerung* – an der Spitze aller Erfordernisse stehen. Nun verurteilt aber solche Entfaltung, wie wir gesehen haben, alle Betroffenen unweigerlich zur nächsten Stufe der Entfremdung; die Widerstandskräfte, die sie einsetzen – traditionelle, regionale, nationale, kulturelle, religiöse Widerstandskräfte –, sind nichts anderes als das Resultat dieses unerträglichen Bewußtseins.

Dieser Widerstand aber, das ist bereits Rache des Abschaums – Rache aus der jeweiligen Wüste. Gegen ihn muß Macht eingesetzt werden – ob es sich nun um ›Sowjetmacht‹ oder die Siebte US-Kavallerie handelt.

Zunächst wird dieser Widerstand zum militärischen Problem für die Entwickelten. Da diese bereits einen Schritt weiter von der Natur entfernt, das heißt entfremdet sind, ist das militärische Problem häufig von beachtlichem Ausmaß. Da der Wilde, der Steppenreiter, der Barbar weder Etappe noch ernsthafte Nachschubprobleme kennt; da er immer Krieger ist, und zwar ein Krieger, der in hervorragender Angepaßtheit an die Umwelt – ans Terrain, seine Ressourcen und Eigenheiten – operiert, da er um vieles bedürfnisloser, härter, schneller und todesgewandter ist als der Gegner, ist seine Abwehr oder seine Ausmerzung stets kostspielig.

Für die Römer war er sozusagen ein konstantes Problem, das in der konstanten Form des Limes gelöst werden sollte. Wie bekannt, hat er nicht allzu lange gehalten. Die Legion, die ursprünglich an die Effizienz moderner organisatorischer Todesmaschinen heranreichte, erwies sich als zu kostspielig und zu kostbar für den ständigen Grenzkrieg; und Rom verfiel auf den Ausweg, der immer und immer wieder versucht wurde: Es kaufte sich Wilde. Es kaufte sich Goten, Wandalen, Sueben, Stämme, die untereinander ohnehin verfeindet waren, und konnte nur hoffen, daß es den Barbaren nie einfiel, sich auf Kosten der zahlenden Zentralmacht zu vereinigen. Als die Gefahren sich vervielfältigten, die Inflation Westroms unbesiegbar wurde, blieb nichts anderes mehr übrig, als die Barbaren aus der eigentlichen Reichssubstanz, nämlich mit Reichsland, zu bezahlen. Die bekannte Folge dieser Ausverkaufspolitik war die Völkerwanderung.

Die Bezahlung natürlicher oder künstlicher Wilder war und blieb das zentrale Mittel zur Zivilisationsverteidigung gegen die Barbarci. Ebenso blieb es beim römischen *divide et impera*, das heißt bei der Methode, die Kleinverbände der Wilden politisch gegeneinander auszuspielen.

Darin besteht ein Paradox dieses ersten, klassischen Widerstands aus der Wüste: Die ökologische Angepaßtheit und damit Gefährlichkeit des Wilden setzt eine geringe Bevölkerungsdichte und einen damit verbundenen Unwillen zur Schaffung einer starken Führungsgewalt voraus. Die notorische ›Freiheitsliebe‹ kleiner Stämme ist also eher das Resultat als die Voraussetzung solcher ökologischer Bedingungen. Nur wenn es einer überragenden charismatischen Figur gelingt, große Scharen von Jägern oder Reitern unter ihrem Befehl zu einigen, werden die Söhne der Wüste oder der Steppe unwiderstehlich und zur Geißel der Seßhaften. Man kennt ihre Namen aus den Geschichtsbüchern. Man weiß aber auch, daß die Bedingungen des ökologisch intakten Raumes einer Kontinuität solchen Widerstands, ihrer erblichen oder konstitutionellen Festigung, nicht günstig sind. Weder Dschingis Kahn noch die Kalifen wurden zu Gründern langlebiger Zentralreiche.

Die Regel aber war eine andere. Die Regel war die Verwendung der Crow-Indianer gegen ihre Erbfeinde, die Dakotas und die Cheyennes; war die Ausspielung des protestantischen Clans Campbell gegen die katholischen MacDonalds oder Frazers; war die Bewaffnung der Waräger oder Petschenegen gegen ihre Nachbarn, die Bulgaren. So siegte in jahrhundertelangem, bedächtigem Vormarsch die immer weiterentwickelte Zentralmacht der Seßhaften über die zerstreuten Kinder der Wüsten und Wälder – siegte über sie, indem sie immer mehr Tribute und Dienstleistungen von denen einzog, dic sie angeblich beschützte.

Wurden diese Tribute und Dienstleistungen groß und zahlreich genug, konnte man auch gelegentlich zur nächsthöheren Stufe der Abwehr übergehen; zur Schaffung künstlicher Wilder. Im Grunde ist noch heute jeder Soldat ein solcher: Er wird aus dem sogenannten ›normalen‹, das heißt zivilisierten Leben herausgenommen und zu höchstmöglicher körperlicher Härte erzogen, auf eine Kondition gebracht, die es ihm erlaubt, wenigstens annäherungsweise an die Effizienz des Wilden heranzukommen. Alle Versuche, diese Effizienz durch hochentwickelte Waffen zu ersetzen, haben diese Notwendigkeit nicht völlig beseitigen können. Selbst in den Militärmaschinen der Moderne sitzt noch irgendwo der künstliche Wilde – der ›Bürger in Uniform‹ ist und bleibt insofern ein Paradox.

Die Traditionen des Soldatentums haben diesen Status des ›künstlichen Wilden‹ immer stillschweigend anerkannt. Noch im Verhältnis der zahmen Kasernierten von heute, sagen wir zur Zivilbevölkerung, vor allem der weiblichen, wirkt dieses Privileg nach. Eine Mischung aus Verachtung und Mitleid (wobei etwa bei den Chinesen die Verachtung, in der alten deutschen Tradition das Mitleid überwog), die sich im Kriegsfall in Furcht verwandelt, und zwar eine Furcht, die den ›Eigenen‹ meist ebenso gilt wie den ›Fremden‹, bestimmte und bestimmt das Verhältnis des Bauern und Bürgers zum Soldatenstand. Letzten Endes ist das Soldatentum eine Konzession an die Barbarei; es kommt nur darauf an, wie realistisch sich die Praxis – etwa die Militärgesetzgebung, das Standrecht und ähnliche Organisationsversuche – an diese Tatsache anpaßt.

Die manchmal wehmütige, ja nostalgische Erinnerung sogenannter Veteranen an ihre Soldatenzeit widerspricht dem überhaupt nicht, ja bestätigt die Grundbefindlichkeit. Man muß nur das vierte oder das fünfte halbe Bier abwarten, um zum *nervus rerum* zu kommen: zu den zerschlagenen Fässern in Feindesland, zum erotischen Abenteuer, zur Indianergeschichte. Hier erhebt sich, aus der Brust abendländischer Kriegsteilnehmer, so etwas wie ein grotesker Paradiesmythus: der Mythus vom Felde, in dem der Mann noch was wert war.

Aber haftet nicht letzten Endes jedem Paradiesmythus dieser Ruch des Vor- und Frühzeitlichen, des Wilden und Freien an? Gewiß: Der echte, der redliche Paradiesmythus hat wenig oder fast nichts mit blutiger Gewalt zu tun, im Gegenteil. Aber er ist immer die Vision einer menschenleeren, einer naturwüchsigen

Welt ohne Werkzeuge. Er ist das Bild einer Welt unkomplizierter, harmonischer Beziehungen zwischen Mensch und Tier; einer Welt der Nacktheit, das heißt der minimalen Bedürfnisse; einer Welt des Edlen Wilden.

Man hat nun, auf dem Höhepunkt zeitgenössischen Fortschrittsglaubens, versucht, dieses menschliche Allgemeingut, diese Paradiesvorstellung sozusagen wie einen Handschuh umzudrehen. Man hat den Traum von der Paradiesheimat als einen Sehnsuchtsentwurf in die Zukunft hineininterpretiert, einen Entwurf, dem wir erst nachzuleben, den wir erst einzuholen hätten. Paradies, das wäre demnach Endverheißung, nicht Heimweh nach dem verlorenen Ursprung.

Daran ist viel Interessantes – und wohl auch viel Wahres. Vorgebildet, sicherlich, und eingeprägt hat sich diese Zukunftsfunktion des Paradieses durch die christlich-jüdische Tradition. Ihre Eschatologien entsprachen und entsprechen einer chronologischen Aufteilung des Paradieses in *Ursprung und Verheißung*: Am Anfang steht der Garten Eden, am Ende der Heilsgeschichte wird der neue Himmel, die neue Erde stehen.

Aber rechtfertigt dies die totale Uminterpretation? Ist der Garten Eden von vornherein nichts anderes als eine mehr oder weniger geglückte Projektion des Ziels, der ›Heimat‹ Ernst Blochs etwa, in die nur noch geahnte, aber niemals so wirkliche Vergangenheit?

Das ›Material‹ des Paradieses oder der Paradiese spricht gegen solche Annahme. Dieses Material ist so konkret von Gegebenheiten menschlicher Frühzeit bestimmt; ist so innig mit uns bekannten Tatsachen ursprünglicher Wildheit verbunden, daß seine Interpretation als reine Ziel- oder Wunschvorstellung einfach eine glatte Vergewaltigung darstellt. Nacktheit; korrekte Beziehungen zur Natur; Abwesenheit von Herrschaft – und von Spannungen, die durch Herrschaft erzeugt werden; Bedürfnislosigkeit; Gleichmut; das sind, in einer oder der anderen Kombination, immer die Bausteine des Paradiesbildes. Und vor allem: Sein Ende wird immer als Katastrophe geschildert, als Abstieg oder Vertreibung. Nein, hier ist tatsächlich Heimweh am Werk; Bewußtsein des Kainsmals auch, das man durch Erschlagen des schlichteren Bruders – des menschlichen oder tierischen –

erworben; Haß gegen das Werkzeug, Haß auch gegen die Organisation, der wir in unserer Unvollkommenheit bedürfen. Ja, Werkzeug und Organisation, Voraussicht und Augenblicksentbehrung im Dienste der Zukunft: Das sind immer die Bösewichte in der Geschichte der Paradiesvertreibung: Folgen, Garanten, oft auch Ursachen des *labor improbus*, der den Menschen an die Scholle fesselt und die Materie, vor allem die lebendige Materie, unheilig mißbraucht.

Das klingt sentimental – aber sentimental sind die echten Paradiesgeschichten nie gewesen, dafür stand in ihnen zuviel auf dem Spiel, ganz wörtlich genommen. Und sprechen wir auch das Komplizierte daran aus – jenes Komplizierte, das sich in den Geschichten des paradiesischen Endreichs verkörpert: Ein echtes Paradies der Rückkehr ist, das weiß dieses ganze Heimweh, endgültig versperrt. Was noch gelingen kann, allenfalls, das ist ein Paradies unter Hereinnahme dessen, was man durchgemacht hat als Menschheit: Ein neuer Himmel, eine neue Stadt – kein neuer Garten Eden; herrschaftsfreie und klassenlose Gesellschaft nach Entfaltung der Produktivkräfte – keine Rückkehr zu Rousseaus Edlem Wilden. Denn (und das ist sicher bezeichnend): Die Wilden, *die man kennt*, kommen in keinem Paradiesmythus als Modell, als sozusagen von vornherein Ausgesparte und Erlöser vor. Dazu waren alte Bauern- oder Hirtenkulturen schlechthin nicht fähig. Den Mörder, der an den Grenzen der Mark lauert, als den ursprünglichen Adam anerkennen? Ein offenbarer Wahnwitz. Da saß nicht der Adam von Genesis Eins oder der Edelmensch des Goldenen Zeitalters. Da saß der Wilde, der Waldmensch, *le sauvage* (vom lateinischen *silvaticus*), der *Beduine* (vom arabischen *bedu*, die Wüste); Mörder und Lügner allesamt, in denen man nichts zu sehen vermochte als Gewürm (*varmint*, wie die weißen Amerikaner ihre indianischen Nachbarn nannten). Sie waren alle schlicht als Geißel zu betrachten, als Pest, als Naturkatastrophe. Höchstens, wenn sie aufhörten eine Gefahr zu sein, mochte man sich, etwas scheu angesichts ihrer vorzeitlichen Begabungen, auf eine Art Koexistenz mit ihnen einlassen: mit den rätoromanischen *salvangs*, den Bergwaldmenschen der Dolomitensagen oder den Erd- und Heinzelmännchen der Deutschen.

Nein, das Modellbild des Edlen Wilden hat mit den ursprünglichen Paradiesen wenig zu tun. Es stammt aus einer anderen, einer Spätzeit, der Zeit einer städtischen oder höfischen Romantik, die viel distanziertere Bewußtseinszustände voraussetzt.

Zunächst ist festzustellen, daß solche Romantik meist auch das Bäuerliche bereits ins Paradiesmaterial einbezieht. Sie hat mit einer korrekten Beobachtung des Jäger- oder Bauerndaseins allerdings nichts zu tun. Romantisch erklärtes einfaches Leben, romantisch illuminierter Ahnenwald oder romantisch beleuchtete Beduinenwüste sind ausgebeutete Szenerien – ausgebeutet als Gefühlsvorlage, zu einem bestimmten Unterhaltungs- und Erbauungseffekt. Sie sind von allen Realitäten der Arbeit, des Schmerzes und des Todes gereinigt, und sie dienen zunächst einer aristokratischen Oberschicht, dann einer rentenschweren Bourgeoisie als Gefühlsvorlage. Vom *locus amoenus* der antiken bukolischen Dichter (dem angenehmen Plätzchen unterm Feigen- oder Olivenbaum neben der gefaßten Quelle und dem Thymianstrauch) über die naiv von den Alten abgeschriebenen Gärtlein, die *hortuli* der mittelalterlichen Kloster-Pandekten, über die *fêtes champêtres* der Rokokohöfe bis zum folkloristisch aufgebügelten Sardinien (oder Oberbayern) der modernen Reichen zieht sich diese unverbindliche Romantik.

Daneben aber wird ein neuer Ton hörbar – ein politischer Ton. Er klingt schon in der Tendenzschrift *Germania* des Tacitus an und wird mit Rousseau zum politisch-gesellschaftlichen Radikalprogramm. Dieses Programm, das des Edlen Wilden, ist zunächst nur Denunziation: Anklage der eigenen überkomplizierten, parasitären, verderbten Zivilisationsstufe durch Vergleich mit einem einfacheren Dasein in Frömmigkeit, Kraft und Würde.

Solche Denunziation ist in vielfacher Form in die neueste Geschichte eingedrungen. Man mache sich einmal klar, daß sie (natürlich in sehr vielen Varianten) sowohl dem anarchistisch-frühsozialistischen wie dem *Blut und Boden*-Credo der Nazis zahlreiche Stichworte geliefert hat. Beide Zweige der Jugendbewegung, der rechte wie der linke Zweig, haben solche Stichworte aufgenommen und vermittelt. In einer bestimmten Formulierung, nämlich in der Schrift von Friedrich Engels über den *Ursprung von Ehe, Staat und Eigentum*, treten die Irokesen Amerikas an die Stelle der taciteischen Germanen. Auch in dieser Heranziehung der Indianer (die übrigens auf Grund einer einzigen Quelle, also ziemlich falsch, beschrieben werden) steckt noch ein gutes Stück Rousseauscher Wildenromantik.

Freilich, in ihr war zu diesem späten Zeitpunkt schon viel verzweifelte und echte Erkenntnis am Werk. Nicht nur die Jägerstämme, sondern auch das Dorf war ja bereits dabei, zum Abraum zu werden – und die Bauern zur Randgruppe. Das war nicht mehr die psychosoziale Deklassierung des Bauern durch das Feudalzeitalter; jetzt ist die ganze Landwirtschaft erkrankt, seit das Rentabilitätsprinzip die Märkte beherrscht. Der Subsistenzbauer, das heißt der Bauer, der sich und die Seinen aus den vielfältigen Erzeugnissen seiner Hofstelle ernährt, steht im wirtschaftlichen Zwielicht, das in unserem Europa des 20. Jahrhunderts zur Nacht wird – eine Nacht, die wir nun unsererseits auf die Milliarden Hackbauern der ganzen Welt ausdehnen wollen.

Diese Krankheit verläuft nicht ohne politisches Fieber, nicht ohne politischen Widerstand. Im Gegenteil: Der Widerstand des Dorfes gegen das neue Rentabilitätsprinzip und seine Handlanger wird eine Konstante der neueren europäischen und amerikanischen Geschichte. Aber auch diese Geschichte wird (oder wurde) von Siegern geschrieben oder doch von solchen, die es werden wollen: Der jahrhundertelange, herzbrechende Kampf der Dörfer gegen das Industrieprinzip wird so interpretiert, wie das vorkopernikanische Weltbild gewisse Ähnlichkeiten der Planetenbahnen interpretierte: Als groteske rückwärtsgewandte Schleifen und Schlenker in einem sonst rationalen und vernünftigen Lauf. Bestenfalls mochte man diesen Reaktionen der Jacquerie und der Vendée, des Tiroler Bauernaufstandes oder des amerikanischen Bimetallismus noch einen gewissen ›dialektischen‹ Wert zugestehen – wobei der Lorbeerkranz der ›Synthese‹ in solch immer möglicher dialektischer Parteilichkeit nie den Unterlegenen gereicht wurde –, sonst wären es eben keine Unterlegenen.

Das Dorf litt in diesem Kampf von Anfang an unter dem gleichen Handikap, das vorher die Wilden gegen die Zentralmacht unterliegen ließ: Die ökologischen Bedingungen der ländlichen Siedlungsweise erschwerten eine rasche, effektive Organisation. Zudem mußte der Wille des Dorfes, wenn er sich selbst organisieren wollte, immer höchst mühsam von dem organisatorischen Monopol der Parasiten abgelöst werden – ein ungeheuer schwieriger Prozeß.

Die Bauern, ohnehin meist traditionsbewußter als ihre Gegner, suchten mit diesem Problem oft dadurch fertig zu werden, daß sie Verbündete bei alten Fahnen, alten Prätendenten, alten Ständen suchten, die ebenfalls ihre Schwierigkeiten mit der neuen Zeit hatten, aber organisationsgewohnter waren (oder doch sein sollten) als sie. Der Prätendent, der Prinz, der richtige oder falsche, als Kristallisationskern der Bauernrevolte spielt deshalb in der Geschichte eine Rolle, die ebenso wichtig wie für ›progressive‹ Geschichtsschreibung ärgerlich ist. Ebenso wichtig und ärgerlich wie der falsche Demetrios, der Bonnie Prince Charlie, der verdächtige Großneffe ist etwa die Allianz der todgeweihten deutschen Ritterschaft mit den Haufen des Bauernkrieges.

Diese Bündnisse waren keineswegs nur von Zweckmäßigkeit bestimmt (soweit ›Zweckmäßigkeit‹ überhaupt ein Kriterium echter Volksbewegungen sein soll und darf). In der rückständigen Buntheit alter Verhältnisse, dem Festhalten an vertrackten alten Wappen und Fahnen, drückt sich der selten artikulierte, aber trotzdem berechtigte Verdacht der Rückständigen aus, daß ihnen im Namen des FORTSCHRITTS das Fell über die Ohren gezogen wurde und wird; daß in ihrem *way of life*, in ihrem Festhalten an unrentablen, aber relativ freundlichen Verkehrsformen, ein wirkliches Anliegen des Menschen, des ganz konkreten Menschen, verborgen ist – eben sein Anliegen, nicht zum Abraum von heute und morgen zu werden.

Wie schon erwähnt, teilte sich dieses Bewußtsein auch durchaus den Führern der Gegenseite mit – des sogenannten Fortschritts. Wie sonst wäre es zu erklären, daß kein Gegner mit den brutalen, repressiven, an Genozid heranreichenden oder diesen Tatbestand erfüllenden Mitteln bekämpft wurde, wie die Rebellion der ›Rückständigen‹? Deutscher Bauernkrieg, Vendée, spanische Guerilla, Tiroler Volkserhebung, Highlander-Aufstand von 1715 und 1745: Bei diesen Gelegenheiten galten keine der Konventionen und zivilisierten Kriegsregeln, auf welche die Parasiten sonst so stolz waren:

Der gleiche William von Cumberland, der seinen französischen Offizierspartnern auf dem Schlachtfeld von Fontenoy die Ehre der ersten Salve anbot, ließ die Stuart-Rebellen von 1745/46 aufs viehischste niedermetzeln, exekutieren, in Gefangenenschiffen verrotten, ausdärmen, durch Plünderung ihrer Subsistenzgrundlage und massive Enteignung zugrunde gehen.

Die gleiche Französische Revolution, welche eben die Menschenrechte verkündet hatte, erkannte sie systematisch den Aufständischen der Vendée und den spanischen Guerilleros ab.

Die russische Revolution, die unter der Parole von Brot und Frieden, also mit Hilfe der Bauernmassen, gesiegt hatte, schritt zum systematischen Kulaken-Massaker.

Sowohl was die Häufigkeit und die Tapferkeit der Kämpfer, aber auch was die Blutrünstigkeit der Repression betrifft, erreichen diese Aufstände der ›Gestrigen‹ einen Rekord, welcher den der geglückten oder mißglückten ›fortschrittlichen‹ Kriege und Revolutionen weit übertrifft.

In den Republiken und Verfassungsmonarchien der neuesten Zeit taucht eine neue Form dieses Kampfes auf – und zwar in dem Augenblick, wo es den Subsistenzbauern möglich ist, sich politisch zu formieren. So entsteht der Populismus im engeren Sinne: eine der zweideutigsten, interpretativ unangenehmsten Erscheinungen der Parteiengeschichte. Hier seien drei seiner typischen Ausprägungen erwähnt: der Popularismus in Amerika, in Bayern und in Osteuropa.

Die Weißen des Mittelwestens, durch die zweifelhaften Segnungen der Zentralmacht vom Indianerterror befreit, wurden flugs zu Opfern der übelsten kapitalistischen Spekulation. Freie Homesteader, die mit Blut und Schweiß ihre Farmen erkauft hatten, fanden sich über Nacht als Hintersassen irgendeiner Eisenbahnlinie, deren Aufsichtsräte (meist gleichzeitig

Bankiers) eben die entsprechenden Gesetze in Washington durchgeboxt hatten. Die Würgeschlinge des Kredits und der anderen undurchsichtigen Machenschaften der Ostküste traten an die Stelle des Tomahawks und des Skalpmessers.

Nun waren diese bisher freien Farmer der lächerlichen Meinung, daß die amerikanische Republik auf die Prinzipien der *Mayflower* und der Verfassung, also auf die Freiheit und Gleichheit der Landbesitzer, aufgebaut sei und daß die neue Entwicklung solche Prinzipien zur Farce mache. So wurde der Populismus der Farmer und des ganzen Mittelwestens geboren – ein Populismus, ohne den man, gerade als Europäer, entscheidende Aspekte der amerikanischen Innenpolitik nie verstehen wird. Sein gewaltigster Führer wurde der irische Politiker und Demokrat William Jennings Bryan, der das ungeheure Wort hinausschrie: »*You shall not nail the people to a cross of gold* – Ihr sollt das Volk nicht an ein Kreuz aus Gold nageln!« Seine Rhetorik und der Impuls der Bewegung trugen ihn auf wenige Schritte ans Weiße Haus heran.

In diesem Farmer-Populismus war und blieb viel Rückständiges am Werk – viel alter Bibelfundamentalismus, viel undurchdachtes und unausgesprochenes Ressentiment. Bryan selbst ist dafür ein gutes Beispiel: Er beging als alter Mann politischen Selbstmord, indem er gegen die Einbeziehung der darwinistischen Abstammungstheorie in den Schulunterricht polemisierte. Noch illustrativer für den Zeitgenossen ist der Name McCarthy, der von zwei Politikern des modernen Mittelwestens geführt wurde und wird: Mißtrauen gegen die Finanzer und ›Liberalen‹ des Ostens gebar so protofaschistische Erscheinungen wie Joe McCarthy, den Kommunistenjäger und Verschwörungstheoretiker – aber auch jenen Eugene McCarthy, der einer der Gründer der *Independent Farmer-Labor Party* von Minnesota war und zum Bannerträger des wahrhaft progressiven, jugendlich-demokratischen Widerstandes gegen den Vietnam-Krieg wurde.

Eine der besten Zusammenfassungen dieser Ambivalenz der populistischen ›Rückständigen‹ als Ferment der amerikanischen Politik stammt übrigens von Norman Mailer, aus einer seiner großen Reportagen über eine republikanische Parteikonferenz: Er beschreibt dort die Grundstimmung der Wut über den Untergang eines einfacheren, freundlicheren *way of life*, der von den glatten, stromlinienförmigen Maschinen der amerikanischen Wirtschaft und Politik allzu rasch und allzu hartherzig als Abraum weggeschoben wurde, und der nun als Gift des Ressentiments in den Innenräumen vor allem der beiden großen Parteien weiterwirkt.

Das gilt übrigens – genauso bis in unsere Tage – für den bayrischen Populismus. Das junge Königreich, ein gänzlich anderer Staat als das Kurfürstentum vor 1806, trat unter dem Zeichen des Fortschritts an: *Code Civil*, Verwaltungsgerechtigkeit, Gewerbefleiß – kurz, die einer strengen Obrigkeit akzeptablen Seiten des Fortschritts der Französischen Revolution sollten von oben, das heißt von einer aufgeklärten hohen Beamtenschaft, in den Körper des Landes eingeführt werden. Diese Konstellation blieb über ein Jahrhundert lang bestimmend: eine liberale, später ›schwarz-weiß-rot‹, also kleindeutsch-antiklerikal gesinnte, hohe Beamtenschaft gegen eine populistische Opposition, die sich lange unter den altmodischen Verfassungszuständen gar nicht formieren konnte, aber im üblich gewordenen Wortsinn ›rechts‹ von der Regierung stand. Im Schoße dieser rechten, klerikal definierten Opposition bildete sich ein bayrischer Populismus unter der Führung des sogenannten ›Bauerndoktors‹ Heim. Seine Basis waren die kleinen, von der Rationalisierung bzw. der Rentabilität bedrohten Subsistenzbauern, und seine unversöhnlichsten Gegner waren nicht etwa die Sozialdemokraten oder die Liberalen, sondern seine eigenen Parteifreunde. Erst in einer sehr schwierigen Synthese gelang es dem Parteiestablishment des Zentrums, diesen Populismus an die Kette zu legen, dessen Virulenz bis in die Zeit nach dem Zweiten Weltkrieg hinein erhalten blieb; ergänzt durch die Reste des antiklerikalen, halb anarchistischen Bauernbundes, der bis in den Mai 1919 hinein einen Vertreter in der Münchener Räterepublik stellte.

Die Verfolgung und Ermordung der Bayernpartei durch die CSU-Maschine beweist, für wie gefährlich man dort noch in der zweiten Hälfte des 20. Jahrhunderts die populistische Wut hielt – eine Wut, die aus dem dumpfen Bewußtsein zerstörter Lebensqualitäten und dem legitimen Unverständnis für die Ansprüche der politischen und ökonomischen Zentralmacht geboren war. (Selbst der sentimentalste Schlenker des kleinbayrischen Patriotismus, die Anhänglichkeit, die weitgehend unverdiente, an das Haus Wittelsbach, weist auf den Typus der Prätendentenaufstände vergangener Jahrhunderte zurück.)

Was die großen Bauernparteien Osteuropas betrifft (ihre Geschichte hat ihre Höhepunkte zwischen den Kriegen), können wir uns kürzer fassen. Auch dort ist die Ambivalenz bezeichnend: die unbestimmbare Stellung zwischen den dort möglichen Faschismen (vor allem in Rumänien, aber auch anderswo) und den orthodox-linken, meist sehr kleinen marxistischen Gruppierungen. Über ihren Untergang im Rahmen der ›Gleichschaltung‹ nach 1945 müßte gesondert gehandelt werden.

In letzter Konsequenz ist für uns, die Menschen des Zwanzigsten Jahrhunderts, eine Tatsache noch wichtiger: die Tatsache nämlich, daß in unserem Jahrhundert mindestens zwei große, erfolgreiche Bauernrevolutionen stattgefunden haben – die russische von 1917 und die chinesische von 1943/49. Daß beide eben das waren – Bauernrevolutionen und kaum etwas anderes – wird von der offiziösen marxistischen Geschichtsschreibung – sagen wir einmal – uminterpretiert. Im Falle Chinas ist das allerdings kaum mehr möglich. Trotz Lenins taktischer Raffinesse von 1917 (er übernahm damals, zum Entsetzen der alten Genossen, die bauernfreundlichen Friedensparolen der Sozialrevolutionäre) setzte die junge UdSSR in China prompt auf die falsche Karte, nämlich die orthodoxprogressive, und verlor ebenso prompt dabei, während Mao auf die traditionelle, schon seit Jahrhunderten und Jahrtausenden vorhandene Karte des Bauernaufstandes setzte und gewann. Was in China (und danach in zahlreichen geglückten Aufständen und Kriegen in Ostasien) geschah, war aber eine neue Variante des Bündnisses, das eigentlich noch nie wirklich versucht worden war: des Bündnisses zwischen den ›Kadern‹, also einer harten, kleinen, letzten Endes nomadischen Kriegerhorde, die mobil aus den Tiefen des Raums operiert, mit den konservativen Subsistenzbauern. (Seine bekannteste Metapher ist die Maos vom Wasser und den Fischen.) Es wird vielleicht die entscheidendste Menschheitsfrage seit Einführung des Ackerbaus werden, ob aus dem Sieg dieser Kombination eine forcierte Industrialisierung oder ein anthropologisch wie ökologisch vertretbares Bündnis nicht nur zwischen Partisanen und Subsistenzbauern, sondern zwischen ihnen und einer als Basis künftiger Generationen respektierten Erde folgen kann und wird.

Einer letzten Rache der Wüste an den Fortschrittsproduzenten muß noch gedacht werden: Der Rache des Abraums an den großen Metropolen. Was wir heute in New York, in Kalkutta, in Tokio, aber *mutatis mutandis* auch in Moskau oder Frankfurt oder Paris erleben, ist das galoppierende Ansteigen der Folgelasten bis zu ihrem Umkippen; und zwar wieder nicht nur der materiellen, sondern der psychischen, der sozialen, der anthropologischen im weitesten Sinne. Die ›Verarbeitung‹ der Probleme gelingt nirgends mehr, aus der Absicht der Sanierung erwächst die Realität der Destruktion. Rom steht vor dem Bankrott, New York ist bereits mitten drin; aber auch sonst wachsen die Wüsten, wachsen die Quadratkilometer totaler Unwirtlichkeit, werden ganze Zonen unpassierbar – oder werden Habitat einer neuen Fauna, die aus Ratten und Rockern besteht. (Dies ist überhaupt nicht abwertend gemeint: Der Ausgang des Endkampfes zwischen *ras* und *Homo sapiens* ist noch ungewiß, und die Entstehung von jugendkriminellen Banden ist einerseits die Folge der Unverwendbarkeit wachsender Prozentsätze der Bevölkerung durch das Industriesystem, andererseits der meist völlig blinde Versuch von Teilen dieser Unbrauchbaren, sich auf der niederen Stufe einer frühen barbarischen Feudalmoral zu reorganisieren.)

Damit können wir diese kurze und notwendig flüchtige Retrospektive abschließen. Viele der Fakten, die sie berührt hat, sind allgemein bekannt; es ging hier nur darum, die Einbettung dieser Fakten in die ökologischen Tatbestände unserer menschlichen Existenz aufzuzeigen. Es war zu zeigen, daß die Folgelasten eines inkonsequenten Materialismus, der von einem anthropozentrischen Weltbild ausgeht, höher sind als die

Resultate an sogenanntem Fortschritt. Es war zu zeigen, daß die neuen Formen der sogenannten Evolution, die kollektiven Organisationsformen, meist in sehr kurzer Zeit zu Parasiten, das heißt zu ausbeuterischen Gebilden eigener Art werden. Das blinde biologistische Bündnis dieser Parasiten mit der Wüste, die Lebensfeindlichkeit dieser Strukturen ist am Ende. Wir werden unser politisches und gesellschaftliches Leben nach Gesichtspunkten ordnen müssen, die gerade dieses Bündnis in Zukunft unmöglich machen.

DRITTER TEIL

PERSPEKTIVEN

Raum, Zahl und Zeit als Faktoren der ökologischen Perspektive

Die Gefahren, die der Zukunft der Menschheit drohen (wenn man einmal von der Suizidtendenz der Art absieht), sind bekannt genug. Ohne Anspruch auf Vollständigkeit lassen sie sich nach dem Schema aufzählen, das schon der *Club of Rome 1972* gewählt hat:

Bevölkerungswachstum – Erschöpfung der Rohstoffe – Verknappung der Energie bzw. überhöhte Energiefreisetzung Verschmutzung – Erschöpfung der Ernährungsreserven.

Die ökologisch relevanten Faktoren, um die es dabei geht, sind die Faktoren von *Raum, Zahl* und *Zeit*.

Erstaunlicherweise waren es gerade diese Faktoren, auf deren Berücksichtigung und Bewältigung der materialistische Triumphalismus der Epoche so ungemein stolz war und ist. Rechnen, Quantifizieren, Gleichungen aufstellen; damit wird wissenschaftlich und technisch operiert, damit sollen die Versorgungsfragen der Menschheit – und nicht nur sie gelöst werden. Völlig logisch glaubt auch heute noch die Technokratie, daß mit der exakten und leidenschaftslosen Weiterführung dieser rechnerischen Methode auch die heute anstehenden Gefahren gemeistert werden können. Der Haken daran ist lediglich, daß der Mensch, als biologisches und gesellschaftliches Wesen, nicht in diese Gleichungen hereingenommen wurde – jedenfalls nicht im ursprünglichen technologischen Ansatz. Er, der Operateur der Rechenmaschine, wird abstrakt als DER MENSCH gesehen, der sich einer nichtmenschlichen Welt gegenübersieht und diese nichtmenschliche Welt zu bewältigen hat – wobei die höchstmögliche Höhe der Abstraktion das bestmögliche Ergebnis vorwegnehmen muß. In Wahrheit aber ist die Lage des Menschen ganz anders.

So ist biologischer, ökologischer Raum etwas grundsätzlich anderes als etwa der halb oder ganz abstrahierte *Raum* der Physiker, insbesondere der Astrophysiker. Raum im biologisch-ökologischen Sinn ist der vierdimensionale Ort einer Biozönose, das heißt einer raumzeitlich definierten Form des Zusammenlebens von menschlichen und nichtmenschlichen Arten in ihrem Habitat, ihrer Behausung. Es ist der Raum (noch) übersichtlicher Kreisläufe der belebten und unbelebten Materie, von welcher der Mensch ein Teil ist. Als körperliche Wesen sind Menschen von diesen Kreisläufen abhängig. Gewiß, sie können kraft ihrer überorganischen Möglichkeiten diese Kreisläufe bis zur Unkenntlichkeit verändern. Sie können Lebensmittel, Rohstoffe, Kernreaktoren in diesen Kreislauf einführen oder entfernen, sie können die Sauerstoffproduktion oder die CO_2-Freisetzung erhöhen oder vermindern, sie können wenig, viel oder zuviel Energie loslassen. Aber mit jeder derartigen Veränderung zum Guten oder zum Bösen verändern sie den (regionalen) biozönotischen Kreislauf selbst und damit ihr eigenes Schicksal.

So wenig es eine geschlossene Grenze, eine Autarkie von Biozönosen gibt (selbst ferne Pazifikinseln sind noch dem Anflug von Kleinstlebewesen oder Sporen bzw. Samen erreichbar), so wenig können sie letzten Endes egalisiert oder globalisiert, also weltweit gemacht werden. Dies war übrigens der Kern der ernst zu nehmenden Kritik, die an der ersten Studie des *Club of Rome*, dem Meadows-Bericht *Grenzen des Wachstums*, geübt wurde. Die zweite Studie des Clubs, die Arbeit von Mesarovic und Pestel *Menschheit am Wendepunkt* (1974), hat denn auch diese Kritik beherzigt. Sie hat die Probleme bereits regionalisiert und die Wechselwirkung zwischen Regionen als das eigentliche Aktionsfeld ihrer Prognostik betrachtet und benützt.

Ein konsequent ökologisch orientierter Entwurf ist auch diese Arbeit noch nicht. Ein solcher Entwurf müßte in seiner Raum-Zeit-Organisation noch einen Schritt weitergehen. Er müßte die Einsicht fruchtbar machen, daß eine möglichst große Zahl von Zukunftsproblemen in möglichst *überschaubaren* Räumen analysiert und dann auch geregelt werden müßte. Die Relevanz dessen, was der Mensch innerhalb dieser Räume mit sich und der ihn umgebenden Welt anstellt, ist nicht nur höher als die

Relevanz globaler oder großregionaler Aktion – sie ist auch größeren Mengen von Menschen leichter zugänglich – und damit ihren Entscheidungsprozessen.

Nehmen wir ein Beispiel, das dem Autor (leider) sehr nahe liegt: Der Bau einer sechsspurigen Autobahn durchs dünnbesiedelte bayerische Inntal ist vielleicht im Sinn einer großräumigen ›Planung‹ begrenzt sinnvoll – ökologisch ist er heller Wahnsinn. Gerade dann ist er heller Wahnsinn, wenn er zum Zweck der ›Entlastung‹ des Ballungsraumes München erfolgen soll. Der Ballungsraum München, ökologisch schwerstgeschädigt, hat natürlich ein Recht darauf, entlastet zu werden; aber der sinnvolle Ausweg wäre der, dies nicht auf Kosten intakter Räume zu tun, sondern auf Kosten der Schädiger. Mit anderen Worten: Er kann nur von einer echten, das heißt auch die ökologischen und psychosozialen Faktoren einschließenden Kosten-Schadens-Rechnung des Automobils profitieren, die natürlich noch nirgends gemacht worden ist. Eine solche Bilanz würde die Möglichkeit, ja die Notwendigkeit eröffnen, nach dem Verursacherprinzip die echten *globalen* Kosten nicht zu Lasten irgendeines Habitats, sondern zu Lasten der Automobilbenutzer zu verteilen. (Man würde staunen, wie schnell und gründlich dann der Raum München entlastet wäre; aber natürlich halten unsere Demoskoppolitiker eine solche Lösung für ›nicht durchsetzbar . . .)

Den Bewohnern eines ökologischen Habitats fällt aber nicht nur die Verantwortung für dessen Sanierung bzw. Gesundheit zu, sondern auch die Verantwortung für alle Eingriffe außerhalb seines Habitats. Dieser Einfluß auf fremde Biozönosen erfolgt politisch, wirtschaftlich, gesellschaftlich. Alle diese Einflüsse müssen schärfster Prüfung unterliegen; und vor allem sollte niemand davon ausgehen, daß ihm – oder ihnen – irgend etwas aus einem fremden Habitat *zusteht*. Weder steht einem überindustrialisierten Raum auf immer und ewig die Rohstoffzufuhr unterentwickelter Regionen zu (ein Irrtum, dem auch Herr Kissinger unterliegt) noch steht übervölkerten bzw. schlecht bewirtschafteten Räumen auf ewig der Nahrungsmittelzuschuß aus Überschußgebieten zu (ein Irrtum, dem so manche Regierung der Dritten Welt unterliegt). Im übrigen sind alle diese

Kategorisierungen: ›Überschuß‹, ›Rohstoff‹-, ›Industrie‹-Regionen, nicht nur ökologisch wertlos, sondern Relikte der Vergangenheit: In der Welt von morgen werden die bisherigen ersten möglicherweise die allerletzten sein, unter anderem die Bundesrepublik Deutschland.

Läuft dies nun auf ideologisierte Hartherzigkeit hinaus? Auf den Abschied von jeder Hilfe für andere? Keineswegs – im Gegenteil.

Es ist bemerkenswert, daß eine Reihe der ökologisch sinnvollen Versuche, mit unserer eigenen Zukunft fertig zu werden, aus der Erfahrung der Entwicklungshilfe stammen. Jeder Versuch, den Hungernden und Notleidenden durch massive Übertragung unserer Wirtschaftsverhältnisse und Produktionsweisen zu helfen (der bekannte *transfer of technology*) ist bisher gescheitert, ja hat zur Bildung von neuen, höchst massiven Problemen geführt. Das Riesenstahlwerk irgendwo in den Tropen ruiniert Zehntausende von Handwerkerexistenzen, die vollautomatische Textilfabrik desgleichen. Die grüne Revolution – von ihr war schon die Rede: Sie ist sowohl sozioökonomisch wie ökologisch *de facto* zusammengebrochen.

Das Beste, was Europa bisher an Entwicklungshilfe angeboten hat, sind Entwicklungsprojekte, die unter dem Stichwort *Intermediäre* oder *Sanfte Technologie* bekannt wurden. Arbeitsintensive, leicht herstellbare und leicht reparierbare, also möglichst langlebige Geräte, die eine dezentrale ländliche oder kleinindustrielle Arbeitsweise ermöglichen, werden von einem ständig wachsenden Prozentsatz von Ländern der Dritten Welt bevorzugt. *Knowhow* und *self-reliance* – Geschick und Selbsthilfe, das sind die wahren und effektiven Lehren und Hilfen, die wir den Bauernmassen der Dritten und Vierten Welt vermitteln müssen. Leider (o Ironie der Geschichte) haben wir Europäer einen Industrialisierungsprozeß betrieben, in dem viel, fast alles von der alten Dorfkultur und ihrer Technologie, ihrem vielseitigen Wissen, verlorengegangen ist: Wir könnten sonst Massen von Bauernsöhnen, die heute keine Lehrstellen mehr bekommen, als das großartigste Kapital für Entwicklungshilfe anbieten. Wir können nur hoffen, daß wenigstens einige Reste dieses

Kapitals und vor allem die darunterliegenden Reserven an Neugier, Kreativität und Selbständigkeit noch so aktiviert werden können, daß sie für diese einzige wahrhaft globale Aufgabe nutzbar gemacht werden können. (Dies wäre nicht nur die beste Hilfe für eine hungernde Welt – es wäre auch eine der letzten überhaupt noch tragbaren Begründungen für Europas latenten kulturellen Hochmut.)

Ein weiterer Faktor des Raums, der für eine ökologische Zukunftspolitik entscheidend ist, ist der Faktor der sogenannten Brache.

Das Wort gehört zu den ökologisch sinnlosen Ausdrücken, die auf die Klassifizierung von Natur auf Grund anthropozentrischer Bedürfnisse zurückgehen. Brache, unbebautes Land, ist nie wirklich unbebaut, sondern die Heimat zahlloser Arten, denen wir sonst in unserer ›erschlossenen‹ Landschaft keine Heimat mehr gönnen. Sie ist gewissermaßen ein Sanatorium für die Natur selbst; in ihr wäre nicht so sehr der individuelle Artenschutz als der Ensembleschutz vielfältiger Lebensgemeinschaften möglich.

Ich gestehe es offen, daß ich in dieser Frage sentimental bin. Die Erinnerung an die unglaubliche Fülle von Schmetterlingsarten, die ich in meiner Jugend (in den zwanziger und dreißiger Jahren des Jahrhunderts) noch hier in Bayern erleben und sehen durfte, ruft in mir nicht nur freudige Erinnerung, sondern ohnmächtige Wut hervor; Wut auf eine Menschheit, die in blinder Allianz mit der Wüste so viele Gedanken Gottes zerstört hat. Aber rechnen wir – auch hier, auch auf diesen Seiten – mit der wachsenden Anzahl von Zeitgenossen, denen das Nicht-mehr-vorhanden-sein von Schmetterlings- und Vogelarten höchstens ein Gähnen entlockt, und die zu den atemberaubenden Mysterien ihrer Porsche-Innereien oder Wahlumfragen zurückkehren wollen. Ihnen sei gesagt, daß es nicht um Schmetterlinge oder Buchfinken geht, sondern um uns selber. So ist, zum Beispiel, das Verschwinden von zahlreichen Wildarten unserer Kulturpflanzen ein äußerst gefährliches Phänomen. Unser Mais, unser Weizen, unser Reis sind nervöse Gebilde, hochspezialisiert, auf ständige Spritzen künstlicher Nahrungs- und Pflegemittel angewiesen. Bricht der Nachschub dieser

Hilfen aus irgendeinem Grund zusammen – oder ändert sich, was abzusehen ist, die chemische Zusammensetzung des Bodens, ist es notwendig, auf ›Brache‹, das heißt auf die wildwachsenden Ausgangsformen der Art zurückzugreifen, um neu angepaßte Kulturpflanzen züchten zu können. Ist dies nicht mehr möglich, wird es reichlich gleichgültig sein, ob der nächste Landwirtschaftsminister der Bundesrepublik Deutschland von der FDP oder der CSU gestellt wird.

Darüber hinaus gilt, daß eine Ökologie, eine regionale Biozönose um so stabiler ist, je mehr Arten sie umfaßt. Aber Artenreichtum ist nun einmal das typische Kennzeichen der ›Brache‹, während Artenarmut das stolze Ziel unserer sogenannten Landwirtschaft darstellt.

Wie groß muß nun der Bracheanteil in unseren Breiten sein? Leyhausen, ein führender Biologe, schätzt das notwendige Soll auf dreißig Prozent. Warten wir die fünf Minuten ab, welche für das nun anhebende Gelächter nötig sein dürften, und stellen wir nach seinem Abebben fest, daß Leyhausen damit immerhin die Größe des Problems angedeutet hat. Wenn heute schon düstere Prophetenrufe wegen des Geburtendefizits der Bundesrepublik hörbar werden, so ist es vielleicht nicht ganz unangebracht, darauf hinzuweisen, daß unsere Bevölkerungszahl nicht in Relation zu der der ›Konkurrenten‹ (lies: benachbarter Zentralmächte) zukunftsentscheidend ist, sondern in Relation zu dem Raum, der uns zur Verfügung steht.

Damit aber sind wir bereits mitten im Problem der Zahl.

Das numerische Gleichgewicht einer Art, ihre Bevölkerungsdichte, pendelt sich bei fast allen Tierarten in mehr oder weniger langen Zyklen ein. Manchmal hat diese Regulierung Katastrophencharakter; das bekannteste Beispiel dafür sind die Lemminge, aber auch die kanadischen Schneeschuhhasen und die von ihnen lebenden Raubtiere sind beträchtlichen über mehrere Jahre verteilten Schwankungen ausgesetzt. Geradezu elegant mutet dagegen der Regelmechanismus gewisser Mäusearten an: Ihre trächtigen Weibchen reagieren bis zu vier Tagen nach der Empfängnis auf den Geruch fremder Männchen mit einem Abortus – der Faktor der gegenseitigen Aufdringlichkeit bleibt damit nahezu konstant.

Der Mensch – jedenfalls in seiner vor-, früh- und zeitgeschichtlichen Existenz – kennt solche Regulative nicht. Um so bemerkenswerter sind die gesellschaftlich vermittelten Begrenzungsmechanismen. Man hat lange Zeit angenommen, daß bei den Primitiven Hunger, Seuchen und Hordenkriege gewissermaßen bewußtlose Regulative der Bevölkerungszahl waren; heute sieht man das etwas komplizierter. Bevölkerungskontrolle (im positiven wie im negativen Sinn) ist bis in die primitive Genese der Menschheit hinein nicht nur das Resultat natürlicher Gegebenheiten, sondern auch sozialer Entschlüsse.

So kennen indianische und afrikanische Primitive die hohen Geburtenzahlen der Hackbauern nicht; die Regulierung erfolgt nicht nur durch natürliche Gegebenheiten wie etwa den äußerst niedrigen Fettgehalt der Körpergewebe (er soll die Fruchtbarkeit senken), sondern auch durch lange Stillzeiten und durch die weitverbreitete Kenntnis von Medizinkräutern, die empfängnishemmend oder abtreibend wirken. Darüber hinaus darf man, bei ›echten‹ Primitiven, noch psychosoziale Einflüsse vermuten. Daß diese Primitiven auf Grund kollektiven psychischen Drucks der Sippe oder des Stammes einfach sterben, ist bekannt; ebenso bekannt ist es Anthropologen, daß in einigen afrikanischen Stämmen drei Jahre nach einer Geburt keine Empfängnis mehr erfolgt, und zwar ohne feststellbare Ursache. Die Auskünfte der Stammesangehörigen beschränken sich auf Magisches. Hierüber zu spekulieren ist müßig; immerhin sei darauf hingewiesen, daß es unter vielen gemeinschaftlich lebenden Tierarten das Phänomen der ›psychischen Kastration‹ gibt – das heißt der scheinbar natürlichen sexuellen Desinteressiertheit der nicht territorienbeherrschenden Männchen.

Was sich davon bis in geschichtliche Zeit hinein erhalten hat, ist offen. Immerhin dürften medizinische Geheimkenntnisse auf diesem Gebiet eine Hauptstütze der Hexenkultur gewesen sein, die im Hochmittelalter blühte.

Brutalere Formen der Bevölkerungskontrolle bei Primitiven, bei Jägern und Bauern, sind ebenfalls bestens bekannt. Ein Jägerräuberstamm in Afrika tötete grundsätzlich alle Neugeborenen und reproduzierte sich durch Adoption, das heißt durch den Raub schon lauffähiger Kinder, um möglichst beweglich zu bleiben. Bei den Spartanern der Antike, den Boruzzen des Mittelalters und den Japanern vor Einbruch des Westens war Bevölkerungskontrolle durch Kindstötung üblich. (Bei den Japanern nannte man dies *Ausjäten.*) Im übrigen war Kindesaussetzung die ständige Praxis des Altertums; und nach einer mündlichen (aber vertrauenswürdigen) Quelle sind – noch in unserem Jahrhundert – überzählige Kinder im Böhmerwald zum Tollkirschenpflücken geführt worden.

Auch das Gegenteil – nämlich der Kinderreichtum – ist in vielen Fällen als Resultat sozialer Entschlüsse nachweisbar. Denn oft genug ist er mit möglichen sozialen und wirtschaftlichen Vorteilen verbunden – mögen sie noch so kurzfristig sein. Bekannt ist die europäische Bevölkerungsexplosion im Zeitalter des Imperialismus: Die zweiten und dritten Söhne der viktorianischen Familien waren die Bauherren und Administratoren des Empire. Den Sozialhistorikern geläufig ist die Zunahme der Geburtenzahlen in Zeiten guter Ernten. Aber – und damit stoßen wir an ein, wenn nicht *das* Hauptproblem der Entwicklungsländer: Auch das Elend begünstigt unter bestimmten Voraussetzungen die hohen Kinderzahlen. Noch in den Höllen von Kalkutta soll ein Sechsjähriger durch Bettelei und einfachen Mundraub mehr für die obdachlose Sippe beschaffen, als sie für ihn tun kann. Die jahrtausendalte Altersversorgung durch Kinder ist geläufig, und die Bergbauern der Alpen haben oft genug viele Kinder gezeugt, um keine Knechte und Mägde bezahlen zu müssen – ja oft, um sich die Kosten für das Zugvieh zu ersparen.

Weder die eine noch die andere Praxis wird hier gewertet. Es geht nur um den Nachweis, daß es ein »natürliches« Verhalten der Reproduktionsweise beim Menschen nicht gibt und nicht geben kann, weil die entsprechenden instinktiven Steuerungen solchen Verhaltens fehlen. Spätestens an diesem Punkt wird der von Rom eingenommene ›naturrechtliche‹ Standpunkt zur Geburtenregelung fragwürdig. (Auf seine sonstigen, vor allem theologischen Schwächen braucht hier nicht eingegangen zu werden.) Extremes Bevölkerungswachstum ist, genau wie der Rückgang der Bevölkerung, nicht die Ursache, sondern die Folge eines sozialen oder anthropologischen Notstandes. Im

Fall der Bevölkerungsexplosion handelt es sich um eine Entscheidung, die zugunsten des ständigen Anwachsens der Spezies Mensch zuungunsten aller anderen Lebensformen gefallen ist – oder noch fällt. Die ökologischen Gefahren solcher Entwicklung liegen auf der Hand; weniger klar, aber deshalb nicht minder bedrohlich sind die humanen, gesellschaftlichen Gefahren. Bevölkerungsdichte über einen bestimmten Punkt hinaus bedeutet ja nicht nur wirtschaftliche Abhängigkeit – sie bedeutet auch die Abhängigkeit von immer mehr Kontrollinstanzen immer höheren Grades. Und diese Abhängigkeit wächst, verglichen mit der rein physischen, im geometrischen Verhältnis.

Nun ist überproportionales Wachstum der Abhängigkeiten für die jeweilige Zentralmacht überhaupt kein Problem, sondern zunächst nur ein Segen: ein geometrischer Zuwachs eben ihrer Potenzen. Schon immer haben deshalb die Zentralmächte mehr und mehr Menschen gefordert: als Gebärerinnen oder Rekruten, als Steuerzahler und Konsumenten, als belebte Materie, als Gläubige, als Götteropfer.

All dies wird verschwinden müssen, wenn wir ökologisch vernünftige Politik machen wollen. Eine ideale Bevölkerungsdichte gibt es dabei nicht – sie hängt von dem gesellschaftlichen Entwurf ab, von dem man ausgeht. Wollte man vom hundertprozentigen anthropologischen »Glück«, also einer frei schweifenden, zum Abenteuer zurückgeführten Menschheit ausgehen, dann dürfte man nicht mehr als dreißig bis siebzig Millionen auf dem ganzen Globus zulassen. (Dies wäre nicht nur unmöglich, sondern auch gegen alle Gesetzlichkeit der ökologischen Entwicklung.) Man könnte davon ausgehen, daß die optimale Bevölkerung Europas etwa in der Barockzeit erreicht war: Nach dem französischen Historiker Chaunu betrug damals die Bevölkerungsdichte im konzentriertesten Gebiet, der Rheinachse von Rotterdam bis Oberitalien, sechzig Einwohner auf den Quadratkilometer und fiel nach Westen wie nach Osten allmählich ab. Ökologen, die von der landwirtschaftlichen Kapazität her denken, haben für ein intensiv genutztes postindustrielles Europa mit Kreislaufwirtschaft aus laufendem Energieeinkommen eine Dichte von sechzig bis hundert errechnet. Herbert Gruhl gibt in seinem Buch *Ein Planet wird geplündert* als Zwischenzahl für eine einigermaßen stabilisierte Bundesrepublik (mit dem Lebensstandard etwa der Zwischenkriegszeit) vierzig Millionen Einwohner zu.

Was immer man an Normen setzen mag: Die Bevölkerungsdichte wird die Funktion sehr vieler Faktoren sein – und die wichtigsten dieser Faktoren sind menschliche, soziale, politische Entschlüsse. Stufen wir – und das ist bereits heute gebieterisch notwendig – die ökologische Stabilität höher ein als das sogenannte Wirtschaftswachstum, so muß unzweifelhaft die Abnahme der Bevölkerung gefordert werden – und zwar in wahrnehmbarem Ausmaß. Wenigstens in diesem Punkt fallen die privaten Voten von Millionen Mitteleuropäern zur Zeit mit denen der ökologischen Vernunft zusammen. (Ob dies auf die Dauer durch chemischen Betrug der Menschennatur nötig und möglich sein wird, ist eine ganz andere Frage.)

Aber es geht in einer ökologisch orientierten Gesellschaftspolitik nicht nur um absolute Zahlen – oder um Wohndichte auf den Quadratkilometer. Mindestens genauso wichtig ist die Frage nach den optimalen politischen und wirtschaftlichen Betriebsgrößen. Die Frage war eine Zeitlang völlig aus der Mode: Ständige politische und wirtschaftliche Fusion, bis hinauf zu Riesenreichen und Riesenkonzernen, schien nicht nur das Schicksal, sondern das erfreuliche, weil allen nützliche Schicksal der Menschheit zu sein.

Die ersten, die das besser wußten, waren die Manager. Zwar wachsen die Riesen weiter, aber die produktiven Betriebsgrößen in der Industrie gehen eher zurück. Immer wichtiger wird die Untersuchung der Reibungsverluste, die durch allzu viele Informations-, Steuerungs-, Befehlsvorgänge hinauf und hinab in den Nervenbahnen der Riesen entstehen und entstehen müssen. Diversifikation, Dezentralisierung, Humanisierung der Arbeitsplätze: All das ist bereits im Gange; und nicht, weil die Wirtschaftsführer, die großen Banker, die Manager so große Humanisten wären, sondern weil sich gewisse bisher unberücksichtigte Kosten in Mark und Pfennig niederschlagen.

Da viele dieser Kosten noch nicht von den Verursachern, sondern von der öffentlichen Hand getragen werden, hat sich dieses Gesetz der Dezentralisierung noch nicht so ausgewirkt, wie es unbedingt nötig wäre. Die politischen Zentralregierungen, immer noch von den alten Grandeurvisionen der Rekrutenmassen geblendet, haben großenteils noch gar nicht begriffen, wie unrentabel sie heute arbeiten oder doch wenn es nach der Wirtschaft geht – arbeiten sollen. In früheren Zeiten ist die Frage nach der optimalen Größe eines Staates, einer *Polis*, einer utopischen Produktions- und Lebensgemeinschaft durchaus gestellt worden – von Aristoteles, von Campanella, von Thomas Morus, bis zum Frühsozialisten Fourier, der für seine *phalanstères* ganz bestimmte Größen forderte. Da, wie wir bereits betonten, die ökologischen Daten nur in der Funktionalität ihrer Kreisläufe sinnvoll quantifiziert werden können, sind solche starren Zahlenangaben natürlich nicht sehr förderlich; wohl aber ist die Feststellung erlaubt, daß sowohl im gesellschaftlichen wie im politischen Bereich die Frage der Betriebsgröße verdrängt worden ist und wieder ins Bewußtsein zurückgehoben werden muß.

Verdrängungen führen, wie Freud feststellt, zu psychischer Erkrankung, und dies gilt auch kollektiv. Was wir zur Zeit erleben, ist ja keineswegs das weitere Anwachsen der Zentralmächte (die sind in ihren Einflußsphären relativ erstarrt), sondern Fragmentation, Balkanisierung, Regionalisierung. Im Osten wie im Westen streben die kleineren Staaten aus der Vormundschaft ihrer »Beschützer« weg – Afrika wird, wie man lebhaft klagt, zunehmend ›balkanisiert‹, was nichts anderes heißt, als daß die künstlichen Grenzen, die der Kolonialismus zog, ihre Unsinnigkeit und Unwirksamkeit offenbaren – und, vielleicht das bezeichnendste Symptom: Die Renaissance uralter, kleiner, längst totgeglaubter Regionalismen und Nationalismen in den Gebieten Europas, die den Zentralismus seit Jahrhunderten praktizieren und praktizierten. Gegen Madrid erheben sich Katalanen und Basken, gegen Paris Bretonen und Okzitanier und Korsen, gegen London Iren und Schotten und Waliser.

Aber es sind nicht nur westliche Herren, die beunruhigt sind, auch der Osten hat seine Nationalitätenprobleme: Litauer und Esten und Ukrainer, Slowaken, Kroaten, Mazedonier.

Werden mit der Sanierung dieser alten Wunden, mit der Zurückgabe alter Rechte an diese kleinen Völker die richtigen Betriebsgrößen erreicht sein?

Schon reichen die Zweifel tiefer hinab in unsere politische und kulturelle Geschichte. Schon schlagen Kirchenmänner selbst vor, ein Missionsmoratorium einzulegen, um den angeschlagenen und mißhandelten Stammeskulturen Gelegenheit zu organischer Entwicklung zu geben. Ja, Kulturhistoriker legen sich die Frage vor, ob die Menschheit je eine zweckmäßigere Form des Zusammenlebens als den Tribalismus entwickelt habe. In einem Zwielicht des Relativismus stehen wir vor den Trümmerhaufen unseres einst so stolzen progressiven Selbstbewußtseins ...

Aber lassen wir die Ache-Indianer, die wiedererwachten Indianer Nordamerikas, die Krimtataren und Papuas einmal beiseite; konzentrieren wir uns auf unsere Region, unser Habitat, unser Europa. Es gäbe durchaus eine Möglichkeit, sein Selbstbewußtsein mit einer neuen Grundlage zu versehen: Die föderative Einigung des Kontinents, wenigstens seines westlichen Teils. Aber gerade die ist durch die alten Nationalstaaten blockiert. Sprechen wir es einmal offen aus: Diese Staaten der Größenordnung von vierzig bis sechzig Millionen sind heute vielleicht die irrationalsten Gebilde der Weltpolitik. Sie klammern sich an eben jene Funktionen, die sie an eine europäische Föderation abgeben müßten, weil sie, die Nationalstaaten, um eben dieser Funktionen willen geschaffen wurden: Verteidigung – und Wirtschaft. Für beide sind sie heute entschieden zu klein – während sie für eine humane, stabile, nach dem Biozönoseprinzip zu organisierende Verwaltung und Gestaltung der Zukunft zu groß sind. Bestünde Westeuropa aus lauter Staaten der Größenordnung Luxemburgs oder der Niederlande, wäre die Föderation längst vollendete Tatsache. Sprechen wir es noch offener aus: Der Weg in ein vereinigtes Europa, ganz gleich welcher Zusammensetzung, führt nur über ein gedemütigtes Paris, ein gedemütigtes London, ein gedemütigtes Madrid und ein gedemütigtes Bonn am Rhein. Ein Europa aus, sagen wir, vierzig Bundesstaaten mit eigenen Aufgaben und regionalem, auch historischem Profil wäre sinnvoll – von der jeweiligen Betriebsgröße her gesehen. Ein Europa aus sechs oder acht großen Nationalstaaten wird nie entstehen.

Seine eigentliche Bedeutung würde dieses Europa aber erst dann enthüllen, wenn es dieses sein einzig mögliches Lebens- und Organisationsprinzip auch auf die wirtschaftlichen Raumgrößen anwenden würde. Die sogenannte Welthandelsverflechtung brachte ein paar Generationen lang diesem Europa Vorteile, die zuerst aus der imperialistischen Ausbeutung fremder Menschen, dann aus der Ausbeutung ihrer Ressourcen stammten. Der Rest der Welt war betrogen durch die *terms of trade*, von denen schon öfter die Rede war. Dennoch konnte ein durchschnittlicher Europäer noch im 18. Jahrhundert vom örtlichen Kirchturm aus die Fläche überblicken, aus der neunzig Prozent seines Lebensunterhalts stammten (Ivan Illich hat dankenswerterweise darauf hingewiesen). Eine nicht nach rückwärts gewandte, nicht nostalgische, sondern wahrhaft fortschrittliche Organisation muß es ermöglichen, die alten Angebote der städtischen Zentren: Dienstleistungen, Techniken, Märkte für die tatsächliche Primärversorgung aus dem Umland bereitzustellen, wieder konkret sichtbar zu machen. Aber davon wird noch in der Diskussion der Modelle die Rede sein müssen, von denen wir ausgehen können.

Der wichtigste Faktor aber, der Faktor, der letzten Endes über alle Alternativen entscheidet, ist der der Zeit. Die wichtigste Frage, die wir uns stellen müssen, lautet: Wollen wir eine Lösung auf Dauer oder wollen wir sie nicht? Nehmen wir die kalte Wut und Verachtung unserer Enkel in Kauf, die (falls es sie noch geben sollte) unser Jahrhundert vermutlich als das dümmste der Geschichte einstufen werden – oder nehmen wir die Aufgabe der ökologischen Stabilisierung als ethische, politische, wirtschaftliche Aufgabe erster Ordnung, ja als die Herausforderung der Zeit schlechthin an?

Die Frage hat sich eigentlich noch keine Epoche vor uns stellen müssen – wenn auch die Antworten besser gegeben wurden als heute. Bisher half und hilft man sich mit dem sogenannten *technological fix* – der Patentlösung einer isolierten Frage, ohne Berücksichtigung der Umgebungs- und Folgelasten. Der verschmutzte Fluß wird gereinigt (mit hohem Energieaufwand und beliebiger Verteilung des giftigen Drecks); der Abraum wird irgendwo abgeladen, das verwüstete Braunkohlenrevier wird mit Badeseen dekoriert und leicht begrünt; und wenn schon keine unmittelbare schnelle Abhilfe sichtbar ist, rechnet man eben – oder tröstet sich – mit dem bevorstehenden technischen »Durchbruch«: die Psychologie eines Hochstaplers, der sich bei Kempinski Austern bestellt in der Hoffnung, in einer von ihnen die Perle zu finden, welche es ihm erlaubt, die Rechnung zu bezahlen. Bisher mochte dies genügen (es hat natürlich nicht genügt). Jetzt stellt sich unausweichlich die Frage nach der Verantwortlichkeit für die Enkel und die Ungeborenen. Dieser Frage haben sich die Technokraten zu stellen, sie haben sie zu beantworten; und zwar offen, und zwar ohne Ausflüchte. Offen war jener brasilianische Militär, der einem mir bekannten deutschen Physiker auf diese Frage so Auskunft gab: »Man muß das so sehen: bisher haben Milliarden Menschen eben zeitlich hintereinander weggelebt – bald werden mindestens ebenso viele Milliarden nebeneinander leben. Ist da ein Unterschied?« Die unausgesprochene Folgerung: Die Apokalypse nach 2010 oder 2050 wird voll einkalkuliert. Und in der Tat lebt die sogenannte fortschrittliche Menschheit in der sadomasochistischen Erwartung dieses großen Knalls. Sie liebt die Welt nicht mehr, und sie haßt die Zukunft – eben jene Zukunft, für die man doch angeblich so viel tut und opfert.

Dieser Sadomasochismus, der kollektiv in der Wahnsinnsseele der weißen Menschheit und ihrer Nachahmer lauert, ist unser eigentlicher, schlimmster Feind. Er ist das Exkrement jener Parasiten, deren Todesangst das Krepieren der Menschheit dem eigenen Verenden vorzicht.

Aber selbst wenn der zum Leben entschlossene Teil der Menschheit, selbst wenn der zum Handeln entschlossene ökologische Materialismus dieser Herausforderung entgegentritt, bleiben noch genügend schwere Einzelfragen – und einige von ihnen haben sehr grundsätzlichen Charakter.

Eine dieser Fragen, bis zur Unerträglichkeit zugespitzt, stellte sich mit der Hungersnot in der Sahelzone. (Ich folge hier der Analyse von Michael Lohmann in der evangelischen Zeitschrift *Radius*.) Als diese gewaltige Region in die große Dürre, den großen Hunger geriet, mußte jede menschliche Regung uns veranlassen, den Opfern mit allen Mitteln zu helfen. Die FAO sowie unzählige karitative Organisationen haben denn auch Millionen Tonnen Getreide in afrikanische Häfen geliefert.

Die ökologischen Folgen solcher Nächstenliebe sind katastrophal. Infolge der schlechten (oder völlig fehlenden) Infrastruktur und Verkehrserschließung der Region konnten die Betroffenen nicht damit rechnen, die Lieferungen im Hinterland zu Gesicht zu bekommen. Sie strömten deshalb in die Häfen und warteten, regungslos wie die weißen Mäuse von Massen-Behaviour-Tests, auf sonnenüberglühten Docks; warteten tage-, ja wochenlang auf das rettende Getreide, während das entleerte und wüste Hinterland sich selbst überlassen bleibt. Die alten Geschicklichkeiten der Nomaden, welche früher solche Katastrophen wenigstens teilweise überbrücken konnten, gehen verloren, je mehr sich dieses Modell der Hilfe von außen einspielt. Eine ganze Zone droht dem restlosen Ruin anheimzufallen und damit als (wenn auch noch so geizige) Ernährerin künftiger Generationen auszuscheiden. Wo liegt die Moral? Was fordert die Ethik – und *welche* Ethik? Kurzzeit- oder Langzeitlösungen? Jede der beiden Lösungsarten wird Entsetzliches von uns fordern – aber wir werden es nicht umgehen können. Auch dies ist die Folge des Fortschritts – eines Fortschritts, mit dem wir naiv gerechnet haben, ohne seine Folgelasten einzurechnen.

Dies also sind die Bestände. Das ist das Inventar, von dem wir auszugehen haben. Sehr viel Hoffnung bietet es nicht an. Aber wer stellt sich überhaupt der Herausforderung? Wer nimmt es auf sich, die ökologischen Faktoren Raum, Zahl und Zeit in einen Vorschlag für die unmittelbare und die weitere Zukunft einzubeziehen?

Sehen wir uns etwas um. Versuchen wir festzustellen, welche Wege oder Auswege man uns anbietet. Beginnen wir dabei mit der politischen Gegenwart der Bundesrepublik Deutschland – nicht weil hier die Antworten so besonders überzeugend wären,

aber weil uns gerade das Zusammenstoßen der Problematik mit
dem äußersten Wohlstandsdenken an die radikalen Notwendigkeiten heranführt.

Die reformistische Perspektive – das Elend
der Lebensqualität

Die politische Perspektive, unter der uns, den Bürgern der
Bundesrepublik, das Problem der Ökologie nahegebracht werden sollte, war die Perspektive der Lebensqualität. Viel Schlim-
meres konnte dem ökologischen Problem kaum zustoßen.

Das Wort Lebensqualität ist an sich nicht besonders neu. Der
Systemanalytiker Forrester benützte es, um einen Gegenbegriff
zum »Bruttosozialprodukt« in die Hand zu bekommen. Für uns
ist wichtig, daß das Wort bereits einige Jahre vor der eigentlichen
Ökologiedebatte feste Konturen angenommen hatte. Das Verdienst daran trägt vor allem John Kenneth Galbraith. In seinem
Buch *Die moderne Industriegesellschaft*, das 1967 erschien,
arbeitete er sich auf dem Umweg über Wirtschafts- und
Sozialkritik an die Bestandteile des Lebensqualitätsyndroms
heran. Wir dürfen hier zitieren, weil uns Galbraiths Argumente
geradewegs ins Problem hineinführen:

»Mit steigendem Einkommen tauchen Probleme auf, die
außerhalb des rein wirtschaftlichen Bereichs liegen. Nun muß
man darüber nachdenken, wieviel an Schönheit man einer Produktionssteigerung zu opfern bereit ist, oder welche kulturellen
Werte man für einen effektiveren Güterabsatz hingeben will . . .
Wie weit will man das Bildungswesen den Bedürfnissen der
Produktion und den Erfordernissen humanistischer Aufklärung
anpassen? Welchen Teil an Disziplin darf man den Menschen
zur Sicherstellung eines höheren Warenausstoßes zumuten?«

Noch eindeutiger wird Galbraiths Anliegen an anderer Stelle:
»Das ästhetische Erlebnis nahm einst einen weiten Bereich
unseres Lebens ein – nach der Wertung des Industriesystems
einen unvorstellbar weiten Bereich. Reisende aus den Vereinig-
ten Staaten und den Industriestädten Europas und Japans
besuchen jeden Sommer die Überreste der vorindustriellen

Kulturen; sie tun es, weil Athen, Florenz, Venedig, Sevilla, Agra, Kyoto und Samarkand zwar im Vergleich zum Standard des modernen Nagoya, Düsseldorf, Dagenham, Flint oder Magnitogorsk unendlich arm waren, aber einen viel größeren Bereich der Ästhetik zum täglichen Leben zählten . . . Mit dem Begriff Ästhetik meint man im Industriesystem eine Mißfallenskundgebung. Ästhetische Leistungen entziehen sich nämlich dem Zugriff des Industriesystems und liegen mit diesem in einem ständigen Konflikt . . .«

In seinem Buch kritisiert Galbraith keineswegs nur die »ästhetische Lücke« des Industriesystems. Er weist durchaus auf so entscheidende Faktoren wie die Verkümmerung des öffentlichen Verkehrssystems, der Urbanistik im allgemeinen, des Gesundheits- und Bildungswesens hin – lauter Dinge, die ins Paket der Lebensqualität eingegangen sind. Trotzdem ist es klar, daß Galbraiths zentrale Erschütterung eine ästhetische Erschütterung ist. Und in der Tat: Wer vermag ihm das nicht nachzufühlen? Wer vermag eigentlich noch im Zug durch eine Industrielandschaft zu fahren, ohne seine Nase in einem Buch zu vergraben? Die Landschaft selbst ist ja dazu angetan, jeden sensiblen Menschen vor Wut und Trauer verenden zu lassen. John K. Galbraith kämpft dagegen, er kämpft um jene Annehmlichkeiten einer »natürlichen«, das heißt ganz einfach vorindustriellen zivilisatorischen Existenz, die in wachsendem Maß unter den Stiefeln und Raupenketten des Systems verenden.

Für die Annehmlichkeiten gibt es im Englischen das hübsche Wort *amenities*. Die *amenities* umfassen nicht nur gute Sitte und Lebensart (gleichfalls Opfer des Systems . . .), sondern auch so konkrete Dinge wie Schulen, Krankenhäuser, öffentliche Büchereien, Parks und Theater. Das Wort leitet sich vom lateinischen *amoenus* ab – ein Adjektiv, das wir hauptsächlich mit dem berühmten literarischen Gemeinplatz des *locus amoenus* verbinden.

Der ›angenehme Platz‹ des antiken Dichters war genau das, was wir im Zusammenhang mit der romantischen Zivilisationskritik bereits erwähnt haben: erste Projektion eines ›einfachen Lebens‹, das dem Literaten Rückkehr in ein Goldenes Zeitalter wenn nicht verspricht, so doch wehmütig vorgaukelt. Ein

Steinbänkchen unterm Olivenbaum neben der geschwätzigen Quelle; Duft der wilden Blumen und Würzkräuter; die Statue einer kleinen Nymphe oder eines flötenblasenden Fauns; der tönerne Weinkrug unter dem Sitz im Schatten – dieser Gemeinplatz unzähliger bukolischer Gesänge kam im Hellenismus richtig zum Blühen, in einer Zeit also, in der Machtkonzentrationen, Sklavenwirtschaft und die Fragwürdigkeit alles Politischen bereits die Szene beherrschten.

Nun, in einer Demokratie ist, auch mit diesem ästhetisch gefärbtem Anliegen, nichts politisch Anrüchiges angesprochen – im Gegenteil. Die Sorgen um die *amenities* in einer Welt der Häßlichkeit, des Lärms und der Vereinsamung soll und darf politisch wirksam werden und sollte sich ins Bewußtsein der Zeitgenossen drängen. (An diesem Anliegen hat übrigens die ganze konservative Kulturkritik jahrzehntelang ziemlich vergebens gearbeitet.)

Dennoch geriet der Begriff der Lebensqualität in der Bundesrepublik gerade zu dem Zeitpunkt in die allgemeine Diskussion, zu dem mit den gröbsten Mißverständnissen gerechnet werden mußte.

In der Bundesrepublik Deutschland röhrte die Konjunktur. Sie brummte und röhrte so mächtig, daß selbst materiell Interessierte vor ihrer Überhitzung warnten. Der Wahlkampf 1972 stand ins Haus; und da in unserer Demoskopokratie Parolen und Stichworte jeweils nur für längstens vier Monate ausgegeben werden, lag es nahe – leider nur allzu nahe –, aus dem Lebensqualitätpaket so etwas wie ein Maßhalteprogramm zu machen. Die ästhetischen und sozialkritischen Gegenstände des Pakets standen dabei im Vordergrund; außerdem hütete man sich, die Sache allzu drastisch zu formulieren.

Als Beispiel dafür stehe der klassische Versuch Erhard Epplers, das Paket als Zentralthema deutscher Innenpolitik zu lancieren. Die hier wiedergegebenen Formulierungen stammen aus dem April 1972, von einer Arbeitstagung der IG Metall in Oberhausen.

Sie sagen tatsächlich fast alles – auch und gerade dadurch, was sie nicht sagen:

306

»Wir bezweifeln, ob dies gut für den Menschen sei:
- immer breitere Straßen für immer mehr Autos;
- immer größere Kraftwerke für immer mehr Energiekonsum;
- immer aufwendigere Verpackung für immer fragwürdigere Konsumgüter;
- immer größere Flughäfen für immer schnellere Flugzeuge;
- immer mehr Pestizide für immer reichere Ernten;
- und – nicht zu vergessen – immer mehr Menschen auf einem immer enger werdenden Globus ...«

Man formuliere das alles einmal positiv als handfeste und konkrete Forderungen: kleinere, stabilere Autos auf schmaleren Straßen; weniger Energieverbrauch; Qualitätsanhebung, dadurch Langlebigkeit der Konsumgüter; Drosselung des Flugverkehrs; Übergang zum organischen, arbeitsintensiven Landbau; Bevölkerungskontrolle in globalem Maßstab. Das wäre ein Jahrhundertprogramm gewesen. Aber selbst Erhard Eppler, allzeit bereit zum politischen Selbstmord, wagte das Paket nicht so, nicht so konkret zu verkaufen. Er verblieb im protestantischen Predigerton: Er bezweifelte lediglich mild, ob es denn gut sei ... (Vielleicht hätte er mehr gewagt, wenn er sein Schicksal vorausgeahnt hätte: zwei Jahre später als »Spinner« von den neuen »Machern« gestürzt zu werden.)

Nun war Eppler damals keineswegs der einzige, der die wirkliche oder vermeintliche Chance der Lebensqualität als Wahlkampfschlager zu erkennen glaubte. Hans-Jochen Vogel, keineswegs ohne eigene Macherbegabung, nagelte fast die gleiche Planke in seine bayrische Wahlplattform. (Der Vorgang verlief nicht ohne Beteiligung des Verfassers.) Man stand auf der Höhe des Wohlstands, man hatte was, also war man wer, und das Barometer stand ohnehin auf Reform. Hilfe für Alte und Kranke, schönere Städte, reinere Bäche, klarere Luft, bessere Verkehrssysteme, mehr Kompassion: all dies waren zusätzliche Belohnungen für die tapferen Streiter der Leistungsgesellschaft, die sich nun seit 1948 so viehisch abgemüht hatten – oder, wenn man es richtiger, das heißt zynischer ausdrücken will: es war höchste Zeit, den Konsumaffen mit der Lebensqualität-Banane, die er ruhig als zusätzliche Prämie verstehen sollte, aus dem Urwald der Überproduktion zu locken.

Aber trotz dieser sanften Verpackung, trotz des offensichtlichen Christkindlcharakters dieses Angebots witterten die »Konservativen« Unrat. Ein Sprecher der CDU erklärte das ganze Paket als eine Hintertür in den Sozialismus; Professor Steinbuch, nach flüchtigem Reformwillen durch den antiautoritären Eishauch auf den Hochschulen verbiestert, tat desgleichen, und F.-J. Strauß erklärte auf seinen Wahlreden 1972, die CDU/CSU-Regierungen hätten in zwanzig Segensjahren ohnehin einen bis dahin unerhörten Lebensstandard geschaffen – was wolle man eigentlich mit diesem neuen Modewort?

Ich halte F.-J. Strauß nicht für so gescheit, wie dies die meisten seiner Gegner tun; aber er ist als Taktiker sehr gut, und er mag eine taktisch völlig richtige Gelegenheit ergriffen haben. Indem er sich bewußt so stellte, als begriffe er nicht, worum es sich bei dem Wort ›Lebensqualität‹ eigentlich handle, bewies er, daß er die Schwäche, die mangelhafte Trennschärfe der neuen Kampagne sehr wohl begriff.

(Die Ereignisse ab 1973 haben ihm indirekt recht gegeben; wenn auch nur in diesem einen Punkt.)

F.-J. Straußens Lebensstandard, so verbrecherisch er auch unter der lebendigen und unbelebten Materie hausen mag, hat wenigstens einen Vorteil: Er ist leicht meßbar. Er ist meßbar nach Bankkonto, nach Länge und Breite des Schwimmbeckens, Kubikzentimeter des Hubraums und Preisklasse der Geliebten. Lebensqualität ist nicht so meßbar; und es wäre paradox, wenn es anders wäre. Qualität ist eben Qualität und nicht Quantität, Beschaffenheit ist nicht Zahl. Dennoch hat man auf dem Höhepunkt der Kampagne begonnen, sogenannte Indikatoren zu formulieren – etwa den Gesundheitszustand der Bevölkerung, statistisch erfaßbar; die Anzahl und Ausstattung der Krankenbetten pro zehn- oder hunderttausend Einwohner; die Quadratmeterzahl von Spielplätzen pro Kopf der kindlichen Einwohner; die Anzahl von Kindern pro Lehrperson in Schulen und Vorschulen; die Qualität bzw. Humanität des Arbeitsplatzes, gemessen oder meßbar im reziproken Verhältnis zum Prozentsatz der Krankfeierer.

Aber all das will sich letzten Endes den Rechenschiebern der

Betriebswirte nicht so recht fügen. Denn es läßt sich immer wieder etwas gegeneinander ausspielen.

Ist, zum Beispiel, die lautlose, weiße, keimfreie, teure und unendlich deprimierende Welt des perfekten deutschen Krankenhauspalastes qualitätvoller als die Allgemeine Station eines mittelmeerischen Hospitals, in dem die Verwandten bis Mitternacht rauchend, schwatzend, trinkend an den Betten sitzen? (Kürzel: *Hygiene, Effizienz gegen unbeschädigte Kommunikation ...*)

Wiegt das weiß- und buntgetönte, gutausgestattete Altersheim in reizvoller Landschaft so viel wie die geweißelte Hütte, in der drangvoll die Großfamilie haust? (Kürzel: *perfektionierte, isolierende Fürsorge gegen lebendige Funktion des alternden Menschen ...*)

Ist der teure ›Abenteuerkinderspielplatz‹ in der Satellitenstadt ein Fortschritt gegenüber der Kleinstadt von 1900, in der es überhaupt keine Kinderspielplätze gab, weil die ganze Freizeit ein Abenteuer, die ganze Stadt ihr Schauplatz war?

Ist der Nationalpark, teures Hobby einer hochindustrialisierten Gesellschaft, aufrechenbar gegen eine lebendige vorindustrielle Wald- und Agrarlandschaft?

Damit sind wir am Kern der Frage. Es ist die Frage nach der Rolle, die ein reformistisches Lebensqualitätspaket in unserer Gesellschaft spielt, zwangsläufig spielen muß. Lebensqualität ist eine Form des *recycling*.

Recycling ist die möglichst rentable Wiederverwendung bereits einmal veredelter Rohstoffe im Produktionsprozeß. In den USA ist das bereits eine sehr beachtliche Industrie geworden. Die wieder oder anderweitig verwendbare Natur, der nützlich verwendete Abschaum, der noch nicht überflüssige Opa: Trotz aller idealistischen und ästhetischen Ansätze läuft das auf eine reformistische Senkung der Folgelasten hinaus. Solange das Rentabilitätsprinzip überhaupt noch eine Rolle spielt – und das tut es offensichtlich –, ist Lebensqualität ein technologischer Fix, ein Rezeptbündel zur Linderung augenblicklicher Schwierigkeiten.

Eppler und die anderen Reformer, die seinerzeit das Paket angeboten haben, dürften sich darüber nicht im klaren gewesen sein. Sahen sie weiter (und die Diskussion innerhalb der reformistischen Linken deutet an, daß man allmählich anfängt, weiter zu sehen), ist es politisch nicht durchsetzbar, wie man so schön sagt.

Es war deshalb leider völlig logisch, daß die ganze Lebensqualitätformel platzte, als es wieder um Arbeitsplätze, um Steuern, um Bruttosozialprodukt und Exportquoten ging. Die Macher hatten und haben das Wort, und mit ihnen die Advokaten des garantierten ökologischen Selbstmordes. Das Szenario als Ganzes, die reformistische Perspektive, ist vorläufig nicht mehr opportun.

Darin liegt eine fürchterliche Ironie. Die Rezession war jedenfalls in ökologischer Sicht – eine Chance; eine Chance nämlich, die höchst konkreten, meßbaren, zukunftsrelevanten Seiten des Problems wahrzunehmen. Offizielle Blindheit ist dazu nicht imstande.

Ist damit, mit dem Slogan von der Lebensqualität, auch die Sache des ökologischen Materialismus am Ende? Es gibt Symptome dafür – höchst interessante Symptome –, daß dem nicht so ist. Aber darüber werden wir später zu handeln haben.

Marxistische Perspektiven: die Vertagung der Freiheit

Nichts zeigt klarer den Wendecharakter, und zwar den Jahrtausendwendecharakter unseres Weltmoments an als die Verwirrung des Marxismus durch die ökologische Krise.

In der Tat gibt es überhaupt keine ›marxistische‹ Reaktion auf die Krise, sondern nur die Äußerungen verschiedener Marxisten, Parteinahmen, die genauso kunterbunt durcheinandergehen wie die im sogenannten kapitalistischen oder reformistischen Lager.

Nur der Übersicht halber, ohne Anspruch auf exakte Grenzziehungen (die ohnehin nicht möglich sind), seien hier drei Reaktionsarten unterschieden, die am besten am Beispiel der Stellungnahmen zum MIT-Bericht und zum *Club of Rome* illustriert werden können:

FRAKTION EINS: die marxistischen Wachstumsfetischisten, in

der Theorie überproportional vertreten durch die DDR, aber in der Praxis die dominierende Gruppe. Ihre Bejahung des Industriesystems ist im Grunde kritikloser als die der Kapitalisten. Folgerichtig »entlarvt« diese Gruppe, soweit sie theoretisiert, den *Club of Rome* als einen besonders gefährlichen Haufen: Handlanger einer faschistischen bzw. faschistoiden Unterdrückungsideologie, die verzweifelt versucht, die immanenten Widersprüche des Kapitalismus durch ein Austerityprogramm zu verschleiern.

FRAKTION ZWEI: Eine Zwischengruppe, welche das ökologische Problem in seiner vollen Größe anerkennt, aber es ausschließlich als Folge kapitalistischen Wirtschaftens betrachtet. Für diese Fraktion ist der *Club of Rome* kein Buhmann, sondern sozusagen der Offenbarungseid des Systems, das nun schleunigst durch den Sozialismus abgelöst werden müsse.

Diese Fraktion geht sehr oft ohne erkennbare Grenze in die dritte über – in die FRAKTION DREI, welche die Genese der Krise ebenfalls dem Kapitalismus anlastet, aber bereit ist, zuzugeben, daß im marxistischen Dogmenbestand ebenfalls revisionsbedürftige Widersprüche stecken, welche von der Krise illustriert bzw. aufgedeckt worden sind. Nur aus dieser Fraktion geht etwas wie ein eigenes, in sich stimmiges Konzept für eine ökostabile Zukunft hervor.

Die Fraktion Eins können wir verhältnismäßig leicht beschreiben: Es gibt nicht viel, was sie, aus der Sicht des ökologischen Materialismus, von ihren kapitalistischen Wachstumsvettern unterscheidet. Ihr Programm sind die Sätze, die im Lehrbuch der Politischen Ökonomie der DDR aus dem Jahre 1965 stehen:

»Im Sozialismus ist die ununterbrochene Erweiterung der Produktion eine objektive Notwendigkeit, da es unmöglich ist, ohne sie das stetige Anwachsen der Konsumtion des Volkes zu gewährleisten ... Die bewußte Ausnutzung der ökonomischen Gesetze im ökonomischen System des Sozialismus hat zum Ziel, kontinuierlich eine hohe Steigerung der Arbeitsproduktivität zu sichern. Das ist der Dreh- und Angelpunkt für die ökonomische und damit für die politische Stärkung des Sozialismus. Von der Steigerung der Arbeitsproduktivität hängen ab das

Wachstum der Produktion und des Nationaleinkommens, das selbst wiederum Grundlage der erweiterten Reproduktion und der zunehmenden Möglichkeiten der Befriedigung der gesellschaftlichen und individuellen Konsumtionsbedürfnisse darstellt.«

Dazu ist wenig zu sagen; hier wird mit der erfreulichen Offenheit etwa des Deutschen Industrie- und Handelstages der Bundesrepublik Deutschland die Fortsetzung des planetarischen Plünderungs- und Selbstmordkurses als zentrale Forderung des sozialistischen Wirtschaftens proklamiert.

Lassen wir die munteren Toten der Fraktion Eins ihre Toten begraben und wenden wir uns der Fraktion zwei zu. Die ist im Westen, wo die »Springquellen des Reichtums« fließen, stärker und einflußreicher als im sozialistischen Herrschaftsbereich. Diese Fraktion hat die Dimensionen des Problems und die Kernfragen der Wachstumsdebatte fast voll begriffen. Sie ist infolgedessen äußerst unzufrieden mit der Reaktion der Fraktion Eins auf den MIT-Bericht, den sie grundsätzlich anders beurteilt. Lassen wir einen Sprecher der Fraktion selbst zu Wort kommen, Henrich v. Nussbaum, den Herausgeber des Sammelbandes *Die Zukunft des Wachstums – kritische Antworten zum Bericht des Club of Rome.* (Der Band erschien 1973.) H. v. Nussbaum schreibt in seinem grundsätzlichen Nachwort:

»Das Gefecht, das die alte und neue Linke den Grenzhütern von MIT und *Club of Rome* geliefert hat, erinnert vertrackt an die Schmähreden eines Jünglings, der erfährt, daß die von ihm in keuscher Manier Angeschmachtete nach Jahren vergeblicher Erwartung einem anderen sich hingab. Statt die Kehrtwendung der Marktwirtschaftler – und sei sie noch so scheinheilig – für die eigene Strategie auszuschlachten, verhöhnt man ihre Brüche und Unvollständigkeiten und verliert wiederum das Gehör der jetzt erstmalig aufgeschreckten Massen. Bewußtseinsveränderung . . . in eine verkarstete Gesellschaft zu bringen, war das Ziel, an dem man sich jahrelang einen Bruch hob. Nun, da sie von der falschen Seite kommt, verschmäht man diese Bewegung in koketter Prüderie . . .«

Die Position ist klar, die Fraktion Zwei sieht gerade das, was

Fraktion Eins nur zu liebend gern aus dem Kapitalismus übernehmen möchte, nämlich seine »Entfaltung der Produktivkräfte«, als die zentrale Schurkerei eben dieses Kapitalismus. Sie ist unbefangen genug zuzugeben, daß »bürgerliche« Theoretiker einen entscheidenden Schritt in der Analyse des kapitalistischen Verbrechens weitergekommen sind, und sie ist auch bereit, das Thema zu übernehmen und – v. Nussbaum schreibt es wörtlich – auszuschlachten. Die nötigen Klassikerzitate hierzu liegen immer parat. Nur der Marxismus wird imstande sein, der Analyse den wahren Begriff zu geben und damit einer politisch-revolutionären Lösung näher zu kommen.

Doch welcher Lösung? Wie wird eine Produktion aussehen, die die selbstmörderischen Fehler des alten, inkonsequenten Materialismus vermeidet und nichtsdestoweniger auf »Entfaltung«, auf »Erweiterung« gestellt bleiben muß? Dies bleibt vorläufig im Nebel marxistischer Fundamentaltheologie. Sie produziert dann Sätze wie die folgenden:

»Sobald die Produktivkräfte nicht mehr von kapitalistischen Produktionsverhältnissen einerseits gefesselt, andererseits als Destruktivkräfte entfesselt werden, können sie eine völlig andere Richtung einschlagen ... Wenn der politische Kampf um die Aufhebung der Warenproduktion gewonnen ist und die Produktivkräfte im Sinn einer gesamtgesellschaftlichen Vernunft gelenkt und entwickelt werden, wird sich auch das Verhältnis des Menschen zur Natur qualitativ ändern ...«

Diese Sätze stammen aus dem Beitrag *Marx und die Ökologie* von Elisabet und Tor Inge Romoren im *Kursbuch 33*; einem Beitrag, der keineswegs geistlos ist. Gerade deshalb aber tritt hier der marxistische Utopismus in seiner ganzen verzweifelten Abstraktion hervor – einer Abstraktion, die nicht zuletzt durch den gescheiten Verzicht auf konkretisierte Hoffnungen entsteht. In dieser Abstraktion bleiben sämtliche Subjekte künftigen Handelns verschleiert, nebulos: Wer gewinnt den Kampf gegen die Warenproduktion? Etwa die Arbeiterklasse, die davon lebt? Wer dolmetscht den »Sinn einer gesamtgesellschaftlichen Vernunft«, die ja wohl uninteressiert, ja gegen vitale Interessen der lebenden Generation gerichtet sein müßte? Und wer wird dann im Sinne dieser Vernunft lenken und entwickeln?

Zudem ist, so wie die Dinge liegen, das Kernstück der Utopie selbst in Frage gestellt, nämlich das Ende der Not. Von ihr kann vorläufig auch in einer sozialistischen oder kommunistischen Welt keine Rede sein. Die große Erfüllung, das Jüngste Gericht des Marxismus rückt damit zunächst in unerreichbare Ferne. So formuliert es denn auch H. M. Enzensberger mit dem letzten Satz seines eigenen Beitrags im genannten Kursbuch:

»Was einst Befreiung versprach, der Sozialismus, ist zu einer Frage des Überlebens geworden. Das Reich der Freiheit aber ist, wenn die Gleichungen der Ökologie aufgehen, ferner gerückt denn je.«

Damit sind wir bereits bei der Problematik angelangt, welche die Fraktion Drei hervorgebracht hat (H. M. Enzensberger gehört ihr, so möchte ich meinen, wenigstens untergründig an).

Diese Fraktion mag sehr, sehr klein sein – aber sie hat einen bedeutenden Chefideologen. Und damit kommen wir zu der interessantesten marxistischen Theorie, welche die ökologische Krise bislang hervorgetrieben hat.

Wolfgang Harich ist 1975 mit einem Buch vor die westdeutsche Öffentlichkeit getreten: *Kommunismus ohne Wachstum? – Babeuf und der Club of Rome*. Einige Monate früher hatte er ein Interview für das rororo-Magazin *Technologie und Politik* gegeben, das die wesentlichen Gedanken des Buches vorwegnahm und zusammenfaßte.

Harich ist ein sehr gewandter und konsequenter politischer Operateur. Ohne Federlesens bekennt er sich zu den Warnungen des *Club of Rome* – ja, er hält diese Problematik für das Zentralthema künftiger Politik überhaupt. Ohne Federlesens macht er Front gegen die SED-Anschwärzer des MIT-Berichts; er stellt ihre tiefe innere Verwandtschaft mit den kapitalistischen Wachstumsfetischisten fest, die bis in die verbale Übereinstimmung geht: »Man stelle sich vor: Gefahren, die nach dem ebenso einhelligen wie kompetenten Urteil bedeutender Gelehrter, auch aus der Sowjetunion, die Menschheit in naher Zukunft mit Vernichtung bedrohen, werden in der westdeutschen reaktionären Unternehmerpresse aus Sorge um den Profit als Hirngespinste Lieschen Müllers bagatellisiert ... und SED-Genossen schämen sich nicht, aus dieser Gosse Munition für die Dreck-schleudern zusammenzuklauben, die sie gegen jene Gelehrten [die Systemanalytiker des MIT; C. A.] richten zu müssen glauben.«

Unbewußte – oder bewußte – Kollision mit dem Klassen-feind: Der neue Schachzug ist ausgezeichnet. Aber Harich, ein gewiegter Spieler, hätte ihn nie gewagt, wenn es die erwähnten sowjetrussischen Gelehrten nicht gäbe. 1972 fand ein Sympo-sium in Moskau statt, das den harmlosen Titel *Der Mensch und seine Umwelt* trug; an ihm nahmen Wissenschaftler, vor allem Naturwissenschaftler, und Ideologen teil. Das lange Protokoll, das in der veranstaltenden Zeitschrift *Woprossy Filosofii* erschien, zeichnet sich durch eine meisterhafte Taktik der Verwischung und Harmonisierung gegensätzlicher Standpunk-te aus. Dennoch lassen sich die Ansichten der Teilnehmer aus dem Text ohne größere Mühe extrapolieren. Sie waren nicht einheitlich; vor allem waren ausgesprochene Wachstumsfeti-schisten nur schwach vertreten. Dennoch wird klar, daß die Mehrheit der Naturwissenschaftler die Schlüsse des MIT-Berichts verteidigte, wenigstens im Grundsätzlichen – und zwar wärmer und entschiedener, als dies im Westen der Fall war und ist. Die Partei der Wachstumsbefürworter scheint dagegen mehr Anhänger unter den Ideologen bzw. den Gesellschaftswissen-schaftlern und -theoretikern zu haben.

Damit weiß Harich einen mächtigen Bundesgenossen hinter sich: NAUKA, die allseits und fast religiös verehrte Naturwis-senschaft. Er hält seine Argumente meist auf dem rein theoreti-schen Feld, aber er gibt damit wenigstens implizit zu, daß sich die Produktionspraxis in den sozialistischen Ländern vorläufig nicht von der im kapitalistischen Westen unterscheidet. Sein Rezept ist denn auch sehr radikal: sofortiger Übergang zum Kommunismus.

»Es ist notwendig, das Wachstum anzuhalten, weil andern-falls die Biosphäre zerstört wird. Und es ist notwendig, das, was schon gewachsen ist und was, auch nach Meadows' Urteil, in den Grenzen einfacher Reproduktion weiterhin nachwachsen soll, von nun an gleichmäßig zu verteilen – gleichmäßig, zwischen armen und reichen Ländern, gleichmäßig innerhalb jedes einzelnen Landes. Mit einem Wort: Wir müssen auf der ganzen Welt zum Kommunismus übergehen. Das sagen Meadows' Empfehlungen nicht ... aber die Konsequenz gerechter Verteilung hat aus ihnen der Sozialdemokrat Mansholt gezogen. Und Kommunisten ... müßten sie, sollte man meinen, erst recht und noch radikaler ziehen. Warum nennen sie sich denn Kommunisten, wenn ihnen diese Lösung nicht als erstes einfällt?«

Ein asketischer Verteilungskommunismus wird also proklamiert: gerechte Verteilung des Mangels. Und Harich hat für dieses Programm auch den historischen Ahnherrn zur Hand: »Kommunismus heißt: Gerechte Verteilung, konsequent, radikal durchgeführt. Darüber war sich schon zur Zeit der Französischen Revolution einer der ruhmwürdigsten Vorläufer von Marx und Engels, der Revolutionär Gracchus Babeuf, Führer der ›Verschwörung der Gleichen‹, im klaren ... «

Babeuf war ein finsterer Puritaner. Daß er angesichts des furchtbaren Elends der unteren Klassen in Frankreich auf einen solchen radikalen Verteilungsplan verfiel, ist nicht verwunderlich. Aber man sollte doch glauben, daß die philosophische und politische Arbeit des Marxismus, die ja wesentlich später einsetzte, über die Prämissen des ruhmwürdigen Vorläufers weit hinausgegangen ist.

Harich schiebt mit einer Handbewegung ganz wesentliche Fragen der marxistischen Theorie beiseite. Sein Verteilungskommunismus, der in der Praxis auf eine globale Zwangswirtschaft nach dem Muster totaler Kriegswirtschaften hinausliefe (einschließlich der Dislozierung ungeheurer Menschenmassen, das erwähnt er ausdrücklich, wenn auch beiläufig), erfordert Behörden, zentralistische Behörden mit ungeheuren Vollmachten. Er erfordert den ewigen Polizisten an der ewigen globalen Brotschlange. Und vor allem fordert er Verzicht, totalen, sofortigen Verzicht auf das vornehmste Herzstück der marxistischen Ethik: auf seine eschatologische Hoffnung, das Ende der Entfremdung. Das stalinistische System, mit dem nachträglichen Lorbeer heroischer Gerechtigkeit gekrönt, wird zum Dauerschicksal der Menschheit.

Es wäre sonderbar, wenn dieser gescheite Mann das selbst

nicht begriffen hätte. Zwar spart er alle Fragen der Staatlichkeit, der politischen Realisierung aus seinem Programm aus und redet nur sehr verwaschen von künftiger »Brüderlichkeit«, aber in seinem eigenen Denkhaushalt wird er sich schon entsprechende Vorstellungen gebildet haben. Harich ist, wie wir wissen, ein Freund stählerner Institutionen; nicht umsonst hat er seine tiefe Verbundenheit mit Arnold Gehlen hervorgehoben und Schriftsteller in der DDR, die »avantgardistische« Ansätze versuchen, verspottet und denunziert. Wolfgang Harich ist, um es vorsichtig auszudrücken, nicht eben ein Menschenfreund, sondern eher ein Freund der Ordnung – einer Ordnung, die ohne weiteres mit der Formel *law and order* umschrieben werden kann. Hier liegt die eigentliche Gefährlichkeit seiner Theorie.

Selbst ein Mann, der existentiell so wenig von Mitmenschen versteht wie er, muß sich darüber im klaren sein, daß eine Menschheit, die aller Hoffnung auf Fülle und Freiheit beraubt und an die extremsten modernen Produktionsweisen, das heißt aber an ihre extremste Entfremdung gekettet bleibt, durch eine massive Produktionsverweigerung Rache nehmen wird. Diese Rache – oder dieser Versuch der Rache – wird wiederum extremste Formen der Unterdrückung erzwingen. Es ist natürlich völlig weltfremd von Harich, zu erwarten, daß der Westen sozusagen plebiszitär zu einer solchen Wirtschaft übergehen wird – das Zitieren von gelegentlichen Jungarbeiterstimmen ist kaum mehr als ein winziges Feigenblatt. Die Forderung nach babouvistischer Verteilungsgerechtigkeit könnte vielmehr eines Tages – zum Beispiel nach einem ökonomisch-ökologischen Zusammenbruch des Industriesystems – die zentrale Rechtfertigungsideologie für die letzte, die globale Zentralmacht darstellen. Die einzige Schwerindustrie, die dann noch nötig wäre – nämlich die Rüstungsproduktion von Panzern, Hubschraubern und Flammenwerfern für den permanenten Weltbürgerkrieg – ließe sich auf dieser Basis auch rechtfertigen, und das ewige Überleben des letzten, des globalen Parasiten wäre auch theoretisch gesichert.
Denn auf permanenten Weltbürgerkrieg liefe das hinaus oder zumindest auf permanenten Betrug, permanente Schiebung,

permanente Begünstigung derer, die gleicher sind als die babouvistischen Gleichen.

Damit ist dieses Modell der Fraktion Drei – wenn wir es einmal so nennen wollen – nicht nur moralisch, sondern auch anthropologisch gerichtet. Während es einen ökologischen Vorwand benützt, um eine unbegrenzte Zentralmacht zu fordern, läßt es die entscheidenden anthropologischen und ökologischen Einwände gegen die Produktions- und Organisationsformen der Zentralmächte einfach beiseite. Hier wird, in einem Scheinexorzismus, wirklich ein Dämon vertrieben, der garantiert mit einem Dutzend seinesgleichen zurückkehren und schlimmer hausen wird als vorher.

Aber abgesehen davon ist es auch höchst unwahrscheinlich, daß sich dieses Modell realisieren läßt. Während es – im Endresultat – ungeheuer unmoralisch ist, verlangt es zu seiner Herbeiführung eine heroische, letzten Endes übermenschliche Moral. Die Milliarden der Erde sollen sich überzeugen lassen, daß die planetarische Verteilungsgerechtigkeit, das geduldige Anstehen um die Brot- oder die Reisration, in würdiger und »niveauvoller« Armut (Harich gebraucht tatsächlich dieses scheußliche Wort) auf ewig – daß dieses Szenario der guten alten Beutemacherei, der barbarischen Landnahme, dem imperialistischen Raubzug auf Kosten anderer vorzuziehen sei. Theoretisch, auf den ewigen Tafeln eines marxistischen Sinai, mag das sogar stimmen. Aber wie die Geschichte beweist (und was schon damals, im Kampf gegen den Faschismus, die Marxisten nicht begriffen haben), ist in extremen Lagen die Barbarei nach wie vor attraktiv. Ihre modernste Form, und gleichzeitig ihre konsequenteste, verwirklichte Adolf Hitler. Es ist deshalb notwendig, die Hitler-Perspektive im Licht der ökologischen Erkenntnis zu betrachten: Leider ist es sehr wahrscheinlich, daß der Mann ein Vorläufer war.

Die Perspektive Hitlers: Geschichte als Naturgeschichte

Es ehrt Karl Marx, daß ihm, einem deutschen Bildungsbürger des 19. Jahrhunderts, die Option für die Barbarei in Gegenwart und Zukunft unvorstellbar blieb – auch wenn er sie theoretisch zuließ. Seine Jünger, die ihn zusätzlich noch als Deterministen des Fortschritts mißverstanden, hätten im Deutschland der Weimarer Republik diese Möglichkeit zumindest in Betracht ziehen sollen. Sie taten es nicht – oder doch nicht in genügender Weise. Kein Marxismus der Welt war damals so aufgeräumt, so ordentlich, so gebildet wie der deutsche – und die Folgen sind bekannt.

Den Kern der Hitler-Botschaft hat der Marxismus damals nicht verstanden – und er versteht ihn heute noch nicht, wie die einschlägigen marxistischen Publikationen beweisen. Indem man – mit mehr oder weniger gescheiten Differenzierungen – den Faschismus einfach als eine Spezialform der Kapitalistenherrschaft und die Diktatoren als ihre Lakaien hinstellt, verfehlt man nicht nur seine damalige Attraktivität, sondern gibt auch jede Möglichkeit auf, die äußerst wichtigen Unterschiede zwischen den einzelnen Faschismen zu analysieren.

Reinhard Kühnl, Herausgeber eines solchen typisch linken Bändchens bei rororo aktuell mit dem Buchtitel *Formen bürgerlicher Herrschaft / Liberalismus – Faschismus* (schon der Titel ist bezeichnend für einen Haufen von Mißverständnissen) wagt sich zwar an dieses Ärgernis heran und versucht es richtig zu definieren:

»Daß die Massen einer solchen Ideologie folgten, die offensichtlich ihren elementarsten Interessen widersprach, mag auf den ersten Blick verwunderlich erscheinen ...«
Aber er fährt dann treuherzig fort:

»Es ist aber zu bedenken, daß die Herrschenden über wirksame politische und geistige Machtmittel verfügen, um das Volk an der Einsicht in seine eigenen Interessen zu hindern.«

Das kann man Kühnl und den Marxismus allgemein nur fragen, warum nach anderthalb Jahrhunderten sozialistischer Bewegung die Massen immer noch so dumm sein können oder, anders herum, warum der Marxismus in anderthalb Jahrhunderten nicht die entscheidenden Gegengifte entdecken konnte. Könnte es nicht so sein, daß sich die Interessen der Massen unter bestimmten Voraussetzungen ganz anders definieren lassen, als dies damals in der Weimarer Republik geschah – und wie es durch die Linke auch heute noch geschieht?

Gehen wir anders, etwas empirischer vor und fragen wir: welche Botschaft hat Adolf Hitler eigentlich verkündet? In der Tagespolitik war er ein Chamäleon, er versprach fast jedem, was er hören wollte, er schmeichelte der Industrie und schmeichelte den Bauern, nannte seine Partei eine Arbeiterpartei und verfolgte die organisierten Arbeiter, nannte sich einen positiven Christen und verfolgte die Kirchen, integrierte den wirren kleinen National-bolschewisten Goebbels und die Herren Wirtschaftsführer. Aber in einem blieb er sich selber treu; blieb sich treu von den Tagen seiner ersten öffentlichen Äußerungen bis zum Testament im Bunker. Hitler war und blieb Vulgär-Darwinist.

Seine Verachtung für das Recht und seine Ablehnung demokratischer Gleichheit, die teilte er durchaus mit allen anderen Faschismen, vor allem denen der Romania. Aber die westlichen Faschismen, auch der nie zur Macht gelangende französische, waren im wesentlichen etatistisch. Sie waren, bis zu einem gewissen Grade, Rechtshegelianer, der Staat, das Imperium als Verkörperung des Weltgeistes war, wenn sie überhaupt eine Zentralvorstellung hatten, ihr politisches Ideal.

Hitlers Schlüsselbegriff war nicht der STAAT und war nicht die NATION, sondern das VOLK, noch genauer: die RASSE. Nicht der Staat ist die Verkörperung des Weltgeistes, sondern dieser hat sich ein für allemal biologisch auf die Rasse festgelegt. Ja, es gibt diesen Weltgeist als solchen gar nicht – Herrin ist vielmehr die Natur.

Er nennt sie in *Mein Kampf* die »grausame Königin aller Weisheit«. Sie herrscht in einer Welt des Fressens und des Gefressenwerdens. Jede Art von Humanismus, ganz gleich ob jüdischer, christlicher oder liberaler Herkunft, ist Hitler deshalb von vornherein verdächtig. Humanismus ist für ihn die »krankhafte Vorstellung feiger Besserwisser und Kritiker der Natur«. Die gesamte jüdisch-christliche Tradition einschließlich des Marxismus ist deshalb als Widernatur zu verwerfen und bis aufs Blut zu bekämpfen – nicht zuletzt deshalb, weil sie eine ›gefährliche‹ Seite des Menschen selbst anspricht:

»Der Mensch allein, unter den lebenden Wesen, versucht, den Gesetzen der Natur zuwiderzuhandeln« (Mein Kampf).

Das Hitlersystem, die Hitler-Botschaft ist also nichts anderes als die Verweigerung jeder Sorte von Transzendenz, auch der weltimmanenten des Humanismus. Geschichte ist Naturgeschichte: das überorganische Potential des Menschen ist genauso Biologie wie der Reißzahn oder der zersetzende Virus. Wer auf Zivilisation angewiesen ist – so zum Beispiel die heimatlose Gruppe der Juden –, ist damit von vornherein verdächtig, ja notwendig krank und krankmachend. Die jüdisch-christlich-plutokratisch-bolschewistische Weltverschwörung: Das war nichts anderes als das Konglomerat derer, die mit unlauteren Mitteln versuchten, der grausamen Königin, der Natur, die als Insektengöttin zwischen kalten Sternen thront, zu entrinnen oder ihr ein Schnippchen zu schlagen.

Mit solcher Botschaft hebt sich Hitler eindeutig von seinen faschistischen Zeitgenossen ab – und dem entspricht, daß er Christen und Juden verfolgte, was weder Mussolini noch Franco taten. Am ehesten entsprachen der Hitler-Botschaft noch die kurzlebigen Tyranneien des europäischen Ostens, etwa die des Ante Pavelič – bei ihnen war die Erinnerung an alte Stammesbarbarei noch lebendig genug, um zielstrebig an die neue Barbarei des Adolf Hitler anknüpfen zu können.

Denn Barbarei war natürlich die politische Konkretisierung dieses Programms. In einer Dekade tiefer Verzweiflung, unfähig, den langen internationalen Marsch auf sich zu nehmen, den der Marxismus von ihnen verlangte, entschieden sich die Massen in Deutschland zu einer viel älteren, viel attraktiveren Form der Abhilfe. Zentrales Zeichen der Barbarei ist die Begrenzung der Vokabel Mensch auf die eigene, die Wir-Gruppe: Es ist aus der Philologie bekannt, daß Namen wie Eskimo, Bantu, Cheyenne und so fort die Bezeichnung für *Mensch, Menschenwesen* waren und sind. Dies erklärt zwanglos den Snobismus, ja den Größenwahn, der für solche Völkerschaften charakteristisch ist: Mochte auch zwischen einzelnen Stammesangehörigen große Ungleichheit herrschen, im Vergleich zu den anderen, den Nichtmenschen war man eben Mensch, Mensch schlechthin.

Daher rührt die große, die unverminderte Attraktivität der Barbarei. Das Selbstbewußtsein der Wir-Gruppe löst auf seine, vielleicht nie mehr ganz erreichbare Weise das schmerzlichste

Dilemma des menschlichen Bewußtseins: Das Streben nach Freiheit und Gleichheit in einer Welt genetisch bedingter und intraspezifisch verstärkter Unfreiheit und Ungleichheit. Innerhalb barbarischer Gruppen herrscht egalitäres Verhalten und egalitäres Bewußtsein selbst dann vor, wenn (wie zum Beispiel in den schottischen Clans vor 1745) das Gefälle zwischen dem steinreichen Clanchef und dem bitterarmen Crofter nach unseren Begriffen längst unerträglich war. Noch immer aber sang der Barde – und war der Zustimmung der Seinen sicher:

Es gibt keine Kraft außerhalb des Clans MacDonalds,
Kein besseres Geschlecht gibt es auf Erden ...
Einen solchen Herrenvolk-Größenwahn glaubte nun Hitler in Deutschland erzeugen zu müssen. Die Tatsache, daß weder er noch die meisten seiner Paladine rassisch erfreuliche Typen waren, ist dabei belanglos: Es ging um das Prinzip, es ging um den Menschen als Objekt der Züchtung, um die biologisch mächtigere Maschinerie.

Denn – und ohne dieses letzte Kennzeichen wäre das Hitlersche Unternehmen nur halb so gräßlich gewesen, wie es tatsächlich war –: Es war natürlich eine maschinelle Barbarei, eine gebetsunfähige Barbarei, die hier entstand. Kein Jägervolk oder Nomadenclan wurde hier zur Eroberung hinausgeführt, sondern eine Nation von Facharbeitern, hochalphabetisiert, von Haeckel und anderen längst vulgär-aufgeklärt, längst in Stände zusammengepfercht, dem Numinosen einer wirklichen barbarischen Religiosität seit Generationen entrissen. Ihre Präzeptoren waren keine Schamanen oder Medizinmänner mehr, sondern Professoren und Schullehrer, die nicht einmal ein Feuer im Ofen anmachen oder einen Hasen ausweiden konnten, aber davon faselten (wie etwa Oswald Spengler), daß der Mensch ein Raubtier sei.

Was war die Intention, die hinter diesem barbarischen Raubzug stand? Wir kennen sie genau – es war der *Generalplan Ost*: Eine Steppe voll halbtierischer Sklaven, Handlanger für die Herrenmenschen, die auf Rittergütern und in befestigten Städten bis zum Ural wohnen sollten, durch Autobahnen miteinander verbunden, bewaffnet bis an die Zähne – und, vermutlich, mit genügend Staatsoperetten, um in Permanenz Hitlers Lieblingsstück, die *Lustige Witwe*, spielen zu können.

Mit anderen Worten: Die Intention war absolut parasitär. Hitlers Herrenvolk sollte genau das werden, was Hitler den Juden vorwarf: der Superparasit schlechthin, eine träge, menschenfressende Rasse von höheren Tieren, die in wenigen Generationen hilflos von ihren Ernährern abhängig werden mußten.

Im übrigen war Hitler konsequent genug zuzugeben, daß das deutsche Volk seiner nicht würdig – lies: für die ihm zugedachte Rolle ungeeignet war. Letzten Endes bejahten die wahren, die konsequenten Nazis den Sieg vor allem Rußlands: Es erwies sich vor dem Schiedsgericht der grausamen Königin eben als die stärkere Gattung, die stärkere biologische Macht.

Wesentlich für unsere Überlegungen ist, daß Hitler mit zwei Vokabeln der globalen Krise um eine Generation vorgriff: mit den Vokabeln *Lebensraum und Tausendjähriges Reich*. Die Lebensraumideologie stammte nicht von ihm selber, sondern war die Folge eines deutschen Zivilisationsschocks, den die forcierte Industrialisierung ausgelöst hatte. Letzten Endes war die Lebensraumformel Ausdruck für einen fundamentalen deutschen Zweifel: dem Zweifel an der Durchführbarkeit und Dauerhaftigkeit des Industriesystems.

Tausendjähriges Reich: Das war natürlich zunächst und zu allererst ein Machttraum – aber dieser Machttraum implizierte zumindest die biologische Stabilität. Und in der Tat wären Raum, Zahl und Zeit in einem Tausendjährigen, gegen jede Kreativität und jede Zivilisation gerichteten Imperium theoretisch beherrschbar. Periodische Dekrete konnten die Zahl der Sklaven und der Herren auf den Quadratkilometer festsetzen, konnten fruchtbare Landstriche in Regenerationsbrache oder Urwald verwandeln, konnten die totale Autarkie in einem riesigen Wirtschaftsgebiet verwirklichen.

Das Dritte Reich ist untergegangen, weil »das deutsche Volk Hitlers nicht würdig« war – genauer: weil die Machtbasis für Hitlers Plan zu klein war. Nach 1945 bemühten sich Legionen von Humanisten, die Hitler-Botschaft in ihrer ganzen Dämonie zu entlarven – einschließlich der Marxisten. Aber wer ehrlich ist, wird zugeben, daß die kollektive Reinigung der Deutschen durch ein ganz anderes Zaubermittel als den Humanismus gelang: durch das Wirtschaftswunder.

Ja, es war das Wirtschaftswunder, welches die Volk-ohne-Raum-Theorie widerlegte – und sonst nichts. Gab es je eine Zeit, in der unser Raum so entsetzlich übervölkert war wie heute? Und gab es je eine Zeit, wo das so beengte Volk ›besser‹ lebte? Ähnliches war vom anderen Ende der Welt, vom anderen Geschlagenen des Lebensraumkrieges zu hören: von Japan. Auch dort war einer unmäßigen Expansion eine unmäßige Kontraktion – und ein unmäßiger wirtschaftlicher Aufstieg gefolgt.

Damit schienen die alten geopolitischen Sorgen erledigt. Wenn man schon geopolitisch oder geophysisch argumentieren wollte, dann schien jetzt, ab 1955, eine neue Theorie angebracht – die Theorie nämlich, daß höchste Prosperität nur in Räumen von höchster Verdichtung angestrebt und erreicht werden kann. Die Geschichte Athens, Venedigs, des flandrisch-holländischen Raums im 16. und 17. Jahrhundert schien eine solche Theorie auch historisch zu untermauern. Noch einmal (wie schon einst im Barockzeitalter) triumphierten die Merkantilisten über die Physiokraten.

Aber nun, da durch die ökologische Krise die Grundlagen unseres Industriesystems erneut in Frage gestellt sind, taucht auch die Formel vom ›Lebensraum‹, wenn auch in gänzlich veränderten Zusammenhängen, wieder auf – und mit ihr die Frage nach der möglichen Dauer, der möglichen Stabilität unseres Systems.

Und an den verdüsterten Horizonten dieser Perspektive taucht sie wieder auf – Adolfs Göttin mit den Panzerzangen und den Facettenaugen.

Sicher wäre es töricht zu erwarten, daß der Faschismus, genauer der Hitlersche Biofaschismus, mit den gleichen Fahnen und Sprüchen, mit den gleichen kulturgeschichtlichen und sozialen Begleiterscheinungen auftreten wird wie anno 1923 und

1929. Die ängstliche Nazisuche, das argwöhnische Beobachten von möglichen Nachfolgeparteien und ›Organisationen‹ wie etwa der NPD verwirren da eher, als sie helfen. Es gibt interessantere – und gefährlichere Symptome.

Versuchen wir, ein paar dieser Symptome zu skizzieren. Sehen wir uns um, nicht nur bei uns in Mitteleuropa.

Ernster sind Hitlers Spuren in entfernteren Teilen der Welt zu nehmen. Ein großer Prozentsatz dieser entfernteren Welt lebt unter Militärdiktaturen, die sich in der Phase des Weißen Terrors befinden. Setzen wir einmal an, daß sich diese Diktaturen tatsächlich in einem objektiven Dilemma befinden: Einerseits wollen sie ›entwickeln‹, das heißt, sie sind auf die Liquidierung alter, feudaler oder halbfeudaler Klassenverhältnisse angewiesen, um moderne Industriesysteme aufbauen zu können; andererseits aber sind sie gerade für diese alten Klassen die Garanten von Ruhe und Ordnung, das heißt Unrecht und Ungleichheit. Setzen wir ferner an, daß die objektive Wachstumsgrenze unweigerlich näher rückt, daß zum Beispiel – die sogenannte Entwicklung des Amazonasbeckens zum Zweck der Unterbringung des Geburtenüberschusses und der bereits vorhandenen hungrigen Massen sich als das herausstellen wird, was sie tatsächlich ist: ein selbstmörderischer Angriff auf letzte intakte Bastionen des Weltklimas, sonst nichts; und daß die ›erschlossenen‹ Urwaldräume in kürzester Zeit unfruchtbarer roter Laterit sein werden.

Wird ein solches Brasilien – ein Brasilien beispielshalber, wohlgemerkt! – letzten Endes in den Marxismus oder in den Hitlerismus umschlagen? In ein humanitäres, revolutionäres System, das unendlich mühsam seine oberflächlich emanzipierten, weil willkürlich in die Industrieproduktion eingefügten Massen zur globalen Solidarität und zum zeitlich unbegrenzten Verzicht erzieht – oder wird eine Raumeroberungsdiktatur entstehen?

Aber ist der hochentwickelte Teil der freien Welt endgültig über die Hitlerei hinaus? Selbst das kann man bezweifeln.

Man erinnere sich nur, was geredet wurde, als die Ölkrise ausbrach: Allen Ernstes wurden imperialistische Expeditionen nach Libyen und an den Persischen Golf erwogen, um unser

›Recht auf Rohstoffe‹ zu sichern. Das Komplott erwies sich Gott sei Dank als völlig impraktikabel; aber daß es erwogen wurde, zeigt, daß man die kurzfristige Beutelösung immer noch der Humanität vorzieht.

Dazu kommt der rapide Verfall unserer inneren Verfassung. Ich behaupte, daß das Potential an kalter Grausamkeit und Gemeinheit, das heute einem Hitler zur Verfügung stehen würde, unendlich größer ist als es 1933 war. Die ›inneren Kontrollen‹, von einer progressiven Soziologie ohnehin nur abwertend erwähnt, sind bisher noch in jeder Gesellschaft die effektivsten gewesen. Stellen wir schlicht fest, daß sie bei uns in Europa seit der Emanzipierung von den Kirchen nicht mehr funktionieren; man mag dazu stehen, wie man will. In den Städten bedeutet ein zwölfstündiger Polizeistreik Raubmord, Brand, Schändung und Plünderung – entsprechende Beispiele sind bekannt. Auf dem Land, wo die kleineren Gemeinden bisher immer mehr oder weniger für ihre eigene soziale Polizei sorgten, reißen in dieser Hinsicht (und leider nur in dieser) durchaus städtische Verhältnisse ein.

Die Verwahrlosung der emotionalen Kultur, der tatsächliche Zusammenbruch der Erziehung (die zur reinen Wissensvermittlung degradiert wurde) und der wachsende, übrigens völlig zu Recht bestehende Eindruck der kleinen Leute, daß sie letzten Endes nur als Konsumtrottel für die Wirtschaft interessant sind: All dies gehört zu den Folgelasten, von denen wir bereits sprachen, und die sich in geometrischer Progression auftürmen.

Diese Verwahrlosung, diese Folgelasten allein richten bereits das Industriesystem. Selbst wenn der *Club of Rome* vollständig unrecht hätte; selbst wenn es einem künftigen Riesenkonzern oder einem globalen Zentralbüro gelingen sollte, die »Springquellen des Reichtums« für alle fließen zu lassen: Die entscheidende Frage der Verwüstung, der ökologischen wie der individuellen, würde dadurch nicht gelöst, sondern nur noch verschärft werden.

Hitler-Material, Bausteine für ein Hitler-Szenario umgeben uns also in finsterer Fülle. Wieder besteht die Gefahr, daß linke Systemkritik zwar durchaus richtig auf die lauernde Gefahr hinweist, aber infolge unzulänglicher Beurteilung menschlicher Motivationen den Sog in die Barbarei unterschätzt.

Trotz aller Ozeane von Blut und Tränen, die Hitler schuf und hinterließ; trotz der düsteren Regression seines Welt- und Menschenbildes ist seine brutale Botschaft von Bedeutung. In ihr wird zum ersten Mal ganz bewußt das Bündnis ausgedrückt und begrüßt, das die moderne Menschheit mit der Wüste geschlossen hat. Entgegen Hitlers eigener Meinung war er nämlich kein Verbündeter der Natur, sondern der konsequenteste Verfechter des inkonsequenten Materialismus. In einer seiner infantilen Phantasien, zu denen er öfter neigte, drückte er seine tiefsitzende Furcht vor den Juden so aus: Wenn der jüdische Generalplan gelinge, dann werde dieser Jude, dieser Parasit, alles Lebendige auf Erden verschlingen – um, nach den Gesetzen der Natur, dann selbst zu enden, zu verenden. Leer und kalt, wie vor Jahrmilliarden, werde sich dann die Erde wieder um eine gleichgültige Sonne drehen.

In Wahrheit aber war Hitler selbst ein solcher Parasit, und der Erfolg seines eigenen Planes wäre der Vernichtung des Lebens nahe gekommen. Zentralmacht, das war auch seine Kategorie und seine Alliierte; eine grausame Königin, die er nur mit dem verwechselte, was er seit Haeckel und Darwin für Natur hielt. Geschichte als reine Naturgeschichte – das wird zum Ende nicht nur der Geschichte, sondern auch der Natur.

Aber noch sitzt Caliban, die unversöhnte Barbarei, in ihrer Höhle, und wartet auf den nächsten Anruf. Er kann jederzeit erfolgen, solange wir mit der Erde nicht versöhnt sind.

Die Perspektive des konsequenten Materialismus

Versöhnung mit der Erde, das ist die Notwendigkeit, aus der konsequenter Materialismus erwächst und handelt. Nicht Ende der Entfremdung, nicht Fülle der Güter für den Menschen kann sein Ziel sein, sondern zunächst und vor allem eine Zukunftsordnung, die sich aus dem Respekt vor jeder Materie, auch nichtmenschlicher, ergibt. Gewiß, noch immer und stets gilt der Marxsche Satz, daß Natur dem Menschen durch Gesellschaft vermittelt wird und auch die Einwirkung des Menschen auf die Natur (der bekannte »Stoffwechsel«) gesellschaftlich erfolgt. Aber dies sagt noch nichts über die Aufgaben aus, die sich die Gesellschaft als Vermittlerin stellt.

Diese Aufgaben hat der inkonsequente Materialismus in der ständigen Ausweitung menschlichen Einflusses und menschlicher Herrschaft über die Natur, auf Kosten aller anderen lebenden und toten Formen der Materie gesehen. Wir haben, glaube ich, gezeigt, daß diese Rechnung nicht aufgehen kann: Das Bündnis mit der Wüste, das Aufhäufen von Schädelpyramiden bringt auch dem Armut und Tod, der sie als Eroberer praktiziert. Der Eroberer stirbt inmitten der Dünen, zwischen vergifteten Brunnen und totem Gestein.

Stellen wir demnach an den methodischen Anfang einer wahrhaft zukunftsbestimmten Perspektive eine schlichte Forderung: *Lassen wir dem Leben seine Chance.* Nicht dem menschlichen Leben, sondern dem Leben schlechthin.

In dem Augenblick aber, wo wir diese Forderung stellen, steht schon wieder die Produktion im Mittelpunkt der Überlegung. Nicht deshalb, weil sie für uns Menschen so zentral wäre (der ökologisch definierte Mensch ist gerade kein *Homo oeconomicus...*), sondern weil die zentrale Gefährdung dieser Chance aus der Produktionsweise stammt.

Nun gibt es keine menschliche Produktionsform, die völlig ökoneutral wäre oder gar positiv zur Optimierung der Entropie beitrüge. Die lebensfreundlichste Produktionsform wäre – keine Produktion; das heißt die durch keinen ›überorganischen Faktor‹ modifizierte Lebensweise eines Raubtiers dritter oder vierter Ordnung mit flexiblen Ernährungsmöglichkeiten auch durch Pflanzen.

Eine solche Lebensweise (vielleicht könnte man sie als Paradiesproduktionsform beschreiben) hätte innerhalb der Lebenskreisläufe die gleiche Funktion, die jedes Raubtier ausübt: die Funktion einer Gesundheits- und Selektionspolizei. Vorzeitliche Jäger und Sammler haben sie tatsächlich noch gehabt; so haben sich kürzlich zwei weiße Anthropologen dem Test unterworfen, drei Wochen auf der Savanne nur von dem zu leben, was sie mit steinzeitlichem Werkzeug (nicht Pfeil und Bogen) erlegen konnten. Es war, wie zu erwarten, ein hartes Leben, und ihre einzige substantielle Beute war – ein blindes Giraffenkind.

Schon die Sozialform der Jagdbeute wirft diese Beschränkung um – möglicherweise, wie wir sahen, mit ökologisch negativen Folgen. Dennoch bleibt als Grenzwertforderung bestehen: *Die ökologisch beste Produktionsform wäre – keine Produktion.*

Und tatsächlich waren die ersten Weisheiten, die ersten *skills* der Menschheit keineswegs das, was wir Produktionszuwachs nennen würden. Ihre ersten Weisheiten bezweckten die möglichst flexible Anpassung an die Ressourcen aus laufendem natürlichem Einkommen – ohne sogenannte ›Veredelungs-Prozesse‹. ›Veredelung‹ der Existenz wurde (entgegen der Smith-Marxschen Fabel vom *Homo oeconomicus*) entweder in Form reicher Sozialisierung und Ritualisierung des Lebens – oder durch die Herstellung von Kunstwerken erzielt. Und die anthropologische Beobachtung läßt darauf schließen, daß die allerersten Kunstwerke entweder immateriell waren (Gesang, Tanz, Redekunst) oder mit einem Minimum an Material, etwas Ocker, Kalk oder Speckstein auskamen. ›Veredelung‹ der Produktion war also zunächst nicht ihre Ausweitung oder technologische Forcierung, sondern ihre zweckmäßige, durchaus gesellschaftlich vermittelte sinnvolle Interpretation.

(Daß diese Interpretation »religiös« war, reißt natürlich ein großes Loch in die einseitige Definition des »Seufzens der Kreatur«, und sie stört die Kreise des bisherigen Materialismus – aber nur des inkonsequenten.)

Wesentlicher Prüfstein dieser Interpretation war die Interpretation des Schmerzes, des Mangels, des Todes. Sie erfolgte niemals ohne Ängste. Aber wiederum war die Tendenz darauf gerichtet, Schmerz und Tod nicht durch Mehrproduktion zu verdrängen, sondern ihn kollektiv-psychisch zu bewältigen. Da dies – in der »primitiven« Phase der Menschheit – ohne Unterdrückungsmechanismen innerhalb der Gruppe geschah, sind auch hier gängige, vulgäre Deutungen solcher Bewältigung nicht zulässig.

Im engeren Sinne von materiellem Interesse ist die »Wirtschaftsweise« dieser Frühstufe, in erster Linie die Nahrungsbeschaffung. Wie schon erwähnt, nahm sie selten mehr als vier Stunden täglich in Anspruch. Dies wurde nicht zuletzt dadurch erreicht, daß die Nahrung äußerst diversifiziert war. Unsere lächerlichen Vorurteile hindern uns daran, Maden, Asseln, Engerlinge und Kerbtiere als zulässige Nahrung zu betrachten; unser Kulturkreis hat als höchstes Ideal den englischen Beefsteakfresser postuliert, und damit hat sich, zum großen Schaden der Welt, unsere Vorstellung von »anständiger« Ernährung unzulässig verengt. Unter Primitiven gelten gerade diese »ekelhaften« Sorten als Leckerbissen. Noch die letzten Könige Koreas vor der Besetzung durch die Japaner (Anfang unseres Jahrhunderts) schätzten als höchste Delikatesse scharf geschmorte Asseln eines ganz bestimmten Typs. (Hier wäre für ökologisch orientierte, aber raffinierte Gastronomen noch ein weites Feld der Kreativität offen.)

Aber verlassen wir diese wahrhaft internationale Gastronomie und stellen wir als nächsten Schritt fest:

Wenn schon Produktion, dann ist die ökologisch verträglichste eine Form, die sich möglichst eng und möglichst lange an vorhandene Kreisläufe anschließt, und zwar in möglichst überschaubaren Bereichen.

Nun kann man auf den ersten Blick feststellen, daß die Tendenz unserer Produktionsformen diesem Axiom radikal zuwiderläuft; und zwar in fast allen uns bekannten Volkswirtschaften. Erklärt wird das mit dem famosen »Sachzwang«; und in der Tat ist die Geburtsstunde des Großprojekts das Erlebnis des Zwanges, der von bisher nicht bekannten Bevölkerungsdichten ausgeht.

Die Perspektiven, die sich (einmal abgesehen vom sturen technokratischen Durchwursteln) angesichts der ökologischen Krise bisher anbieten, sind aber alle gigantomanisch. »Lebensqualität« als Leistungsprämie für den erfolgreichen Bruttosozialprodukthersteller; asketischer, globaler Verteilungskommunismus; imperialistische barbarische Raubzüge mit Etablierung eines »Herrenvolks«: Alle diese Angebote sind die typischen Produkte eines Zentralmachtdenkens, dem es in erster Linie darauf ankommen muß, die existierenden Abhängigkeiten zu erhalten und, wenn möglich, bis zur totalen Ohnmacht der Wirtstiere zu steigern.

Wir brauchen gar nicht bis zu Orwell oder Huxley oder Harich vorzustoßen, um diese Wahrheit zu begreifen. Es genügt, sich die gegenwärtige Wirtschaftspraxis und -theorie anzusehen. Schon die Errechnung des sogenannten Bruttosozialprodukts zeigt, daß den Zentralmachtdenkern Produktions- und Dienstleistungen, die keine oder nur interpersonelle, das heißt unmittelbare Abhängigkeiten aufweisen, überhaupt nicht zugänglich sind. Der Hackbauer, der den größten Teil seines eigenen Maises oder seiner Yams verzehrt; die Wäscherin, die auf flachen Steinen am Fluß die Dhotis mit Paddeln schlägt; ja noch der nichtkommerzielle, gewissermaßen archaische Wilderer, der sich seinen eigenen Sonntagsbraten schießt: Ihre Leistungen und die Produkte, die sie herstellen, tauchen in der Rechnung nicht auf, machen aber einen erklecklichen Prozentsatz der Weltproduktion aus – auch heute noch.

Schon an diesem Punkt unserer Überlegungen wird sichtbar: Das einfachste, das allerkonkreteste Freiheitsprinzip fällt auf weite Strecken mit dem Anliegen des ökologischen Materialismus zusammen. Und dieses Freiheitsprinzip ist wiederum in den ältesten und erfolgreichsten Formen anthropologisch tragbaren Wirtschaftens am Werk.

Die sinnvolle, die einzig durchführbare Antwort auf die ökologische Krise ist eben gerade nicht die Zentralisierung, sondern die Diversifikation, die möglichst schöpferische Erstellung oder Wiederherstellung von möglichst kleinen Versorgungskreisen.

Es liegt auf der Hand, daß eine solche Vorstellung die Zentralmächte rasend macht. Und sie versuchen folgerichtig, jede auch noch so harmlose und dumpfe Äußerung des Strebens nach Vereinfachung und Verselbständigung mit ihren Mitteln zu begegnen. Ein fast schon lächerliches Beispiel ist der Streit um die zweite (oder dritte) Kuh in der UdSSR. Der Prozentsatz an tatsächlicher Lebensmittelversorgung der Gesamtbevölkerung aus den sogenannten ›privaten Spitzen‹, also den Häuslerdeputaten der Kollektive, ist unheimlich hoch, und die speziellen Umstände bringen es mit sich, daß ein georgischer Bauer, der mit einem Sack voll Melonen nach Moskau fliegt, ihn dort absetzt und durch die Luft wieder in seine Heimat zurückkehrt, ein gutes Geschäft gemacht hat. Aber machen wir hier nicht billigen Antikommunismus: Es gibt bedrückendere Beispiele im eigenen Land.

So dokumentieren jährlich Hunderttausende von Bundesbürgern ihren festen Willen, wenigstens ein paar Wochen wie Trobriander zu leben: Sie wollen nach Süden ans Meer und entledigen sich womöglich schon unterwegs jeglicher Kleidung. Das System der Wirtschaftsverflechtung profitiert davon; Autos, Benzinpreise, sogenannte ›Infrastruktur‹, das heißt landschaftsvernichtende sechsspurige Betonbänder, sorgen dafür, daß das BSP durch diese Sehnsucht ansteigt. Darüber hinaus aber werden den potentiellen Trobriandern auch noch Wohnanhänger und Campingausrüstung in Massen verkauft. Mutter darf dann unter Pinien eine miese, schweißtreibende Doublette jenes Wohlstandshaushalts in Gang halten, den man ihr zu Hause längst erfolgreich aufgeschwätzt hat.

Ein fast noch besseres Beispiel: Kürzlich hat irgendein Forschungsinstitut die erstaunliche Tatsache mitgeteilt, daß über die Hälfte aller Bundesbürger direkt oder indirekt im Genusse eines Gartens sind. Aber, so teilt das Institut weiter mit, sie nützen ihn nicht aus. Woraus schließt man das? Nun, aus der Tatsache, daß nur zwanzig Prozent der Gartengenießer jene zahlreichen Gerätschaften, Spritzmittel, Rasenvolldünger, Mähmotoren kaufen, welche allein eine BSP-würdige Ausnutzung dieses Gartens dokumentieren. Daß eventuell ein stattlicher Prozentsatz dieser Faulenzer gar nicht faulenzt, sondern bereits organischen Landbau treibt, ist ein Alptraum, an den die (vermutlich von seiten der Chemie beauftragten) Experten des Instituts lieber gar nicht denken.

Und so haben denn die Experten dafür gesorgt, daß die Faktoren in der nationalen und internationalen Kosten-Nutzungs-Rechnung, die jeweils gegen das Großprojekt und für das Kleinprojekt, gegen die Abhängigkeit von zentralistischen Verfahren und für möglichst weitgehende Selbständigkeit sprechen, gar nicht erst in die Rechnung aufgenommen werden. Das sattsam bekannte Beispiel ist das Automobil: Mag die Kfz-Steuer noch so hoch, mögen die Aufschläge aufs Benzin noch so horrend sein, sie bezahlen immer nur einen Bruchteil der Folgelasten, die sich aus der Motorisierung ganzer Kontinente ergeben. (Sehen wir einmal von den ästhetischen Gemeinheiten ab, die daraus resultieren – sie sind ohnehin den betreffenden Herren nicht zugänglich.)

Als bisher kriminellstes Beispiel des zentralistischen Verrechnungschwindels sei die Kernenergie angeführt. Ihre politischen Folgen sind völlig offen; ihre Auswirkungen auf die Ökologie zumindest fragwürdig; die Rohstofflage prekär wie bei den fossilen Brennstoffen. Die innerste Bedeutung, der enorme Vorteil der Kernenergie für jede Art von Zentralmacht liegt darin, daß sie die Abhängigkeit der Untertanen auf einen überhaupt nicht berechenbaren Zeitraum festschreibt. Mögen die Minister, Manager, Kommissare, die jeweils dem politisch-wirtschaftlichen KKW-Kartell angehören, subjektiv noch so ehrlich um das ›Gemeinwohl‹ besorgt sein: *de facto* sorgen sie zunächst und vor allem für die Unentbehrlichkeit und das Wachstum ihres Kartells.

(Im übrigen wird sogar die mögliche Alternative, die Sonnenenergie, vorzugsweise als künftiges Großobjekt konzipiert: Dampfleitungen aus der Sahara, Hektare von Sonnenzellen im Weltraum, Riesenwärmepumpen im Golfstrom sind für die Experten von der NASA und andere allemal noch attraktiver als ein paar hundert Meter PVC-Schlauch auf dem Dach des Eigenheims.)

Nun warten meine linken Leser natürlich längst ungeduldig darauf, den fälligen Einwand anzubringen: Ob der Autor denn noch nichts vom Grundgesetz des Kapitalismus, der Akkumulation, gehört habe, und ob es ihm nicht klar sei, daß es in erster Linie um Profite, um Rentabilität gehe. Mit anderen Worten: Der Schurke ist das Kapital. Mit noch einfacheren Worten: Wir sind bei Karl Marx. Ganz recht, eben bei ihm sind wir jetzt angekommen.

Wie schon öfter betont, kann es hier gar nicht darum gehen, den Marxismus zu »widerlegen«. Das ist in unserem Zusammenhang völlig unnötig. Es geht vielmehr darum, ihn im Sinne des konsequenten, des ökologischen Materialismus zu ergänzen und zu konkretisieren.

Dabei muß mit der Binsenwahrheit begonnen werden, daß es Marx nicht um die Zerstörung des Kapitals ging, jedenfalls nicht in erster Linie, sondern um die Aufhebung der Entfremdung. Entfremdung aber entsteht – hier befinden wir uns auf ganz orthodoxem Boden – durch die Allmacht eines Mittlers, der jeden Gebrauchswert der produzierten Dinge in einen Tauschwert, also jedes produzierte Ding in eine Ware verwandelt. Diese Ware nun, deren Tauschwert in Geld ausgedrückt wird (übrigens auf Grund eines Kalküls, das noch viel komplizierter ist, als Marx es darstellt), hat keinen lebendigen Zusammenhang mehr mit dem Produktionsvorgang, aber auch keinen mehr mit den wahren Bedürfnissen der Menschen, für die sie doch angeblich hergestellt wurde. Die Mittlerfunktion des Geldes (eine teuflische Parodie auf die christlich-jüdische Vorstellung eines göttlichen *Mittlers*) zerreißt und verfälscht die tatsächlichen Zwecke der Produktion, und durch den Zwang, Mehrwert anzuhäufen, macht sie das Kapital zum Wächter der Rentabilität. Solche Entfremdung kann nur aufgehoben werden durch das, was Marx selbst die *Assoziation der unabhängigen Produzenten* nennt.

Bis hierher kann der ökologische Materialismus Marx nicht nur folgen; er kann und darf sogar feststellen, daß Marx ganz wesentliche Probleme der ökologischen Krise der Gegenwart genial antizipiert hat. Was jedoch fehlt (und worum sich Marx noch nicht zu kümmern brauchte, jedenfalls noch nicht zentral zu kümmern brauchte), ist die Analyse der tatsächlichen Bedingungen der Entfremdung – jener Bedingungen von Raum, Zahl und Zeit, welche für die Methodik eines ökologischen Materialismus von entscheidender Bedeutung sind.

Die Faktoren von Raum, Zahl und Zeit lassen sich – für unser gegenwärtiges Argument – unter dem Begriff *Transport* zusammenfassen. (Er schließt Planung, Lagerung, Disposition mit ein und ist, wenn man *Transport* in Energieeinheiten umrechnet, eine sehr gute Vokabel für die dabei auftauchenden ökologischen Probleme.) Je länger nun der Transportweg im weitesten

Sinne ist, desto unvermeidlicher wird das, was man englisch *legal tender*, also ein standardisiertes, vereinbartes Zahlungsmittel nennt. Dabei wird sich irgend jemand damit befassen müssen, die aus dem Transport erwachsenden Kosten – einschließlich der Gehälter der Manager bzw. der Zentralämter – als Mehrwert auf die Ware aufzuschlagen. Für den Produzenten, den Arbeiter, den Bauern, wird es konkret völlig gleichgültig sein, ob sich dieser Mehrwert in einer Jacht für irgendeinen Rockefeller junior oder in einer Datscha für den Chef der allsowjetischen Planungskommission niederschlagen wird.

Dazu kommt, daß sich in jede zentralistische Produktionsform, ganz gleich, ob sie vom ›Volk‹ lies: von der Planungsbürokratie, oder von der Bayrischen Hypo- und Wechselbank vorfinanziert wird, höchst entfremdende Faktoren einschleichen werden – zwangsläufig. Das Fließband ist in Magnitogorsk oder in Budapest genauso stumpfsinnig wie in Detroit oder Wolfsburg. Die Vorfinanzierer, wer immer sie sind, werden auf jeden Fall im Rahmen ihres Auftrags handeln, wenn sie die Produktion möglichst ›rentabel‹, das heißt aber, so gestalten, daß sich die Kosten des Transports (mit oder ohne Profite, mit oder ohne Reibungsverluste durch die zu überbrückenden Distanzen in Raum, Zahl und Zeit) amortisieren. Die Last der Entfremdung – die ja keine theoretische, sondern eine höchst konkrete, im Wesen des Menschen angelegte Last ist – wird per saldo bleiben. Man kann sie durch einen ungeheuren Einsatz von »Aufklärung«, lies: von Sublimierung, wegeskamotieren, aber im Prinzip ist sie in der Organisationsform der Großproduktion angelegt.

Demgegenüber muß man an Marxens ursprünglicher Forderung festhalten: an der Forderung nach einer *Assoziation der unabhängigen Produzenten*. Eine solche Assoziation ist von einer bestimmten Bevölkerungsdichte ab nicht mehr hundertprozentig erstellbar. Wohl aber läßt sie sich als Grenzwert definieren: *Arbeit ist um so weniger entfremdet, je geringer die Distanz, der Abstand in Raum, Zahl und Zeit ist, der zwischen der Herstellung eines Produktes und dem Bedürfnis liegt, für das es erstellt wurde.*

Dabei ist der immer höchst fragwürdige Charakter des Bedürfnisses noch gar nicht in Betracht gezogen. Die Möglichkeit der Manipulation von Bedürfnissen ist tatsächlich eines der schwersten Hindernisse auf dem Weg zu einer ökostabilen Zukunft; aber der Wege zur Erzeugung künstlicher Bedürfnisse sind viele. Ein Weg ist der des Westens: die massive Beeinflussung durch die Werbung, die subliminale Erzeugung eines Kaufzwangs. Aber Kaufzwang kann genausogut entstehen, wenn er aus dem Mangel entsteht. Schlange stehen, weil es ›etwas gibt‹: das typische Symptom von Plan und Zwangswirtschaften ... Der Mechanismus der Entfremdung, nämlich die plötzlich vom gütig planenden Mittler gewährte Gratifikation, ist dabei so ziemlich der gleiche.

Hinzu kommt eine Konsequenz der Entfremdung, die im klassischen Marxismus noch kaum eine Rolle spielt, die aber ökologisch sehr gravierend ist: das Problem der Folgelasten. Jede Form der Großproduktion minimiert das Bewußtsein der ökologischen Folgelasten, und zwar an zwei Stellen: beim Produzenten – und beim Verbraucher. Der Produzent – und der Planer der Produktion, ob er nun von der Rentabilität oder vom Plansoll in Pflicht genommen wurde – versucht, einen möglichst hohen Prozentsatz von Folgelasten aus seinem Kalkül abzuschieben. Das Resultat ist bekannt; die kaputte Wolga oder der kaputte Rhein. Aber auch beim Verbraucher ist dieser Abbau des Folgebewußtseins operativ. Für alle die Produkte, die entweder von Haus aus schlecht gemacht oder durch das Diktat der Mode und des Verschleißes obsolet werden, hat niemand als er selbst die Verantwortung zu tragen. (Dazu kommen, in besonders ›fortgeschrittenen‹ Wirtschaften, die Probleme der Verpackung.) Er geht von der durchaus entschuldbaren Voraussetzung aus, daß ›die da oben‹ in irgendeiner Weise dafür sorgen müssen, daß der Kram, den er nun am Waldrand oder in einen Bach ablädt, an die ›richtige Stelle‹ kommt. Um im Lande zu bleiben: Ein System, das die Untertanen laufend zu Konsumorgien stimuliert und dann darüber jammert, daß die Wälder verschmutzt werden, gleicht einem Illustriertenverleger, der seine Kunden fortwährend mit Pornofeatures bedient und gleichzeitig die CSU finanziert, damit wieder Recht und Sitte einziehe in deutschen Landen. (Solche Verleger gibt es.) Ein

Subsistenzbauer, der sein Land und seinen Betrieb überblickt, weiß genau, was er mit dem anfallenden Mist anstellen wird; der industrielle Tierhalter weiß es nicht mehr, und er rechnet damit, daß die öffentliche Hand schon stark genug sein wird, seinen Schweine- oder Hühnerkot auch in den Weltraum hinauszuschnipsen, wenn es nötig sein sollte. (In der *Science-fiction*, die immer ein guter Indikator für dergleichen ist, gibt es den Müllplaneten schon lange.)

Fassen wir zusammen: Die sinnvolle Alternative zum Großprojekt ist das Kleinprojekt. Es ist nicht nur ökologisch sinnvoll, weil es menschlich erfaßbare Kreisläufe und damit Verantwortungen schafft, sondern es entspricht auch dem Ziel eines Abbaus, wenn schon nicht der Beseitigung, der Entfremdung. *Massen* sind immer entfremdet, eben weil sie *Massen* sind: entfremdet und verantwortungslos, weil unverantwortlich in Massenproduktion und Massenkonsumtion. Doch gibt die menschliche Geschichte und Erfahrung Grund zur Hoffnung, daß Menschen, die für Überschaubares verantwortlich gemacht werden, in der Regel besser dabei abschneiden als erwartet.

Aber nun kommt der Einwand von rechts, von der Pragmatik her: Die heutigen Betriebsgrößen, die politischen wie die ökonomischen, sind nicht von selbst entstanden. Sie sind aus Pressionen jeder Art entstanden, vom Bevölkerungsüberdruck bis zum Rentabilitätsdruck. Ja, wenn dieser Druck wegfiele! Aber er fällt nicht weg, er wird im Gegenteil immer stärker. Kampf um Einflußsphären, Kampf um Märkte, Kampf um Rentabilität: Es gibt im Reich solcher Buchführung keine Freiräume mehr.

Aber es gibt sie dennoch, und zwar ständig, ohne daß jemand auch nur einen Augenblick darüber nachdenkt.

Die Freiräume werden oft gar nicht als solche, sondern als unwürdige Sklaverei empfunden. So ist etwa heute die Würde der Hausfrau in einer tiefen Krise; nicht etwa, weil der Beruf das typische Produkt männlicher Unterdrückung wäre (dazu ist er erst im Laufe einer neueren Entwicklung geworden), sondern weil er *de facto* als Beruf nicht gewertet wird. Dies zeigt sich gerade in den sozialistischen Staaten, in denen an sich »Männerarbeit« sehr häufig von Frauen verrichtet wird und verrichtet werden kann. Aber auch und gerade dort kommt die Mutter, nach acht Stunden auf dem Traktor oder zehn Stunden im Labor, nach Hause, kocht, wäscht, kauft ein, sieht Saschas Schulaufgaben durch und darf froh sein, wenn sie um zehn Uhr diese unbezahlte zweite Berufstätigkeit hinter sich hat.

Sicher lassen sich die monotonen, die unqualifizierten Teile solcher Arbeit teilweise mechanisieren, teilweise vom Familien- oder Wohnkollektiv verrichten; das ist keine Frage der Gesetzgebung, sondern des guten gesellschaftlichen Willens. Aber sind diese monotonen Tätigkeiten wirklich das entscheidende Arbeitsplatzmerkmal der Hausfrau? Keineswegs. Würde eine zünftige Arbeitsplatzbeschreibung ihres Berufes unternommen (etwa um eine Einstufung nach BAT zu ermöglichen), fiele der Großteil der Hausfrauenarbeit unter höchst qualifizierte Merkmale, Merkmale voller Entscheidungsmomente. Die Hausfrau ist (oder sollte sein) Marktspezialistin, Time-and-Motion-Expertin, Küchenlaborantin, Pädagogin, Sozialfürsorgerin – alles in einer Person. Ein angemessenes Gehalt, müßte vermutlich nach BAT VIa, wenn nicht BAT III oder II ausgezahlt werden – rechnet man dabei die Überstunden- und Feiertagsarbeit mit ein, so kämen wir in jeder Volkswirtschaft auf Millionen von hochqualifizierten Arbeitsplätzen, die jeder mit mindestens 3000 DM Monatsgehalt, den entsprechenden Sozialbezügen und Pensionsansprüchen auszustatten wären – wirtschaftlich offensichtlich ein Selbstmordunternehmen.

Indem man alle diese Tätigkeiten und Dienstleistungen, die einen hohen Prozentsatz jedes Sozialprodukts erst ermöglichen, unbezahlt läßt, erkennt man aber stillschweigend an, daß die Rechnung der volkswirtschaftlichen Rentabilität überhaupt nicht aufgeht.

Und sie geht auch sonst nicht auf. Bleiben wir innerhalb der strikten Rentabilitätsökonomie, sehen wir uns einen Vorgang im Baugewerbe an! Bestünde jeder Spengler, jeder Schreiner, jeder Maurer und Installateur darauf, nur jene Handgriffe auszuführen, die seiner Ausbildung, seiner Qualifikation und seiner Arbeitsplatzbeschreibung entsprechen, wäre der Zusammenbruch des Baugewerbes eine Frage von wenigen Wochen.

338

Gerade indem ein qualifizierter Handwerker auch demütige Hilfsarbeiterhandgriffe ausführt, den heruntergefallenen Meißel aufhebt, den zufällig abgeplatzten Putz wegräumt und dergleichen, ist »ökonomische« Kalkulation überhaupt erst möglich.

Noch unwägbarer werden die Rentabilitätserwägungen, wenn der Faktor dazukommt, den man mit Kreativität bezeichnet. Es ist gar nichts Geheimnisvolles an ihm; man kann ihn tagtäglich vor allem auf dem Dorf beobachten: genauer gesagt, im Übergang von der sogenannten Arbeit zur sogenannten Freizeit. Kaum treffen die mehr oder weniger gut bezahlten Arbeiter der rentablen ›Leistungsgesellschaft‹ nach Feierabend ein, geht allenthalben ein rüstiges Hämmern, Bohren, Schleifen, Nageln an: Es wird gebaut.

Gebaut werden in »Nachbarshilfe« (die Grenze zur »Schwarzarbeit« ist auch hier reine Scholastik) die Häuser der Söhne und Töchter, also die Produkte, an denen man »eigentlich« Spaß hat. Daß sie ästhetisch meistens zu Schreckensgebilden werden, ist hier nicht der Punkt. (Oder nur auf gesellschaftlichen Umwegen, die uns zu weit abseits führen würden.) Wichtig ist, daß hier nicht »gerechnet« wird, überhaupt nicht. Man ist ungeheuer produktiv, man erlaubt sich Kapriolen, die man sonst wohl nicht bezahlen könnte, man rechnet nicht, wie hoch die Maurer, die Installateure kommen.

Noch mehr gilt dies für Hobby- und Küchengärtnerei. Legt man die erzielten Produkte auf die Stunden-(oder Überstunden-)Quote des Gärtners um, dann kommen die paar Kohlrabi, Möhren und Salatköpfe unverschämt teuer. Aber natürlich wäre das eine Milchmädchenrechnung: Der Verfasser weiß aus jahrelanger Selbstbeobachtung, daß Spiel in einem Gemüse- und Strauchgarten die Produktivität überhaupt nicht vermindert, daß sie im Gegenteil die Reserven an Arbeitskraft und damit an anerkannter, bezahlter »gesellschaftlicher Reproduktion« kräftig erhöht. Die Kontraproduktivität, die Illich, Dupuy und andere für Arbeiten und Leistungen jenseits einer bestimmten Betiebsgröße errechnet haben, ist nicht zuletzt die Folge des immer stärkeren Ausfalls der Kreativität aus der offiziell berechneten Produktion.

Genau die Prominenten, die solches Kreativitätsdenken für wirtschaftlich undurchführbar halten, liefern jahraus, jahrein den Gegenbeweis, indem sie einen höchst intensiven Spezialmarkt für kreativ bestimmte Produkte aufgebaut haben und heftig auf ihm kaufen. Er umfaßt nicht nur Kunst, sondern auch Kunsthandwerk vergangener Zeiten, Volkskunst, Möbel, Häuser, bis herunter zum reinen Kram wie Lichtputzscheren und Bügeleisen. Neuerdings kommen dazu bereits ganz moderne Erzeugnisse, soweit sie noch Spuren alter handwerklicher Kreativität erkennen lassen: Automobile älterer Jahrgänge etwa.

Einer Produktion der Massen (im Unterschied zur Massenproduktion) entspricht möglicherweise auch eine Kreativität der Massen – eine Kreativität, die in vorindustriellen Zeitaltern ständig verfügbar war.

Progressive, vielmehr solche, die sich dafür halten, haben ihr Urteil über diese Perspektive vermutlich längst abgeschlossen. Für sie läuft es auf die sattsam gekannten konservativen Versuche hinaus, dem verhaßten Industriesystem endlich den Garaus zu versetzen.

Und in der Tat, darum geht es. Und in der Tat haben konservative Kulturkritiker in vergangenen Generationen viel dazu beigetragen, die Kritik am Industriesystem wachzuhalten. Wenn Fortschritt in der ständigen Produktionserweiterung bestehen soll, ist auch gar nicht einzusehen, warum man fortschrittlich sein muß: Fortschritt in dieser quantitativen Form ist so alt wie der erste Raubmord, und was an dem fortschrittlich wäre, ist doch nicht ganz erfindlich.

Ebenso ist ein Fortschritt unvorstellbar, dessen lineare (oder geometrische) Fortführung in die Zukunft praktisch unmöglich ist. Darin sind sich, wenigstens theoretisch, heute alle einig – auch die, welche ihn in der Praxis tatsächlich dem Klippenrand entgegenführen.

Dennoch will ich hier für FORTSCHRITT plädieren. Fortschritt ist allemal eine Erweiterung des Bewußtseins, die Ahnung neuer Mündigkeit – aber auch damit verbundener neuer Verantwortlichkeit.

Unsere Verantwortlichkeit ist ungeheuer, aber gleichzeitig im

Prinzip sehr einfach. Nach zwei Versuchen der Menschheit, mit der Erde in einen Zustand der Versöhnung, des Gleichgewichts zu kommen (dem relativ erfolgreichen der Stammeskulturen und dem leider viel zu kurzlebigen der europäisch-asiatisch-afrikanischen Dorfkulturen), die die empirisch-praktische Begrenzung ihrer Mittel immer noch als objektive, als animistische Zuständlichkeit der Welt – oder als göttliche Fügung empfanden und empfinden konnten, sind wir nun aufgerufen, die neue Versöhnung, den neuen Pakt mit der Erde zu schließen. An uns allein ist es, alle Stipulationen, alle Begrenzungen festzulegen – Begrenzungen, die wir ausschließlich uns selbst zumuten müssen. Es gilt, das praktische Bündnis mit der Wüste aufzukündigen denn solange wir dieses Bündnis weiterbetreiben, ist Versöhnung mit der Erde nicht möglich.

Diese Verantwortung ist, wie gesagt, ungeheuer; aber sie ist nicht so ungeheuer wie viele der Verantwortungen, die uns im Laufe der Jahrtausende von Zentralmachttheologen aufgenötigt wurden.

Denn die Legitimationen der gegenwärtig wirksamen Zentralmächte (ob politischer, wirtschaftlicher oder ideologischer Natur) sind im Lichte der ökologischen Entwicklung sämtlich null und nichtig. Sie sind deshalb null und nichtig, weil sich alle Zentralmächte *explizite* oder *implizite* außerstande erklären, ihre Schutzfunktion gegenüber den Randgruppen, dem Abschaum, aber auch dem Schwächeren und Hilflosesten: dem Leben in seinen unverwendbaren Äußerungen und Aspekten wahrzunehmen. Sie sind damit sämtlich Komplizen eines Raubrittertums, zu dessen Eindämmung und Verhinderung sie ursprünglich geschaffen wurden. Jeder, der dies erkannt hat, hat nicht nur das prophetische Recht, sondern die prophetische Pflicht, das Verdikt MENE TEKEL UPHARSIN an die Wand zu schreiben.

Die einzige Legitimation, die sie noch haben: sich gegenseitig an der Ausführung einer Apokalypse zu hindern, die es ohne sie gar nicht geben könnte. Unter diesem Gesichtspunkt scheint es mir zur Zeit noch praktisch nötig, nicht unmittelbar offensiv gegen die politischen Zentralmächte vorzugehen.

Anders steht es um die wirtschaftlichen. Hier kann der Kampf sofort einsetzen, und er muß sofort einsetzen. Die Taktik – oder jedenfalls die, die mir zur Zeit die erfolgversprechendste zu sein scheint – wird auf den folgenden Seiten hoffentlich deutlich zum Vorschein kommen.

Sie wird ständig vom Bewußtseinsfortschritt kontrolliert werden müssen, den wir als den einzigen wahren Fortschritt anerkennen. Er hat die Modellfigur einer Spirale, die scheinbar – auf Umwegen von unten nach oben läuft; sie durcheilt dabei immer wieder Bewußtseinsfelder, Traditionen, die in der Geschichte schon einmal vorlagen. Auf einer höheren Stufe, meint W. Meyer-Abich, müßten wir wohl alle Animisten werden. Das ist richtig; aber wir müssen auch Zen-Jünger, franziskanische und chassidische Mystiker, daneben wirklich kritische Aufklärer und vorbehaltlose Gesellschaftskritiker werden. Ähnliches hat vielleicht, in einer seiner wenigen utopischen Angaben, Karl Marx vorgeschwebt – auch in dieser kleinen Utopie war es eine kleine, eben deshalb sehr unabhängige Assoziation von Produzenten, die er im Auge hatte.

Stoßen wir, beim Weg der Spirale durch die alten Bewußtseinsfelder, auch wieder auf das Heilige, auf die fromme Scheu? Steckt hier eine Gefahr für uns – oder eine Chance?

Fest steht: Eine ökologisch korrekte oder halbwegs korrekte Beziehung zur Umwelt ohne religiöses (zunächst magisches, später halb christlich, halb antikheidnisches) Interpretationsgitter hat es nicht gegeben. Die Welt des Verletzlichsten, die Welt der großen und kleinen Tiere und Pflanzen, war von der Hülle jener Potenzen umgeben, vor denen man sich aus gutem Grund auch fürchten zu müssen glaubte. Wenn man mit ›den Kaninchen‹ Ärger hatte, dann waren es eben nicht so sehr die Kaninchen in ihrer zahlreichen Befindlichkeit auf der Prärie, sondern ein Kaninchen-Ganzes, das wesentlich mehr war als die Summe seiner Teile – und wesentlich mächtiger. Hier könnte, das ist einsichtig, ein neues Buch beginnen. Da die angeschnittene Frage für den ökologischen Materialismus nicht so sehr eine Frage der Prinzipien als eine Frage des möglichen Bündnisses ist (so wie das Bündnis zwischen Sozialismus und Christentum diskutiert wurde und diskutiert wird), sei zunächst ganz pragmatisch festgestellt:

Der Tod des Verletzlichsten signalisiert den Tod der Menschheit selbst. Das Heil des Verwundbarsten ist das Heil der Menschheit selbst. Es ist auf der zarten Vielfalt der Lebensketten erbaut, die zu schonen und zu respektieren unsere zentrale politische und gesellschaftliche Pflicht für jede vorstellbare Zukunft ist und bleiben wird.

Soweit der pragmatische Grundsatz jeder künftigen gesellschaftlichen Möglichkeit. Wird es genügen, ihn *per rationem* zu verankern? Wird es gelingen, die Rationalität das leisten zu lassen, was der Animismus leistete – und was, aus höchst komplizierten Gründen, das Christentum nicht mehr zu leisten vermochte?

Dieser Frage muß der ökologische, das heißt der konsequente Materialist stellen. Und er kann und muß sie vorurteilsfrei, das heißt aber auch von vornherein nicht mit einem Vorurteil gegen das Sakrale und einer historisch, also höchst zweifelhaft erworbenen Vorliebe für das Rationale angehen. Die Aufgabe, die gestellt ist, lautet: Gewünscht sind innere Kontrollen, welche sicherstellen, daß das Sprachloseste, das Schutzloseste, das am meisten in unsere Willkür Gegebene nicht nur als das letzten Endes Unverletzlichste anerkannt, sondern wirksam verteidigt wird.

Erst wenn dieser Verteidigungspflicht wirksam genügt wird; erst wenn dem schwierigsten biologischen Regelkreis das gleiche Recht auf Schutz zusteht wie dem unbewaffneten menschlichen Staats- und Mitbürger; erst wenn die Unverletzlichkeit des Verletzlichen wirksam einklagbar ist vor einem geistlichen oder weltlichen Gerichtshof – erst dann gibt der Mensch, als Souverän dieser Erde, seine legitime Beglaubigungsurkunde ab.

Bisher hat sich der Materialismus, und zwar der inkonsequente Materialismus, damit begnügt, die Welt zu verändern. Jetzt gilt es, Schwereres zu unternehmen: sie zu erhalten.

Zusammenfassung:

Elf Thesen zum ökologischen Materialismus

1. Die Welt gehört nicht einer bestimmten Gattung; sie gehört der Welt. *Buch Lüh-Shih, 4. Jhr. v. Chr.*

2. In dieser Welt nimmt der Mensch als Art den ihm zukommenden Platz ein: den Platz einer Raubtierart dritter oder vierter (ökologischer) Ordnung. Sie ist ähnlichen Kreisläufen wie jede vergleichbare Art untergeordnet.

3. Die Fähigkeit des Menschen, sein überorganisches Potential in die ökologischen Kreisläufe eingreifen zu lassen, ändert an diesem Status materiell nichts. Sie bewirkt nicht das Privileg einer ökologischen Mittelpunkts – oder Sonderstellung.

4. Ein Materialismus, der das überorganische Potential des Menschen unreflektiert zur Expansion seiner Art auf Kosten anderen Lebens und anderer Materie einsetzt, ist ein unkonsequenter Materialismus.

5. Die politisch-gesellschaftliche Konkretisierung des inkonsequenten Materialismus ist das Industriesystem. Es ist *historisch*: die logische Ausdehnung des Sklavensystems und des sklavenjagenden Imperialismus auf die Beziehung Mensch-Natur;
philosophisch: das Festhalten an einem Dualismus Mensch-Materie, also am Anthropozentrismus der Praxis;
politisch: der zwangsläufige Verzicht auf jede Langzeitplanung und damit auf jedwede Bereitstellung irgendeiner humanen Zukunft;
ökologisch: die Entscheidung für kurzfristige artspezifische Vorteile auf Kosten anderer Arten und anderer Materie; und damit
physikalisch: die Beschleunigung der Entropie auf Kosten der Lebensvielfalt und ihrer Fähigkeit, Entropie umzukehren oder mindestens zu neutralisieren bzw. zu optimieren. Das Industriesystem ist demnach letzten Endes die Option des Menschen gegen das Leben und für die Wüste.

6. Da die Theorie/Praxis des inkonsequenten Materialismus, das heißt das Industriesystem, den Widerspruch der Entro-

piebeschleunigung in sich trägt (und damit den Untergang), sind nur zwei Möglichkeiten gegeben:

entweder das Industriesystem bricht vor dem Ökosystem – *oder* das Ökosystem bricht vor dem Industriesystem zusammen.

Die Logik des Überlebens der Menschheit erfordert deshalb die raschestmögliche Zerstörung des Industriesystems (nicht der Industrie), und zwar fast um jeden Preis.

7. Konsequenter Materialismus bedeutet in der Praxis den Einsatz des überorganischen Potentials des Menschen zur Bestimmung seiner Möglichkeiten innerhalb der erkennbaren ökologischen Kreisläufe, zur Stabilisierung seiner Existenzweise innerhalb dieser Kreisläufe – und damit zur Neuorientierung seiner politisch-gesellschaftlich-wirtschaftlichen Tätigkeit. Dies bedeutet:
Die Leitvorstellungen aus der politischen Ökonomie, welche das Zeitalter des inkonsequenten Materialismus bestimmten, müssen theoretisch und praktisch den Leitvorstellungen der Ökologie untergeordnet werden.

8. Der Einsatz von politischen, wirtschaftlichen, gesellschaftlichen Mitteln erfolgt in der Praxis des ökologischen Materialismus nicht mehr nach anthropozentrischen Gesichtspunkten. Entscheidend ist vielmehr die möglichst umfassend gesicherte Ökostabilität und das Minimum an *impact*, das heißt an nichtmenschlicher Auswirkung.

9. Solche Entscheidungsvorgänge sind nicht antihuman, sondern sichern den einzig noch möglichen Humanismus. Sie beziehen die bisher vernachlässigten Faktoren von Raum, Zahl und Zeit in den Entscheidungsprozeß mit ein; Faktoren, deren Nichtbeachtung bisher immer zu unmenschlicher Praxis gegen immer größere Gruppen von menschlichem »Abschaum« geführt hat.

10. Der Tod des Verletzlichen signalisiert den Tod der Menschheit selbst. Das Heil des Verwundbarsten ist das Heil der Menschheit selbst. Es ist auf der zarten Vielfalt der Lebensketten erbaut, die zu schonen und zu respektieren unsere zentrale politische Pflicht für jede vorstellbare Zukunft ist und bleiben wird.

Daraus ergibt sich:

11. Bisher hat sich der Materialismus begnügt, die Welt zu verändern; jetzt kommt es darauf an, sie zu erhalten.

Frage an den Autor – Antwort

Frage an den Autor:
Seien Sie ehrlich: Wie real sehen Sie dies alles? Geben Sie Ihrem eigenen Programm, dem Programm des ökologischen Materialismus, eine Chance? Halten Sie das Szenario, das Sie vorschlagen, im bescheidensten Sinne für wahrscheinlich?

Antwort:
Ich halte es jedenfalls für wahrscheinlicher als alles andere, was uns als Lösung oder Hoffnung angeboten wird. Oder halten Sie es etwa für wahrscheinlich, daß der große technologische Durchbruch erfolgen wird, der es uns erlaubt, noch hundertmal mehr zu verwirtschaften, als wir jetzt bereits tun? (Eine andere Lösung haben die Technokraten nicht.) Oder halten Sie es für wahrscheinlich, daß eine Klasse, die seit mindestens fünf Generationen existentiell mißhandelt wird, die an entfremdete Produktionsweisen gewöhnt ist, deren materielles Schicksal aufs engste mit dem Industriesystem verbunden ist – daß eine solche Klasse über Nacht, durch den berühmten qualitativen Sprung, ermächtigt und fähig sein wird, der Materie gerecht zu werden? (Eine andere Hoffnung bietet der orthodoxe Marxismus nicht an.)

Nein. Historisch für das Wahrscheinlichste halte ich – neben dem immer möglichen atomaren Weltbrand, den die Parasiten in ihrer Todesangst auslösen – eine Mischung aus Katastrophen und Ansätzen, aus regionalen Zusammenbrüchen und Rettungsversuchen, aus Blindheiten und mühsam gewonnenen Klarheiten. Aber dies genügt mir, da es meiner festen Überzeugung nach keine *Erlösung*, kein *Ende der Entfremdung*, keine Verwirklichung kindischer Träume von der Fülle am Ende der Zeiten geben wird – jedenfalls nicht in unserer irdischen Ordnung.

Sicher, keiner ist unter uns, der die Verheißungen des großen

Festes nicht liebt, das ist menschlich, und das ist vielleicht gut so. Aber was mir der ökologische Materialismus zu verheißen scheint, ist kein eschatologisches Jenseits, sondern etwas, was täglich Brot ist, das wir uns abgewöhnt haben – etwas ungemein Kostbares, von dem man, wie von der Luft und vom Brot, erst im Verlust den Wert begreift.

Es ist die Wiederherstellung der Kultur.

Ich meine damit nicht Symphoniekonzerte oder Vernissagen, natürlich nicht. Ich meine ein menschenwürdiges Verhältnis zum Leben, damit auch zum Tod. Ohne ein solches Verhältnis, das wir verloren haben oder zu verlieren im Begriff sind, gibt es keine Kultur.

Ich meine damit die Vertreibung von Götzen, die sich im Ökosystem unserer Gehirne eingenistet haben.

Ich meine damit das Bedürfnis, auf den Begriff dessen zu kommen, was uns wirklich nottut – und was wir damit letzten Endes sind.

Und wenn das Wahrscheinlichere eintreten sollte; wenn der Todeskampf der Parasiten uns ins Nichts reißt: Einen Gewinn, einen kostbaren Gewinn vermag uns der ökologische Materialismus heute schon zu vermitteln, einen Gewinn, der vielleicht den Todesschatten aufwiegt: nämlich *zu ahnen, wie das alles eigentlich gemeint war.*

NACHWORT 1985

Mit den beiden neu vorgelegten Titeln dieses Bandes hat der Verfasser versucht, in die Kultur und die Politik nicht nur seines Landes hineinzuwirken, ihre Werttafeln, ihre Grundeinstellungen, ihre Fahrtrichtung in die Zukunft zu verändern.

Es widerspräche jeder historischen Logik, wenn er damit sehr viel Erfolg gehabt hätte. Dennoch schmerzt es (und es ist zu hoffen, daß es auch den Leser schmerzt) nachzulesen, mit welcher Dringlichkeit sich schon 1972 die Probleme stellten, denen wir uns nach wie vor gegenübersehen, ja, deren Dringlichkeit im letzten Dutzend Jahre stetig gewachsen ist. Öfter wird die Jahreszahl 1975 genannt – jenes Jahr, das der *Club of Rome* in den *Grenzen des Wachstums* als notwendiges Umkehrjahr postuliert hat. Nichts ist 1975 geschehen, nichts 1980, was nach einer Umkehr aussah. Und es scheint, daß sich mit der ersten Wahl Ronald Reagans zum Präsidenten der USA eine weltweite »Tendenzwende« angebahnt hat – eine Wende, die nur mit dem Entschluß eines Schwerkranken verglichen werden kann, seinen Zustand zu ignorieren und fröhlich weiterhin den Lastern anzuhängen, die ihm diesen Zustand eingebrockt haben. Der Leichtsinn, mit dem der Bericht *Global 2000* vom Tisch der US-Politik gewischt wurde; die Sturheit, mit der von beiden Seiten am vollkommen veralteten Szenario des Ost-West-Konflikts festgehalten wird; der nach wie vor jammervolle Umgang mit unmittelbar anstehenden ökologischen Problemen weist dies genügend aus. Was sich bestenfalls als Änderung notieren läßt, ist eine gewisse ökologische Heuchelei der verantwortlichen Unverantwortlichen. Wenn man mit La Rochefoucauld Heuchelei als »Verbeugung des Lasters vor der Tugend« definiert, dann wäre damit wenigstens sichergestellt, daß die ökologische Perspektive und das ihr entsprechende Verhalten offiziell als Tugend anerkannt wird. Nur nützt uns, der Biosphäre und der lebendigen Zukunft, solche Heuchelei nichts, wenn sie zu nichts anderem motiviert als zu heuchlerisch-magischen Beschwichtigungsgesten.

Eine dieser Gesten verdient es, hier als Illustration angeführt zu werden: der Schamanentanz um das Deutsche Auto, zelebriert von 1983 bis 1985.

Es macht fast schon Mühe, an seine höchst konkrete Veranlassung zu erinnern – nämlich an das Waldsterben, eine Öko-Katastrophe ungeheuren Ausmaßes. Nachdem etwa 50 Prozent der deutschen Forstflächen von diesem Sterben betroffen wurden, drang die Erkenntnis in die wachstums- und BSP-verklebten Gehirne unserer Unverantwortlichen, daß da irgendwas geschehen müsse oder müßte. Daß es nichts wirklich Wirksames und Nützliches sein durfte, war ebenfalls klar; die bekannte Pelzwäsche ohne wirkliche Befeuchtung ist nach wie vor zwar nicht praktikabel, aber beliebt. Ein Minimalprogramm zugunsten der Wälder wäre z. B. die Einführung einer wirklichen Kosten-Nutzen-Rechnung über eine Reform des Steuersystems; sie würde die Rentabilität des privaten PKW als die Chimäre ausweisen, die sie ist. Aber natürlich steht einer solchen Reform die Wachstumskoalition unschlagbar im Wege. Nicht einmal die schlechteste Konsumgewohnheit des deutschen Automobilisten, seine bekannte rücksichtslose Raserei, durfte ernsthaft angetastet werden – und so wurde das Tabu der Tempofreiheit feierlich erneuert. Statt dessen kam und kommt man uns mit dem Katalysator.

Wer den vorliegenden Text gelesen hat, weiß, daß der Katalysator Unfug ist. (Oskar Lafontaine hat, soviel ich weiß als einziger SPD-Politiker, das auch wörtlich so ausgesprochen: Er ist ein zusätzliches Aggregat, das zusätzliche Bedienung, also zusätzliche Energie erfordert, und effektive ökologische Politik ist noch immer daran zu messen, ob der Energiedurchsatz vermehrt oder vermindert wird.) Das machte aber nichts, angesichts seines unschätzbaren politischen Vorteils als schamanischer Beschwörungstrick. Selbstverständlich war es vorauszusehen, daß die Westeuropäer in der EG nicht mitgehen würden; selbstverständlich auch, daß sie zunächst einmal das Tempolimit von uns einfordern würden, das dort längst gang und gäbe ist. (Auch das Tempolimit ist kein wirkliches Heilmittel, aber wenigstens ein Schritt in die richtige kulturelle Richtung, weil es der Todes-Erotik den Kampf ansagt, die letzten

Endes hinter der Schnellfahrerei steckt.) Zwangsläufig mußte es zu einem verwässerten Kompromiß kommen – einem Kompromiß, der für den sterbenden Wald nichts, aber auch gar nichts bringen wird, aber die längst widerlegten Grundlagen unserer Produktions- und Konsumtionsform unangetastet läßt. Die wackere Opposition, die dem Innenminister solche wirkungslose Umweltmagie als Scheitern ankreidete, hat nicht begriffen oder durfte nicht zugeben, daß dies der eigentliche Sinn des ganzen Manövers war. Verbeugung des Lasters vor der Tugend hat nicht den Sinn, die Lasterhaftigkeit nennenswert zu senken – sie dient vielmehr der Entlastung nicht so sehr des Gewissens als vielmehr der öffentlichen Erscheinung. Ganz genau das Gleiche gilt selbstverständlich für den Buschhaus-Skandal. In beiden Skandalfällen (Auto und Kohlekraftwerk) kann man höchstens den winzigen Fortschritt registrieren, daß die Regierungen es für nötig halten, ihre Biozid-Politik etwas aufwendiger zu verschleiern als in den Siebzigerjahren.

Eines (um im politischen Raum zu verbleiben) hat sich immerhin geändert: die Parteienlandschaft der Bundesrepublik. Die Republik hatte, aufs Ganze gesehen, sogar Glück mit dieser Veränderung. Die Gründung einer Grünen Partei, ihr relativ rascher Wähler-Erfolg hat nicht zu dem geführt, was der skeptische Beobachter vor allem fürchten mußte: zur Formation einer großen technokratischen Koalition. Dies vor allem deshalb nicht, weil ein stattlicher Teil der aktiven SPD in Grundzügen ebenfalls eine Politik aus ökologischer Perspektive wünscht. Natürlich ist es nicht ausgeschlossen, daß (etwa bei Einbruch einer großen Rezession, die angesichts des wilden Finanzgebarens der USA immer wahrscheinlicher wird) eine Technokratie der Verzweiflung das letzte, noch mögliche Rezept gegenüber der immer offener auftretenden totalen Staatsverdrossenheit sein könnte. Vorläufig jedoch (besser gesagt, im Frühjahr 1985) stehen wir vor der Tatsache einer Grünen Partei, deren ideeller Einfluß weit über die Grenzen ihrer Basis, ja sogar ihrer Wählerschaft hinausreicht. Dabei ist festzustellen, daß sich der Anstieg der Wählerprozente verlangsamt hat, und zwar weit unterhalb einer potentiellen »ökologischen« Marke, die man auf etwa fünfzehn Prozent ansetzen kann. Natürlich gibt es dafür

Gründe – der wichtigste ist die schnelle Formation und die schnelle erste Phase des Grünen Aufstiegs selbst.

Die Fünfprozenthürde konnte nämlich in erster Linie deshalb so rasch genommen werden, weil sich in der Grünen Partei spontan eine Koalition alternativer Partikular-Interessen zusammenfand. Diese Interessen (etwa die sexueller Minderheiten, zersplitterter Reste der mehr oder weniger dogmatischen K-Gruppen usw.) hatten in Randbereichen alle etwas mit Ökologie zu tun – und sei es aus keinem anderen Grunde, als daß sie durchweg den großen Bulldozer zu fürchten haben, der sie als »Randgruppen« über den Rand der großen Müllkippe schiebt. Vor allem aber ging es ihnen darum, eine mögliche politische Heimat zu finden, die nicht hoffnungslos durch die Sünden der Vergangenheit kompromitiert war, und in der sie auf eine geschützte Bleibe hoffen konnten. Die Grüne Partei wurde auf diese Weise selbst eine Koalition – eine Koalition mit eigenen internen Spannungen und Notwendigkeiten des Arrangements, die bisher bemerkenswert gut zusammenhielt (trotz der ständigen Hoffnung des etablierten Medienbetriebs auf das Gegenteil).

Es war ein Kardinalfehler Herbert Gruhls und anderer konservativer Gründerväter der Bewegung, dies nicht erkannt zu haben. Die Position der Sorge um die Lebenswelt allein hätte niemals genügt, eine Grüne Partei erfolgreich auf den Weg zu schicken; dazu war das angehäufte Defizit an politischer Heimat nötig, das sich spätestens seit 1968 in deutschen Landen ergeben hatte; und ganz folgerichtig sind denn auch in die ÖKOPAX-Bewegung alle »Gravamina deutscher Nation« eingemündet, die sich seit 1950 stauen:

Widerstand gegen die Bewaffnungs- und Bündnispolitik, Widerstand gegen die Bildungspolitik, die enge Interpretation der verfaßten Demokratie als eines reinen Wählerreservoirs für Parteien, die noch intolerantere Identifizierung von Demokratie und Kapitalismus und so fort.

Zur bunten Vielfalt der gegenkulturellen Inhalte kommt zweifelsohne auch die politsoziologische Notwendigkeit für eine undogmatisch-linke, in ihrer Ausprägung radikale Partei: das Schicksal der Deklassierung, das heute bereits die Erfahrung von vielhunderttausend studierten und qualifizierten Menschen ist. Der öffentlich geschürte Widerwille gegen die Lehrer und Bafög-Empfänger, aus denen sich die Grüne Partei zusammensetze, ist nichts als die Kehrseite eines Versprechens, und zwar eines Versprechens, das die bundesdeutsche Gesellschaft gebrochen hat – gegenüber den vielen Allzuvielen, welche sie in die Arme irgendeiner Alma Mater bugsierte, ohne hinreichend klarzumachen, daß das jahrhundertalte Junktim zwischen Studium und gehobener Berufsberechtigung nicht mehr aufrechterhalten werden kann.

Ich wiederhole, daß diese Veränderung der Parteienlandschaft mit ihren Begleiterscheinungen unverhältnismäßig günstig war und, soweit es in ihrer Macht stand, zur Beschleunigung der Bewußtseinsbildung beigetragen hat. Aber (und damit kehren wir zur Frage zurück, warum sich in jüngster Zeit der Grüne Aufstieg verlangsamt) die Koalition der Gegenkulturen stößt jetzt an ihre numerischen Grenzen. Es läßt sich absehen, daß das, was die neue Partei so erfolgreich ins Rennen schickte, nun zum Hindernis werden kann: das hartnäckige Bestehen auf gegenkulturellen Partikular-Interessen.

Dies bedeutet natürlich nicht eine Kehrtwendung in die Intoleranz. Es geht vielmehr darum, ökologische Forderungen ungleich stärker als bisher in den Mittelpunkt der politischen Programmatik zu stellen. Das Waldsterben war das erste gewaltige Schock-Erlebnis ökologischer Natur, welches die ganze Nation trifft und betrifft; weitere werden folgen. Eine harte ökologische Achse der Programmatik (die aus Sachgründen um vieles radikaler sein muß als alle bisherigen Parteiprogramme der BRD) ist allein geeignet, jenen kulturellen Druck auszuüben, ohne den die Schlacht um die Zukunft verloren geht, und zwar todsicher.

Denn bisher (und damit verlassen wir die engeren Gefilde der Politik) ist es nicht gelungen, einen nennenswerten Teil der Nation *praktisch*, d. h. mit Folgen für die eigene Lebensführung, vom Ernst der ökologischen Lage zu überzeugen. Weder unsere Eß- noch unsere Transportgewohnheiten; weder unser Steuersystem noch unser öffentlicher Dienst; weder unsere Freizeit noch unser Arbeitsverhalten haben sich angesichts der Notwendigkeit der kulturellen Umkehr wirklich gewandelt – oder doch nur in kaum wahrnehmbaren kleinen Schritten.

Auch dies ist, so meine ich, nicht eigentlich verwunderlich. Zu hinreißend waren und sind die Jahrzehnte plebejischen Wohlstands, an die wir uns alle gewöhnt haben. Um so wichtiger aber ist der ständige hartnäckige und ständig belegte Hinweis, daß dies alles nicht dauern wird, nicht dauern kann; daß die Natur Gesetzen folgt, die sich mit den Zielen unserer Kultur nicht vereinen lassen. Um so notwendiger ist die beständige aggressive Frage an die politischen und wirtschaftlichen Lügner, denen wir ausgeliefert sind, wie sie sich eigentlich die Fortsetzung dieses Raubbau-Systems in die Zukunft hinein vorstellen – und der Entwurf von Gegenbeispielen.

Die Gegenbeispiele im Feld und Umfeld der Grünen Partei sind, wie ich fürchte, nur indirekt ökologisch motiviert. Sie sind zunächst immer oder fast immer Versuche, partikuläre Bedürfnisse zu befriedigen oder ihnen doch wenigstens eine Chance zu geben. Daran ist, solange Mitmenschen nicht geschädigt werden, nichts Verwerfliches, im Gegenteil. Es stellt sich jedoch die Frage, ob die zentrale Notwendigkeit einer ökologisch orientierten Politik durch solche partikulären Anstrengungen und Verlautbarungen nicht eher verdunkelt als präzisiert wird. Die Grundbefindlichkeit des Menschen ist eben, ob uns das gefällt oder nicht, keine anthropozentrische. Auch sanfte Bedürfnisse sind der »Natur«, d. h. der Biosphäre, zunächst gleichgültig. Wie weit diese Gleichgültigkeit der Natur gehen kann, ist Stadtkindern schwer beizubringen. (Abenteuer-Urlaube in urwaldähnlichen Verhältnissen, wie etwa in den nordgriechischen Rhodopen, können zu brutalen Schockerlebnissen für wohlmeinende Grüne werden...) Wie schon betont, ist jedes Partikular-Interesse, das in unserer sonderbaren Kultur leidet und an die Wand gedrückt wird, zunächst geneigt, sich »auch« und »irgendwie« als ökologisch oder ökologisch-motiviert zu definieren; mit bedrohten Vogel- und Pflanzenarten, mit den Indianerstämmen am Amazonenstrom teilt es zumindest die Erfahrung der ständigen Bedrohtheit, zumindest der ständigen Zurücksetzung in die Nutz- und Bedeutungslosigkeit, die Unbrauchbarkeit. Wenn aber die Koalition all dieser Partikular-Interessen die eigentliche Achse »grüner« Programmatik zu werden scheint, ist der Zweifel anzumelden, ob aus einer solchen Position der frontale Angriff auf die »Haupt«-Kultur, auf ihre symbolischen und realen Zentren, möglich ist.

Soll der Angriff glücken, muß der kulturelle Gegen-Entwurf entsprechend lebenskräftig und entsprechend zusammenhängend sein – die reine, wissenschaftlich fundierte Besorgnis genügt auf keinen Fall. Andererseits ist es nicht realistisch, die Verantwortung dafür einer politischen Partei aufzunötigen. Wer, wie heute etwa Rudolf Bahro, eine »Ausgießung des Geistes« fordert, um dem Verderben mit einer Aussteiger-Bewegung entgegentreten zu können, der sollte ganz persönlich die Verantwortung für seine Prophetie übernehmen und den Orden schaffen und formen, der solche Ausgießung beispielhaft konkretisiert. Baghwan dürfte da sicher nicht genügen …

Solange es aber eine politische Partei gibt, die der Sache einer bewohnbaren Zukunft verschrieben ist, hat sie die Auflage, politisch bündnisfähig zu sein. Sie braucht solche Bündnisse nicht scheuen, wenn ganz klar ist, was ihre Endziele sind. Diese lassen sich in einem halben Dutzend Grundforderungen, *essentials*, formulieren. Sie müßten umfassend und radikal genug sein, um keine Zweifel am Ernst auf Leben und Tod des Programms aufkommen zu lassen.

Ein letztes, kurzes Wort zum Schicksal der beiden, neu vorgelegten Essays:

Ihre genaue Durchsicht hat ergeben, daß sie seit 1972 bzw. 1976 (leider) so gut wie nichts von ihrer Aktualität verloren haben. Im Reich der Diskussionen waren sie natürlich Gegenstand lebhafter Auseinandersetzung, die meist nicht besonders sinnvoll war. Unter anderem wurde dem Verfasser ständig vorgehalten, daß die biblischen Texte, die in DAS ENDE DER VORSEHUNG diskutiert werden, so »nicht gemeint« gewesen seien. Ich glaubte im Text deutlich genug darauf verwiesen zu haben, daß keinerlei Bibel-Exegese beabsichtigt war, sondern daß es sich ausschließlich oder doch in erster Linie um Wirkungs- und Erfolgsgeschichte dreht. Die Phänomene dieser Wirkungs- und Erfolgsgeschichte sind aber unbestreitbar. Und so haben es die Vielen, die in und aus den Kirchen mit mir diskutierten, auch immer verstanden, jedenfalls bei (meist vorhandenem) guten Willen.

Es liegt nun am verfaßten Christentum, sich so aktiv und so überzeugend am Aufbau der notwendigen Gegen-Kultur zu beteiligen, daß die Folgen der beschriebenen Wirkungsgeschichte zugunsten einer bewohnbaren Zukunft neutralisiert werden. Der vitale Ansatz dazu steht, soweit ich das überblicke, noch aus.

Daß einigen marxistischen Köpfen ausgerechnet die naturwissenschaftlich unbestreitbare These von der Unentbehrlichkeit der verletzlichsten Lebensketten verdächtig, da bürgerlich-metaphysisch erschien, sei hier nur am Rande vermerkt.

Dem Verlag und dem Autor schien es angesichts dieser gegebenen Aktualität richtig, die beiden Essays im wesentlichen unverändert wieder vorzulegen. Lediglich die genau auf die Lage von 1976 gezielten »Imperative«, also den kurzen Schlußteil von NATUR ALS POLITIK, hielten wir für entbehrlich. Das gleiche gilt für die Mehrzahl der belletristischen »Übungen« im ersten Teil, die lediglich die Argumentation des Essays verstärken sollten.

München, Ostern 1985   *Carl Amery*

NACHWORT 1990

Wesentliches braucht zum Nachwort 1985 nicht hinzugefügt zu werden – mit einer wichtigen Ausnahme: der unserem ökologischen Materialismus entsprechenden Interpretation der Ereignisse 1989/90.

Gewiß, sie sind nicht weltbewegend in unserem Sinne. Sie betrafen und betreffen einen geringen Prozentsatz der Menschheit und des bewohnbaren Planeten. Dennoch: potentiell (und das heißt: bei ehrlicher Anstrengung) sind sie von einiger Wichtigkeit für unser Anliegen.

Der Zusammenbruch der Zweiten Welt (so läßt sich das Wichtigste dieser Ereignisse zusammenfassen) ist nicht der Sieg des Kapitalismus oder der Freien Marktwirtschaft, sondern der Tod eines dramatischen Konflikts, der die entwickelte Welt seit hundertfünfzig Jahren beschäftigte: der Konflikt zwischen zwei verfeindeten Konfessionen der Wirtschafts-Religion.

Belege über die Ähnlichkeit, ja die fundamentale Gleichheit der beiderseitigen Katechismen sind in diesem Buch viele zu finden. Das Dogma, das die Konfessionen dieser Religion überwölbt, ist die Anbetung der Produktions-Bedürfnis-Produktions-Spirale. Diese Spirale ist für beide Konfessionen die zentrale Offenbarung der menschlichen Geschichte; und wenn heute ein Amerikaner behauptet, mit dem Zusammenbruch der Zweiten Welt ende die Geschichte, so illustriert dies nur die hohe transzendente Macht, die man dieser Spirale einräumt.

In Wirklichkeit endet die Geschichte so schnell nicht, den Gefallen tut sie uns nicht. Prompt zum Ende des Ost-West-Konflikts wird die erste ernsthafte Manifestation des künftigen Nord-Süd-Konflikts geliefert: der Konflikt am Golf. Wir werden noch viele und äußerst schmutzige Fortsetzungen dieses Serien-Dramas erleben.

Was unser engeres Anliegen betrifft, die Entfaltung der ökologischen Perspektive in den Herzen und den Strukturen: sehr viel weiter sind wir nicht, dergleichen geht verzweifelt langsam, zumal wenn handfeste Interessen-Strukturen im Wege stehen. Und der Konsument kauft in zunehmendem Maße Autos.

Andererseits: vielleicht wird noch vor Erscheinen dieses Buches die eine oder andere Offenbarung stattfinden. So etwa der absolute und totale Müllnotstand: der Taschenrechner, furchtlos bedient, läßt ihn unbedingt erwarten. Vielleicht die Wasser-Katastrophe: ist das Grundwasser einmal verseucht, wird es Jahrzehnte dauern, ehe es wieder genießbar wird – vorausgesetzt, wir finden den Mut und die Mittel dazu.

Vielleicht auch wird der ökologische Zustand Mittel- und Osteuropas es verhindern, daß der geplante Triumph der sogenannten Freien Wirtschaft auf den Ödnissen von der Elbe bis zum Amur stattfinden kann. Vielleicht haben wir schon die Kurve genommen, die uns (noch) die Sicht auf den Niedergang verstellt hat.

Die Optionen sind erfreulich offen. Den famosen Lenkern unserer Geschicke allerdings dürften sie samt und sonders nicht gefallen . . .

München, Allerheiligen 1990 *Carl Amery*